普通高等学校知识产权一

总主编 曹 阳

PATENT

AGENT

本书为上海政法学院知识产权国家级一流本科
专业建设成果

专利代理
实务教程

佟秀毓 李 享 ◎ 著

知识产权出版社
全国百佳图书出版单位
—北京—

图书在版编目（CIP）数据

专利代理实务教程 / 佟秀毓，李享著. — 北京：知识产权出版社，2024.9. —（普通高等学校知识产权专业应用型系列教材 / 曹阳总主编）. —ISBN 978-7-5130-9486-3

Ⅰ. D923.42

中国国家版本馆CIP数据核字第20245VC587号

内容提要

  本书作为"普通高等学校知识产权专业应用型系列教材"的组成部分，旨在依据我国现行法律体系，对《专利法》的基本架构与审查规范进行全面而系统的阐述。本书的内容深度融合了专利代理实践中遇到的核心挑战与前沿议题，以强化专利代理实务能力为核心目标，详尽阐述了专利申请流程、审查要点、评判基准及针对审查反馈的应对策略，并辅以相关法律条文的适用解析。本书旨在为读者搭建起稳固的专利法律基础知识框架，并精准提升其在专利代理领域的实践操作技能。

  本书不仅是专利代理师从事专利代理工作必备的工具书，也是备考全国专利代理师资格考试"专利代理实务"科目的重要参考书。

责任编辑：李小娟   责任印制：孙婷婷

普通高等学校知识产权专业应用型系列教材 曹 阳 总主编

专利代理实务教程

ZHUANLI DAILI SHIWU JIAOCHENG

佟秀毓 李 享 著

出版发行：知识产权出版社有限责任公司	网 址：http:// www.ipph.cn
电 话：010-82004826	http:// www.laichushu.com
社 址：北京市海淀区气象路50号院	邮 编：100081
责编电话：010-82000860转8531	责编邮箱：laichushu@cnipr.com
发行电话：010-82000860转8101	发行传真：010-82000893
印 刷：北京建宏印刷有限公司	经 销：新华书店、各大网上书店及相关专业书店
开 本：720mm×1000mm 1/16	印 张：27
版 次：2024年9月第1版	印 次：2024年9月第1次印刷
字 数：404千字	定 价：98.00元

ISBN 978-7-5130-9486-3

前　言

2021 年 9 月，中共中央、国务院印发了《知识产权强国建设纲要（2021—2035 年）》，明确提出"建立规范有序、充满活力的市场化运营机制""营造更加开放、更加积极、更有活力的知识产权人才发展环境"。同年 10 月，国务院印发《"十四五"国家知识产权保护和运用规划》，就"培育发展知识产权服务业""提升知识产权人才能力水平""加强知识产权运营专业化人才队伍建设"推进知识产权战略实施作了重要决策部署。创新是引领发展的第一动力，人才是夯实事业的活力来源，关系到知识产权运用的高效促进、全社会创新活力的激发和新发展格局的构建。着力培养和提升知识产权人才在知识产权代理、法律、信息、咨询领域的服务水平是推进知识产权强国建设的重要一环。

截至 2024 年 4 月，全国共有 129 所高校设置知识产权本科专业，课程体系多集中在知识产权基础知识板块，鲜有专利代理实务相关课程。知识产权人才需求具有明显的复合型、应用型和国际性特点，专利代理实务思维和实操能力是专利代理师、专利诉讼律师、专利法律咨询师和专利案件裁判业务开展的核心关键，亟须将此部分知识与技能融合进知识产权本科人才培养框架体系，以适应我国推进知识产权战略实施对知识产权人才的期待与需求。为更好发挥知识产权国家级一流本科专业建设点的人才培养作用，上海政法学院经济法学院知识产权专业组组织编写《专利代理实务教程》一书，将其作为"普通高等学校知识产权专业应用型系列教材"的重要组成部分，旨在着力打造一本专利基础理论知识和实务应用技能兼具的教材，满足知识产权专业学生的课程学习需求和知识产权从业人员的培训需求。

《专利代理实务教程》的编写以现行《中华人民共和国专利法》（2021

年6月1日正式实施)、《中华人民共和国专利法实施细则》(2024年1月20日正式实施)、《专利审查指南》(2023年修订)、《专利代理条例》(2019年3月1日正式实施)为基础,秉持"理论指引应用,应用提升技能"的指导思想,使其成为一本不同于现有教材、兼具"学院"与"实战"特色的专利代理实务教材。全书共计40万余字,共五章,第一章为专利代理实务概述,从宏观上介绍了专利代理行业的参与者、专利代理制度、专利代理从业人员的能力要求,以及与专利代理行业密切相关的法律法规。第二章为专利代理基础知识,从法律制度角度介绍了专利法保护客体、专利授权的实质性条件、专利申请文件、专利权的取得程序及专利权的无效宣告等内容。第三章为专利代理实务要点,从代理实务角度对新颖性、创造性等七大专利代理实务核心知识点分别进行了详细的阐释。第四章为专利代理实务应用与能力提升,介绍了在无效、新申请、答复审查意见三大实务场景中核心知识的运用方法,并对核心知识进行了系统的梳理和总结。第五章为专利代理实务实训与能力考查,通过对五套具有代表性的专利代理实务考试真题进行深度剖析,旨在通过实训达到全面提升读者实操能力的目的。

本书在编写过程中力求理论联系实际。既关注专利法律基础理论的介绍,又注意结合专利代理师实务考试的试题,阐述如何处理实践中出现的专利代理实务问题。本书使用对象广泛,打破学科间壁垒,自然科学学科、人文社会科学学科均可通过本书自学专利实务知识并将其付之于专利代理实践。本书既是专利代理行业外人士通过专利代理师考试取得专利代理师资格的一本有益教材,也是专利代理行业内人士从事专利代理实务工作的办事指南。

本书由两位作者共同完成,包括拟定总体规划、设计框架结构、撰写具体内容,以及协调体例安排以确保章节之间在结构上的完整性、连贯性。本书凝练了编者多年的理论学习、课堂教学及从事专利代理师培训的心血积累。本书第一章、第二章、第五章第3~5节由佟秀毓(上海政法学院经济法学院)编写,总计20余万字。本书第三章、第四章、第五章第1~2节由李享(天津工业大学法学院)编写,总计20余万字。此外,佟秀毓老师完成了本书前言的编写，李享老师完成了本书后记的编写，两位作者共同对本书进行了审阅。

与以往教材相比，本书的特色为：

（1）本书中涉及的所有法律规定均以最新修订的法律法规为依据，免去读者在阅读时因新旧法衔接带来的烦恼；

（2）本书编写者着力优化体例设计，旨在提高阅读效率。涉及代理师实务考试试题部分的字体均采用楷体，方便读者区分。试题、附图与讲解在体例上搭配合理，免去读者在阅读过程中前后翻阅的困扰；

（3）本书语言通俗易懂，最大程度上淡化了学历背景、专业背景的影响，旨在使不同教育背景的读者，特别是"零"基础阅读者，能通过自学从中获益；

（4）本书兼具指导读者通过专利代理师实务考试以及从事专利代理师工作的双重功能，能够为专利代理师人才队伍的壮大、提质提供帮助。

本书的编写参考借鉴了许多现有学术专著、教材的宝贵内容。包括：中国知识产权培训中心系列教材《专利代理实务》（第3版）、全国专利代理人资格考试备考用书《专利代理实务应试指南及真题精解》《中国专利法详解》、21世纪民商法学系列教材《知识产权法教程》（第七版）等。在充分借鉴上述经典内容、体例的基础上，编者将多年知识产权法学、专利代理师实务的教学、培训积累融入其中，以期为知识产权、法学和相关学科的教师、学生提供研习专利代理实务的教材。

本书的写作与出版，得益于各单位、同人和朋友的帮助与支持。衷心感谢上海政法学院经济法学院知识产权学科对本教材的高度重视与支持投入，本书的顺利完成离不开学科的鼎力支持与教研室各位老师的鼓励和帮助。感谢天津市知识产权局为本书的撰写提供专业指导。感谢北京科慧致远知识产权代理有限公司合伙人王乾旭，为本书的撰写贡献的宝贵实务经验。承蒙知识产权出版社及编辑李小娟老师对文稿进行了精心的编辑和加工。值此作品问世之际，对以上单位、同人、朋友一并表示感谢。

由于作者水平和实践经验有限，本书内容一定会存在疏漏之处，敬请大方之家批评指正。

目 录

第一章 专利代理实务概述

一、专利代理制度

根据《专利代理条例》第2条规定，专利代理是指"专利代理机构接受委托，以委托人的名义在代理权限范围内办理专利申请、宣告专利权无效等专利事务的行为"。专利代理机构、专利代理师、专利委托人、国家知识产权局和专利代理业务共同构建起专利代理制度的框架体系。

（一）专利代理机构

专利代理机构是依法成立、接受当事人委托并以委托人名义代理专利业务的合伙企业或有限责任公司等。专利代理机构的成立需满足严格的实质要件和程序要件。首先，专利代理机构在满足如下四个要件的基础上可以以合伙企业或有限责任公司的形式成立并开展专利代理业务。《专利代理条例》第8条指出："（一）有符合法律、行政法规规定的专利代理机构名称；（二）有书面合伙协议或者公司章程；（三）有独立的经营场所；（四）合伙人、股东符合国家有关规定。"此外，对于满足上述要件的拟从事专利代理业务的合伙企业或有限责任公司还应当履行程序要求，取得专利代理机构执业许可，即通过《专利代理条例》第9条"向国家知识产权局提出申请，提交有关材料，取得专利代理机构执业许可证"。取得执业许可证的专利代理机构在后续业务开展中，若因合伙人、股东或者法定代表人等事项发生变化的，还应当及时办理变更手续。

（二）专利代理师

专利代理师是在专利代理机构从业的自然人，主要负责根据客户的委托办理专利实务业务。专利代理师具有严格的执业资质要求,《专利代理条例》第10条规定:"具有高等院校理工科专业专科❶以上学历的中国公民可以参加全国专利代理师资格考试;考试合格的,由国家知识产权局颁发专利代理师资格证。"同时,《专利代理条例》第11条规定:"专利代理师执业应当取得专利代理师资格证,在专利代理机构实习满1年,并在一家专利代理机构从业。"因此,合格的专利代理师是指通过专利代理师资格考试,被国家知识产权局认可的专利代理机构聘用,具体承接和办理专利代理业务的执业人员。

(三)专利委托人

专利委托人是委托专利代理机构就某一项或几项发明创造以委托人的名义代为提出专利申请或代为答复审查意见或代为申请无效宣告等专利代理业务的主体。《专利代理条例》第3条指出:"任何单位和个人可以自行在国内申请专利和办理其他专利事务,也可以委托依法设立的专利代理机构办理。"委托专利代理机构代为处理专利申请等事宜的,应当签订专利委托代理协议,其中载明委托的事项、权限、费用、争议解决方式等内容。专利委托代理协议本质上属于双方协议一致签订的合同,有关专利委托人民事行为能力的认定及委托代理协议合同效力的认定都与《中华人民共和国民法典》(简称《民法典》)中的一般性规定一致,此处不再赘言。

(四)国家知识产权局

根据《专利代理条例》第5条规定:"国家知识产权局负责全国专利代理管理工作。省、自治区、直辖市人民政府管理专利工作的部门负责本行政区域内的专利代理管理工作。"首先就职能范围来看,国家知识产权局负责统一受理和审查专利申请,依法授予专利权;其次,国家知识产权局

---

❶ 理工科专业专科的认定以教育部《职业教育专业目录(2021年)》为依据。理工科专业本科的认定以《教育部关于公布2022年度普通高等学校本科专业备案和审批结果的通知》为依据。

和省、自治区、直辖市人民政府管理专利工作的部门应当开展专利业务监督工作,通过采取随机抽查等方式,对专利代理机构和专利代理师的执业活动进行检查、监督,发现违反专利相关法律规定的,及时依法予以处理,并向社会公布检查、处理结果;最后,国家知识产权局和省、自治区、直辖市人民政府管理专利工作的部门有义务加强专利代理公共信息发布,为公众了解专利代理机构经营情况、专利代理师执业情况提供查询服务。

(五)专利代理业务

专利代理业务划定的是专利代理实务具体工作范围,根据《专利代理条例》第13条规定,主要包括"代理专利申请、宣告专利权无效、转让专利申请权或者专利权以及订立专利实施许可合同等专利事务,也可以应当事人要求提供专利事务方面的咨询"。专利代理机构取得执业许可证后,可以接受当事人的委托为其提供专利咨询服务,范围包括:了解涉案专利的基本技术信息、申请何种类型的专利、专利申请材料的准备、申请公开和实质审查的时间节点、专利被驳回后如何答复审查意见通知书、对有效的专利提出无效宣告请求、对已经授权的专利进行监控和维护、如何应对第三人提出的无效宣告请求等。在充分了解案件事实的基础上,专利代理机构可以接受客户的委托,指派专利代理师完成处于不同阶段的专利代理实务工作。在专利申请阶段,专利代理师可以为客户撰写全套的专利申请文件、提交专利申请、应当驳回复审等。专利授权后,专利代理师可以对合法存续的专利权进行保护和维持,工作范围主要包括应对第三人提出的无效宣告请求、申请宣告第三人的专利无效、缴纳专利年费和变更著录项目等。除此之外,专利代理机构还可以接受当事人的委托,参与专利行政复议、专利行政授权确权及专利侵权诉讼,以及办理专利转让、许可、专利检索、专利侵权分析、专利预警分析等工作。

二、专利代理行业

我国专利代理制度已经建立三十余年,在一系列政策的推动下,我国专利代理行业蓬勃发展;特别是近十年来,专利代理机构和专利代理师数量呈现跨越式增长。国家知识产权局发布的数据显示,2013—2015年取得专利代理师资格人数的年增长率均超过20%;截至2016年年底,取得专利代理师资格的人数突破3万人;2017—2020年,取得专利代理师资格人数每年新增均超过5 000人;截至2021年年底,取得专利代理师资格人数超过6万人;截至2022年年底,获得专利代理师资格证书的人数达到63 311人,执业专利代理师总计31 347人。[1]近年来,虽然我国专利代理师从业人数有了较大幅度增加,但存在明显的地域发展不平衡现象。专利代理师集中分布在北京、广东、江苏、上海、浙江五地。北京执业的专利代理师及取得专利代理师资格的人数均已过万,分别为11 141人、15 382人,均排名全国第一。除此之外,东部地区的福建、天津、河北,中部地区的安徽、湖北、河南、湖南,西部地区的重庆、陕西,以及东北地区的辽宁等十省(市)的执业专利代理师数量均已超过300人。[2]

现有专利代理师体量和地域不平衡分布不能满足我国专利保护的实际需要,特别是随着《知识产权强国建设纲要(2021—2035年)》和《"十四五"国家知识产权保护和运用规划》实施以来,我国对知识产权保护确立了更高定位。专利代理作为知识产权体系中的重要组成部分,因其理论与实务的复合性、学科交叉的复杂性和文件撰写的专业性,造成专利代理执业的准入门槛让人望而生畏,行业发展存在巨大的人才需求与岗位缺

---

[1] 国家知识产权局.《全国知识产权代理行业发展状况(2022年)》显示:我国知识产权代理行业持续健康发展[EB/OL].(2023-05-11)[2024-01-08].https://www.cnipa.gov.cn/art/2023/5/11/art_53_185016.html.

[2] 国家知识产权局.《全国知识产权代理行业发展状况(2022年)》显示:我国知识产权代理行业持续健康发展[EB/OL].(2023-05-11)[2024-01-08].https://www.cnipa.gov.cn/art/2023/5/11/art_53_185016.html.

口。专利代理师是从事专利代理业务的专业人员,专利代理师的数量规模、执业能力和地域分布是决定专利代理业务高质高效开展和专利代理行业蓬勃有序发展的核心要素。专利代理师能够为专利诉讼和非诉业务提供强有力的支撑,进一步增加专利代理师执业人数,提升专利代理师考试通过率,培养专利代理师实务能力将成为未来十余年知识产权强国建设的重要内容。

三、专利代理师实务能力

专利代理实务涉及内容广泛,从申请前咨询到授权维护,再到相关诉讼均离不开专利代理师的参与。通过专利代理师考试是取得专利代理师资格的准入门槛。考试设置的目的在于筛选具备实务能力的潜在专利代理师,以备在授予专利代理师资格后可以通过高质量的代理服务推进专利代理行业发展,促进科技的进步和社会的繁荣。1992—2022年,我国共计举办了24次专利代理师考试。近十年的报名考试通过率均维持在12%~18%,其中2022年专利代理师资格考试报名人数达到51 511人,考试通过6 775人,报名通过率(主观+客观)为13.2%。❶数据显示,专利代理考试通过率相对较低,甚至要低于法律职业资格考试(司法考试),其难度可见一斑。

出于对专利代理业务实战能力的测试和评估,专利代理师考试的题型设置和内容考查主要集中于专利授权确权程序的相关场景,以情景模拟等方式对实务能力进行检测。无论是具有从业经验的专利从业人员,还是准备踏足该领域的法律新人,其之所以不能够顺利通过专利代理师考试无外乎两点:其一是缺乏专业的专利代理基础理论知识和实务经验,亟须在理论知识夯实和实务能力培训两块短板上进行系统化和针对性的训练;其二是缺乏联通法律条文与实务工作的转化能力,

---

❶ 思博网.专利代理师资格考试历年通过率(1998—2022)[EB/OL].(2023-05-12)[2024-01-08]. https://www.sohu.com/a/674920452_100141014.

即虽然能够理解法律条文规定的基本含义,但无法将其灵活用于具体的实务工作中。为帮助读者更加清晰、全面地认识专利代理实务考试对专利代理师实务能力的考核要求,下文从宏观解读、微观解读和真题拆解三个方面作出释明,旨在帮助读者能够就专利代理实务能力形成整体认识。

(一)专利代理实务能力的宏观解读

作为专利授权确权的主要流程,专利代理实务涵盖了多个主要场景(图1-1),具体包括三类:第一,提出专利申请。专利代理机构在接受专利委托人的委托后,指派专利代理师在充分了解客户涉案专利技术背景的基础上,代为向国家知识产权局提出专利申请。第二,答复审查意见。专利申请提出后,国家知识产权局对已收到的专利申请文件按照《专利审查指南2023》的规定进行审查。若国家知识产权局认为所申请的专利不符合授权要件,将作出驳回专利申请的决定。此时,若对国家知识产权局作出的驳回决定不服,专利代理师需针对国家知识产权局的审查意见进行逐一答复和说明。第三,提无效与答无效。一项专利申请被授予专利权并不代表专利权可以在保护期限内一直稳定地存续,已授权的专利仍面临被其他单位或个人申请宣告无效的风险。一旦被他人申请宣告无效,专利代理师应针对无效宣告申请的事实和理由作出说明和应对,即"答无效"。另外,当遭遇他人在先专利导致委托人涉案专利无法获得授权或需应对他人所提起的专利侵权诉讼时,专利代理师需依据客户的委托,对某项已获授权的专利提出专利无效申请,即"提无效"。从宏观层面来看,专利代理师实务能力的考查与应用需求可归结为上述三大类别场景。专利代理师应针对不同场景类型,结合代理业务立场,基于《中华人民共和国专利法》(简称《专利法》)及相关规定,妥善处理专利实务事宜。

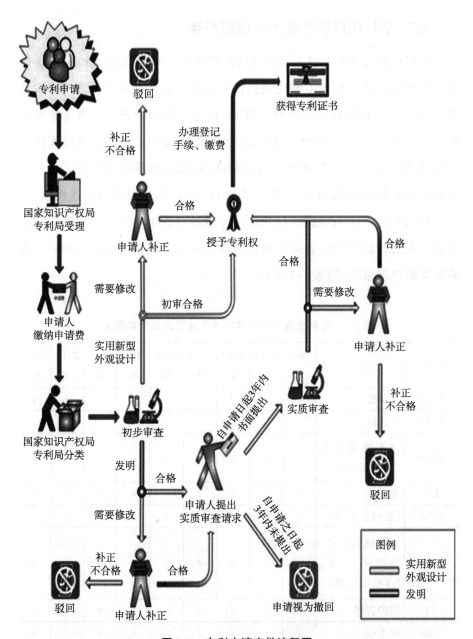

图1-1　专利申请审批流程图

资料来源：国家知识产权局．专利申请审批流程［EB/OL］．（2020-06-05）［2024-07-12］．https://www.cnipa.gov.cn/art/2020/6/5/art_1517_92471.html.

（二）专利代理实务能力的微观解读

专利代理师实务考试是专利代理师实务能力考查的集中体现,其涵盖的三类场景应用均包括专利代理的核心实务要点。这些微观的核心实务要点构成了专利代理师实务能力框架,是专利代理师开展三类业务场景的坚实基础。从实务能力角度出发,专利代理师不仅需从含义层面深入领会这些以法律法规形式规定的实务核心要点,还需精准掌握其在实务分析中的具体应用和解读方式,唯有如此,方能实现理论与实践相结合,有效贯通立法条文与实践应用的脉络。通过对近十年来专利代理师实务考试试题进行综合分析并对专利代理师实务能力体系中的核心知识和考查频次的梳理总结,如表1-1所示。

表1-1　专利代理师实务考试核心知识点及考查频次

法条*	内容	2011年	2012年	2013年	2014年	2015年	2016年	2017年	2018年	2019年
A22.2	新颖性	√	√	√	√	√	√	√	√	√
A22.3	创造性	√	√		√	√	√	√	√	
A26.4	得不到说明书支持、不清楚	√	√	√	√		√	√	√	
A31	单一性	√	√	√	√	√	×	√	√	
R23.2	"独权含必特"	√	×	√	√	×		×	×	√
R25	从属权利形式:主题不一致、"多引多"、择一	×	×	√	√	×	×	×		×
A2	保护客体	×	√	√	×	×	×	×	×	×
A29	优先权	√	×	×	×	×	×	×	×	×
A25	不授予专利权客体	×	×	×	√	×	×	×	×	×

续表

法条*	内容	2011年	2012年	2013年	2014年	2015年	2016年	2017年	2018年	2019年
A9	同样的发明创造性	×	×	×	×	×	×	×	×	×

注1：图中内容为2011—2019年专利代理师实务考试所涉及的知识点，其中"√"表示该知识点在当年考试中有涉及，"×"表示该知识点在当年考试中未涉及。此外，专利代理师考试试题自2020年开始不再公布，所以本表中对核心知识点考查的梳理截至2019年。

*为便于编写，本书在表格中将《专利法》相关法条以A代替，将《专利法实施细则》相关法条以R代替，如《专利法》第22条第2款简写为A22.2，《专利法实施细则》第23条第2款简写为R23.2。

（三）专利代理实务能力的真题拆解

考查和提升专利代理实务能力，应当从理解法律含义和熟悉具体实务应用方法两个角度展开。需说明的是，由于专利代理实务涉及的材料种类较多，且各个文件的功能和作用均不同，对于刚刚接触专利代理实务的人员而言，阅读和理解专利代理师实务考试题目尚存在困难，为揭开专利代理实务的复杂面纱，以下将以2019年专利代理师实务考试题目为例，对专利代理实务考查材料的组成及其功能进行说明，旨在帮助广大读者更快熟悉和掌握专利代理文件的相关知识。

1. 试题说明

专利代理师实务考试材料（简称考试材料）的第一部分为试题说明，通过阅读试题说明可以明确试题包括哪些材料，以及试题所设定的具体考查场景和立场。试题说明按顺序列举设问，考生在后续答题过程中，应严格按照试题说明中罗列的问题顺序逐一展开论述。该题为提无效场景，其中涉及三个附件。附件1为本案的涉案专利，也为本题提出无效宣告请求的对象，考生需结合《专利法》《中华人民共和国专利法实施细则》（简称《专利法实施细则》）等相关法律法规，确定无效宣告的理由并分析。附件2为客户提供的两份对比文件，这是实务考试中常见的材料形式。每年考题材料中均会给出1~2份对比文件(在实务中,这些对比文件通常需由专利代理师通过专业的检索工作确定)。对比文件主要记录了与涉案专利在技术上较为接近的技术方案,包括说明书或者权利要求书等内容,作为判断涉案专利新颖性和创造性的重要依据。附件3为技术交底书,这也是历年题目中不可或缺的一部分。题目通常要求考生根据技术交底书的内容,撰写一份完整的权利要求书。技术交底书作为权利要求书撰写的重要依据,其详细程度和准确性直接影响权利要求的质量,而权利要求书撰写的考查频率也充分说明了其在专利代理师实务能力中的重要地位。

试题说明(2019年专利代理师实务考试部分真题):

客户A公司正在研发一项产品。在研发过程中,A公司发现该产品存在侵犯B公司的实用新型专利的风险。为此,A公司进行了检索并得到对比文件1、2,拟对B公司的实用新型专利(以下称涉案专利,即附件1)提出无效宣告请求。在此基础上,A公司向你所在代理机构提供了涉案专利、对比文件1、2和A公司技术人员撰写的无效宣告请求书(附件2),以及A公司所研发产品的技术交底材料(附件3)。

第一题:请你具体分析客户所撰写的无效宣告请求书中的各项无效宣告理由是否成立,并将结论和具体理由以信函的形式提交给客户。

第二题:请你根据客户提供的材料为客户撰写一份无效宣告请求书,在无效宣告请求书中要明确无效宣告请求书的范围、理由和证据,要求以《专利法》及《专利法实施细则》中的有关条、款、项作为独立的无效宣告理由提出,并结合给出的材料具体说明。

第三题:请你根据A公司所研发产品的技术交底材料(附件3),综合考虑附件1和对比文件1、2所反映的现有技术,为客户撰写一份发明专利申请的权利要求书。

第四题:简述你撰写的独立权利要求相对于现有技术具备新颖性和创造性的理由。

第五题:如果所撰写的权利要求书中包含两项或者两项以上的独立权利要求,请简述这些独立权利要求能够合案申请的理由;如果客户提供的技术内容涉及多项发明,应当以多份申请的方式提出,则请说明理由,并撰写另案申请的独立权利要求。

2. 涉案专利文件

考试材料的第二部分为涉案专利的专利文件,其中包括权利要求书、说明书及其附图。

(1)涉案专利权利要求书。

权利要求书是确定一项发明创造专利法律保护范围的基本依据,对于专利申请、答复审查意见或是处理无效类情形的专利代理业务均起着至关重要的作用。专利业务的开展必须紧密围绕权利要求书中的每一项权利要求展开。具体而言,应依托前文所述的基础知识,对权利要求书存在的问题进行分析,逐一评价每一项权利要求是否符合《专利法》的相关规定,如权利要求是否具有新颖性、创造性,以及独立权利要求是否包括必要技术特征。

2019年专利代理师实务考试部分真题(涉案专利):权利要求书
权利要求书

1. 一种压蒜器,主要由上压杆(1)和下压杆(2)构成,其特征在于,上压杆(1)和下压杆(2)活动连接,上压杆(1)靠近前端的位置设有压蒜部件(3),下压杆(2)上设有与压蒜部件(3)相对应的压筒(4),压筒(4)上端开口,压筒(4)底部设有多个出蒜孔(5)。

2. 根据权利要求1所述的压蒜器,其特征在于,上压杆(1)前端与下压杆(2)前端活动连接。

3. 根据权利要求2所述的压蒜部件,其特征在于,所述的压蒜部件(3)包括压臂(31)和固定连接在压臂(31)下端的压盘(32),所述压臂(31)的上端与上压杆(1)活动连接。

4. 根据权利要求2或3所述的压蒜部件,其特征在于,所述压盘(32)上设有多根压蒜齿(33)。

(2)涉案专利说明书及其附图。

涉案专利的说明书及其附图,主要是对涉案专利所记载的技术方案进行解释和说明。通过阅读说明书及其附图,阅读者能够深入理解技术方案拟解决的技术问题,以及通过何种方式获得相应的技术效果。附图是根据说明书所载事项,对技术特征进行标注以便读者能够更加直观地把握技术细节。在判断权利要求是否能得到说明书的支持(A26.4),以及独立权利要求是否缺少必要技术特征(R23.2)等问题时,说明书及其附图是主要的参考文件。

2019年专利代理师实务考试部分真题(涉案专利):说明书及其附图

压蒜器

[0001]本实用新型涉及一种用于将蒜瓣压制成蒜泥的压蒜器。

[0002]大蒜是一种常用的调味食材,在将蒜瓣制成蒜泥时,传统的方法是采用捣杆与瓦罐配合将蒜瓣捣成蒜泥。目前市面上有一种压蒜器,可较传统方法更为方便、省力地获得蒜泥。该压蒜器包括上压杆1'和下压杆2',上压杆1'的端部设有压头3',下压杆2'的端部设有与上述压头3'相配合的压筒4',上压杆1'和下压杆2'在中间铰接起来形成钳子的形状。使用时,将蒜瓣放在压筒4'内,用手握住压杆,便可利用杠杆原理将蒜瓣压碎。

[0003]但是,该压蒜器用于挤压配合的压头3'和压筒4'分开的角度有限,蒜瓣较大时不易放入;而且压杆长度有限,挤压较大的蒜瓣时仍然比较费劲。

[0004]本实用新型的目的在于提供一种压蒜器,该压蒜器具有操作方便、节省力气的特点。

[0005]图1是现有技术的压蒜器的示意图。

[0006]图2是本实用新型的压蒜器实施例的示意图。

[0007]图3是本实用新型的压蒜器改进实施的示意图。

[0008]如图2所示,本实用新型的压蒜器主要由上压杆1和下压杆2组成,上压杆1的前端与下压杆2的前端活动连接。上压杆1靠近前端的位置设有压蒜部件3,所述压蒜部件3包括压臂31和固定连接在压臂31下端的压盘32。下压杆2靠近前端的位置设有与压蒜部件3相对应的压筒4,压筒4与下压杆2一体成型,其形状为上端开口的筒状体,压筒4底部具有多个圆形的出蒜孔5,这些出蒜孔5间隔均匀地分布在压筒4的底面上。压蒜部件3与上压杆1之间最好采用活动连接的方式。例如,上压杆1底部靠近前端的位置设有一固定支座6,压蒜部件3的压臂31通过销轴7与所述固定支座6连接。压臂31与固定支座6也可以通过其他方式活动连接,例如铆钉连接、螺栓连接等。

[0009]上述实施例中压蒜器的压盘32的下表面为平面,在使用时,压蒜器将蒜瓣压扁后,仍有部分蒜瓣被压成饼状残留在压筒4内,即使反复施力挤压仍无法将残留的蒜瓣挤碎并排出压筒4。为进一步解决蒜瓣残留的问题,如图3所示,在压盘32的下表面上设置多个与出蒜孔5对应的压蒜齿33,所述多个压蒜齿33间隔均匀地分布在压盘32的下表面上,其横截面直径小于出蒜孔5的内径。当压盘32置入压筒4内时,压蒜齿33与出蒜孔5一一对应,从而使挤压更加充分,提高蒜泥的挤出效率。

[0010]具体的操作过程如下:首先一手握持下压杆2,将上压杆1向上抬起,使压盘32离开压筒4;之后将蒜瓣放入压筒4内,将上压杆1下压,在上压杆1向下运动的过程中,压盘32进入压筒4,对蒜瓣进行挤压,压蒜齿33将蒜泥从出蒜孔5挤出。

[0011]虽然本实用新型同样是利用杠杆原理将蒜瓣压碎,但由于将支点的位置调整到上、下压杆的前端,本实用新型的压蒜器相比于现有的压蒜器操作更为省力,不需施加很大的握压力即可将蒜瓣压碎成蒜泥。而且,压盘32上设置多个压蒜齿33也可以进一步提高蒜泥的挤出效率。

说明书附图

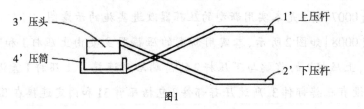

图1

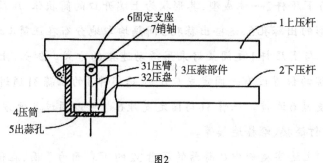

图2

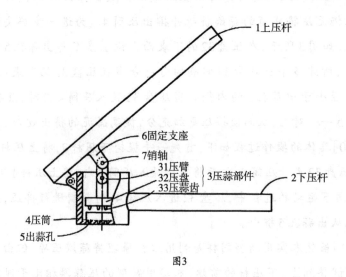

图3

3. 对比文件

考试材料的第三部分为对比文件,该文件为客户提供了与涉案专利所属相近领域内的技术方案。对比文件中记载的技术特征可以用于评价涉案专利新颖性和创造性。

（1）对比文件1的说明书及其附图。

2019年专利代理师实务考试(对比文件1)：说明书及其附图

说明书

家用压蒜器

[0001]本实用新型涉及一种压蒜器,特别涉及一种简易家用压蒜器。

[0002]大蒜是我们常用的一种食材,但是在使用大蒜的时候,剥蒜后将蒜瓣捣碎是一件既麻烦又很浪费时间的事情。

[0003]本实用新型的目的在于提供一种既简易又方便省事的家用压蒜器。

[0004]图1为本实用新型的结构示意图。

[0005]如图1所示,家用压蒜器由压头1、压槽2及两个手柄3组成。压头1和压槽2分别设置在两个手柄3的前端,手柄3中部设有连接孔,把两个手柄3通过连接孔用铆钉4连接起来,形成一个钳子的形状。压槽2顶部开口,底部均布有多个漏孔5,压头1上有多个相对应的压蒜齿6。把蒜瓣放在压槽2里,用手握住手柄3用力挤压,由于杠杆的作用,蒜瓣就会被压成泥状,然后在压蒜齿6的挤压下,蒜泥从漏孔5中被挤出,方便又快捷。

说明书附图

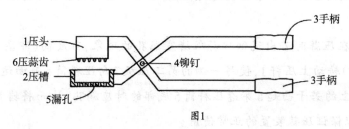

图1

（2）对比文件2的说明书及其附图。

2019年专利代理师实务考试部分真题（对比文件2）：说明书及其附图

说明书

一种防堵孔压蒜装置

[0001]本实用新型涉及一种压蒜装置，特别涉及一种防堵孔压蒜装置。

[0002]现有的压蒜装置在使用时，压料筒的漏孔容易被细碎蒜粒堵塞，进而阻碍蒜泥出料，影响压蒜效率。

[0003]本实用新型的目的是提供一种防堵孔压蒜装置，以解决现有技术中压蒜装置在使用过程中其漏孔容易堵塞，进而阻碍蒜泥出料的问题。

[0004]图1为本实用新型的压蒜装置的结构示意图。

[0005]如图1所示，一种防堵孔压蒜装置，包括有上压杆1、下压杆2、第一压臂3、第一压板4和压料筒5，上压杆1和下压杆2的前端部通过销轴连接在一起。下压杆2上设有压料筒5，压料筒5为顶部敞口的筒体，其底部设有供蒜泥通过的多个漏孔（图1中未示出）；第一压臂3与上压杆1在与压料筒5相对应的位置（图1所示上压杆1的下侧位置）活动连接，第一压板4与第一压臂3焊接在一起。在上压杆1上还活动安装有第二压臂6，所述第二压臂6的位置与第一压臂3相对应设置（图1所示上压杆1的上侧位置），第二压臂6上焊接第二压板7，第二压板7上设有若干凸起8，凸起8的横截面直径略小于漏孔的内径，其位置与压料筒5底部的漏孔一一对应。

[0006]在压蒜时若出现细碎蒜粒堵塞漏孔的现象，可反向（即图1中递时针方向）转动上压杆1，使另一侧的第二压板7向压料筒5底面运动，第二压板7上的若干凸起8穿透压料筒5底部的对应漏孔，从而将堵塞的漏孔疏通，以保证压蒜装置的正常使用。

说明书附图

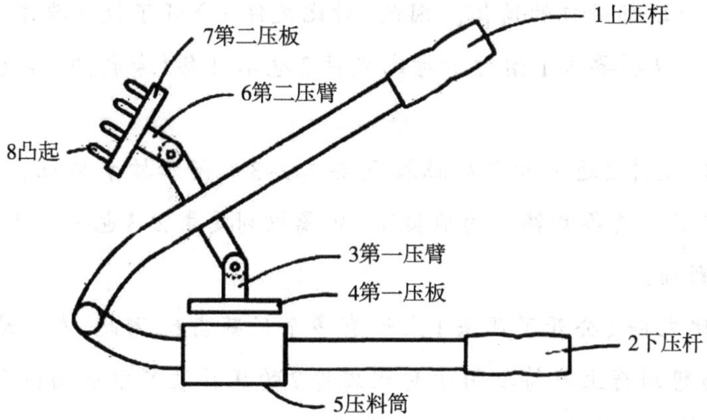

图1

4. 无效宣告请求书

考试材料的第四部分为客户撰写的无效宣告请求书。无效宣告请求书的撰写需要结合涉案专利的权利要求书、说明书、对比文件等材料,针对涉案专利存在的问题在判断及分析后进行解释说明。

2019年专利代理师实务考试部分真题:客户撰写的无效宣告请求书

(一)关于新颖性和创造性

1. 对比文件1作为现有技术,公开了一种家用压蒜器,由压头1、压槽2及两个手柄3组成,压头1和压槽2分别设置在两个手柄3的前端,手柄3中部设有连接孔,把两个手柄3通过连接孔用铆钉4连接起来(即上压杆和下压杆活动连接),压槽2顶部开口,底部有多个漏孔5。由此可见,对比文件1公开了权利要求1的全部技术特征,权利要求1相对于对比文件1不具备《专利法》规定的新颖性。

2. 对比文件2作为现有技术,公开了一种防堵孔压蒜装置,包括有上压杆1、下压杆2、第一压臂3、第一压板4和压料筒5。上压杆1和下压杆2的前端部通过销轴连接在一起(即上压杆和下压杆活动连接),上压杆靠近前端的位置活动安装有第一压臂3,第一压板4与第一压臂3焊接在一

17

起(第一压臂和第一压板一起构成压蒜部件),下压杆2上对应设有压料筒5,压料筒5为顶部敞口的筒体。因此,对比文件2公开了权利要求1的全部技术特征,权利要求1相对于对比文件2也不具备《专利法》规定的新颖性。

3. 对比文件2还公开了从属权利要求2~3的附加技术特征,在其引用的权利要求不具备新颖性的前提下,从属权利要求2~3也不具备《专利法》规定的新颖性。

4. 对比文件1公开了压头1上设有多个压蒜齿6,因此,本领域的技术人员容易想到将上述特征用于对比文件2的压蒜装置中从而得到权利要求4所要求保护的技术方案,因此,权利要求4相对于对比文件2和对比文件1的结合不具备《专利法》规定的创造性。

5. 对比文件2公开了第二压板7上设有若干凸起8且与漏孔一一对应,因此本领域的技术人员容易想到在第一压板4上也设置若干凸起(即压蒜齿),因此,权利要求4相对于对比文件2不具备《专利法》规定的创造性。

(二)其他无效理由

6. 权利要求3和4的主题名称与所引用的权利要求的主题名称不一致,不符合《专利法实施细则》第22条第1款的规定。

7. 权利要求4没有限定压蒜齿的大小,因此得不到说明书支持,不符合《专利法》的有关规定。

因此,请求宣告涉案专利全部无效。

5. 技术交底书

考试材料的最后一部分为客户提供的技术交底书。技术交底书是委托人为便于专利业务开展向专利代理机构和专利代理师提供的技术交底文件,是撰写权利要求书的基础材料。专利代理师需要结合技术交底书中记载的技术问题、技术方案、技术效果等信息撰写符合授权条件的权利要求书。

2019年专利代理师实务考试部分真题：客户提交的技术交底书

现有技术中披露了一种压蒜器，包括上手柄、下手柄、压头和压料筒，采用压头和带有漏孔的压料筒相互配合来压制蒜泥。然而这种压蒜器的压料筒与下手柄是一体的，不容易对压料筒内残留的蒜末进行清理，有时会有蒜末残余，导致不够卫生。

在上述现有技术的基础上，我公司提出一种改进的压蒜器。

图1为我公司改进的压蒜器的结构示意图。我公司提供的压蒜器，包括上压杆1和下压杆2，上压杆1与下压杆2在两者的前端部活动连接。在上压杆1靠近前端部的位置设有压蒜部件3，压蒜部件3包括压臂31和压盘32。在下压杆2上相应设有压筒4，压筒4包括壳体41和可拆卸的内筒42。壳体41为上下两端开口的筒状结构，其位置靠近下压杆2前端，壳体41与下压杆2连为一体。内筒42上端开口，内筒42底部开设有多个出蒜孔5，内筒42的上端边缘设有外翻的折边42a。在使用时，将内筒42放置于壳体41内，通过所述折边42a抵靠在壳体41的上端面，把蒜瓣放入内筒42内，随后合拢上、下压杆，使压蒜部件3进入内筒42，从而进行压蒜操作。在清洗的时候，只需分开上、下压杆，取出内筒42，即可对内筒42中的残留物进行清洗，非常方便。

图2为我公司改进的另一结构的压蒜器的结构示意图。相同部件不再赘述，所述压蒜器的压筒4包括壳体41和可拆卸的插片42，壳体41为上下两端开口的筒状结构，它与下压杆2连为一体，位置靠近下压杆2前端，在壳体41下端沿垂直于壳体41轴线的方向设有插槽41a，在插槽41a下方、壳体41内壁面上设有一圈环形的凸起41b，所述凸起41b从壳体41的内壁面沿径向向内延伸。插片42的形状大小与壳体41内部横截面基本一致，插片42上设置有多个出蒜孔5，插片42的一侧边缘设置有便于插拔插片42的把手42b。使用时，将插片42从插槽41a插入壳体41内，插片42到位后其边缘抵靠在凸起41b上，通过凸起41b实现支撑定位。由于插片42是可拆卸的，在清洗时，仅需拉住把手42b将插片42抽出，壳体41和插片42可以分开清理，方便快捷。

图3为我公司改进的又一结构的压蒜器的结构示意图。相同部件不再赘述,所述压蒜器的压筒4包括壳体41和可拆卸的出蒜筒42,壳体41为上下两端开口的筒状结构,它与下压杆2连为一体,位置靠近下压杆2前端,在壳体41靠近下端的外壁面设有外螺纹。出蒜筒42为上端开口的筒体结构,出蒜筒42的底板上设置多个出蒜孔5,出蒜筒42的内壁设有与壳体41上外螺纹相配合的内螺纹,出蒜筒42通过螺纹连接在壳体41的下端。由于出蒜筒42是可拆卸的,在清洗时,仅需将出蒜筒42从壳体41上拧下即可,后续的清理工作方便、快捷。

现有技术以及前述实施方式中的上、下压杆均为直杆,当压筒4内装满蒜瓣时,压蒜部件3的压盘32处于压筒4的端口,此时上压杆1与下压杆2中后段的距离太大,无法一只手同时将上、下压杆握住,而必须双手分别握住上、下压杆才能进行操作,从而使压蒜操作不太方便。为解决上述问题,我公司还对压蒜器的压杆进行了改进设计,图4为对压杆改进后的压蒜器的结构示意图。如图4所示,上压杆1的中后段设置有圆弧状的下凹部1a,与上压杆1为直杆的压蒜器相比,上、下压杆间的距离得以减小,在压制蒜泥时,能够一只手将上、下压杆同时握住进行操作,操作更为便利。需要注意的是,下凹部1a的尺寸应当满足如下条件,即当压蒜部件3的压盘32处于压筒4底部时,下凹部1a的最低点略高于下压杆2的上表面,从而防止上、下压杆在压蒜操作时发生干涉,导致压盘32不能充分挤压蒜瓣。

上述实施方式仅为本发明的优选实施方式,不能以此来限定本发明保护的范围,本领域的技术人员在本发明的基础上所作的任何非实质性的变化及替换均属于本发明所要求保护的范围,比如还可以配置出蒜孔尺寸不同的多个用于出蒜的部件,根据需要更换不同的出蒜部件,从而获得粗细不同的蒜泥。

技术交底材料附图

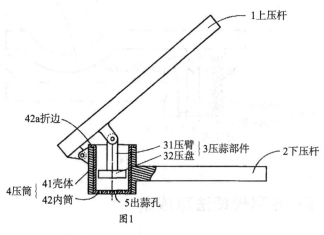

图1

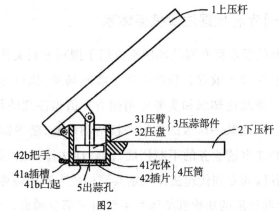

图2

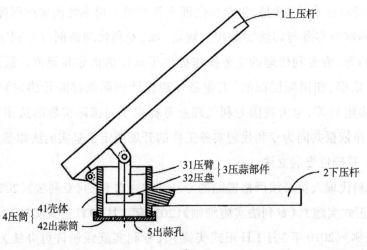

图3

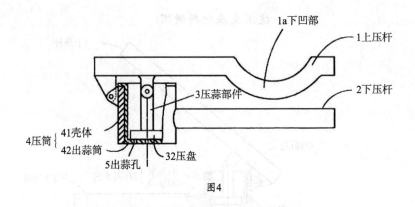

图4

四、专利代理法律依据

（一）专利代理法律框架体系

专利代理是将专利基础理论应用于撰写专利文件、提交专利申请、答复审查意见和无效宣告程序等多个实际场景,执行此项业务的人员需同时具备基础理论知识和实务应用能力。值得注意的是,专利代理并非仅限于某一国或某一区域的知识产权活动范畴,随着知识产权国际化趋势和专利PCT申请业务的不断拓展,国际性法律依据,如国际条约、国际协定等与各国的专利代理法律规定共同构成专利代理业务的法律基础。在我国,专利代理的法律框架体系主要由三部分构成。首先,基础性专利立法,如《专利法实施细则》,为专利代理业务提供了根本性的法律保障。其次,专利审查实务与司法实践相关规定,如《专利代理条例》《专利审查指南2023》等,为专利代理的实务操作提供了具体的指导和规范。最后,相关国际依据,如国际层面的《工业品外观设计国际保存海牙协定》(简称《海牙协定》)等,也为我国专利代理业务提供了与国际接轨的法律支撑。这些法律依据共同为专利代理实务工作的开展奠定了坚实的法律基础。

1. 基础性专利立法

专利代理人员必须严格遵循的专利立法主要包括《专利法》(2021年6月1日正式实施)、《专利法实施细则》(2024年1月20日正式实施)、《专利代理条例》(2019年3月1日正式实施)、《专利实施强制许可办法》(2012

年)、《专利优先审查管理办法》(2017年)、《重大专利侵权纠纷行政裁决办法》(2021年)等一系列法律法规。

2. 专利实务审查与司法实践的相关规定

专利实务审查主要依据国家知识产权局颁布的《专利审查指南2023》进行,而在司法实践中,最高人民法院也发布了一系列相关的解释和规定。这些解释和规定包括《最高人民法院关于审理侵犯专利权纠纷案件应用法律若干问题的解释》《最高人民法院关于审理侵犯专利权纠纷案件应用法律若干问题的解释(二)》《最高人民法院关于审理专利纠纷案件适用法律问题的若干规定》《最高人民法院关于审理专利授权确权行政案件适用法律若干问题的规定(一)》,以及《最高人民法院关于审理申请注册的药品相关的专利权纠纷民事案件适用法律若干问题的规定》等。

3. 与专利代理相关的国际依据

在国际层面,围绕专利业务已达成并签署了一系列重要协议,包括《与贸易有关的知识产权协定》(简称TRIPS协定)、《保护工业产权巴黎公约》(简称《巴黎公约》),以及《专利合作条约》等。此外,我国于2022年2月5日正式向世界知识产权组织递交了《海牙协定》的加入书与声明,该文本于同年5月5日正式对我国生效。这些多元化的国际条约共同为专利代理实务的开展提供了坚实的国际法律支撑。

(二)《专利法》《专利法实施细则》新修改变化

专利代理的法律依据与时俱进,制定和完善专利法律制度是全面建设世界知识产权强国的重要内容,能够为我国经济实现高质量发展和中国式现代化进程的推进提供有力保障。2020年10月17日,经第十三届全国人民代表大会常务委员会第二十二次会议审议,表决通过了《全国人民代表大会常务委员会关于修改〈中华人民共和国专利法〉的决定》,该决定自2021年6月1日起正式实施。此次《专利法》的修订和颁布,为我国在新形势下应对专利保护领域出现的新问题、新矛盾提供了基础性制度保障。在此基础上,为了进一步贯彻落实党中央、国务院对知识产权工作的决策部署,确保《专利法》得到有效实施,我国在完成《专利法》修订工作的同时,迅速启动了《专利法实施细则》的修订工作。2023年12月11日,国务院正式发布第769号令,公布了《国务院关于修改〈中华人民共和国专利法实施细则〉的决定》,新修订的《专利法实施细则》将于2024年1月20日起正式实施。此次修改后的《专利法实施细则》由123条增至149条,由11章扩展为13章。其中,新增条文共计30条,删除了4条旧条文,并特别新增了"第五章专利权期限补偿"和"第十二章关于外观设计国际申请的特别规定"两个章节。这两个新增章节的加入,为我国知识产权的国际化发展提供了有力的支撑,为我国工业品外观设计的国际保护指明了方向,体现了我国积极履行国际义务,进一步融入知识产权国际规则体系的坚定决心和实际行动。此外,本次修订具有制度意义:完善专利申请制度,便利申请人和创新主体;完善专利审查制度,提高专利审查质量;加强专利保护,维护专利权人合法权益;促进专利转化运用,支撑经济高质量发展。整体上,《专利法实施细则》的修订和实施,将进一步提升我国专利的创造、运用、保护、管理和服务水平,并确保为专利制度实施的一致性和稳定性提供坚实的法律保障。

为确保《专利法》和《专利法实施细则》得以有效实施,国家知识产权局已顺利完成《专利审查指南2023》和《规范专利申请行为的规定》的修订工作,此举旨在实现立法规定与审理实务的有效衔接。为进一步明晰《专利法》《专利法实施细则》实施后,涉及审查业务相关条款在修改前后的具体适用规则,国家知识产权局特制定了《关于施行修改后的专利法及其实施细则相关审查业务处理的过渡办法》。此外,为保障修改后新增的专利权期限补偿、专利开放许可等重要制度能够顺利推行,国家知识产权局发布了《国家知识产权局关于专利权期限补偿和专利开放许可相关行政复议事项的公告》。上述系列规定将为过渡期内新旧制度的衔接,以及新制度的实施提供明确指引。

第二章　专利代理基础知识

一、专利权客体范围

《专利法》第2条列明了所保护的客体范围,包括发明、实用新型和外观设计三类。《专利法》第5条和第25条进一步明确了不授予专利权的特别规定。《专利法》第2条、第5条和第25条从正向圈定和反向排除两个角度共同划定了专利权客体保护范围。

(一)发明

根据《专利法》第2条第2款规定:"发明,是指对产品、方法或者其改进所提出的新的技术方案。"对于发明要从两个层面进行解读:其一,发明的本质是一项新的技术方案;其二,发明以产品、方法或者其改进为对象。

1. 发明是一项新的技术方案

(1)发明的本质是技术方案。

技术方案是指为解决某一技术问题,通过采用一系列符合自然规律的、以技术特征为体现的技术手段,进而实现了技术效果的内容记载。简单来讲,一项技术方案是指为解决现有技术中的某一个或某几个技术问题,通过采取利用自然规律的一系列技术手段的集合,进而产生了对应的技术效果。技术方案的认定遵循"技术问题—技术手段—技术效果"的逻辑思路。技术方案实为一系列技术手段的集合,技术手段一般通过技术特征来体现,可表现为技术特征及技术特征间的相互关系,如一项技术方案中关于部件的设置、连接关系、位置关系、特殊材质等的描述。未采用技术手段解决技术问题以获得符合自然规律的技术效果的方案,不属于技术方案的范围。诸如"一种编发方法""一种马拉松比赛计时规则""一种期末考试评分规则"等因不曾涉及技术问题的解决、技术手段的采取和技术效果的产生,因此都不属于技术方案的范畴。下例为"一种升降式汽车杯托总成"技术方案记载内容,遵循"技术问题—技术手段—技术效果"基本范式,可通过阅读如下示例内容分析得出该技术方案拟解决的技术问题、为解决技术问题而采取的技术手段以及因技术手段的实施所产生的技术效果。

技术方案示例❶:

发明专利的摘要记载为:本发明涉及汽车零部件技术领域,且公开了一种升降式汽车杯托总成(如图1所示),包括箱体,所述箱体的内部安装有夹持机构,所述夹持机构左右两个相互配合用于对水杯进行夹持;所述夹持机构包括滑动安装在所述箱体内的轴承,所述轴承的内部转动安装有缓冲转轴,所述缓冲转轴的一端固定安装有调节套筒,所述调节套筒内滑动安装有调节滑杆,所述调节套筒上还螺纹安装有用于对所述调节滑杆形成限制的调节螺栓。该升降式汽车杯托总成,当汽车急走或者急停时,位于两夹持机构内的水杯会以缓冲转轴为轴心适应性的转动,从而缓冲汽车急走或者急停带给水杯内水体的冲击,能够在一定程度上降低水杯内水体泼洒出的概率。

说明书附图

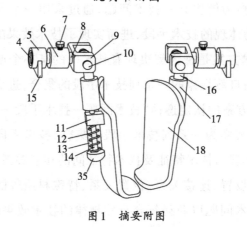

图1 摘要附图

---

❶ "一种升降式汽车杯托总成"发明专利,授权公告号为CN115973006B。

根据上例中技术方案的技术内容,可以梳理得出该发明专利技术方案的基本内容如下。

现有技术存在的问题:汽车杯托是汽车内部必不可少的零部件之一,主要用于承载水杯。现有技术在放置水杯时需要将水杯的杯盖紧闭,若水杯未紧闭杯盖,在行车过程中突然加速或者减速,都容易导致水杯内水体因惯性作用泼洒而出,而在行车过程中,解放驾驶员的双手去拧开杯盖喝水显然是一件十分危险的事情。

为解决技术问题采取的技术手段:该发明专利所采取的技术手段,如表2-1所示。

表2-1　发明专利所采取的技术手段

序号	技术特征	技术特征的类型
1	箱体	部件的设置
2	箱体的内部安装有夹持机构	部件设置、位置关系、连接关系
3	夹持机构左右两个相互配合,用于对水杯进行夹持	部件数量、位置关系、连接关系、配合关系
4	夹持机构包括滑动安装在所述箱体内的轴承	部件设置、位置关系、连接关系
5	轴承的内部转动安装有缓冲转轴	部件设置、位置关系、配合关系
6	缓冲转轴的一端固定安装有调节套筒	部件设置、位置关系、连接关系
7	调节套筒内滑动安装有调节滑杆	部件设置、位置关系、连接关系
8	调节套筒上还螺纹安装有用于对所述调节滑杆形成限制的调节螺栓	部件设置、位置关系、连接关系、配合关系

采取技术手段所产生的技术效果:通过使用该升降式汽车杯托总成,当汽车急走或者急停时,位于两夹持机构内的水杯会以缓冲转轴为轴心适应性地转动,从而缓冲汽车急走或者急停带给水杯内水体的冲击,能够在一定程度上降低水杯内水体泼洒出的概率。

（2）发明是在利用自然规律或自然现象的基础上提出的技术方案。

第一，发明是利用自然规律或自然现象的结果。发明创造是人类利用自然规律或自然现象创新产品和方法的结果。例如，人类利用杠杆原理发明跷跷板。需注意的是，虽然发明是对自然规律或自然现象的利用结果，但侧重的是人类在其中提供的促进科技进步和社会发展的创造性贡献，本来就存在的自然现象或自然规律不属于发明的范畴，如万有引力等自然规律或太阳东升西落等自然现象。当然，违背自然规律的创造也不是发明，其无法真实在产业中进行重复性地实施和应用，如违背质量守恒定律的永动机。

第二，发明是一项创意外化的技术方案。作为知识产权的客体之一，专利同样具备"有形无体"的特性，受《专利法》保护的是能够为人类所感知并能实际实施的技术方案，这与停留在大脑中尚未表达的思想存在本质区别。若一项技术创意未曾外化，则无法为他人真切感知，更无法从法律层面确定其保护范围。

第三，发明是一种工业应用方案。"技术是在利用自然规律或自然现象的基础上发展起来的，能够应用于产业的各种工艺操作方法或生产技能，以及与之对应的生产工具、材料、设备、产品等"❶，如"一种方便于卧式饮水的水杯盖及水杯""一种锂离子电池的制作方法"。专利权是一种工业产权，发明作为专利权的客体之一，具有明显的工业应用属性，应当能够重复性地在产业中实施并产生技术效果。例如，通过对"一种电动牙刷"的制造、使用、销售、许诺销售和进口，使专利产品可以重复性地批量生产并进入流通领域，满足人们对电动牙刷专利产品的需求，促进技术的进步和物质生活的丰富，而诸如农副产品的种植养殖、客观自然物、不可重复应用的独一无二的艺术品等，因不满足工业应用属性都无法纳入发明的范畴。

（3）发明是一种新的技术方案。

《专利法》第1条明确了立法宗旨："为了保护专利权人的合法权益，鼓

---

❶ 刘春田,等.知识产权法学[M].2版.北京:高等教育出版社,2022:99.

励发明创造,推动发明创造的应用,提高创新能力,促进科学技术进步和经济社会发展",这就要求《专利法》所保护的发明、实用新型和外观设计必须是一项新的技术方案和设计。"新"意味着较之现有技术和现有设计而言,具有新颖性和创造性,只有满足"新"的要求,才能推进科学技术进步,也才有必要通过授予专利权的方式进行保护。《专利法》中对于"新"的要求主要体现在专利授权实质要件中的新颖性和创造性规定上,此部分内容将在后文详细展开叙述(参见本书第二章二、(一)"发明和实用新型专利授权的实质条件")。

2. 发明以产品、方法及其改进为对象

《专利法》第2条明确将发明的对象界定为"产品、方法或者其改进所提出的新的技术方案"三类。根据最终表现形态的不同,可以将发明划分为产品发明和方法发明。考虑到并非所有的发明都是从无到有的发明创造,因此对于基于现有发明创造进行改进也属于发明的保护范围。对于发明的客体可以从产品发明、方法发明和改进发明三个方面进行认识。

(1)产品发明。

产品发明是指发明的最终表现形态是一种经过产业方法制造的,有确定形状、构造且占据一定空间的实物。这种实物可以包括一切由人类经过创造性的贡献发明出来的物品,如机器、设备、装置等。此外,对于产品发明的认识并不局限于完整产品,任何可以独立存在的某一个完整产品的零件、部件同样属于产品发明的范畴。

以不同的存在形态为标准,可以对产品发明作如下划分。

第一,制造品。即应用技术方案制造出来的完整产品或产品的零部件,范围可以覆盖生产、生活各个领域。例如,"一种便捷式折叠沙滩椅""发动机曲轴用组合式油封的组装装置""一种湿垃圾收运车""一种多轴线悬挂车轴总成"。

第二,材料。即应用技术方案产生的新的材料,包括组合物质、化学物质等。例如,"人造金刚石""一种抗基质金属蛋白酶9的抗体""NS5A抑制剂组合物""一种树脂组合物"等。未经人类创造性劳动就已经在自然界存在的各类金属、矿石、氧气等不属于新材料的范围。

第三,新用途产品。即已知产品的不为人知的新用途。例如,"不改变原有成分或者状态而揭示出新用途、新功能的药品"❶。新用途产品的落脚点在于产品,是针对已知产品本身就存在的不为人知的新用途的技术方案。

(2)方法发明。

方法发明是指发明的最终形态是一种应用于工业以实现某种技术效果的程序或步骤,是由人类利用自然规律提出的新的由程序或步骤组成的工业应用方法。从步骤数量上看,方法发明既可以是一系列步骤构成的完整过程,也可以是一个完整过程中的某一步骤。从工业应用领域来看,方法发明覆盖了能够用于工业应用的所有方法,包括制造方法、加工方法、测试方法、产品使用方法等。从时间上看,方法发明在构成上多由一个或多个行为或现象按照时间顺序逐一操作完成,存在一定的时间延续特征,如"制造半导体集成电路芯片的方法,通常是由氧化、刻蚀、扩散或离子注入、淀积等多个工艺步骤在不同的工艺条件下反复操作构成的"❷。

以不同类型为标准,可以对方法发明作如下划分。

第一,制造方法,即制造特定产品的方法。例如,"一种高性能鞋床的制造方法""一种阵列基板的制造方法""一场效应晶体管的制造方法"等。

第二,其他方法,即制造方法之外的其他方法,包括测量方法、分析方法、通信方法等。例如,"一种粮食含水量检测方法""一种配网线路故障研判和告警分析方法""一种基于 AP 和 STAR-RIS 单元选择的高铁无线通信方法"等。

第三,产品的新用途,是指"如果经过研究发现了一种已知物质的未被人类认识的新的属性或性能,并将这种属性或性能应用于新的目的,取

---

❶ 吴汉东.知识产权法[M].北京:法律出版社,2022:331.

❷ 刘春田,等.知识产权法学[M].2版.北京:高等教育出版社,2022:103.

得了技术效果"[1],则该物质的新属性或性能被称为"用途发明",可能获得专利权。例如,"桑色素的新用途"[2],该发明发现了桑色素具有预防和治疗酒精中毒的新用途,它不仅可以显著缩短酒精中毒后的清醒时间,还可以明显降低死亡率,为临床提供了一种新的用药选择;又如,"二乙酸氯己定在制备预防或/和治疗肝癌的药物中的用途""一种药物组合物治疗肺结节的新用途"等。"产品新用途"的落脚点是新用途,即可以将该产品用作某些不同的方面去发挥功能,强调的是技术功能的发挥。

(3)产品或方法的改进发明。

产品或方法的改进发明是对现有产品或方法的改进,是指在基础发明的基础上以产品或方法为对象作出实质性革新的技术方案。例如,对某些技术特征进行新的组合或选择,产生了新的技术效果。认定改进发明需同时满足如下两个条件:其一,在基础发明的基础上作出的改进,改进发明本质上属于从属专利,改进行为需获得基础发明权利人的许可,否则将因适用全面覆盖原则而面临专利侵权风险;其二,改进必须是相对基础发明的技术方案有实质性的革新,此实质性革新要满足发明授权的新颖性、创造性和实用性要求,否则不能被认定为改进发明。

在保护基础发明专利权人的权利的基础上,出于避免基础发明专利权人滥用专利权,以及最大化促进改进发明的实施以带动科技进步的考虑,《专利法》第56条专门规定了改进发明使用基础发明的强制许可制度,即"一项取得专利权的发明或者实用新型比之前已经取得专利权的发明或者实用新型具有显著经济意义的重大技术进步,其实施又有赖于前一发明或者实用新型的实施的,国务院专利行政部门根据后一专利权人的申请,可以给予实施前一发明或者实用新型的强制许可。在依照前款规定给予实施强制许可的情形下,国务院专利行政部门根据前一专利权人的申请,也可以给予实施后一发明或者实用新型的强制许可"。因此,若从属专利既未能得到基础专利权人的许可,也未能顺利得到国家专利行政

---

[1] 王迁. 知识产权法教程[M]. 7版. 北京:中国人民大学出版社,2022:347.

[2] "桑色素的新用途及其自乳化给药系统和制备方法"发明专利,授权公告号为CN116650471B。

部门授予的实施基础专利的强制许可;为避免专利侵权,改进发明人只能等基础专利的专利权保护期限届满,才可因基础专利进入公共领域而予以实施。

习题演练

判断如下哪些属于发明的保护客体?

①一种电动牙刷;

②发现一种未曾为人类了解的物质A;

③一种按摩方法;

④"红灯停,绿灯行,黄灯亮了等一等"的交通规则;

⑤一种采用新程序控制的垃圾桶;

⑥一种为了美观而将外形设计为企鹅形象的手机支架;

⑦一种粮食发酵的方法。

参考答案:①⑤⑦

参考解析:

①一种电动牙刷:电动牙刷属于产品发明中的制造物,是人类利用自然规律提出的应用于工业制造的技术方案,属于产品发明的保护客体。

②发现一种未曾为人类了解的物质A:此处强调的是"发现",A是自始即存在的客观事物,而非经过人类创造性的贡献发明产生,人类对于A的产生未曾提供创造性劳动,此处仅属于科学发现,而非人类的发明创造,因此不属于发明的保护客体。若换成"发明一种未曾为人类了解的物质A"则有可能满足产品发明中关于材料的要求进而得到专利权保护。

③一种按摩方法:按摩体现的是一种手法,而非技术特征或技术手段。因按摩手法的应用不能产生技术效果和解决技术问题,且无法在产业中进行重复性应用。因此,按摩方法不属于技术方案和发明的保护客体。

④"红灯停,绿灯行,黄灯亮了等一等"的交通规则:此项交通规则是制定出来供人们遵守的行为规范,并非为解决技术问题而采取技术手段产生技术效果的技术方案,不满足工业应用的要求,不属于发明的保护客体。

⑤一种采用新程序控制的垃圾桶：垃圾桶属于产品发明中的制造物，而新程序控制是人类通过创造性发明提出的技术方案，能够于产业中进行重复性应用，并产生特定的技术效果，属于发明中产品发明的保护客体；若此处换成"一种垃圾桶的制造方法""一种垃圾桶的使用方法"则属于方法发明的范畴。

⑥一种为了美观而将外形设计为企鹅形象的手机支架：手机支架属于产品发明中的制造物，但是在此种情形中该制造物所产生的功能并不是解决现有技术存在的技术问题并产生技术效果，而仅是为了美观。也就是说，此种制造物并不具有任何技术效果的作用，不能满足发明保护客体为技术方案的本质要求，不属于发明的保护客体。需提醒的是，此处为了美观而对产品形状做的设计实为外观设计专利的保护范畴。

⑦一种粮食发酵的方法：粮食发酵方法属于方法发明的范畴，此种方法可以应用于工业进行重复性使用，能够产生特定的技术效果，属于方法发明的保护范围。

（二）实用新型

根据《专利法》第2条第3款规定："实用新型，是指对产品的形状、构造或者其结合所提出的适于实用的新的技术方案。"对于实用新型同样要从两个层面进行解读：其一，实用新型的本质是一项新的技术方案；其二，实用新型以产品的形状、构造或形状和构造的结合为对象。

1. 实用新型是一项新的技术方案

发明与实用新型的本质都是一项技术方案，实用新型作为一项新的技术方案的知识要点可以直接参考上文关于"发明是一种新的技术方案"的内容。若以《专利法》保护的技术方案为范围，可以按照保护对象的不同将其划分为发明和实用新型两种，其中发明包括以方法为对象的技术方案和以产品为对象的"技术方案（包括产品或方法的改进）"，实用新型可以进一步划分为以产品的形状为对象的技术方案、以产品的构造为对象的技术方案和以产品的形状与构造的结合为对象的技术方案。《专利法》所保护的技术方案的对象划分示意图，详见图2-1所示。

一、发明:	二、实用新型:
1. 产品	1. 产品的形状
2. 方法	2. 产品的构造
	3. 产品的形状与构造的结合

图2-1 《专利法》所保护的技术方案的对象划分

2. 实用新型以产品的形状、构造、形状和构造的结合为对象

《专利法》将实用新型的对象界定为产品的形状、构造、产品的形状与构造的结合三类,实用新型专利所保护的是对上述对象所作出的利用自然规律的技术手段总和,并由此解决了现有技术中存在的技术问题,产生了促进产品进步和科技发展的技术效果。但需注意的是,实用新型专利所保护的对象并非发明专利对象之一的产品,而仅是以产品为载体的产品形状、构造或二者结合,这也是实用新型专利与发明专利在保护对象上的区分点。

图2-2 不倒翁造型的牙刷

(1)产品的形状。

"产品的形状是指产品所具有的、可以从外部观察到的确定的空间形状"[1],对于实用新型专利所保护的产品的形状可以解读为"以产品为载体""可以从外部观察到""确定的空间形状"三个要件。

第一,实用新型专利保护的是人类利用自然规律以产品为载体而对其形状做的改变。人类创造性劳动贡献体现在利用自然规律和在自然现象的基础上对产品形状的改变,并由此产生了技术效果。例如,为解决"牙刷头容易污染的技术问题"而将牙刷手柄改为不倒翁造型(图2-2)[2],通过产品形状的改变使牙刷站立在洗漱台面上不倒,以达到保持清洁的技术效果。

---

[1]《专利审查指南2023》第一部分第二章第6.2.1条。

[2]《商标审查审理指南(2021)》第六章第3.3.2条。

未曾有人类创造性劳动参与的,不能因形状变化产生技术效果的形状的改变,以及非以产品而以气态、液态、平面纸张、粉末等为载体的形状的变化都不属于实用新型的保护对象。

　　第二,实用新型专利保护的是可以从外部观察到的产品形状的变化。实用新型所保护的形状的改进是以点线面组合而成的占据一定空间并可从外部观察到的整体轮廓。从外部不可以视觉观察到的改变即便存在技术效果,该技术效果也并非由产品形状的改变带来,变化的不可外部观察特征实际上切断了实用新型专利所保护的产品形状与技术方案的关联。产品形状的改变既可以是三维层面的变化,如为了使杯子放置更加稳固而将杯子把手延伸到底部的握把杯子(图2-3);也可以是平面层面的变化,如为了具有良好的经济耐磨性能、舒适性能、操控稳定性能、抗湿滑性能、排水性能和耐久性能而对平面形状进行变化的轿车轮胎花纹(图2-4)。

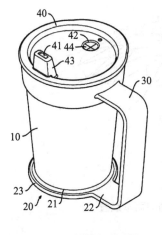 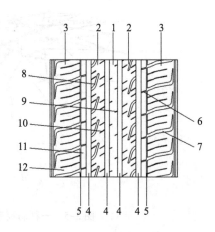

图2-3　一款握把杯子❶　　　　图2-4　一款轿车轮胎花纹❷

　　第三,实用新型专利保护的是改进后确定的空间形状。产品形状的改

---

❶ "一款握把杯子"实用新型专利,授权公告号为CN219845993U。

❷ "一款轿车轮胎的花纹"实用新型专利,授权公告号为CN220562484U。

进作为技术方案的内容是要最终应用到产业上并重复性制造和使用的，这就要求改进后的产品形状必须是稳定的和确定的。除此之外，稳定的和确定的产品形状也是划定实用新型专利保护范围和认定专利侵权的基础。

产品形状的稳定与确定包括两个方面内容：其一，产品的形状应当是稳定的，不能根据温度、角度等的不同而时有时无或时隐时现，否则无法满足技术方案重复性工业应用的要求；其二，产品的形状应当是确定的，随意变换且无固定形态的形状不能满足实用新型专利保护对象的要求，如以堆积、摆放等方式获得的产品的形状。此处需明确，确定的形状不要求该种状态必须一直持续，在某种特定情形下才具有可确定和固定形态的形状仍然属于实用新型专利保护对象的范围，如"打开按钮撑开伞呈现的特殊形状带来的特定技术效果"❶(图2-5)，此时不能以伞未撑开的状态作为否定其属于实用新型专利保护对象的依据。

图2-5 一种防高空坠物的雨伞装置

（2）产品的构造。

《专利审查指南2023》第一部分第二章第6.2.2条规定："产品的构造是指产品的各个组成部分的安排、组织和相互关系"，按照产品作为制造物

---

❶ "一种防高空坠物的雨伞装置"实用新型专利，授权公告号为CN211021297U。

和材料在构造上的形态差异,可以将产品的构造分别从机械构造、线路结构和复合层三个层面进行解读。

第一,机械构造。以制造物为载体,实用新型专利保护的产品的构造可以表现为机械构造,即以制造物的组成零部件间的相对连接关系、位置关系、配合关系等[1]为具体技术特征,并因此种机械构造的设置解决了特定的技术问题并产生了特定的技术效果。例如,"一种户外旅行用可拆卸式杯子"[2]实用新型专利(图 2-6),通过采取"杯体下端面固定连接有收纳腔,所述收纳腔下端中部转动连接有转轴,所述连杆远离转盘的一端通过销轴转动连接有连接杆,所述连接杆下端面中部固定连接有限位杆,所述限位杆下端通过滑槽滑动连接于收纳腔,所述连接杆远离连杆的一端固定连接有收纳盒,通过驱使转轴转动,使转盘带动连杆转动,连杆带动连接杆

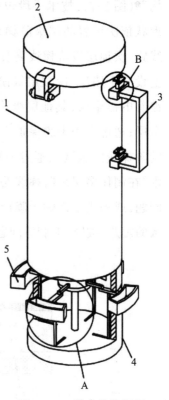

图 2-6 一种户外旅行用
可拆卸式杯子

和限位杆移动,使收纳盒同时沿径向相互靠近或远离,使收纳盒从收纳腔伸出或缩回"的机械构造,实现了"可对耳机或一系列较小的物件分类收纳的效果,功能性较强,较为实用,并可对整个杯子起到一个拆卸效果,便于进行收纳"的技术效果。

第二,线路结构。以制造物为载体,实用新型专利保护的产品的构造还可以表现为线路结构,即以构成制造物的元器件之间的确定的连接关系为具体技术特征[3],并因此线路连接关系的设置解决了特定的技术问题并产生了特定的技术效果。例如,"一种厚铜电路板多层级阶梯线路结

---

[1]《专利审查指南 2023》第一部分第二章第 6.2.2 条。

[2] "一种户外旅行用可拆卸式杯子"实用新型专利,授权公告号为 CN219845483U。

[3]《专利审查指南 2023》第一部分第二章第 6.2.2 条。

构"●(图2-7),技术手段包括:"绝缘介质层,其一面设有由若干个呈阶梯形状依次设置的层级阶梯线路构成的厚铜层线路图形,包括顶层级阶梯线路、次顶层级阶梯线路及其他层级阶梯线路;顶层级阶梯线路的水平面上设有干膜层,次顶层级阶梯线路连接其他层级阶梯线路的垂直面上电镀有电镀金层,其他层级阶梯线路的水平面上及垂直面上均电镀有电镀金层;通过采用干膜保护无须蚀刻的厚铜层区域,电镀金层保护已经蚀刻的阶梯线路区域",通过该种对线路结构技术方案的设置,解决了现有技术"在制作多层级阶梯线路,采用涂覆湿膜出现阶梯顶角位置被蚀刻掉的问题,或采用多次贴干膜产生铜厚过薄甚至断裂的问题,以及二次蚀刻导致的短路、披锋、毛刺等问题"。

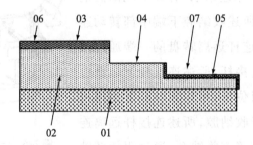

图2-7　一种厚铜电路板多层级阶梯线路结构

第三,复合层。以制造物为载体,实用新型专利保护的产品的构造还可以表现为复合层结构,即以产品的渗碳层、氧化层等复合层结构为产品构造●的具体技术特征,并因该种复合层构造的设置解决了特定的技术问题并产生了特定的技术效果。例如,"一种高强度抗氧化金属制品"●(图2-8),技术特征包括"上抗氧化层,所述上抗氧化层下端固定安装有上高强度层,所述上高强度层下端固定安装有隔热阻燃层,所述隔热阻燃层下端固定安装有中部高强度层,所述中部高强度层下端固定安装有缓冲层,

❶ "一种厚铜电路板多层级阶梯线路结构"实用新型专利,授权公告号为CN220139812U。

❷《专利审查指南2023》第一部分第二章第6.2.2条。

❸ "一种高强度抗氧化金属制品"实用新型专利,授权公告号为CN215904098U。

所述缓冲层下端固定安装有蜂窝网状隔层,所述蜂窝网状隔层下端固定安装有下高强度层,所述下高强度层下端固定安装有下抗氧化层,所述上抗氧化层结构与下抗氧化层结构相同,所述上高强度层结构和下高强度层结构相同",通过该复合层技术方案的结构设置,本项实用新型专利具有"强度较高,能够满足工业制品,以及金属制品的抗氧化程度高,不易腐蚀,并且结构简单,实用性强,利于金属制品的推广"的技术效果。

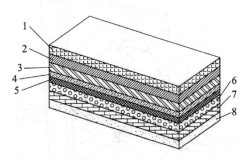

图2-8 一种高强度抗氧化金属制品

整体上,实用新型专利所保护的产品的构造强调制造物构造的物理性变化,即因部件间的连接关系、位置关系等物理性的变化带来的技术效果,如物质的分子结构、组分、金属结构等化学性的变化不属于此处实用新型专利所保护的产品的构造的范围。此外,实用新型专利保护的产品的构造是作为产品表现形态之一的制造物的构造带来的技术效果,而非材料本身价值或材料本身的用途,也非一种制造方法、使用方法等,对于材料本身的价值或用途及方法属于产品发明的范围。

(3)产品的形状与构造的组合。

产品的形状和构造都属于实用新型专利的保护对象,当一项技术方案所采取的技术手段既包括对产品形状的改进,又包括对产品构造的改进时,可以将产品的形状与构造的组合共同作为实用新型专利的保护对象。例如,"前悬架支撑装置"❶(图2-9),技术特征包括"减震器,还包括上支撑梁(2)和与上支撑梁(2)连接的支撑梁,支撑梁上设有与支撑梁连接的减

---

❶ "前悬架支撑装置"实用新型专利,授权公告号为CN205601538U。

震器支座(4),减震器支座(4)设在支撑梁的上端,减震器安装在减震器支座(4)上,减震器下方设有与车骨架(5)连接的下摆臂(6),下摆臂(6)上设有摆臂支撑架(7)"。该实用新型专利简化了悬架安装点的形状与构造,减少了零部件数量,达到了便于设计和生产的效果,提升了前端动力总成的布置空间。

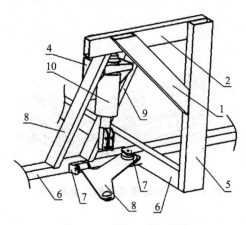

图2-9 前悬架支撑装置

(三)外观设计

《专利法》第2条第4款规定:"外观设计,是指对产品的整体或者局部的形状、图案或者其结合以及色彩与形状、图案的结合所作出的富有美感并适于工业应用的新设计。"简单来讲,外观设计是对工业产品的外观作出的能吸引消费者眼球的设计。对于外观设计要从四个层面进行解读:其一,外观设计的本质是一项以形状、图案和色彩为构成要素的新设计;其二,外观设计以产品的整体或局部为载体;其三,外观设计需具有美感特性;其四,外观设计需满足工业应用要求。

1. 外观设计的本质是一项以色彩、图案和形状为构成要素的新设计

外观设计以色彩与形状、图案或者其结合为构成要素,集中体现在色彩与形状、图案的单独、两两组合或三项组合上(单一的颜色除外),按照构成要素的单独与组合情况可将外观设计的构成要素拆解为"形状""图

案""形状+图案""色彩+形状""色彩+图案""色彩+形状+图案"六种情形，其中任何一种都可作为外观设计的要素构成方案。

（1）对产品的形状作出的新设计。

对产品的形状作出的新设计是指对产品外部的点、线、面的移动、变化、组合而呈现的外表轮廓❶的产品造型新设计，是对产品的结构、外形等同时进行设计、制造的结果。通过对产品的形状作出新的设计，使新产生的产品的形状具有美感且能应用于工业，属于外观设计专利保护范围，如一款吊灯❷（图2-10）；又如一款餐桌❸（图2-11）。

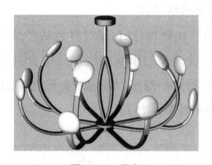

图2-10　吊灯　　　　　　　　　　图2-11　餐桌

（2）对产品的图案作出的新设计。

对产品的图案作出的新设计是指对由任何线条、文字、符号、色块的排列或组合而在产品的表面构成的图形❹所作的新设计。图案可以通过绘图或其他任何能够体现设计者设计构思的手段制作。产品的图案应当是固定的、可见的，而不应是时有时无的或者需要在特定的条件下才能看见的。通过将新设计的图案用于产品上，使产品的图案具有美感且能应用于工业，属于外观设计专利的保护范围，如一款面料（松叶凤凰）❺（图2-12）；

---

❶《专利审查指南2023》第一部分第三章第7.2条。

❷ "吊灯"外观设计专利，授权公告号为CN305822899S。

❸ "餐桌"外观设计专利，授权公告号为CN308699801S。

❹《专利审查指南2023》第一部分第三章第7.2条。

❺ "面料（松叶凤凰）"外观设计专利，授权公告号为CN307655537S。

又如一款药品包装盒(鼻渊软胶囊)❶(图2-13)。

图2-12　面料(松叶凤凰)　　　　　图2-13　药品包装盒(鼻渊软胶囊)

(3)对产品的形状和图案的组合作出的新设计。

当对上述产品的形状和图案的组合作出新设计时,通过将包括产品形状和图案的组合的新设计用于产品上,使产品的形状和图案的组合具有美感且能应用于工业,属于外观设计专利保护范围,如一款罐子(雕刻加彩万花灯笼罐)❷(图2-14);又如一款勺子❸(图2-15)。

图2-14　罐子(雕刻加彩万花灯笼罐)　　　　　图2-15　勺子

---

❶"药品包装盒(鼻渊软胶囊)"外观设计专利,授权公告号为CN307499372S。

❷"罐子(雕刻加彩万花灯笼罐)"外观设计专利,授权公告号为CN307489418S。

❸"勺子"外观设计专利,授权公告号为CN308634902S。

（4）对产品的色彩和形状的组合作出的新设计。

色彩是指用于产品上的颜色或者颜色的组合,但制造该产品所用材料的本色不是外观设计的色彩要素。当对上述产品的形状和色彩的组合作出新设计时,通过将包括产品的形状和色彩组合的新设计用于产品上,使产品的形状和色彩的组合具有美感且能应用于工业,属于外观设计专利保护范围,如一款落地沙袋❶（图2-16）;又如一款智能机器人❷（图2-17）。

图2-16　落地沙袋　　　　　　　图2-17　智能机器人

（5）对产品的色彩和图案的组合作出的新设计。

当对产品的色彩和图案的组合作出新设计时,通过将包括产品的色彩和图案的组合的新设计用于产品上,使产品的色彩和图案的组合具有美感且能应用于工业,属于外观设计专利保护范围,如一款毛毯(青铜回纹)❸（图2-18）;又如一款包装盒(纯手工剁椒辣仔王)❹（图2-19）。

---

❶ "落地沙袋"外观设计专利,授权公告号为CN307073568S。

❷ "智能机器人"外观设计专利,授权公告号为CN308711746S。

❸ "毛毯(青铜回纹)"外观设计专利,授权公告号为CN307433611S。

❹ "包装盒(纯手工剁椒辣仔王)"外观设计专利,授权公告号为CN306167206S。

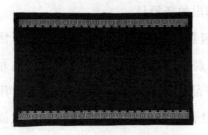

图2-18　毛毯(青铜回纹)　　　　图2-19　包装盒(纯手工剁椒辣仔王)

（6）对产品的色彩、形状和图案的组合作出的新设计。

当对产品的形状、色彩和图案的组合作出新设计时，通过将包括产品的形状、色彩和图案组合的新设计用于产品上，使产品的形状、色彩和图案的组合具有美感且能应用于工业，属于外观设计专利保护范围，如一款酒瓶(康熙八两)[1]（图2-20）；又如一款工艺品(胞胞侠)[2]（图2-21）。

图2-20　酒瓶(康熙八两)　　　　图2-21　工艺品(胞胞侠)

2. 外观设计以产品的整体或局部为载体

外观设计的构成要素必须附着在产品的整体或局部上，才能应用于工业进行重复性生产和制造。外观设计中关于产品的认定与发明中产品的认定一致，此处不再赘述。以产品的整体为载体是指对产品的整体外部

---

[1] "酒瓶(康熙八两)"外观设计专利，授权公告号为CN307852053S。

[2] "工艺品(胞胞侠)"外观设计专利，授权公告号为CN306292264S。

形态进行的色彩与形状、图案的新设计,如对水杯所作的可被外部观察到的产品整体新设计❶(图2-22)。以产品的局部为载体是指不对产品可被外部观察到的整体形态进行新设计,而是仅对产品的局部进行色彩与形状、图案的新设计,如一款垃圾桶盖❷(图2-23)。将产品的局部增加纳入外观设计专利载体范围是《专利法》(2020年修订)新增内容,这一新增内容既契合外观设计专利保护愈加精细化的发展趋势,也满足我国知识产权保护国际趋同的时代要求。

图2-22 水杯(火箭)

图2-23 垃圾桶盖

3. 外观设计需具有美感特性

外观设计是对工业产品的外观作出的能吸引消费者眼球的设计,关注的是产品的外观带给人的视觉感受。美感特性是外观设计为吸引消费者眼球而必须满足的特性。对于外观设计专利的美感特性,需从三个层次进行理解。

(1)新设计直接作用于视觉或者肉眼可以确定的产品外观。

不能作用于视觉或者肉眼难以确定,需要借助特定的工具才能分辨其色彩与形状、图案的物品不属于外观设计保护的客体。

(2)外观设计的美观是一种外部美感,是消费者的视觉可以直接辨识的美感,强调一种"外在美"。

外观设计保护产品的形状,实用新型也保护产品的形状,当客体同为

---

❶ "水杯(火箭)"外观设计专利,授权公告号为CN308656388S。

❷ "垃圾桶盖"外观设计专利,授权公告号为CN307542478S。

产品的形状时,用于区分二者保护范围的关键就在于该产品的形状所带来的是一种技术效果,还是一种促进消费者购买的视觉美感。若为前者,因产品形状的变化进而解决了特定的技术问题产生了特定的技术效果,则该产品形状的发明创造体现一种"内在美",为实用新型专利的保护客体;若为后者,因产品形状的变化带来的是产品外观具有美感,使消费者更倾向于因其美观的外观而进行消费决策,则该产品形状的发明创造体现的是"外在美",为外观设计的保护客体。

(3)外观设计需具有美感。

不同的消费者有不同的审美观念和消费选择,若以特定群体或某几个人的审美为标准来判断是否具有美感显然不具有可行性。因此,我国以反向限定"何为不美"的方式来辅助认定美感,即"只要这种外观设计可以为公众接受、不违背社会公德或者公共秩序,便可认为这项外观设计是具有美感的"❶。

4. 外观设计需满足工业应用要求

外观设计专利是专利权的客体之一,基于专利权作为工业产权的本质要求,对产品的整体或局部作出的新设计应能够适于工业应用,这就要求外观设计能应用于产业并形成批量生产。例如,达·芬奇的画作《蒙娜丽莎的微笑》、梵高的画作《星夜》、张择端的画作《清明上河图》虽然在文学艺术领域具有重大价值,但因不满足以产品为载体及重复性批量工业生产的要求,不能纳入外观设计专利的保护范围。同样,不能重复生产的手工艺品、农产品、畜产品和自然物也不能纳入外观设计专利的保护范围。

习题演练

1. 下列哪些物品不属于外观设计专利保护的客体(　　)

A. 一幅美轮美奂的风景画

B. 充电宝的内部线路设计

C. 杯子表面的花纹设计

D. 沙滩上堆出来的城堡

❶ 刘春田,等.知识产权法学[M].2版.北京:高等教育出版社,2022:108.

E. 新创的一种发型

F. 用在可口可乐饮料瓶上的"可口可乐"文字

答案：ABDEF

参考解析：

A. 一幅美轮美奂的风景画不满足发明和实用新型专利作为技术方案的本质要求，并非为解决技术问题而采取技术手段并产生技术效果的情形。同时，该风景画虽为图案，满足外观设计的构成要素，但未以产品的整体或局部为载体，属于脱离产品而单独存在的一种图案，不属于专利保护的客体范围。实际上，该美轮美奂的风景画是作者付出创造性劳动以画作为表现形式的具有个性的思想表达，实为美术作品的范围，属于著作权的保护客体。

B. 充电宝的内部线路设计不满足外观设计对于"外观"的要求。内部线路设计得再精美、再有美感、再有实用功能，只要从充电宝的外部形态看不出变化，则等同于未做任何外观上的新设计。外观设计的价值来源于消费者视觉上对产品整体或产品局部外观变化所产生的美感认知，不能从外部直接肉眼识别的设计不能产生外观设计所追求的因具有美感而促进消费的目的，即不满足外观设计关于"外在美"的价值追求。当然，若充电宝内部的线路设计解决了特定的技术问题产生了技术效果，则或可在满足实用新型专利授权要求的前提下得到实用新型专利的保护。

C. 杯子表面的花纹设计属于外观设计专利保护的客体范围。外观设计专利所保护的客体需满足四个方面的要求：第一，以产品的整体或局部为载体；第二，以独立的形状、图案、色彩（单一颜色除外）或任意组合为设计要素；第三，富有美感；第四，应用于工业。对杯子表面做的花纹设计属于以杯子这一产品为载体，以图案为设计要素，可以在工业中进行重复生产制造的富有美感的设计，属于外观设计专利的保护范围。

D. 沙滩上堆出来的城堡不满足外观设计关于以产品为载体和应用于工业进行批量生产制造的要求，虽然其具有美感，但因该设计与产品脱离，且城堡的形态不具有稳定性，也无法进行重复性地制造，因此无法纳入作为工业产权之一的专利权的保护范围。

E. 新创的一种发型虽然具有造型上的美感,但同样不以产品为载体,造型的形成也会受到太多不确定因素的影响,难以具备稳定性和确定性,无法进行产业应用,不属于外观设计专利的保护范围。

F. 用在可口可乐饮料瓶上的"可口可乐"文字所起的作用是识别商品和服务来源,即当消费者看到"可口可乐"文字用于饮料瓶上时,能够将该产品与同种类的其他饮料区分开来,消费者就标有"可口可乐"文字的饮料进行选择和购买的初衷是因为知道该饮料的品质及特定的口味和口感,并非因为"可口可乐"文字作为图案具有美感。因此,此处用在饮料瓶上的"可口可乐"文字所起到的是商标识别来源功能,实为商标的使用,不属于外观设计专利的保护客体。

2. 对下列四种客体(图1)保护类型进行判断?

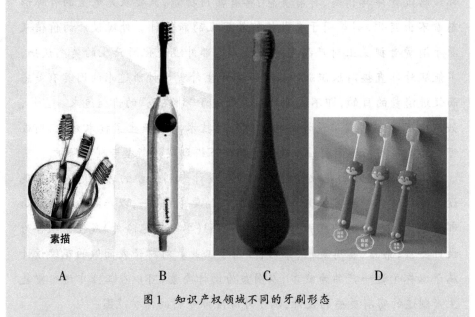

素描

A   B   C   D

图1 知识产权领域不同的牙刷形态

图1客体A是牙刷的素描图;B是世界上第一支电动牙刷;C是底部加了重力球以保持放置不倒的牙刷;D是一款通体小狐狸造型的牙刷。

参考答案:A. 美术作品;B. 发明专利;C. 实用新型专利;D. 外观设计专利

参考解析:

A.“牙刷的素描图”本质上是一幅画作,因体现了作者的个性化参与,呈现的是文学艺术思想的独创性表达,属于美术作品的保护范围。当然,该素描图也符合图案的要求,但因其仅以画作/图案的形式独立存在,而未曾以产品的整体或局部为载体,因此无法满足外观设计专利的构成要件。

B.“世界上第一支电动牙刷”属于开拓性的发明,满足以产品为对象提出的新的技术方案的要求,属于产品发明的保护范围。

C.“底部加了重力球以保持放置不倒的牙刷”本质上是通过以产品的形状和构造为对象所提出的新的技术方案,该产品形状和构造的改变产生了新的技术效果,属于实用新型专利的保护范围。

D.“一款通体小狐狸造型的牙刷”是对产品的形状和色彩作出的具有美感并应用于工业的新设计,属于外观设计专利的保护范围。

《专利法》所保护的三类发明创造客体对比见表2-2。

表2-2 《专利法》所保护的三类发明创造客体对比

对比内容	发明	实用新型	外观设计
保护客体	技术方案	技术方案	新设计
保护类型	1. 产品发明 2. 方法发明 3. 对产品或方法的改进	1. 产品的形状 2. 产品的构造 3. 产品的形状与构造的结合	1. 产品的形状 2. 产品的色彩+形状 3. 产品的图案 4. 产品的色彩+图案 5. 产品的形状+图案 6. 产品的色彩+形状+图案

对比内容	发明	实用新型	外观设计
构成要求	1. 有创新 2. 利用自然规律 3. 具体的技术方案		1. 以产品为载体 2. 富有美感 3. 应用于工业

(四)不授予专利权的客体

《专利法》第5条和第25条明文规定了不授予专利权的发明创造。其中,第5条规定:"对违反法律、社会公德或者妨害公共利益的发明创造,不授予专利权。对违反法律、行政法规的规定获取或者利用遗传资源,并依赖该遗传资源完成的发明创造,不授予专利权。"第25条规定:"对下列各项,不授予专利权:(一)科学发现;(二)智力活动的规则和方法;(三)疾病的诊断和治疗方法;(四)动物和植物品种;(五)原子核变换方法以及用原子核变换方法获得的物质;(六)对平面印刷品的图案、色彩或者二者的结合作出的主要起标识作用的设计。对前款第(四)项所列产品的生产方法,可以依照本法规定授予专利权。"由此,可以梳理得出《专利法》不授予发明创造的十种情形。

1. 违反法律的发明创造

授予发明创造专利权的目的是通过其在工业应用中重复性实施,进而起到促进技术进步和社会发展。因此,当一项发明创造的技术方案的作用、效果、目的或采取的技术手段是违反我国法律明文规定的情形,其不仅不能起到专利法保护发明创造的作用,反而会产生负面效果,因此不能授予其专利权。

(1)违反法律的对象是技术方案或设计。

以技术方案为例,违反法律的发明创造的认定以技术方案本身为依据,应明确区分由技术问题、技术手段和技术效果构成的技术方案本身与因技术方案的实施而得到的专利产品,以及因技术方案的实施为法律所禁止之间的区别,若因技术方案的实施而得到的专利产品违反法律的规定或技术方案的实施为法律所禁止,不属于此处对技术方案不授予专利权的情形。例如,"一项制造航空母舰的方法"并不违反法律的规定,可以按照《专利法》的规定在符合专利授权实质要件的情形下得到专利权。未经许可实施该方法得到专利产品和未经许可销售该专利产品为法律所禁止,不属于此处导致该技术方案被排除在专利授权范围的情形。

（2）"法律"是一种狭义概念。

"法律"在此处是一种狭义概念,即仅指全国人民代表大会或其常务委员会依照立法程序制定和颁布的法律条文,其他形式的规范性文件,如行政法规、地方性法规等,不属于此处限制专利权授权的法律依据。若一项发明创造本身的作用违反法律规定,则不能授予专利权,如"一项仿真印制人民币的设备"。《中华人民共和国中国人民银行法》第18条中明确规定:"人民币由中国人民银行统一印制、发行。"因此,"一项仿真印制人民币的设备"作为一项发明创造与现行法律规定相违背,不能授予专利权。除此之外,诸如"一种专门用于吸毒的器具""一款专门用于赌博的设备"等都属于不可授予专利权的范围。

2. 违反社会公德的发明创造

违反社会公德的发明创造是指技术方案或设计的内容与社会公德相违背,与我国传统文化,以及构建和谐社会的基本宗旨相悖离,对于此类发明创造,若授予其专利权会引起公众的不适和反感,这无疑会对和谐社会的构建造成不利影响。

（1）违反社会公德的发明创造,本质上仍然是技术方案或设计。

是否与我国境内公众普遍认可的社会公德相违背,要以技术方案内容本身或设计本身为评价对象,这与因技术方案实施或新设计应用带来的不利后果属于两个不同方面。

（2）社会公德的范围认定。

《专利审查指南2023》中将公众普遍认为是正当的,并被接受的伦理道德观念和行为准则❶作为社会公德的基本认定依据。此处的公众应当是中国境内的公众,其对于中华民族优秀文化、良好的社会风气、基本的行

---

❶《专利审查指南2023》第二部分第一章第3.1.2条。

为规范和伦理道德的认知,共同构成了社会公德的认定范围。违反公众普遍认可的社会公德的技术方案或设计,会因其产业的批量生产和广泛应用,扩大其在政治、经济、文化、宗教、教育等多个方面的不利影响,进而破坏良好的社会氛围和和谐环境,因此不能被授予专利权。例如,"一种专用于窥探隐私的设备""一种专用于驯服人类的方法""一种生殖器官造型的杯子"等。

3. 妨害公共利益的发明创造

妨害公共利益的发明创造是指技术方案或设计的实施或应用与公共利益相违背,与公共利益的维护存在冲突,对于此类发明创造授予专利权实属维护个体利益而损害公共利益,不符合我国立法的初衷,也不符合《专利法》的立法宗旨,因此不能授予专利权。

(1)妨害公共利益的发明创造应以技术方案或设计的实施或应用带来的效果为评价依据。

发明创造内容本身是否违反法律的规定和社会公德,可以直接从技术方案中记载的内容和设计中展示的图片或照片明确得知,但是否会妨害公共利益无法在技术方案所体现的技术特征中得到明确结论,只能通过该技术方案或设计在产业应用中的具体效果和影响进行判断。

(2)妨害公共利益的范围认定。

妨害公共利益是指发明创造的实施或应用会给公众或社会造成危害,或者会使国家和社会的正常秩序受到影响。❶

第一,发明创造的实施或者应用仅限于常规方式。即按照技术方案记载的内容或新设计展示的照片或图片中采用的内容正常实施会产生妨害公共利益的不利效果,如"一种致人残疾的装置",基于发明创造以致人伤残为目的,只要实施该技术方案必然会导致他人伤残,显然属于常规使用会妨害公共利益的情形。若是因权利人滥用或他人非法使用等非正常使用方式才带来的不利影响,则不属于发明创造妨害公共利益不授予专利权的范围。例如,"一款针孔监控摄像头",该发明创造的实施并不必然会

---

❶《专利审查指南2023》第二部分第一章第3.1.3条。

造成对他人或公共利益的损害,反而会对公安系统案件侦破、公共场所规范经营等提供帮助,不能因该发明创造可能为他人不法利用侵犯他人隐私就否定该技术方案的可专利性。

第二,发明创造的实施或者应用会造成危害不等于要求发明创造完美无缺。对于妨害公共利益的发明不授予专利权是为避免因技术方案或新设计的实施带来明显的劣势大于优势的不利后果,以致需要耗费更高的成本去弥补实施带来的损害。在利益平衡的原则下,显然公共利益的维护要优先考虑。因此,该条款所限制的是因发明创造的实施或应用对公共利益造成的不利影响,这与要求发明创造不具有任何副作用、具有高成品率等不属于同一方面,即只要发明创造不会对公共利益造成妨害,即便具有明显的缺陷、成品率低、制造成本高等都不会必然导致不授予专利权的后果。

第三,公共利益的范围较为广泛。从损害主体的角度来看,对公共利益的妨害既包括对公众造成损害,也包括对社会造成损害和对国家造成损害。从损害内容上看,则覆盖人身权益、财产权益、政治安全、经济效益、文化发展、宗教信仰、民族团结等多个方面。只要该发明创造的实施或使用会影响公众、社会和国家的合法权益或正常秩序,都不能授予专利权。

4. 违反法律、行政法规的规定获取或利用遗传资源,并依赖该遗传资源完成的发明创造

遗传资源是体现生物特性的关键因素,其合法的开发和利用具有造福人类社会的意义,但若为他人不当利用则很可能给人类、社会和世界带来巨大灾难。因此,该条款对获取或利用遗传资源并依赖遗传资源完成发明创造的情形进行了不授予专利权的限定,以确保对遗传资源的发明创造能够在合法合规的范围内充分地利用。

(1)此项不授予专利权的对象是技术方案。

专利权授予与否以技术方案本身为评价对象,只要一项技术方案的内容是依赖违反法律、行政法规的规定获取或利用的遗传资源完成的,则无

论该技术方案是否实施、实施和使用所产生的效果如何,都属于不授予专利权的情形。

(2)法律、行政法规是狭义概念。

法律限于全国人民代表大会或者其常务委员会依照立法程序制定和颁布的法律文件,行政法规限于国务院根据宪法和法律规定所制定的行政法规,除法律、行政法规之外的地方性法规、规章等均不能作为本项不得授予专利权的法律依据。违反法律、行政法规规定的情形包括应向有关行政管理部门办理审批才可获取或利用而未办理,以及应征得相关权利人的许可而未事先征得同意等。

(3)遗传资源范围的界定。

根据《专利法实施细则》的规定,遗传资源是指取自人体、动物、植物或者微生物等含有遗传功能单位并具有实际或潜在价值的材料。遗传资源是生物与生俱来携带的可以通过繁殖将性状或特征代代相传或者使整个生物体得以复制的能力,既可以通过整个生物体来体现,也可以通过生物体的某些具有遗传功能的单位来体现,如人类、动物、植物和微生物的器官、组织、血液、细胞、基因、具有遗传功能的DNA或者RNA片段等。

(4)依赖违反法律、行政法规的规定获取或利用遗传资源完成的发明创造。

对于此项不授予专利权的发明创造的认定还需满足"非法取得并据此完成"的要求,强调取得的非法性与发明创造的完成具有因果联系。换言之,违反法律、行政法规的规定获取或利用遗传资源只是本项构成的前提,还必须以此为基础对遗传功能单位进行分析、分离、处理等工作进而完成发明创造。若虽非法获取了遗传资源,但某项发明创造的完成与非法获取的遗传资源没有任何关系,或者并未利用该遗传资源所具有的遗传功能,则同样不属于此处不授予专利权的范围。

5. 科学发现

科学发现是指对自然界中客观存在的物质、现象、变化过程及其特性和规律的揭示。❶从本质上来看,科学发现的只是自然界本就存在的自然规律或自然现象,该种自然规律或自然现象的产生并未融入人类的创造性劳动,无法满足专利法所保护的技术方案或新设计对于人的参与的要求,且与专利法尊重创造性劳动并授予专利权以保护的宗旨不符,不属于专利权的授权范围,如对于紫外线的发现、万有引力的发现、太阳东升西落的发现等。

6. 智力活动的规则和方法

智力活动是指人的思维运动,它源于人的思维,经过推理、分析和判断产生出抽象的结果,或者必须经过人的思维运动作为媒介,间接地作用于自然产生结果。❷智力活动实为人脑分析运作产生的抽象结果,属于思维规则和逻辑构思,如"一种激发员工工作动力的管理方法""一种侦破案件的逻辑推理方法""一种高效新型赛制规则""一种狼人杀游戏规则""滑板比赛的评分规则"等。因上述智力活动的规则和方法不涉及任何对于技术问题的解决、技术特征的提出和技术效果的产生,同样也不以产品为载体进行形状、图案和色彩的设计,显然与《专利法》作为工业产权所要求的应用于产业产生技术效果或因具有美感而促进消费决策存在本质的区别,不属于专利权授权的范围。

7. 疾病的诊断和治疗方法

疾病的诊断和治疗方法是指以有生命的人体或者动物体为直接实施对象,进行识别、确定或消除病因或病灶的过程。❸疾病的诊断和治疗方法是对整个人类和动物群体的生命和健康都有深远影响的发明创造,不能授予某一个专利权人单独享有,否则将导致未获同意下实施技术方案救治病人构成专利侵权的不利后果。此外,有生命的人体或动物体间存在明显的个体差异,以生命体为实施对象的疾病的诊断和治疗方法必将出现"橘生淮南则为橘,生于淮北则为枳"的不稳定效果,显然也无法满足发明创造重复稳定地在产业中实施并得到一致效果的要求,不能被授予专利权。

---

❶《专利审查指南2023》第二部分第一章第4.1条。

❷《专利审查指南2023》第二部分第一章第4.2条。

❸《专利审查指南2023》第二部分第一章第4.3条。

（1）疾病的诊断和治疗方法的施以对象。

疾病的诊断和治疗方法是以有生命的人体或者动物体为施以对象。

第一，限于人体或动物体。除人体和动物体之外的任何生命体，如植物、微生物等不能纳入判断范围，疾病的诊断和治疗方法的对象与利用非法获得的遗传资源完成发明创造中"遗传资源"所针对的生物体的范围存在差异，毕竟植物和微生物不涉及疾病的诊断和治疗。

第二，限于有生命力的人体或动物体。疾病的诊断和治疗方法必须以有生命力的、独立的人体或动物体为对象，若是丧失生命力的人类或动物的尸体，因只是出于解剖和取样分析等目的，不涉及诊断和治疗，不属于此处施以对象的范围。此外，若是仅以脱离有生命的人体或动物体的器官、组织、肢体和外物为研究对象，则同样不符合此项施以对象的要求。

第三，限于疾病。诊断和治疗方法的对象应当是以生命体所患疾病为对象，以识别、诊断和治疗为手段，以恢复生命体的健康状态为目标。非以疾病为诊断和治疗对象的美容方法、整形技术、动物饲养方式、美甲方法、手术室消毒措施等，均不属于此项范围。

（2）诊断方法的确定。

诊断方法，是指为识别、研究和确定有生命的人体或动物体病因或病灶为内容，以获得疾病诊断结果或健康状况为直接目的的方法。❶

第一，诊断的目的是识别病因或病灶。若采取一定的方式对生命体进行医学检测，但并非出于直接识别病因或病灶的目的，则不应纳入此项考虑范围。例如，为确认是否符合输血条件、是否具备短跑爆发力、身体承受的最低温度的极限等而采取的医学检测或观察都并非疾病的诊断方法。

第二，诊断方法的范围较为广泛。但凡是能够起到识别和确定病灶的方法都可以纳入诊断方法的范围，如简单的血压测量法、C13呼气测量法、基因筛查诊断法等。

（3）治疗方法的确定。

治疗方法是指"使有生命的人体或者动物体恢复或获得健康或减少痛

---

❶《专利审查指南2023》第二部分第一章第4.3条。

苦,进行阻断、缓解或消除病灶的过程。❶

第一,治疗所采取的方法是阻断、缓解或消除有生命的人体或动物体的病灶,所起到的作用是使有生命的人体或者动物体恢复、获得健康或减少痛苦。若采取的方法与病灶的消除或缓解没有任何关联,则不属于治疗方法的范围。例如,牙齿矫正方法、非以治疗为目的的肌肉放松按摩方法等。

第二,治疗方法的范围较为广泛,但凡能够起到阻断、缓解或消除有生命的人体或动物体的病灶的方法都可纳入其中,如用于急诊救治的伤口缝合方法,用于舒缓精神病人抑郁症状的心理疗法,以疏通经络缓解心血管堵塞病灶为目的的针灸方法,以治疗肥胖症为目的的减肥方法等。

(4)用于诊断和治疗的仪器、装置和材料与疾病的诊断和治疗方法不同。

疾病的诊断和治疗方法是一种方法,是对以疾病为对象的诊断方法和治疗方法不授予专利权的限制,而用于疾病诊断和治疗的仪器、装置和材料,以及该种仪器、装置和材料的制造方法并非疾病的诊断和治疗方法,二者在专利权保护客体上存在明显差异。例如,"一项伤口消毒方法"属于疾病治疗方法,不授予专利权,但"一项用于伤口消毒的消毒水"和"一项用于伤口消毒的消毒水的制造方法"都属于可授予专利权的范围。

8. 动物和植物品种

动物和植物品种是有生命的物体,分别属于养殖业、畜牧业和农业的范畴,与专利权作为工业产权旨在保护技术方案和新设计的工业化批量生产存在本质区别,因此不能纳入专利权授予的保护范围,而针对植物新品种,我国另行通过《中华人民共和国植物新品种保护条例》对"经过人工培育的或者对发现的野生植物加以开发,具备新颖性、特异性、一致性和稳定性并有适当命名的植物品种"设置了植物新品种权,将其作为专利权之外的其他技术成果权予以保护。

虽然动物和植物品种不属于专利权的保护范围,但一种用于动物和植

---

❶《专利审查指南2023》第二部分第一章第4.3条。

物品种的非生物学的生产方法可以作为方法发明的保护范围,如"一种用于提高草莓甜度的方法"。需注意,若该方法属于生物学意义上的范畴,则仍会被认定为动物或者植物品种而无法授予专利权。根据《专利审查指南2023》第二部分第十章第9.1.2.4条的规定:"转基因动物或植物是通过基因工程的重组DNA技术等生物学方法得到的动物或植物。"其本身仍属于动物品种或植物品种的范畴,不能被授予专利权。

9. 原子核变换方法及用原子核变换方法获得的物质

原子核变换方法及用原子核变换方法获得的物质是与一国国家安全、国防安全和公共利益相关的重大事项,不宜通过授予专利权的方式由某一个主体单独享有,否则将会带来极大的不确定性风险和安全危机。此外,放射性元素的自然衰变本就不受人力控制,无法在投入产业中进行生产和制造时较为稳定地产生一致结果,与《专利法》所保护的技术方案和新设计的重复且稳定应用存在冲突。因此,将原子核变换方法及用原子核变换方法获得的物质排除在专利权授予范围之外,既是出于对该种方法和物质无法满足《专利法》保护客体要求的考虑,也是专利立法在私权保护与国家安全维护两项权益下做的取舍。

原子核变换方法是指使一个或几个原子核经分裂或者聚合,形成一个或几个新原子核的过程。●例如,完成核聚变反应的磁境阱法、封闭阱法及实现核裂变的各种方法等。❷用原子核变换方法所获得的物质主要指用加速器、反应堆以及其他核反应装置生产、制造的各种放射性同位素。❸原子核变换方法和用该种方法获得的物质不能被授予专利权,但为实现核变换方法的设备、仪器及其他零部件仍属于授权范围。

10. 对平面印刷品的图案、色彩或者二者的结合作出的主要起标识作用的设计

对平面印刷品的图案、色彩或者二者结合作出的设计本属于外观设计

---

❶《专利审查指南2023》第二部分第一章第4.5.1条。

❷ 杨敏锋. 全国专利代理师资格考试通关秘籍:专利法律知识[M]. 北京:知识产权出版社, 2019:52.

❸《专利审查指南2023》第二部分第一章第4.5.2条。

的保护范围,但能够将其纳入外观设计保护范围的前提是其具有美感,且该美感能够促进消费者进行消费选择。对于此条的限制其实是出于清晰地划定《中华人民共和国商标法》(简称《商标法》)所保护的客体之商标与《专利法》所保护的客体之外观设计保护边界的目的。简言之,商标多以文字、图形、色彩、字母等为外在形态,外观设计的构成要素也是以形状、图案、色彩等为外在形态,所以就图案、色彩或者二者的结合而言,其既可以是商标的合法形态,也可以是外观设计的合法形态,这就需要从商标和外观设计的功能角度对同一状态下的"图案、色彩或者二者的结合"进行保护路径的区分。

外观设计的功能是以设计的美感吸引消费者,促进产品的销售;商标的功能在于将商标用于商品或服务上,使消费者在看到商品或服务上有这样的商标时,可以准确地判断此款商品或服务的提供者,即区分商品和服务来源。因此,当"图案、色彩或者二者的结合"作为设计要素用于产品的整体或局部时,若该要素所发挥的功能是提高产品的视觉美感从而促进消费,则属于外观设计的保护范围;但若所起到的功能是识别商品或服务来源,即此处所规定的"主要起标识作用",则应当属于商标的保护范围,不能授予外观设计专利权。

二、专利授权的实质条件

根据《专利法》第22条第1款的规定:"授予专利权的发明和实用新型,应当具备新颖性、创造性和实用性。"外观设计的本质是新设计,对于其授权的实质条件的规定与作为技术方案的发明与实用新型有所区别,依据《专利法》第23条的规定,可以将外观设计专利授权的实质要件总结为"新颖性、创造性和尊重既有权利"。

(一)发明和实用新型专利授权的实质条件

发明和实用新型专利授权的实质条件,详见图2-24所示。

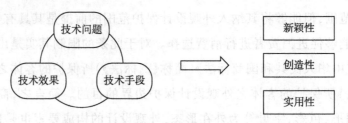

图2-24 发明和实用新型专利授权实质条件

1. 新颖性

《专利法》第22条第2款规定:"新颖性,是指该发明或者实用新型不属于现有技术;也没有任何单位或者个人就同样的发明或者实用新型在申请日以前向国家知识产权局提出过申请,并记载在申请日以后公布的专利申请文件或者公告的专利文件中。"新颖性要件设置的初衷在于鼓励发明创造、促进技术创新和社会进步,要求涉案专利应当与其申请之前已经存在的技术方案有区别,否则就没有再次授予专利权的必要。新颖性的本质是强调申请之时的技术方案应当较之以前的技术方案满足"新"的要求。因此,对于新颖性的判断要从时间要件和相同技术方案要件两个方面综合考虑,即涉案专利的新颖性认定需满足两个要件:其一,不属于现有技术;其二,不存在抵触申请(图2-25)。

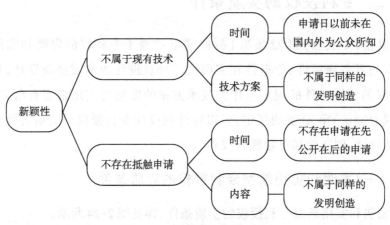

图2-25 新颖性的知识框架

（1）不属于现有技术。

《专利法》第22条第5款规定，现有技术是指"申请日以前在国内外为公众所知的技术"，即在申请日以前在特定空间已经存在的知识和技术的总和（图2-26）。现有技术可从"申请日以前在国内外为公众所知"和"同样的发明创造"两个层面来共同界定，只要在涉案专利提出申请之日前已经有同时满足上述两个条件的现有技术存在，则该涉案专利所记载的技术方案就不能满足"新"的要求，其新颖性被现有技术的存在而破坏，所以无法得到专利授权。"申请日以前在国内外为公众所知"是从时间上对涉案专利的新颖性做的限定，本质是就拟授权的专利申请而言，不能属于已经为公众所知的公共知识和公共技术的范畴；"同样的发明创造"是从内容方面对涉案专利的新颖性做的限定，也就是说，想要破坏一项涉案专利的新颖性，除了时间上要"早"，还得是同样的发明创造。若在先公开的技术与涉案专利不属于同样的发明创造，则属于不同领域的技术方案，无须互相进行新颖性的评价。例如，不能用一项已经为公众所知的杯子的技术方案来评价后申请的一项空调遥控器的技术方案。

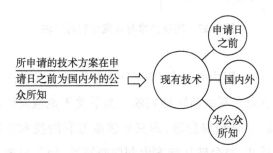

图2-26 现有技术的构成要件

第一，申请日以前未在国内外为公众所知。即涉案专利所记载的技术方案并未在申请日之前为任何国内外的公众所知。如此才能满足新颖性的要求，具体可从时间要件、地域要件和公开要件三个方面进行判断。

A. 时间要件。申请日以前，不包括申请日当日。现有技术的认定必须满足"先"的要求,即在涉案专利申请日之前(不包括申请日当日)已经为国内外公众所知(图2-27)。时间要件的判断以技术方案的"申请时"为限定,这一时间的认定标准与专利申请中的在先申请原则,以及专利的申请取得原则具有内在一致性。当然,也有国家以发明完成之时作为判断现有技术在先与否的时间标准,但显然与我国专利权取得的基本原则相违背。此外,我国专利申请的时间以"申请日"作为标准,即只要是在同一天提出申请的,无论是在当天的哪个时间点提出,都视为同时提出。因此,在涉案专利申请之日才公开的,不会影响涉案专利的新颖性判断。

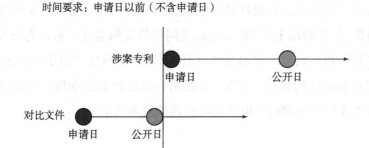

图2-27　现有技术与涉案专利时间轴

　　B．地域要件。国内外的任何一个地方公开。现有技术在何地域曾公开过会影响涉案专利的新颖性判断。当下关于地域要件的设置主要包括两种标准:其一,是绝对标准,即只要涉案专利的技术方案在国内外的任何地域曾公开过,都会破坏涉案专利的新颖性,因为只要有同样的技术方案公开过,则该专利授权的价值和功能就大打折扣。任何地方公开都可能导致该涉案专利成为公众都了解的公知常识,就相同技术方案予以专利授权对人类社会整体的进步无法产生积极效果,自然无须耗费专利审查和授权成本。其二,是相对标准,即只以某一国内地域为视角,判断涉案专利是否已经为国内地域范围内的公众所知。若涉案专利仅在国外公开,为国外公众所知,而国内地域的公众对此并不知悉,则满足新颖性的地域要件。相对标准较之绝对标准对涉案专利的新颖性限制要更为宽松,相当于在专利申请上仅以本国为视角,更有利于激励与保护本国专利技术方案,但国际视野相对受到局限。根据我国关于现有技术地域范围的界定可知,我国在新颖性判断的地域要件上采取的是绝对标准,对于涉案专利公开与否的判断并不局限于某一地域、某一领域或某一国家,在世界任何地域为公众所知,都会影响涉案专利的新颖性认定。

　　C. 公开要件。为公众所知的任何方式。公开要件是新颖性判断的核心内容,要求涉案专利所记载的技术方案已经以公众所知的任何方式向公众公开。对于公开要件要从如下几个方面综合解读:其一,向公众公开应当是一种事实状态。即有关技术内容已经处于向公众公开的状态,使想要了解其技术内容的人都有可能通过正当途径了解。这种向公众公开的状态只要客观存在,有关技术就被认为已经公开且该种公开的认定不以知悉人数和实际知悉程度为依据。在判断是否向公众公开的状态时,需特别注意处于保密状态的技术内容,因现有技术的认定需脱离保密状态而使公众都可能了解技术内容,所以如确系在特定范围内发行的技术资料或明确要求保密的资料等处于保密状态的技术内容,都不属于现有技术的范畴,如由某安全机构编纂的仅供内部特定人员查阅参考并明确不得外传的《国家安全科技资料》等。其二,向公众公开的方式多样。整体上可将公开方式划分为在国内外出版物上公开发表、在国内外公开使用或以其他方式为公众所知。在国内外出版物上公开发表不受地理位置、语言、获得方式、年代、出版物类型和出版形式的限制,如国家知识产权局的授权公告、技术手册、报纸刊物、网络资料等。即只要在涉案专利申请日之前,其技术方案的内容已经在任何出版物上公开发表,则该技术方案的内容属于现有技术,必然因不满足新颖性要求而无法得到授权。在国内外公开使用也会导致技术方案的内容为公众所知,只要通过诸如制造、使用、销售、进口、交换、馈赠、演示、展出等方式的使用,能够使公众得知技术方案的内容,则都属于使用公开。例如,一款已经制造出售的加湿器,若所属领域的技术人员可以通过使用而明确了解该项技术方案的产品内部结构和该构造的变化所产生的技术功能,将导致的后果就是涉案专利所记载的技术方案毫无新意,对于与现有技术内容毫无二致的技术方案自然无须另行授予专利权。但是,若一项已经通过制造、出售等方式公开的产品未给出任何有关技术内容的说明,以致所属领域的技术人员无法得知其结构和功能或材料成分,则不属于使用公开。除上述两类较为典型的为公众所知的公开方式之外,还包括其他可为公众所知的方式,如以口头交谈、报告、讨论会发言、广播、电视、电影等口头公开方式使技术方案的内容为公众所知。

第二,不属于同样的发明创造。《专利审查指南2023》第二部分第三章第3.1条第(1)款规定:"被审查的发明或者实用新型专利申请与现有技术或者申请日前由任何单位或者个人向专利局提出申请并在申请日后(含申请日)公布或者公告的(以下简称申请在先公布或者公告在后的)发明或者实用新型的相关内容相比,如果其技术领域、所解决的技术问题、技术方案和预期效果在实质上相同,则认为两者为同样的发明或者实用新型。"因此,若两项发明创造属于相同的技术领域、拟解决的技术问题、采取的技术手段和实现的技术效果都相同,则属于同样的技术方案,即同样的发明或实用新型。具体如何在实务中判断技术方案是否完全一致,将在本书第三章一、(二)"新颖性审查基准"中详细介绍。

(2)不存在抵触申请。

不存在抵触申请是指就涉案专利而言,没有任何单位或者个人就同样的发明或者实用新型在申请日以前向国家知识产权局提出过申请,并记载在申请日以后公布的专利申请文件或者公告的专利文件中。将不存在抵触申请作为新颖性认定的前提的主要目的是防止同样的发明或实用新型被重复授权。根据专利申请程序,一件专利申请通常要在申请日后的一定期限才能在专利公报上公开。因此,如果已有人在申请日前提出了同样的专利申请,仅从申请日前已发表的国内外出版物上是无法找到的。也就是说,抵触申请的限制是为了避免因专利审查程序上的时间延误而导致同样的发明创造在前后两次申请时被同时授予权利。同时,在先申请的存在并不必然致使在后的同样的发明创造申请的新颖性被破坏,若在先申请之后又基于各种原因自行撤回,则在先的申请不会对在后的申请产生阻碍效力。即如果在先申请人撤回了他的申请,其申请文件不在其撤回以后公开,这时先后两申请不构成抵触,在后申请的新颖性不会被破坏;如果在先申请人在其申请已进入公开程序后再撤回,且公开时间晚于在后申请人的申请日,此时先后两申请构成抵触,在后申请则不再具备新颖性。

对于涉案专利抵触申请的判断要从如下三个要件综合考虑。

第一,时间要件。抵触申请就涉案专利而言,属于申请在先并公开在后的专利申请。申请在先是指抵触申请早于涉案专利的申请日提出,我国专利申请以申请日为判断依据,因此抵触申请应当在涉案专利申请日之前(不包括申请日当日)提出。公开在后是指抵触申请文件记载在涉案专利申请日之后(包括申请日当日公开)公布的专利申请文件或者公告的专利文件中。申请在先与公开在后需同时满足,缺一不可。假设一份专利文件的申请日为2023年10月13日,公开日为2023年11月15日,而涉案专利的申请日为2023年11月13日,则此时该专利文件构成涉案专利申请在先公开在后的专利文件,符合抵触申请的时间要件,涉案专利与申请在先公开在后的专利文件的时间轴对应关系,如图2-28所示。

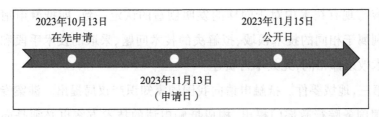

图2-28　涉案专利与申请在先公开在后的专利文件的时间轴对应关系

为帮助读者准确掌握抵触申请时间要件的判断方法,本书基于上例进一步提出如下三种假设情形,主要在于辨别专利文件在先申请日和在后公开日与涉案专利申请日在时间节点上存在的不同对应关系,以及由此对抵触申请时间要件认定的影响,具体如下。

情形一:若在先申请是 2023 年 11 月 13 日提出的,可否满足抵触申请的时间要件?若在先申请是 2023 年 11 月 13 日提出,并于 2023 年 11 月 15 日公开,则属于与涉案专利同日提出申请的情形。因抵触申请要求申请在先且不包括涉案专利的申请日当日,因此在此种情形下两项技术方案视为同时提出的专利申请,不满足抵触申请的时间要件。

情形二:若在后公开是 2023 年 11 月 13 日公开的,可否满足抵触申请的时间要件?若在先申请是 2023 年 10 月 13 日提出,并于 2023 年 11 月 13 日公开,因在后公开的时间点可以包括涉案专利申请日当日,因此此种情形属于在涉案专利申请日之前提出申请并记载在申请日之后的专利文件中,满足抵触申请的时间要件。

情形三:若在先申请是 2023 年 10 月 13 日,公开日是 2023 年 11 月 12 日,则 2023 年 11 月 13 日申请新颖性如何?若在先申请是 2023 年 10 月 13 日提出,并于 2023 年 11 月 12 日公开,因涉案专利申请日是 2023 年 11 月 13 日,则此种情形属于在涉案专利申请前已经公开的技术内容,不满足抵触申请的申请在先和公开在后要求,但属于涉案专利的现有技术,同样会破坏涉案专利的新颖性。

第二,内容要件。抵触申请所记载的技术方案与涉案专利所记载的技术方案属于同样的发明创造。抵触申请构成要件中关于同样的发明创造的内容与现有技术中对于同样的发明创造的认定一致,即抵触申请与涉案专利属于相同的技术领域、拟解决的技术问题、采取的技术手段和实现的技术效果都相同,此处不再赘述。

第三,地域要件。抵触申请向我国国家知识产权局提出。涉案专利是向我国国务院行政部门提出,构成抵触申请的技术方案也必须是向我国国家知识产权局提出过申请,并记载在申请日以后公布的专利申请文件或者公告的专利文件中。发明创造的保护具有地域差异,若一项发明创造在国外获得专利授权,则其受保护的地域范围并不当然及于我国领域,很可能因不满足我国授权要件而无法得到保护。抵触申请的构成一定得满足向我国提出专利申请并公告的要求,否则即便已经在国外在先获得授权或申请在先和公开在后,都不影响向我国国家知识产权局提出专利申请的技术方案的新颖性认定。

(3)不丧失新颖性的特别规定——宽限期。

根据新颖性判断的一般规则,凡在申请日或优先权日以前涉案专利的技术内容已经公开的,无论是何人公开,该项技术方案都已经成为现有技术的一部分,因此不能取得专利权。因在先的上述情形的存在,专利申请的技术内容在申请日前就为国内外公众所知,属于因存在现有技术而不具有新颖性的情形,不能被授予专利权。但若发明人、设计人或者发明创造的其他权利人由于某些正当原因在申请日前将其发明创造公开,或者第三人以合法或不合法的手段从发明人、设计人或者发明创造的其他权利人那里得知发明创造的途径,不经其同意而在申请日前将其公开,如果一律适用上述原则对发明创造主体而言是不公平的,也会影响科技的交流。因此,《专利法》中特别规定了不丧失新颖性的特殊规定,即申请日(或者优先权日)以前发明创造的某些公开,在一定条件下可以不影响发明创造的新颖性,这就是宽限期。

《专利法》第24条规定:"申请专利的发明创造在申请日以前六个月内,有下列情形之一的,不丧失新颖性:(一)在国家出现紧急状态或者非常情况时,为公共利益目的首次公开的;(二)在中国政府主办或者承认的国际展览会上首次展出的;(三)在规定的学术会议或者技术会议上首次发表的;(四)他人未经申请人同意而泄露其内容的。"

从效力上来看,宽限期的适用仅限于上述四种情形,在后申请人六个月内提出的相应专利申请不因公开而丧失新颖性。在上述四种情形下,本来相关发明创造已经因为公开而成为现有技术的一部分而丧失新颖性,宽限期的适用对申请人在该期限内申请专利的发明创造给予"福利",即视为该发明创造不因上述四种情形的公开而丧失新颖性,即便对于公众而言已经成为现有技术,这是宽限期的真正内涵。下例即为专利申请人适用"在规定的学术会议上首次发表"而享有宽限期的情形。

宽限期应用示例：

申请人甲将自己的发明创造于2011年3月1日在规定的学术会议上发表，并于2011年4月1日就相同的发明创造向我国专利行政部门提出专利申请，可依据《专利法》第24条的规定就此项专利申请享有宽限期，宽限期判断时间轴，如图1所示。

图1 宽限期判断时间轴

上例中，申请人甲将自己的发明创造于2011年3月1日"在规定的学术会议上首次发表"享有宽限期，其在首次发表后的6个月内就该发明创造提出的申请不因2011年3月1日在学术会议上首次发表而丧失新颖性。但需注意，与优先权效力带来的申请日提前不同，宽限期的适用并不能导致申请日的变化。

为进一步理解宽限期的效力，本书基于上例进一步提出如下四种假设情形，主要在于辨别享有宽限期的专利申请在面对不同发明人在不同时间节点就同一发明创造提出专利申请时对宽限期效力认定的影响，具体如下。

情形一：若乙在2011年4月1日就同样的发明创造提出专利注册申请，是否满足新颖性？甲将自己的发明创造于2011年3月1日在规定的学术会议上发表，使其在2011年8月31日前提出的同样的发明创造不因2011年3月1日的发表丧失新颖性。但是，若乙在2011年4月1日就同样的发明创造提出专利申请，则在乙申请之前已经存在在先的现有技术，乙的申请会被甲在2011年3月1日的会议发表而破坏新颖性。

情形二：若在未沟通的情况下，丙同样在2011年3月1日创造完成与甲同样的发明创造，并于2011年3月1日提出专利申请，是否满足新颖性？

丙在2011年3月1日未沟通(无从获知甲的技术方案内容)情形下独立完成同样的发明创造并当天提出专利申请,因甲的会议发表也是在2011年3月1日,甲的发表日与丙的专利申请日为同一天,不构成丙的申请的现有技术,无法破坏丙的专利申请的新颖性。

情形三:若在未沟通的情况下,丙同样在2011年3月1日创造完成与甲同样的发明创造,并于2011年4月1日提出申请是否满足新颖性?若丙在2011年4月1日提出专利申请,则在丙提出专利申请之前因甲的会议发表使其申请的技术方案的内容早已为国内外公众所知,甲的在先的公开发表构成丙的专利申请的现有技术,会破坏丙的技术方案的新颖性。

情形四:若丙在2011年4月1日提出专利申请,则甲在2011年8月30日提出专利申请是否仍然具有新颖性?若甲在2011年8月30日就同样的发明创造提出专利申请,则因适用宽限期,其2011年8月30日的专利申请不因2011年4月1日的公开而丧失新颖性。但是,因丙在2011年4月1日就相同的技术方案提出专利申请,且很可能记载在甲申请日之后的专利文件中,因此丙的专利申请极可能构成甲在2011年8月30日专利申请的抵触申请。

发明和实用新型专利新颖性判断知识框架,如图2-29所示。

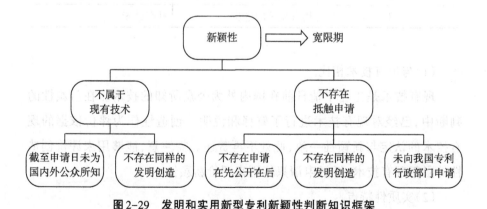

图2-29 发明和实用新型专利新颖性判断知识框架

2. 创造性

《专利法》第22条第3款规定:"创造性,是指与现有技术相比,该发明具有突出的实质性特点和显著的进步,该实用新型具有实质性特点和进步。"创造性是要求涉案专利所记载的技术方案能够促进社会的进步,与新颖性只要求"新"不同,创造性还需在"新"的基础上满足"难"的要求。"难"就是与现有技术中记载的技术内容相比,申请发明专利的技术方案需有实质性的特点和显著的进步,实用新型专利对"难"的程度要求较之发明专利要低一些,但也得是就现有技术而言具有实质性的特点和进步。创造性实质上是判断一项技术方案能够通过应用实际推动科技发展和社会进步的核心环节,也是《专利法》以授予专利权而换取技术内容公开的制度设置初衷。

发明与实用新型创造性的判断主要集中在现有技术、实质性特点和进步三个要件上(表2-3)。

表2-3　发明和实用新型专利创造性判断要件

判断要件	发明	实用新型
1	与现有技术相比	与现有技术相比
2	具有突出的实质性特点	具有实质性的特点
3	具有显著的进步	具有进步

(1)与现有技术相比。

现有技术是指在申请日前在国内外为公众所知的技术。在新颖性的判断中,已经对现有技术进行了解释和说明。创造性作为评价依据的现有技术的认定与新颖性一致,此处不再赘述。需注意,能够用来评价创造性的限于现有技术,抵触申请只能用来评价新颖性。

(2)实质性特点。

实质性特点是指发明创造与现有技术相比具有本质的区别特征,通常也就是该发明创造的发明点所在,同时也是涉案专利的创造性贡献的体现。若一项技术方案没有实质性特点，则其较之现有技术而言就不存在创造性的贡献，无法对科技进步和社会发展产生推动作用，自然也无法获得专利授权。对于实质性特点的认识要结合如下两个方面综合考虑。

第一，从特征性质上，该本质的区别特征应当是技术性的。发明和实用新型的本质是记载技术特征以解决特定技术问题和产生技术效果的技术方案，若较之现有技术而言，涉案专利不存在任何具有实质性特点的技术特征，则该项技术方案必然无法产生新的技术效果。例如，当一项技术方案与现有技术相比存在的区别特征仅在于利用了"万有引力定律"这一项内容，则涉案专利较之现有技术不存在任何技术性的区别特征，自然不会因该方案记载的内容产生区别于现有技术的技术效果，无法被认定为存在实质性特点，不满足创造性的要求。

第二，从特征贡献上，该本质的区别特征应当就本领域普通技术人员而言并非显而易见的。

A. 所属技术领域的普通技术人员简称本专业普通技术人员或普通科技人员，是一个虚拟的人，假设他具有某一技术领域属于现有技术范畴的一切知识，但对这些知识的理解和应用水平仅限于当时该领域的中等水平；他能力平平，尤其是在创造性思维方面能力较差，只能在现有技术基础上做一些简单的逻辑推理或组合。

B. 显而易见是指就本质的区别特征而言，在该发明创造的所属技术领域内，相关技术人员以合乎逻辑的分析、推理或有限的实验在现有技术基础上可以得到。对于前后两项发明，如果该专业的普通技术人员可以从在先发明中很容易稍加改变即获得在后方案，稍加改变就是发明创造与现有技术的区别技术特征，该区别技术特征就本领域普通技术人员而言是显而易见的，所以不满足实质性特点，不具有创造性。反之，若一项发明创造的区别技术特征就所属技术领域的技术人员看来具有目的和效果的不可预测性，其无法通过现有技术得到该区别技术特征可能产生的技术效果，则此时即属于非显而易见的情形，该技术方案具有创造性内容，是对现有技术的补充和进一步拓展，具有实质性特点。简言之，如果一项发明创造的完成对于普通技术人员来说是十分困难的,那么它肯定具备创造性;相反,如果一项发明创造的完成对普通技术人员而言是显而易见的,那么它就不具有创造性。

(3)进步。

进步是指发明创造与现有技术的水平相比必须有所提高,不能是一种完全的重复甚至倒退,只有提高才能起到推进技术进步的作用,变劣发明或改恶发明因无法带来进步的效果,即便能够满足新颖性和实用性的要求,同样无法被授予专利权。根据技术方案的进步程度的不同可以从如下三个层面对其进行界定。

第一,发明创造属于开拓性的技术方案,即该发明创造的提出开拓了一个新的技术领域,如记载有第一辆汽车制造方法的技术方案和第一台电话及其制造方法的技术方案等,因此类技术方案中记载的产品和产品的制造方法属于未曾存在过的新的技术领域,这一类开拓性的发明创造必然满足进步的要求,且属于创造性程度最高的情形。

第二,一项发明创造的技术方案属于现有技术领域,但该技术方案通过采取技术手段使该技术方案的应用较之现有技术具有更好的技术效果。如对此项技术方案的应用能够减少能耗、提高生产效率、操作更加便捷和降低污染,则该项技术方案同样满足进步的要求。

第三,若发明创造的技术方案与现有技术的发展水平相同,但提供了一种与现有技术完全不同的技术构思,则此种发明创造也属于具有进步的情形。即一项发明创造的技术水平虽然没有提升,但并不一定绝对导致无法满足进步的要求,若该技术方案不是完全地对现有技术方案的重复,而是采取了新的技术构思,则同样可以符合创造性中关于进步的要求。

进步程度或者说创造性程度的高低虽然是判断进步与否的重要标准,但绝非唯一标准。进步虽然更为强调技术效果带来的技术意义,但从促进社会进步和产业趋势角度,若发明代表某种新技术发展趋势,或尽管发明在某些方面有负面效果,但在其他方面具有明显积极的技术效果,同样可能满足进步的要求。

3. 实用性

《专利法》第22条第4款中规定:"实用性,是指该发明或实用新型"能够制造或者使用,并能够产生积极效果。"将实用性作为发明创造授权的实质要件之一,是为了确保具有技术应用价值的技术方案能够真切地应用到产业中去,将技术方案记载的内容转化成技术引擎,从而实现从纸面记载到产业制造的工业价值。

(1)实用性构成要件。

第一,能够制造或使用。要求申请专利的发明创造应当能够制造或使用,即具备可实施性。对于能够制造或使用需要从如下五个层次进行理解。

A. 能够制造或使用的限定对象是产品专利和方法专利。根据技术方案利用形态的不同,可以将发明创造划分为产品专利和方法专利。其中,发明专利包括产品专利或方法专利,而实用新型专利只是对产品的形状、构造或形状构造的结合作出的新的技术方案,只可以表现为产品专利形态,而无法覆盖方法专利。因此,对于实用性要求的能够制造或使用可以拆分成产品专利的制造或者使用和方法专利的使用。

B. 产品专利的制造和使用。产品专利所保护的技术方案可以包含在专利产品中,通过专利产品的制造和使用来发挥促进科技发展和社会进步的效用。制造是指以生产经营为目的而生产包含专利权利要求所记载的全部技术特征的专利产品的行为,这就要求产品专利能够依据权利要求书中记载的特征制造出来。制造不限制数量和成品率,只要能够按照权利要求书中记载的内容将产品制造出来,就满足产品专利能够制造的实用性要求。使用是指使用专利产品使专利权利要求所记载的产品技术方案的技术功能得到应用的行为,使用的前提是基于专利产品的制造,是对制造出来的专利产品的技术功能进一步推广和应用的重要环节。

C. 方法专利的使用。方法专利是以方法为保护对象的发明专利,表现为按照步骤和环节就可以实现技术效果的技术方案。方法专利的使用是指权利要求书中技术方案的每一个步骤均按记载的顺序被实现的行为。如果只是实现了专利方法中的部分步骤或者即使实现了专利方法的全部步骤，但实现顺序不同且带来技术功能或者技术效果有实质性差异的，则不属于方法专利的使用。

D. 必须是具体翔实的技术方案。技术方案记载了为解决技术问题采取技术手段进而产生技术效果的技术内容，其必须是具体翔实的，具有实现的可能，即所属技术领域的技术人员通过技术方案的记载可以自行制造或使用。若一项技术方案记载的内容明显违背自然规律、完全天马行空无法落地实施或仅是发现了一种客观规律的，都不满足此处关于实用性的要求。

E. 必须可在产业上重复实施。重复实施是对具体翔实的技术方案的补充性要求，即一项技术方案应当可以不依赖任何随机因素的重复实施，并且此种可实施性应是稳定且结果一致的。此外，可重复实施是对技术方案未来应用能力的预测，至于技术方案在申请专利时是否已经实施不影响实用性的认定。

第二，能够产生积极效果。能够产生积极效果是《专利法》关于实用性认定的第二个要件，要求一项技术方案具备有益性。有益性是指一项发明创造对社会和经济的发展，对物质和精神文明建设所产生的积极效果。通常，这种积极效果可以表现为提高产品质量、改善工作和生产环境、节约能源、减少环境污染、降低生产成本等。

在申请专利时，发明创造所带来的积极效果可能还没有产生，但只要有产生积极效果的可能就可以满足有益性要求。实用性于所申请的发明创造是怎么创造出来的或者是否已经实施无关。但是，明显无益、脱离社会需要的发明或实用新型无法满足有益性的要求。

同时，对于发明创造有益性的判断不能只看某些表面现象，有些在申请时尚不完善的发明创造，甚至有的尚存在严重缺陷的发明创造，在克服了缺陷后，可能有不可比拟的生命力。

（2）不具有实用性的典型情形（表2-4）。

表2-4　不具有实用性的典型情形

序号	情形描述	实用性不足
1	无再现性	不满足在产业上重复实施要求
2	违背自然规律	不满足具体、翔实的技术方案的要求
3	利用独一无二的自然条件的产品	不满足在产业上重复实施要求
4	人体或动物体的非治疗目的的外科手术方法	不满足在产业上重复实施要求
5	测量人体或者动物体在极限情况下的生理参数的方法	不满足在产业上重复实施要求
6	明显无益、脱离社会需要的发明或实用新型发明创造	不能够产生积极效果

习题演练

1. 以下关于实用性的说法哪些是正确的?(　　　)

A. 具备实用性的发明或者实用新型必然已经实施

B. 具备实用性的发明或者实用新型必然符合自然规律

C. 具备实用性的发明或者实用新型必须具备较高的成品率

D. 具备实用性的发明或者实用新型,不能是由自然条件限定的独一无二的产品

参考答案:BD

参考解析:

A选项错误。实用性要求能够制造或实施,强调的是技术方案在未来进行产业应用的可能性,而非现实应用的结果性。

B选项正确。具备实用性的发明或实用新型必然是具体翔实可实施的技术方案,必然是符合自然规律要求的,违背自然规律的技术方案无法进行真切地实施和应用。

C选项错误。实用性强调应用的可能性,至于技术方案的成品率的高低只是判断技术方案产业价值的要素,不是实用性判断的依据。

D选项正确。实用性要求技术方案能够重复性地稳定实施,并产生一致结果。如果某项发明或者实用新型所提出的产品专利是必须依据特定自然条件限定的独一无二的产品,则无法满足在产业上重复实施的要求,不符合实用性的认定条件。

2. 下列哪项发明创造符合《专利法》第22条规定的实用性要求?(   )

A. 一种在真空条件下制作热敏电阻的方法

B. 一种采用外科手术从活熊身体上提取胆汁的方法

C. 一种通过逐渐降低小白鼠的体温,来检测其对寒冷的耐受程度的方法

D. 一种南水北调的方法,其特征在于,依照地形地貌的特点,由丹江口水库引水,自流供水给黄淮平原地区

参考答案:A

参考解析:

A选项正确。一种在真空条件下制作热敏电阻的方法属于发明专利,能够在产业上进行使用并产生积极效果。真空条件也并非独一无二的自然条件,而是可以通过工业干预产生的生产环境,可以重复实施并产生一致结果。

B选项错误。人体或动物体的非治疗目的的外科手术方案以人体或动物体为研究对象,但人体或动物体个体差异明显,不具有在产业上重复实施并得到一致结果的可能,无法满足实用性的要求。

C选项错误。测量人体或者动物体在极限情况下的生理参数的方法以不同的人和动物个体为测量对象,但不同的人和动物个体耐受极限条件不同,无法在产业上使用,不满足实用性的要求。

D选项错误。利用独一无二的自然条件的技术方案无法在产业上进行重复实施和应用,不满足实用性的要求。

3. 以下关于新颖性、创造性、实用性的说法哪些是正确的?(　　)

A. 一项发明只有在具备新颖性的前提下,才能判断创造性和实用性

B. 授予专利权的发明应当具备新颖性、创造性和实用性

C. 新颖性解决的是某项技术以前是否出现过,创造性不但要求该技术没有出现,还需要相应的技术含量,因此在不考虑抵触申请的情况下,具备创造性则必然具备新颖性

D. 具备创造性的发明一定具备新颖性

参考答案:BC

参考解析:

A选项错误。发明和实用新型专利的三项实质性审查的顺序为实用性、新颖性和创造性。因新颖性和创造性都涉及查找对比文件和技术特征比对工作,而实用性只需结合专利申请文件进行综合判断,是三项审查中审查员审查成本最低的一环,先行审查可以有效节省时间,对于实用性都不满足的技术方案无须再耗费成本进行新颖性和创造性判断。此外,实用性是关系一项技术方案能否真切进行产业应用并产生有益效果的守门员,只有满足实用性才能契合专利法的立法宗旨,也只有先能用,才有审查新不新与难不难的必要,否则即便一项技术方案记载的内容再新、再难,无法落实到产业实施则都是“纸上谈兵”。

B选项正确。发明专利的授权实质要件是新颖性、创造性和实用性,只有三个要件同时满足,才能授予发明专利权。

C选项正确。新颖性解决的技术方案就现有技术和抵触申请而言是否“新”、创造性不仅要求技术方案就现有技术而言是“新”的,且还是“难”的,所以就与现有技术的对比而言,一项技术方案如果具有创造性,则必然符合新颖性的要求。

D选项错误。在C选项的基础上,因新颖性的评价依据除了现有技术,还包括抵触申请,而抵触申请不能用来评价现有技术,所以未能区分现有技术和抵触申请时,将创造性的具备推导为新颖性的必然具备是不准确的。

发明和实用新型专利授权的实质要件,如表2-5所示。

表2-5　发明和实用新型专利授权的实质要件

内容	实用性	新颖性	创造性
评价依据	—	现有技术	现有技术
		申请在先公开在后的技术文件	
评价标准	能够制造或使用	不存在现有技术(不存在公开日在先的技术文件+不存在同样的发明创造)	(突出的)实质性特点
评价标准	能够产生积极效果	不存在抵触申请(不存在申请在先公开在后的技术文件+不存在同样的发明创造)	(显著的)进步

(二)外观设计专利授权的实质条件

《专利法》第23条规定:"授予专利权的外观设计,应当不属于现有设计;也没有任何单位或者个人就同样的外观设计在申请日以前向国务院专利行政部门提出过申请,并记载在申请日以后公告的专利文件中。授予专利权的外观设计与现有设计或者现有设计特征的组合相比,应当具有明显区别。授予专利权的外观设计不得与他人在申请日以前已经取得的合法权利相冲突。本法所称现有设计,是指申请日以前在国内外为公众所知的设计。"

通过对比外观设计与发明和实用新型专利授权的条件可知,新颖性和创造性属于共性的实质条件,只是基于外观设计作为新设计的落脚点和发明与实用新型作为新的技术方案的落脚点存在差别,因此对于外观设计专利授权的新颖性和创造性可以参考发明和实用新型专利授权的新颖性和创造性认定基本规则。除此之外,外观设计专利授权还具有区别于发明和实用新型专利授权的特殊规定,即不得与他人在先合法权利冲突。因此,外观设计专利授权的实质条件可以总结为三项:新颖性、创造性和尊重在先权利。

1．新颖性

外观设计专利授权的新颖性包括两个要件，分别是不存在现有设计和不存在抵触申请。

（1）不存在现有设计。

从时间要件和内容要件分析，不存在现有设计的情形。

第一，时间要件。在涉案外观设计专利申请日前不存在为国内外公众所知的设计。对于现有设计时间上的认定同于现有技术，都为涉案外观设计专利的申请日之前，且不包括申请日当日。

第二，内容要件。外观设计相同或实质相同。即在申请日前既没有与涉案专利相同的外观设计，也没有与涉案专利实质相同的外观设计。

A．相同的外观设计。相同的外观设计是指涉案专利与对比设计是相同种类产品的外观设计，并且全部外观设计要素相同。相同的外观设计包括外观设计专利产品相同和外观设计相同两个方面：产品相同与否根据专利产品的用途进行判断，确定产品的用途可以参考外观设计的简要说明、国际外观设计分类表、产品的功能及产品销售、实际使用的情况等因素。外观设计相同是指外部设计从视觉效果上相同，以一般消费者的知识水平和认知水平都认为二者在整体视觉效果上不存在差异。若两项产品仅在肉眼不可识别的产品内部结构、技术性能或常用材料的替换等存在差异设计，不影响外观设计相同的判断。

B．实质相同的外观设计。实质相同的外观设计是指涉案专利与对比设计属相同或相近种类，全部外观设计要素在视觉上有差异，但没有实质性差异。

没有实质性差异，可从如下五种典型情形进行理解。

情形一：两项外观设计专利的区别仅在于施以一般注意力不能察觉的局部的细微差异，如两项针对百叶窗的外观设计，区别仅在于百叶窗的具体叶片数不同；又如烛台❶（图2-30），区别仅在于蜡烛安放孔的数量。

---

❶ 国家知识产权局关于印发《专利侵权判定和假冒专利行为认定指南（试行）的通知》（国知发管字［2014］42号）。

涉案专利　　　　　　　　被控侵权产品

图2-30　外观设计实质相同的两款烛台

　　情形二:两项外观设计专利的区别仅在于使用时不容易看到或者看不到的部位,但有证据表明在不容易看到部位的特定设计对于一般消费者能够产生引人注目的视觉效果的除外,如对冰箱背后排风出口的形状作出的细微变化,又如剃须刀不容易看到的细微差异❶(图2-31)。

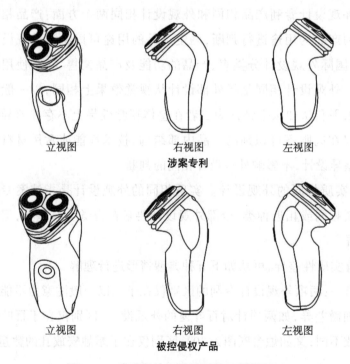

立视图　　　　　　右视图　　　　　　左视图
涉案专利

立视图　　　　　　右视图　　　　　　左视图
被控侵权产品

图2-31　外观设计实质相同的两款剃须刀

---

❶ 国家知识产权局关于印发《专利侵权判定和假冒专利行为认定指南(试行)的通知》(国知发管字[2014]42号)。

情形三:两项外观设计专利的区别仅在于将某一设计要素整体置换为该类产品的惯常设计的相应设计要素,如仅将带有图案和色彩的饼干桶的形状由圆柱体置换为正方体❶(图2-32)。

现有设计　　　　　　　　　　　　被控侵权产品

图2-32　外观设计实质相同的两款饼干包装

情形四:两项外观设计专利的区别仅是将对比设计作为设计单元,按照该种类产品的常规排列方式做重复排列或者其排列的数量做增减变化,如将影院座椅成排重复排列或者将其成排座椅的数量做增减;又如仅对设计单元做调整的染色机❷(图2-33)。

对比设计　　　　　　　　　　　涉案专利

图2-33　外观设计实质相同的两款染色机

---

❶ 国家知识产权局关于印发《专利侵权判定和假冒专利行为认定指南(试行)的通知》(国知发管字〔2014〕42号)。

❷ 国家知识产权局关于印发《专利侵权判定和假冒专利行为认定指南(试行)的通知》(国知发管字〔2014〕42号)。

情形五：两项外观设计专利的区别仅在于互为镜像对称，如互为对称设计的笔筒❶（图2-34）。

涉案专利   被控侵权产品

图2-34　外观设计实质相同的两款笔筒

C. 相同与实质相同的判断标准。外观设计的本质是新设计，重点在于外观带来的视觉效果，进而促进了消费者作出消费决策。因此，对于外观设计相同或实质相同的判断应当以一般消费者的知识水平和认知水平为判断标准。一般消费者如同所属技术领域的技术人员一样，同样也是法律拟制的人，仅以产品的外观为判断依据，以产品的外观带来的整体的直接的视觉效果为标准，在不考虑主要由技术功能决定的设计特征，以及对整体视觉效果不产生影响的产品的材料、内部结构等特征的情形下，若两项外观设计在整体视觉效果上无差异，应当认定二者属于外观设计相同；在整体视觉效果上无实质性差异的，应当认定二者属于外观设计实质相同。

（2）不存在抵触申请。

从时间要件、内容要件和地域要件分析，不存在抵触申请的情形。

第一，时间要件。抵触申请就涉案专利而言，属于申请在先公开在后的专利申请。关于外观设计抵触申请的时间认定与发明和实用新型专利新颖性判断中的抵触申请一致。

第二，内容要件。外观设计相同或实质相同。内容与上文"（1）不存在现有设计"中"相同的外观设计"和"实质相同的外观设计"相同。

第三，地域要件。同样需向国家知识产权局提出。

---

❶ 国家知识产权局关于印发《专利侵权判定和假冒专利行为认定指南（试行）的通知》（国知发管字〔2014〕42号）。

2. 创造性

外观设计专利授权的创造性要求,是指授予专利权的外观设计与现有设计或者现有设计特征的组合相比,应当具有明显区别。基于外观设计作为新设计的本质,创造性判断要坚持三项基本原则:一是视觉上的直接观察。这要求对于外观设计创造性的判断仅以肉眼可直接识别的产品的形状、图案和色彩等为依据,肉眼不可识别的产品的材质、产品的功能等即便存在明显区别也与外观设计的创造性无关。二是仅以产品的外观为判断对象。外观设计所保护的是因对产品外观的设计进行产业应用带来的视觉效果,对于视觉上无法从产品外部直接识别的内部构造即便具有再高的创造性,也无法满足外观设计授权的条件。三是整体观察和综合判断。对于两项外观设计是否具有明显区别,要以两款外观设计产品的整体形态作为观察依据,不能仅以某一特点或某一局部作出割裂的判断,要坚持以一般消费者在作出消费选择时是否会因"造型"对二者进行明确区分来评价。

为准确理解外观设计的创造性程度,需将其与作品的独创性、发明和实用新型专利的创造性进行程度上的比较。独创性的"创"只要求体现作者独特的个性、情感和思想,至于此种"独特"是否符合大众审美、是否符合一般性的认知及创作难度的高低等都不影响独创性的认定;发明的创造性要求就现有技术而言有突出的实质性特点和显著的进步,体现的是创造性的高度和难度;外观设计虽然也是专利的客体之一,但其创造性仅要求较之现有设计和抵触申请有区别,却并未要求该种区别具有创造性的高度和难度。因此,从创造性程度上,外观设计的创造性要求更类似于著作权中作品独创性的创造性高度,只要与已经存在的在先的设计有区别,即可满足创造性要求。

外观设计专利不具有明显区别,可从如下三种典型情形进行理解。

情形一:与相同或者相近种类产品现有设计相比不具有明显区别。若与相同或者相近种类产品现有设计相比,一项外观设计的区别点仅在于局部细微变化,则其对整体视觉效果不足以产生显著影响,二者不具有明显区别,如两项外观设计仅在杯子底部的麦穗图案方向有细微变化。

情形二:现有设计的转用。若与相同或者相近种类产品现有设计相比,一项外观设计仅是对现有设计的直接转换,则其对整体视觉效果不足以产生显著影响,二者不具有明显区别,如两项外观设计存在的明显的现有设计转用情形❶(图2-35)。

图2-35　现有设计转用的外观设计

情形三:现有设计或者现有设计特征组合。若与相同或者相近种类产品现有设计相比,一项外观设计仅是对现有设计或现有设计特征的直接拼合和替换,则其对整体视觉效果不足以产生显著影响,二者不具有明显区别,例如外观设计存在明显的两项现有设计拼合情形及多项现有设计的直接拼合情形❷❸❹(图2-36、图2-37和图2-38)和现有设计特征替换的情形❺(图2-39)。

---

❶ 国家知识产权局.外观设计对比判断分析[EB/OL].(2020-11-12)[2024-07-10].http://www.cnipr.com/xy/zlxz/pxkj/202011/P020201112498396810206.pdf.

❷ 国家知识产权局.外观设计对比判断分析[EB/OL].(2020-11-12)[2024-07-10].http://www.cnipr.com/xy/zlxz/pxkj/202011/P020201112498396810206.pdf.

❸ 国家知识产权局.外观设计对比判断分析[EB/OL].(2020-11-12)[2024-07-10].http://www.cnipr.com/xy/zlxz/pxkj/202011/P020201112498396810206.pdf.

❹ 张学军.侵害外观设计专利权诉讼若干法律适用问题[EB/OL].(2015-09-18)[2024-07-10].http://bj.sdzl.com/static/upload/common/20159/18/15918090924540.pdf.

❺ 国家知识产权局.外观设计对比判断分析[EB/OL].(2020-11-12)[2024-07-10].http://www.cnipr.com/xy/zlxz/pxkj/202011/P020201112498396810206.pdf,2024年7月10日最后访问。

现有设计1　　　现有设计2　　　现有设计组合的启示　　涉案专利：
　　　　　　　　　　　　　　　　　　　　　　　　带有计时器的插座

图2-36　现有设计或者现有设计特征拼合的外观设计(一)

现有设计1　　　　　　　现有设计2　　　　　　　　涉案专利

图2-37　现有设计或者现有设计特征拼合的外观设计(二)

现有设计1（形状）　　　　现有设计2（图案）　　　　涉案专利

图2-38　现有设计或者现有设计特征拼合的外观设计(三)

现有设计1　　　　　　　现有设计2　　　　　　涉案专利

图2-39　现有设计替换的外观设计

3. 尊重在先权利

外观设计专利是以产品为载体,体现为对产品外部形状、图案、色彩等要素的设计。因图案、色彩多为平面要素,属于诸多法律保护的客体的存在形态,如商标、作品、字号、肖像、包装和装潢等。因承载有外观设计的产品需要投入生产流通领域,这必将与其他法律保护客体同时出现于同一市场环境和交易场景。若在同一生产经营场景下存在样态相同的产品的外观设计、商标和作品等,必然会导致消费者的混淆,无法准确区分产品的提供者,也无法准确划定不同法律保护客体的范围边界。出于厘清不同客体保护范围、保护消费者合法权益和维护专利产品制造、使用和销售的秩序,《专利法》将尊重在先权利列为外观设计专利授权的实质要件之一。尊重在先权利的核心内涵是指授予专利权的外观设计不得与他人在申请日以前已经取得的合法权利相冲突。

(1)在先权利是限制外观设计专利授权的条件。

破坏外观设计专利授权的商标权、著作权、肖像权、字号权等必须在外观设计专利申请之前已经存在,且必须在提出外观设计专利之时仍合法存续。若在先存在的合法权利在外观设计专利申请之前已经失效,则无法以此作为不授予外观设计专利权的依据。

(2)阻碍外观设计专利授权的权利人为他人。

他人即外观设计专利申请人以外的任何民事主体,包括:自然人、法人或者其他组织。此处需考虑自然人本人享有商标权的标志是否会阻碍其外观设计专利权取得的情形。对于此种情形在《商标法》和《专利法》中都有所提及,其中《商标法》第12条规定:"以三维标志申请注册商标的,仅由商品自身的性质产生的形状、为获得技术效果而须有的商品形状或者使商品具有实质性价值的形状,不得注册。"这意味着,若一项三维标志仅具有美学功能,则不能得到《商标法》的保护。实质上,若一项三维标志具有美学功能性,则其实为以产品为载体,以形状、图案和色彩的组合为要素,应用于产业的新设计,属于外观设计的保护对象,因而不能纳入《商标法》进行保护。《专利法》第25条第1款第6项规定,"对平面印刷品的图案、色彩或者二者的结合作出的主要起标识作用的设计"不授予专利权,原因在于其属于具有区别商品和服务来源的功能的商标,实为《商标法》的保护客体。因此,若申请人已经就同样的标志申请了商标注册,以图案和色彩的组合为存在形态的标志发挥的是识别商品和服务来源的功能时,根据《专利法》第25条规定,其无法再自行申请外观设计保护。反过来,若申请人虽然就三维标志申请了注册商标,但若其以形状、图案和色彩为内容的三维形态存在的标志具有的仅是美学功能,则其无法顺利通过商标注册申请成为商标权人。

(3)在先权利范围广泛。

可以阻碍外观设计专利授权的在先权利的范围包括我国法律明确保护的一切合法权利和权益,即依照我国法律享有并且在涉案专利申请日仍然有效的权利或者权益,包括:商标权、著作权、企业名称权(包括商号权)、肖像权,以及知名商品特有包装或者装潢使用权等。

(4)外观设计专利授权会与在先取得的合法权利相冲突。

这是外观设计专利授权的核心内容,只有存在冲突的情形才需进行立法的规定和协调。相冲突是指未经权利人许可,外观设计专利使用了在先合法权利的客体,从而导致专利权的实施损害在先权利人的相关合法权利或者权益。

三、专利申请文件

(一)发明和实用新型专利申请文件

《专利法》第26条明确规定了发明和实用新型专利申请需要提交的专利文件,主要包括请求书、说明书、说明书摘要和权利要求书,不同的专利文件具有不同的功能和意义。

1. 请求书

请求书是专利申请人向国家知识产权局表明其专利申请意向的文件。申请人可以通过国家知识产权局网站下载制式的请求书表格,按照表格说明填写专利申请事项。《专利法实施细则》规定了专利请求书应当按照要求规范写明的事项,包括:"发明或者实用新型的名称、国内申请人的名称或姓名、地址、邮政编码、统一社会信用代码或身份证号码、外国申请人的名称或姓名、国籍或者注册的国家或地区、发明人的姓名、受委托的代理机构(若有)的名称、机构代码、专利代理师姓名、执业证号、联系电话、要求优先权的还应填写申请人第一次提出专利申请的申请日、申请号及原受理机构名称、申请人或代理机构签章、申请文件清单、附加文件清单、其他需要写明的事项"。

2. 说明书

说明书记载了发明和实用新型所属的技术领域、背景技术、需要解决的技术问题、解决技术问题所采用的技术方案和技术方案所达到的技术效果。通过将技术方案清楚、完整地进行记载和公开,所属领域技术人员可以根据说明书记载的事项理解和实施该技术方案,从而实现《专利法》以公开换保护的内在价值追求。同时,在发生专利侵权时,专利权的保护范围以权利要求书为准,说明书起解释和说明的作用,以便能够更好地确定专利权的保护范围。

(1)说明书的文件构成(图2-40)。

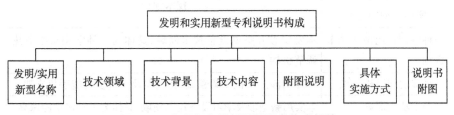

图2-40　发明和实用新型说明书构成板块

第一,发明或实用新型名称。"说明书中应当在第一页第一行居中位置写明发明或实用新型的名称,并与请求书中的名称一致。"❶关于发明或实用新型名称的撰写规范如下:发明名称一般不得超过25个字,必要时可不受此限制,但最多不得超过60个字;采用所属技术领域通用的技术术语,最好采用国际专利分类表中的技术术语,不得采用非技术术语;清楚、简要、全面地反映要求保护的发明或者实用新型的主题和类型(产品或者方法),以利于专利申请的分类,如一件包含拉链产品和该拉链制造方法两项发明的申请,其名称应当写成"拉链及其制造方法";不得使用人名、地名、商标、型号或者商品名称等,也不得使用商业性宣传用语。❷

第二,技术领域。说明书中应写明要求保护的发明或实用新型技术方案所属技术领域。《专利审查指南2023》第二部分第二章第2.2.2条规定:"发明或者实用新型的技术领域应当是要求保护的发明或者实用新型技术方案所属或者直接应用的具体技术领域,而不是上位的或者相邻的技术领域,也不是发明或者实用新型本身。"对技术领域进行划分的目的是方便对技术方案进行分类,由此便于审查员更高效地完成检索和审查工作。由此可见,说明书的技术领域范围不宜过大,上位领域会扩大发明和实用新型的范围。同时,也不宜过小,具体的技术方案本身不是技术领域。技术领域范围撰写示例,如表2-6所示。

---

❶《专利法实施细则》第20条第1款。

❷《专利审查指南2023》第二部分第二章第2.2.1条。

表2-6　技术领域范围撰写示例

保护发明和 实用新型的主题	技术领域
一种空调机组散热调节机构	本发明涉及空调设备技术领域,具体为一种空调机组散热调节机构
一种多功能手机支架	本发明涉及手机支架领域,特别涉及一种多功能手机支架
一种多功能课桌	本实用新型涉及学习设备技术领域,具体为一种多功能课桌
一种3-溴-5-氯苯酚的制备方法	本发明涉及一种有机合成中间体的制备方法,具体涉及一种3-溴-5-氯苯酚的制备方法
一种将高铁铝土矿中铝和铁相分离的方法	本发明涉及一种矿物的分离方法,尤其涉及一种将高铁铝土矿中铝和铁相分离的方法,属于矿物的筛选和分离技术领域

第三,技术背景。《专利法实施细则》第20条第1款第(二)项规定了技术背景的撰写要求,即"写明对发明或者实用新型的理解、检索、审查有用的背景技术;有可能的,并引证反映这些背景技术的文件"。《专利审查指南2023》第二部分第二章第2.2.3条进一步规定了说明书撰写背景部分的两个要求。

A."背景技术中应尽可能引证反映背景技术的文件"。背景技术中应当引用一定的专利文件或非专利文件,以交代该技术领域的现状。可以通过引证最接近现有技术的方式介绍涉案发明和实用新型的技术背景。除引证专利文件外,也可以引用期刊、杂志、手册、书籍、电子出版物中公开的与涉案发明和实用新型接近的背景技术。对引用的专利文件或者非专利文件应写明公开日期、公开号、国别、文件名称、出处等信息。所引证的非专利文件和外国专利文件的公开日应当在本申请的申请日前。换言之,对于非专利文件和外国专利文件来说,需为涉案发明和实用新型的现有技术。对于引证的中国专利文件的公开日不能晚于涉案发明或实用新型的公开日。也就是说,对于背景技术中引用的中国专利文件,既可以是现有技术,也可以是申请在先公开在后的专利文件。

　　B．指明现有技术的不足。基于对相关文件的引用,背景技术部分要客观地指出发明和实用新型的技术方案存在的问题和缺点。●这样做的目的是明确涉案发明和实用新型的意义和必要性,引出其所要解决的技术问题。

　　技术背景撰写示例1●:

　　[0002]课桌一般是为学生所用的学习用桌子。目前,当代人的课桌主要由桌面、书厢、桌脚等三部分组成,用于课堂、学校学习的桌子,主要有实木课桌、升降课桌、橡塑课桌三种,但是这种课桌大多功能单一。(技术问题)

　　[0003]公告号为CN201668119U的实用新型公开了多功能课桌(引用专利文件),其结构包括桌面和支撑板,桌面的下部纵向垂直与桌面固定设有两个支撑板,所述的两个支撑板之间分为两层,上层设有书架和衣物架,下层设有试卷架,所述的桌面上部一角设有一个凸起的凹槽,桌面的中下部设有一文具盒,所述的文具盒上铰接有盒盖。本实用新型的多功能课桌具有结构简单、使用方便、充分利用了课桌的空间等特点,因而具有很好的推广应用价值。

　　[0004]上述技术方案在使用时,在桌面的底部设置有书架、衣物架和试卷架多个分隔层,在学生使用时,分隔层部位可能会影响到学生腿部的放置,从而可能会降低使用人员的舒适度,不利于实际使用。(技术问题)因此,本领域的技术人员提供了一种多功能课桌,以解决上述背景技术中提出的问题。

　　技术背景撰写示例2●:

　　[0002]空调机组是由各种空气处理功能段组装而成的一种空气处理

---

❶《专利审查指南2023》第二部分第二章2.2.3条。

❷ "一种多功能课桌"实用新型专利,授权公告号为CN219460658U。

❸ "一种空调机组散热调节机构"发明专利,申请公布号为CN117167958A。

设备,适用于阻力大于100Pa的空调系统,机组空气处理功能段有空气混合、均流、过滤、冷却、一次和二次加热、去湿、加湿、送风机、回风机、喷水、消声、热回收等单元体,按用途特征分类,可分为通用机组、新风机组、净化机组和专用机组。

[0003]例如,公开号为CN216159214U的专利文件公开了一种散热效果好的智能组合式空调机组,包括(引用专利文件)空调机组,所述空调机组的中部设置有水冷散热装置,所述空调机组的中部设置有风冷散热装置,所述空调机组的下端固定连接有底座,所述空调机组的内壁固定连接有风机箱,所述空调机组的上端安装有出风装置,所述底座的侧壁固定连接有固定板,所述底座的两侧均贯穿设置有通水孔,所述空调机组的侧壁转动连接有箱门,本实用新型的有益效果是:该风机散热装置设置有水冷与风冷,共同作用下对组合式空调机组进行散热,并且散热效果很好,且风冷中设置有过滤装置,并且提升了气体的质量,从而起到保护环境的作用。

[0004]但是,上述专利文件在实际应用过程中还存在以下不足(技术问题):在散热时,不可对滤网表面附着的灰尘起到一个自动清理并集中收集的效果,导致长时间使用后,滤网表面可能会附着一定量的杂质并对滤网造成堵塞,影响其通气效率,降低散热效果,而且人员手动对其进行清理也较为费时费力。

第四,发明或实用新型的内容。《专利法实施细则》第20条第1款第(三)项规定:"写明发明或实用新型所要解决的技术问题以及解决其技术问题所采用的技术方案,并对照现有技术写明发明或实用新型的有益效果。"《专利审查指南2023》将发明或实用新型的撰写内容分为:要解决的技术问题、技术方案和有益效果。

A. 要解决的技术问题。技术问题的撰写应针对背景技术中存在的不足,用正面、客观的语言直接表述该发明或实用新型所要解决的技术问题,不得使用广告宣传用语。可以对涉案发明或实用新型将达到的有益效果进行说明。如果涉案技术方案存在多个技术问题及与之对应的技术方案,需要注意技术方案之间的单一性问题。

技术问题撰写示例❶:

[0005]为了解决隔层部位可能会影响到学生腿部的放置,从而可能会降低使用人员的舒适度,不利于实际使用的问题,本申请提供一种多功能课桌。

[0006]本申请提供的一种多功能课桌采用如下的技术方案(略)。

B. 技术方案。技术方案是说明书的核心部分。说明书中应包含解决技术问题的独立权利要求的全部必要技术特征,并与权利要求书中的独立权利要求相同或者相应。必要时,可以说明必要技术特征总和与发明或者实用新型技术效果的关系。除此之外,说明书还可以通过附加技术特征描述的方式反映对发明创造做进一步改进的从属权利要求的技术方案。附加技术特征同样应与权利要求书保持相同或者相对应。下例为"一种多功能手机支架"发明专利的权利要求书和说明书对技术特征的记载,二者对技术部件的组成、位置关系、连接关系等技术特征的描述——对应。

说明书与权利要求书技术特征对应记载示例❷:

表1是某说明书记载的技术方案与其权利要求书记载的技术特征部分对比情况,从表1的对比可以很容易看出说明书记载的独立权利要求的技术特征与权利要求书中记载的对应关系。

---

❶ "一种多功能课桌"实用新型专利,授权公告号为CN219460658U。

❷ "一种多功能手机支架"发明专利,申请公布号为CN116866465A。

表1 说明书与权利要求书中记载的技术特征对应表

说明书记载的技术特征	权利要求书中记载的技术特征
为达到上述目的,本发明采取的技术方案为:一种多功能手机支架,包括支撑底盘、安装机构和自拍机构,所述支撑底盘上端固定连接有固定座,所述自拍机构包括伸缩母杆和伸缩子杆,所述伸缩母杆螺纹套接在固定座内,所述伸缩子杆活动套设在伸缩母杆内端,所述伸缩子杆下端固定连接有定位座,所述定位座一侧固定开设有定位孔,所述伸缩子杆靠近上端转动套接有阻尼胶套一,所述阻尼胶套一一侧外壁上固定连接有连接杆,所述连接杆内转动套设有调节轴,所述调节轴和连接杆套接有阻尼胶套二;所述伸缩母杆靠近上端外壁上固定套接有连接套,所述连接套内滑动套接有定位销,所述定位销和连接套内壁固定连接有卡簧,所述卡簧内活动套接有拉杆,所述拉杆一端贯穿连接套并固定连接有拉帽	1. 一种多功能手机支架,其特征在于,包括支撑底盘(1)、安装机构(26)和自拍机构(27),所述支撑底盘(1)上端固定连接有固定座(2),所述自拍机构(27)包括伸缩母杆(3)和伸缩子杆(11),所述伸缩母杆(3)螺纹套接在固定座(2)内,所述伸缩子杆(11)活动套设在伸缩母杆(3)内端,所述伸缩子杆(11)下端固定连接有定位座(9),所述定位座(9)一侧固定开设有定位孔(10),所述伸缩子杆(11)靠近上端转动套接有阻尼胶套一(12),所述阻尼胶套一(12)一侧外壁上固定连接有连接杆(13),所述连接杆(13)内转动套设有调节轴(14),所述调节轴(14)和连接杆(13)套接有阻尼胶套二(15);所述伸缩母杆(3)靠近上端外壁上固定套接有连接套(4),所述连接套(4)内滑动套接有定位销(5),所述定位销(5)和连接套(4)内壁固定连接有卡簧(7),所述卡簧(7)内活动套接有拉杆(6),所述拉杆(6)一端贯穿连接套(4)并固定连接有拉帽(8)
作为本发明的进一步方案,所述拉杆另一端和定位销固定连接	2. 根据权利要求1所述的一种多功能手机支架,其特征在于,所述拉杆(6)另一端和定位销(5)固定连接
作为本发明的进一步方案,所述定位销和定位孔滑动套接设置	3. 根据权利要求1所述的一种多功能手机支架,其特征在于,所述定位销(5)和定位孔(10)滑动套接设置

　　表1可以清晰地反映出一份专利文件中,说明书和权利要求书在整体技术方案记载上的一致性,这同样也是《专利法》对权利要求清楚、得到说明书支持等要求在专利文件撰写上的具体体现。若说明书和权利要求书

记载内容不具有一致性,则涉案专利可能面临因独立权利要求缺乏必要技术特征、得不到说明书支持、权利要求不清楚等事由而被驳回或被宣告无效。

C. 有益效果。有益效果是指相较于背景技术,该发明或者实用新型获得的新效果。有益效果是由构成发明或者实用新型的技术特征直接带来的,或者由所述的技术特征必然产生的技术效果,是说明书必不可少的组成部分。

有益效果撰写示例❶:

本发明的有益效果如下:

通过设置安装机构对手机进行固定,然后利用风机带动风扇转动吹向手机后壳,可以在长时间使用手机时,对手机进行散热,也可以在取下手机时当作小型风扇使用,功能多样;通过设置自拍机构,在需要户外自拍使用时,可以直接从固定座上旋转拆卸下伸缩母杆,并利用定位销卡合定位孔可以将伸缩子杆抽出并固定,提高长度,方便自拍使用。

第五,附图说明。《专利法实施细则》第20条第1款第(四)项规定:"说明书有附图的,对各幅附图作简略说明。"《专利审查指南2023》第二部分第二章第2.2.5条进一步明确:"应当写明每幅附图的图名,并且对图示作简要说明。"附图说明的种类包括但不限于:主视图、侧视图、向视图、剖视图、整体结构示意图、内部结构示意图、局部结构示意图等。

附图说明示例❷:

[0017]图1为本发明机箱半剖面立体结构示意图;

图2为本发明图1中A区域放大结构示意图;

图3为本发明完整后视立体结构示意图;

图4为本发明图3中B区域放大结构示意图;

---

❶ "一种空调机组散热调节机构"发明专利,申请公布号为CN117167958A。

❷ "一种空调机组散热调节机构"发明专利,申请公布号为CN117167958A。

图5为本发明局部立体结构示意图一;

图6为本发明局部立体结构示意图二。

第六,具体实施方式。发明和实用新型优选的具体的实施方式对于实现说明书的充分公开,以及帮助阅读者充分理解和实施技术方案具有重要的作用。《专利法实施细则》第20条第1款第(五)项规定具体实施方式的撰写要求,说明书中应当"详细写明申请人认为实现发明或者实用新型的优选方式;必要时,举例说明;有附图的,对照附图"。优选的具体实施方式应当能够体现解决技术问题所采用的技术方案,通过对优选的具体实施方式的描述可以达到使所属领域普通技术人员实现发明和实用新型的目标。对具体实施方式技术特征描述的详细程度应以使所属领域普通技术人员能够实现为标准,对于涉案发明和实用新型与最接近现有技术的共有技术特征,如果不影响所属领域普通技术人员能够实现该技术方案,则可以不在具体的实施方式中进行说明。对照附图描述发明或实用新型的优选的具体实施方式,使用的附图标记或者符号应与附图中保持一致,并放在相应的技术名称之后,不加括号。对于说明书中记载的实施例的数量,当一个实施例足以支持权利要求所概括的技术方案时,说明书中可以只给出一个实施例。但是,当权利要求概括了较宽的保护范围时,则应当给出至少两个不同实施例,以支持要求保护的范围。

具体实施方式本质上是对说明书、权利要求书所记载的技术方案的举例说明。产品专利若仅描述该产品的部件、位置关系和连接关系,无法达到让所属领域普通技术人员理解和实现发明或者实用新型的目的,还应对其运行原理和操作过程进行说明。方法专利发明应当写明其步骤,可以用不同的参数或者参数范围表示工艺条件。

具体实施方案撰写示例1❶:

[0007]一种多功能课桌,包括课桌本体,所述课桌本体的一侧固定连

❶ "一种空调机组散热调节机构"发明专利,申请公布号为CN117167958A。

接有安装机构,所述安装机构的内壁底部通过螺栓连接有传动机构,所述传动机构的两端均与所述安装机构的内壁两侧转动连接,所述传动机构的两端对称啮合有调节机构,所述调节机构的底端与所述安装机构的内壁底部转动连接,对称设置的所述调节机构的外壁螺纹连接有移动书架,所述移动书架位于所述安装机构的内部,所述移动书架的外壁与所述安装机构的内壁相抵接,所述移动书架的内壁均匀固定连接有分隔板。

具体实施方案撰写示例 2❶:

在本实施例中,该多功能课桌中设置的课桌本体可供学生进行学习使用,安装机构 2 能够限制传动机构 3 的安装位置,传动机构 3 在启动时,能够同时带动对称设置的调节机构 4 进行转动,在对称设置的调节机构 4 同时转动时,能够控制移动书架 5 进行上下移动,设置的移动书架 5 能够限制分隔板 6 的安装位置,同时移动书架 5 的内部用来放置学生需要使用的书本,通过均匀设置的分隔板 6 能够对移动书架 5 内部的空间进行分隔,从而便于学生对书本进行分层放置,本申请设置的移动书架 5 位于课桌本体 1 的背面一侧,且课桌本体 1 的底部为空置状态,从而在学生使用时便于学生的腿部进行放置,能够增强学生使用本申请时的舒适度,使本申请更加有利于实际使用。

第七,说明书附图。说明书附图是说明书的组成部分,一般认为《专利法》中出现"说明书"的表述应当既包括说明书本身,也包括说明书中的附图。此处美国专利法采用了比较细腻的表述,用"description"表示除附图外的书面说明部分;用"specification"指代说明书的整体。说明书附图的作用是补充文字部分的表述,使阅读者能够更为直观地了解发明和实用新型的技术特征和技术方案。对于发明专利,如果文字能够清楚、完整地描述其技术方案,那么可以没有附图。但是,对于实用新型专利,因其是对产品形状、构造及其组合的改进,文字往往无法达到准确描述的目的。

---

❶ "一种空调机组散热调节机构"发明专利,申请公布号为 CN117167958A。

因此,实用新型专利申请的说明书中必须辅以附图帮助阅读者进行理解。说明书附图处于说明书最后,按照先后顺序以图1、图2……进行编排。说明书文字部分未提及的附图标记不得出现在附图中,附图中未出现的内容也不得在说明书文字部分中提及,说明书不应含有其他注释。❶

(2)说明书撰写要求。

《专利法》第26条第3款规定,"说明书应当对发明或者实用新型作出清楚、完整的说明,以所属领域的技术人员能够实现为准",即"充分公开"要求。说明书充分公开是《专利法》"以公开换保护"价值理念的直接体现,只有说明书记载的事项达到清楚、完整及能够实现的标准,专利权人才能获得法律的保护。

第一,清楚。说明书应主题明确,即应当写明发明或者实用新型所要解决的技术问题及为解决技术问题所采用的技术方案及达到的效果。技术问题、技术方案、技术效果与主题应当相互适应。同时,说明书的表述要清楚、采用技术术语,使所属领域普通技术人员能够清楚、准确地理解技术方案。

第二,完整。属于说明书组成部分的内容均应不可缺少地记载在说明书中,凡所属领域技术人员不能从现有技术中直接、唯一地得出的有关内容,均应当在说明书中描述。

第三,能够实现。所属领域技术人员应能够根据说明书所公开的内容实现该技术方案。若说明书记载的内容仅给出任务和设想,或者只表明一种愿望或结果,而未给出具体的技术手段,或者给出的技术手段含混不清,导致所属领域技术人员无法理解、无法实施或者解决的技术问题,则无法满足能够实现的要求。

3. 说明书摘要

说明书摘要是对发明和实用新型内容的概要,概括了发明和实用新型专利的名称、技术领域、解决的技术问题、解决该问题的技术方案的要点及主要用途。对于有附图的技术方案,应当选择一幅最能反映该技术方

---

❶《专利法实施细则》第21条。

案的附图,作为摘要附图;摘要文字部分不得超过300字,并不得使用商业性宣传用语。说明书摘要本质是一种技术信息,并不属于说明书记载的内容,不能用作修改权利要求书的依据,也不能用来解释权利要求的保护范围。由此,说明书摘要仅是对说明书所记载内容的高度概括,能够帮助阅读者迅速了解涉案发明和实用新型的信息,但并不具备任何法律效力。

4. 权利要求书

权利要求书是记载发明或者实用新型技术特征的专利文件,是国家知识产权局审定一项专利是否能够被授权的核心依据。一项发明申请的实质审查的开展与权利要求书密切相关,如新颖性、创造性、以说明书为依据、清楚、简要、保护客体、不授予专利权的对象等的判断均以权利要求书为基础。同时,在专利被授权后,权利要求书既是无效宣告程序中判断其是否能够维持有效状态的判断对象,也是专利侵权中判断专利保护范围的依据。

根据保护对象的不同,权利要求书可以分为产品专利权利要求和方法专利权利要求。权利要求的主题名称应当能够清楚地表明权利要求保护的对象是产品还是方法。

根据撰写方式的不同,权利要求可以分为独立权利要求和从属权利要求。独立权利要求从整体上反映发明或者实用新型的技术方案,记载解决技术问题的必要技术特征。从属权利要求应当用附加技术特征,对引用的权利要求做进一步限定。根据《专利法》及其相关法律规定,权利要求书应当反映要求保护发明或者实用新型的技术方案,而技术方案的表达是通过记载构成技术方案的技术特征来实现的。换言之,权利要求书中的每一项权利要求,无论独立权利要求还是从属权利要求,都记载且仅记载技术特征。技术问题、技术效果、运行原理、实现步骤等不应列入权利要求中。

权利要求由前序和特征两部分构成,通常的表达形式为"一种×××,包括×××,其特征在于×××。""其特征在于"之前是权利要求的前序部分,记载与最接近现有技术共有的技术特征,"其特征在于"之后为特征部分,记载与最接近现有技术相区别的特征。从属权利要求通常的表达形式为"根据权利要求×所述×××,其特征在于×××"。从属权利要求是对其引用的权利要求的技术特征作进一步限定,因此既包括了其所引用的权利要求的技术特征,也包括了从属权利要求本身具备的技术特征。

除上述形式要求外,权利要求的撰写还需要满足实质性要求:其一,"权利要求应当以说明书为依据"。该要求限定了权利要求书与说明书的关系,若权利要求书得不到说明书的支持,则将被予以驳回或无效。其二,权利要求还应当"清楚、简要"。其三,作为独立权利要求还应"具备解决技术问题的所有必要技术特征"。上述权利要求的实质性要件是专利申请审查和无效审查的重要内容,在实务中进行判断时,存在多种复杂情况,此部分内容将在本书第三章结合实务中出现的具体情况进一步详细说明。

(二)外观设计专利申请文件

根据《专利法》第27条的规定:"申请外观设计专利的,应当提交请求书、该外观设计的图片或者照片以及对该外观设计的简要说明等文件。"申请人提交的有关图片或者照片应当清楚地显示要求专利保护的产品的外观设计。由于外观设计与发明和实用新型在保护的客体上存在本质不同,其所保护的是富有美感的新设计,因此,对外观设计申请所要求提交的文件更侧重图片或者照片、简要说明等能够比文字更为直观反映外观设计内容的材料。

1. 请求书

申请外观设计专利的请求书是申请人向国家知识产权局提交的表达其要求外观设计专利受保护意愿的文件。其与发明或实用新型专利请求书一样均为从国家知识产权局网站下载的制式表格,前文对填写方法和要求已经做了阐述,在此不再赘述。

2. 图片或照片

《专利法实施细则》第30条规定:"申请人应当就每件外观设计产品所需要保护的内容提交有关图片或者照片。申请局部外观设计专利的,应当提交整体产品的视图,并用虚线与实线相结合或者其他方式表明所需要保护部分的内容。申请人请求保护色彩的,应当提交彩色图片或者照片。"作为以富有美感的新设计为保护对象的外观设计专利需要图片或者照片对其保护的内容进行直观的反映。外观设计专利的保护范围也以图片或者照片所表示的该产品的外观设计为准。

3. 简要说明

根据《专利法实施细则》第31条的规定,简要说明的记载事项包括外观设计产品的:①名称,该名称应与权利要求书保持一致;②用途,应当写明有助于确定产品类别的用途;③设计要点,即与现有设计在产品的形状、图案及其组合的区别,指定一幅最能表明设计要点的图片或者照片。对同一产品的多项相似外观设计提出一件外观设计专利申请的,应当在简要说明中指定其中一项作为基本设计。申请局部外观设计专利的,应当在简要说明中写明请求保护的部分,已在整体产品的视图中用虚线与实线相结合方式来表明的除外。简要说明不得使用商业性宣传用语,也不能用来说明产品的性能。

四、专利权的取得程序

专利权是以发明专利、实用新型专利和外观设计专利为客体的专有权利,是一种工业产权和创造成果权。专利制度产生的根本原因在于国家需要以专利授权的方式刺激和鼓励人们投身于发明创造活动,进而起到推动发明创造的应用,提高创新能力,促进科学技术进步和经济社会发展的作用。在我国,专利权是国家根据发明人或设计人的申请,以发明创造对社会具有符合法律规定的利益为前提,以向社会公开发明创造的内容为要件,根据法定程序授予发明人或设计人在一定期限内的一种排他性权利。

同为创造成果权,专利权较之著作权在权利特征上呈现明显的"官方审查"特性。著作权旨在保护作者在文学、艺术、科学领域的个性的表达,以促进思想的传播和文学艺术事业的繁荣,因此著作权可因作者创作完成而自动取得。但是,专利权授予的本质是以授予申请人专用权利而换取其技术内容的公开,专利权的取得必须经过专利行政部门的审查,只有当技术方案或新设计符合"促进科学技术进步和经济社会发展"的情形下,才能依照法定程序取得专利权。因此,专利权的取得以申请和审查为基本模式,只有符合专利授权实质要件的《专利法》保护的客体,才能依照专利申请、审查的法定程序取得专利权(图2-41)。

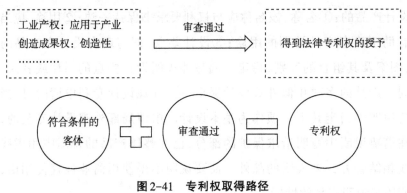

图2-41　专利权取得路径

(一)专利申请的原则

1. 书面原则

书面原则是指申请人为获得专利权所需履行的手续都必须以书面形式办理。书面原则的确定是为了准确和清晰地划定一项技术方案的技术内容,也为后续专利权保护范围的确定提供必要依据。同时,书面原则并不仅是专利申请的基本原则,而是贯穿于专利申请、专利审查、专利复审、专利无效等专利权的产生、存续直至消灭的整个过程中。

专利申请中书面原则的落实主要体现在专利申请文件上,基于专利客体类型的不同,专利申请所需提交的书面文件也有所不同。按照《专利法》和《专利法实施细则》的规定,发明专利、实用新型专利和外观设计专利需要提交的材料有所差异(表2-7)。

表2-7　专利申请文件

客体类型	申请文件	特别说明
发明	(1)发明专利申请书； (2)权利要求书； (3)说明书	除以上所述的必要申请文件外,在专利申请时,还需根据申请人的具体情况另外递交各种附加申请文件。 例如,优先权转让证明、发明提前公开申明、实质审查请求书、专利代理委托书、著录项目变更申报书、费用缩减请求书、外观设计简要说明等
实用新型	(1)发明专利申请书； (2)权利要求书； (3)说明书； (4)说明书附图	
外观设计	(1)外观设计专利请求书； (2)外观设计图片或者照片； (3)简要说明	

2. 先申请原则

专利申请遵循先申请原则,即当两个或两个以上的申请人就同样的发明创造申请专利的,专利权只授予最先申请的人,以保障专利权人能够就发明创造享有专有权利。先申请原则是确定申请日的基础,也是判断一项发明创造是否满足新颖性的主要依据。

专利申请以"申请日"而非"申请时"作为申请时间的判断标准。就申请日的确定标准来看,当面递交专利申请文件的,以递交日为申请日;以邮寄方式申请的,以寄出的邮戳日为申请日;邮戳日不清晰的,除当事人能够提出证明外,以国家知识产权局收到日为申请日。

对于两项及以上相同发明创造的申请日的确定,以其提交专利申请这一日作为依据,谁的申请日早于其他申请人的申请日,就属于申请在先的发明创造,在满足专利授权的其他要件的前提下可以获得专利授权。而在后申请的申请人因申请日晚,在先申请的发明创造将在现实上构成在后申请的抵触申请,在后申请的申请人不能满足新颖性要求,无法得到专利授权。

如果两个以上的申请人分别就同样的发明创造在同一天申请专利的，即使其中一个人在当天的申请时刻早于另一个人，也只能视为两人同时申请。同时申请无法直接适用先申请原则，《专利法实施细则》第47条对同时申请的情形进行了另行规定，即若以申请日为单位则可能遇到在同一日有不同人就同一技术方案申请专利的情况。解决同时申请冲突的通用做法是协商制，即当有两个或两个以上的申请人就同样的发明创造在同日提出申请时，申请人应在接到国家知识产权局通知后自行协商解决。但是，如果申请人各方意见始终不统一，达不成协议，国家知识产权局将驳回各方申请。❶

3. 单一性原则

单一性原则是指一件专利申请的内容只能包含一项发明创造，不能将两项或两项以上的发明创造作为一件申请提出。单一性原则的设置有深刻的动因：从经济上，避免申请人将多项发明创造纳入一项专利申请中合并申请，防止申请人只支付一件专利的费用而获得几项不同发明或者实用新型专利的保护；从技术上，发明创造的审查有不同的技术领域的分类、检索和审查的步骤，设置单一性原则便于审查员更为方便、高效和高质地完成专利的审查工作。

《专利法》同时规定了单一性的例外情形，即如果两个以上的发明创造密切相关，以至于将其放在一个专利申请中更便于审查和检索时，《专利法》允许将这些发明创造放在一个专利申请中提出。《专利法》第31条规定："属于一个总的发明构思的两项以上的发明或者实用新型，可以作为一件申请提出"；"同一产品两项以上的相似外观设计，或者用于同一类别并且成套出售或者使用的产品的两项以上外观设计，可以作为一件申请提出"。例如，产品和专用于制造该产品的方法、产品和该产品的用途；又如成套茶具中的茶壶、茶杯等。

4. 优先权原则

优先权原则产生于《巴黎公约》，是在知识产权国际保护中被广泛适用的基本原则之一。按照《巴黎公约》的内容，申请人在任一《巴黎公约》

---

❶《专利法实施细则》第47条。

成员国首次提出正式专利申请后的一定期限内,又在其他《巴黎公约》成员国就同一内容的发明创造提出专利申请的,可将其首次申请日作为其后续申请的申请日。《专利法》第29条对专利申请的优先权原则进行了规定,主要包括外国优先权和本国优先权两种情形,即"申请人自发明或者实用新型在外国第一次提出专利申请之日起十二个月内,或者自外观设计在外国第一次提出专利申请之日起六个月内,又在中国就相同主题提出专利申请的,依照该外国同中国签订的协议或者共同参加的国际条约,或者依照相互承认优先权的原则,可以享有优先权;申请人自发明或者实用新型在中国第一次提出专利申请之日起十二个月内,或者自外观设计在中国第一次提出专利申请之日起六个月内,又向国务院专利行政部门就相同主题提出专利申请的,可以享有优先权"。

外国优先权(即"国际优先权")的适用具有严格的条件。第一,在先申请:要求优先权的情形限于在外国提出过专利申请。第二,时间要求:必须在外国第一次提出发明或实用新型专利申请之日起12个月内或自外观设计在外国第一次提出专利申请之日起6个月内。第三,专利申请主题:就相同的主题向中国提出专利申请。第四,互认关系:该国与中国签订协议或者共同参加国际条约或相互承认优先权。第五,主体一致:在外国提出专利申请和在国内提出专利申请的主体必须一致。

本国优先权(即"国内优先权")的适用同样具有严格的条件。第一,在先申请:要求优先权的情形限于在中国提出过专利申请。第二,时间要求:必须在中国第一次提出发明或实用新型专利申请之日起12个月内或自外观设计在中国第一次提出专利申请之日起6个月内。第三,专利申请主题:前后都是就相同主题提出专利申请。第四,审查部门:前后都是向中国专利行政部门提出专利申请。第五,主体一致:前后提出专利申请的主体必须一致。

国际优先权的首次申请需进一步理解,"首次"仅是第一次在外国提出的申请,专利申请一经提出,其首次申请即告结束。例如,某申请人于2023年1月1日首次在美国就技术方案A"一种健身球,其特征在于,球身是圆形"提出专利申请,其后又于 2023 年 2 月 1 日在美国就技术方案 B"一种健身球,其特征在于,球身是圆形,承重达到 300 千克"提出专利申请,最后该申请人又于 2023 年 3 月 1 日在美国就技术方案 C"一个健身球,其特征在于,球身为圆形,承重 300 千克,能充气放气"提出专利申请。在满足时间条件的前提下,技术方案 B 的"圆形"技术特征可以得到技术方案 A 的优先权适用,而技术方案 C 的"圆形"技术特征则不能得到技术方案 B 的优先权适用,但是可以享有技术方案 A 的优先权适用。

优先权原则适用带来的法律效果是将符合条件的后续专利申请的实际申请日在法律认定上提前至首次在外国或中国提出专利申请的申请日,这主要反映在两个方面:其一,在优先权期内,发明创造不因任何将该发明创造公之于世的行为而丧失新颖性;其二,可以排除他人在优先权期内就同样的发明创造提出专利申请。

习题演练

美国公民甲于 2016 年 6 月 1 日向美国专利商标局提出了一项发明专利注册申请,而中国公民乙于 2016 年 7 月 1 日向我国专利行政部门就同样的发明创造提出了发明专利申请。甲后于 2017 年 3 月 30 日向我国专利行政部门提出了同样的发明专利申请并声明要求优先权,专利申请时间轴,如图 1 所示。【中美均是《巴黎公约》成员国】

问:假定符合专利发明授权实质要件,谁可以获得专利权?

参考答案:美国公民甲可以获得专利权。

图 1　专利申请时间轴

美国公民甲于2016年6月1日向美国专利商标局提出了一项发明专利注册申请,随后在自此次申请之日起的12个月内的2017年3月30日向我国专利行政部门就同样的发明创造提出专利申请,并声明要求优先权。美国公民甲的行为满足国际优先权适用要件中在先申请、时间要求、国内专利申请主题、互认关系和主体一致的要求,其可以就在中国的专利申请享有国际优先权。因此,虽然甲在中国的实际申请日是2017年3月30日,但因优先权效力的适用,其在中国的申请日视为2016年6月1日。鉴于乙向我国专利行政部门提出申请之日是2016年7月1日,晚于甲的申请,依据专利申请的先申请原则,甲申请在先可以取得专利权。

(二)专利申请的审查

专利权是由国家经过特定程序授予的权利,因此必须对专利申请进行审查,以判断其是否符合授权条件。在专利制度发展的早期,世界上存在两种专利审查制度:形式审查制与实质审查制。形式审查制是指对专利申请只进行形式上的审查;实质审查制则是对申请是否符合专利授权实质条件进行审查。我国对发明专利申请实行的是"早期公开、迟延审查"制度,而对实用新型和外观设计专利申请实行"初步审查"制度。

1. 发明专利申请的初步审查与实质审查程序

发明专利的审查以"早期公开、迟延审查"为基本制度,主要指在发明专利申请通过初步审查后,将发明专利中记载的技术内容公开,待收到申请人提请实质审查后,再进行实质审查,实质审查通过后,再进行专利授权(图2-42)。

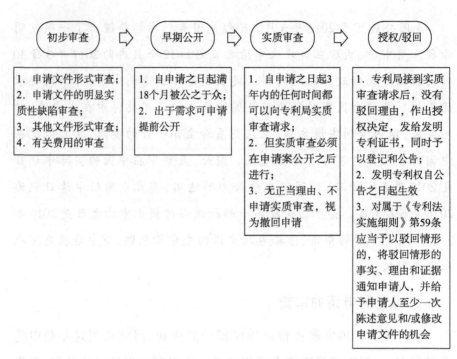

图2-42　发明专利审查程序

（1）初步审查。

申请人提交发明专利申请文件后，国家知识产权局首先就该项发明专利申请进行初步审查，初步审查主要是筛选是否存在明显不符合专利申请要求的情形，审查范围主要包括：申请文件的形式审查、申请文件的明显实质性缺陷审查、其他文件的形式审查、有关费用的审查等。

（2）早期公开。

根据发明专利的审查程序，一项发明专利自申请之日起满18个月，国家知识产权局将对该项技术方案的内容进行公告。若申请人想提前进入实审环节以尽快取得专利权，则该申请人可以在提出专利申请之时，自行向国家知识产权局提出提前公开技术方案的声明，但该声明不能附有任何条件。若提前公开声明符合要求的，该项发明专利申请自初步审查合格后立即进入公布准备。进入公布准备后，申请人要求撤销前公布声明的，该要求视为未提出，申请文件照常公开。

（3）迟延审查。

迟延审查是相对早期公开而言的实质审查环节,通过实质审查是一项发明专利获得授权的必要程序。实质审查依申请启动,发明专利的申请人可以在申请公开后至申请之日起3年内的任何时间,向国家知识产权局提出实质审查请求,并在此期限内缴纳实质审查费。无正当理由未在规定期限内申请实质审查的,视为撤回发明专利申请。国家知识产权局在收到发明专利申请人的实质审查请求后,将依据《专利法实施细则》第59条的规定进行授权与否的实质审查,实质审查的事项主要包括《专利法》第5条、第25条、第9条、第2条第2款、第19条第1款、第22条、第26条第3款、第26条第4款、第26条第5款、第31条第1款,《专利法实施细则》第11条、第23条第2款,申请的修改不符合《专利法》第33条规定,或者分案的申请不符合《专利法实施细则》第49条第1款的规定的(表2-8)。

表2-8　发明专利实质审查事项范围

序号	法条	类型	具体规定
1	A5	不授予专利权	对违反法律、社会公德或者妨害公共利益的发明创造,不授予专利权。 对违反法律、行政法规的规定获取或者利用遗传资源,并依赖该遗传资源完成的发明创造,不授予专利权
2	A25	不授予专利权	对下列各项,不授予专利权: (一)科学发现; (二)智力活动的规则和方法; (三)疾病的诊断和治疗方法; (四)动物和植物品种; (五)用原子核变换方法以及用原子核变换方法获得的物质; (六)对平面印刷品的图案、色彩或者二者的结合作出的主要起标识作用的设计。 对前款第(四)项所列产品的生产方法,可以依照本法规定授予专利权

序号	法条	类型	具体规定
3	A9	不重复授权	同样的发明创造只能授予一项专利权。但是,同一申请人同日对同样的发明创造既申请实用新型专利又申请发明专利,先获得的实用新型专利权尚未终止,且申请人声明放弃该实用新型专利权的,可以授予发明专利权。 两个以上的申请人分别就同样的发明创造申请专利的,专利权授予最先申请的人
4	A31.1	单一性	一件发明或者实用新型专利申请应当限于一项发明或者实用新型。属于一个总的发明构思的、两项以上的发明或者实用新型,可以作为一个申请提出
5	A2.2	发明保护客体	发明,是指对产品、方法或者其改进所提出的新的技术方案
6	A19.1	保密审查	任何单位或者个人将在中国完成的发明或者实用新型向外国申请专利的,应当事先报经国家知识产权局进行保密审查。保密审查的程序、期限等按照国务院的规定执行
7	A22	发明专利授权条件	授予专利权的发明和实用新型,应当具备新颖性、创造性和实用性
8	A26.3	说明书清晰、完整	说明书应当对发明或者实用新型作出清楚、完整的说明,以所属技术领域的技术人员能够实现为准;必要的时候,应当有附图。摘要应当简要说明发明或者实用新型的技术要点
9	A26.4	权利要求书规范	权利要求书应当以说明书为依据,清楚、简要地限定要求专利保护的范围
10	A26.5	依赖遗传资源完成的发明创造的说明要求	依赖遗传资源完成的发明创造,申请人应当在专利申请文件中说明该遗传资源的直接来源和原始来源;申请人无法说明原始来源的,应当陈述理由
11	R11	诚实信用原则	申请专利应当遵循诚实信用原则。提出各类专利申请应当以真实发明创造活动为基础,不得弄虚作假

续表

序号	法条	类型	具体规定
12	R23.2	"独权不能缺必特"	独立权利要求应当从整体上反映发明或者实用新型的技术方案,记载解决技术问题的必要技术特征
13	A33	申请文件修改要求	申请人可以对其专利申请文件进行修改,但是,对发明和实用新型专利申请文件的修改不得超出原说明书和权利要求书记载的范围,对外观设计专利申请文件的修改不得超出原图片或者照片表示的范围
14	R49.1	分案申请的范围	依照本细则第四十八条规定提出的分案申请,可以保留原申请日,享有优先权的,可以保留优先权日,但是不得超出原申请记载的范围

（4）审查结论。

国家知识产权局接到实质审查请求后,对发明专利申请进行审查,经实质审查没有发现驳回理由的,应当作出授予专利权的决定,发给发明专利证书,同时予以登记和公告。发明专利权自公告之日起生效。对属于《专利法实施细则》第59条应当予以驳回情形的,将驳回情形的事实、理由和证据通知申请人,并给予申请人至少一次陈述意见和/或修改申请文件的机会。

2. 实用新型专利与外观设计专利申请的初步审查

实用新型专利与外观设计专利的申请只进行初步审查,满足初步审查要求的即可授予专利权（图2-43）。

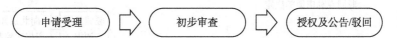

■实用新型和外观设计专利申请经初步审查没有发现驳回理由的,由国家知识产权局作出授予实用新型专利权或者外观设计专利权的决定,发给相应的专利证书,同时予以登记和公告;实用新型专利权和外观设计专利权自公告之日起生效。
■由于实用新型专利和外观设计专利不进行实质审查,因而其专利质量水平往往低于发明专利,只能靠授权后的监督程序来补救。

图2-43　实用新型专利与外观设计专利审查程序

近年来,为提高实用新型专利质量,审查员在初步审查中,可以根据未经其检索获得的有关现有技术或抵触申请的信息判断实用新型是否明显不具备新颖性,如明显不具备新颖性可驳回。但是,实用新型涉及非正常专利申请的,如明显抄袭现有技术或者属于内容明显实质相同的专利申请的重复提交,审查员应当根据检索获得的对比文件或者其他途径获得的信息,判断实用新型是否明显不具备新颖性。

(三)专利申请的复审程序

国家知识产权局对专利申请审查的结论有两种,即驳回专利申请和授予专利权。专利申请人对驳回专利申请的决定不服的,可以自收到通知之日起3个月内,向国家知识产权局请求复审。国家知识产权局将对复审请求进行审查,并将复审决定通知专利申请人。

国家知识产权局的复审决定也有两种情况,即驳回专利申请人的复审请求和撤销国家知识产权局驳回专利申请的决定。如果专利申请人对国家知识产权局的复审决定仍然不服的,可以自收到国家知识产权局通知之日起3个月内,以国家知识产权局为被告,向北京知识产权法院寻求司法救助。

当事人对于驳回专利申请或复审决定持有异议并希望寻求司法救助的路径,如图2-44所示。

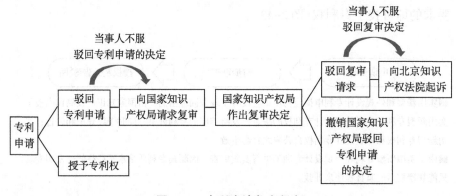

图2-44 专利申请复审程序

112

五、专利权的无效宣告

（一）专利权无效宣告的启动

《专利法》第45条规定："自国家知识产权局公告授权专利权之日起，任何单位或者个人认为该专利权的授予不符合专利法有关规定的，可以请求国家知识产权局宣告该专利权无效。"

第一，专利权无效宣告的对象应当是经过审查程序而被授权的有效专利。有效专利即使经过严格的审查也不免会出现疏漏，如在新颖性的审查中，由于检索不全面，审查员可能并未检索到能够破坏涉案专利新颖性的现有技术，进而错误地认为该专利申请满足新颖性的授权条件，授予专利权。因此，基于有效专利也可能存在不满足专利授权条件的情况，专利无效程序能够弥补审查程序中存在的疏漏，避免无效专利对专利授权资源的抢夺，以及无效专利权人的不当维权，从而实现维护公共利益的目的。

第二，提起专利无效的主体未作出特别限制，自然人、法人和其他非法人组织如果认为已经被授予专利权的专利不符合专利授权的条件，均可向国家知识产权局提出无效宣告申请。国家知识产权局是专利权无效宣告的审查机关，应当针对无效宣告请求人在无效宣告请求书中所载的理由并结合证据进行审查，判断请求人所依据的理由和证据的合理性，对于确属无效情形的应作出无效决定，并登记和公告。

第三，如果专利权人对无效决定不服的，《专利法》也为其提供了救助措施。根据《专利法》第46条第2款的规定："对国务院专利行政部门宣告专利权无效或者维持专利权的决定不服的，可以自收到通知之日起三个月内向人民法院起诉。人民法院应当通知无效宣告请求程序的对方当事人作为第三人参加诉讼。"若对法院的判决持有异议，还可以上诉至最高人民法院知识产权庭。最高人民法院知识产权庭的判决为终审判决。

(二)专利权无效宣告的审查

无效宣告请求人应根据《专利法》的规定,向国家知识产权局提交无效宣告请求书和有关证据。无效宣告请求书应结合证据,具体说明无效宣告请求的理由,并指明每项理由所依据的证据。根据《专利法实施细则》第69条的规定:"无效宣告请求的理由,是指被授予专利的发明创造不符合专利法第二条、第十九条第一款、第二十二条、第二十三条、第二十六条第三款、第二十六条第四款、第二十七条第二款、第三十三条或者本细则第十一条、第二十三条第二款、第四十九条第一款的规定,或者属于专利法第五条、第二十五条规定的情形,或者依照专利法第九条规定不能取得专利权。"也就是说,无效宣告请求人提起无效宣告仅能依据上述理由,应严格遵从无效理由法定化的要求。该法条为准用适用型法条,其所列举的无效理由包括:保护客体(《专利法》第2条)、保密审查(《专利法》第19条第1款)、发明、实用新型的新颖性、创造性和实用性(《专利法》第22条)、外观设计的新颖性(《专利法》第23条)、说明书充分公开(《专利法》第26条第3款)、权利要求书得不到说明书支持(《专利法》第26条第4款)、图片、照片清楚地显示要求保护的外观设计(《专利法》第27条第2款)、修改超范围(《专利法》第33条)、遵守诚实信用原则(《专利法实施细则》第11条)、独立权利要求缺少必要技术特征(《专利法实施细则》第23条第2款)、分案申请不超范围(《专利法实施细则》第49条第1款)、违反法律和公共利益的不授予专利权(《专利法》第5条)、不授予专利权的情形(《专利法》第25条)和不重复授权的情形(《专利法》第9条)(表2-9)。

表2-9 发明专利无效宣告事项范围

序号	法条	类型	具体规定
1	A2	保护客体	本法所称的发明创造是指发明、实用新型和外观设计。发明,是指对产品、方法或者其改进所提出的新的技术方案。

续表

序号	法条	类型	具体规定
1	A2	保护客体	实用新型,是指对产品的形状、构造或者其结合所提出的适于实用的新的技术方案。 外观设计,是指对产品的整体或者局部的形状、图案或者其结合以及色彩与形状、图案的结合所作出的富有美感并适于工业应用的新设计
2	A19.1	保密审查	任何单位或者个人将在中国完成的发明或者实用新型向外国申请专利的,应当事先报经国家知识产权局进行保密审查。保密审查的程序、期限等按照国务院的规定执行
3	A22	发明和实用新型授权条件	授予专利权的发明和实用新型,应当具备新颖性、创造性和实用性
4	A23	外观设计授权条件	授予专利权的外观设计,应当不属于现有设计;也没有任何单位或者个人就同样的外观设计在申请日以前向国家知识产权局提出过申请,并记载在申请日以后公告的专利文件中。 授予专利权的外观设计与现有设计或者现有设计特征的组合相比,应当具有明显区别。 授予专利权的外观设计不得与他人在申请日以前已经取得的合法权利相冲突。 本法所称现有设计,是指申请日以前在国内外为公众所知的设计
5	A26.3	发明和实用新型说明书清晰、完整	说明书应当对发明或者实用新型作出清楚、完整的说明,以所属技术领域的技术人员能够实现为准;必要的时候,应当有附图。摘要应当简要说明发明或者实用新型的技术要点
6	A26.4	发明和实用新型权利要求书规范	权利要求书应当以说明书为依据,清楚、简要地限定要求专利保护的范围

序号	法条	类型	具体规定
7	A27.2	外观设计图片或照片规范	申请人提交的有关图片或者照片应当清楚地显示要求专利保护的产品的外观设计
8	A33	申请文件修改要求	申请人可以对其专利申请文件进行修改,但是,对发明和实用新型专利申请文件的修改不得超出原说明书和权利要求书记载的范围,对外观设计专利申请文件的修改不得超出原图片或者照片表示的范围
9	R11	诚实信用原则	申请专利应当遵循诚实信用原则。提出各类专利申请应当以真实发明创造活动为基础,不得弄虚作假
10	R23.2	"独权不能缺必特"	独立权利要求应当从整体上反映发明或者实用新型的技术方案,记载解决技术问题的必要技术特征
11	R49.1	分案申请的范围	依照本细则第四十二条规定提出的分案申请,可以保留原申请日,享有优先权的,以保留优先权日,但是不得超出原申请记载的范围
12	A5	不授予专利权	对违反法律、社会公德或者妨害公共利益的发明创造,不授予专利权。 对违反法律、行政法规的规定获取或者利用遗传资源,并依赖该遗传资源完成的发明创造,不授予专利权
13	A25	不授予专利权	对下列各项,不授予专利权: (一)科学发现; (二)智力活动的规则和方法; (三)疾病的诊断和治疗方法; (四)动物和植物品种; (五)用原子核变换方法,以及用原子核变换方法获得的物质; (六)对平面印刷品的图案、色彩或者二者的结合作出的主要起标识作用的设计。 对前款第(四)项所列产品的生产方法,可以依照本法规定授予专利权

序号	法条	类型	具体规定
14	A9	不重复授权	同样的发明创造只能授予一项专利权。但是,同一申请人同日对同样的发明创造既申请实用新型专利又申请发明专利,先获得的实用新型专利权尚未终止,且申请人声明放弃该实用新型专利权的,可以授予发明专利权。 两个以上的申请人分别就同样的发明创造申请专利的,专利权授予最先申请的人

国家知识产权局在接到请求人的无效宣告请求后,应当对无效宣告请求书和所提交的证据进行审查。专利无效请求不符合《专利法》第18条或《专利法实施细则》第69条规定的,国家知识产权局不予受理。专利无效审查坚持"一事不再理"原则。专利无效宣告请求经国家知识产权局审查并作出决定后,申请人不得以同样的理由和证据再次提出无效宣告的申请。以外观设计与他人在先权利相冲突为由提起专利无效宣告申请的,应当提交证明权利冲突的证据,否则国家知识产权局不予受理。无效宣告请求书不符合《专利法》规定的格式要求,应当在国家知识产权局规定的期限内进行补正,期满未补正的,视为未提出无效宣告请求。请求人在提交无效宣告请求之日起1个月内,可以增加理由和补充证据,逾期未提交的不予考虑。同时,应充分保障专利权利人进行答辩的权利,国家知识产权局在接到无效宣告请求后,应当将无效请求书和有关文件副本送交至专利权人,专利权人应当在指定期限内进行答辩和陈述。期满未答辩的视为对答辩权利的放弃,不影响无效案件的审理。

(三)专利权无效宣告的法律后果

国家知识产权局对无效宣告请求进行审查后,根据申请人所依据的事实、证据和理由作出专利全部无效、部分无效或维持专利权有效的决定。

专利权被全部无效或者部分无效的,专利权人可以针对权利要求书存在的问题,通过对其进行修改以克服缺陷,从而达到维持专利权有效的目的。对于权利要求书的修改应坚持"不告不理"的原则,即仅针对指出的缺陷进行修改。对于发明和实用新型的修改不得改变原权利要求的主题名称,不得扩大原权利要求的保护范围,不得超出原权利要求书、说明书记载的范围,不得增加授权权利要求书中未包含的技术特征等。无效程序中对于权利要求书的修改均应按照上述原则执行,不得增加审查员的负担。在上述原则限制下,仅能采用删除权利要求、删除技术方案或者对权利要求书中的技术特征进行进一步限定的方式对权利要求书进行修改,以维持专利权的有效。

若通过修改仍无法克服授权专利的缺陷,则国家知识产权局将作出专利权全部或者部分无效的决定。当事人不服的可以通过提起行政诉讼的方式进行救助,二审法院的裁判为终审判决。专利权被全部或者部分无效后,将产生如下法律后果。《专利法》第47条第1款的规定:宣告无效的专利权视为自始即不存在。即被无效的专利权当然、自始无效,专利权被无效后,所有因该专利权形成的法律关系应恢复到专利授权前的状态。《专利法》第47条第2款规定:"宣告专利权无效的决定,对在宣告专利权无效前人民法院作出并已执行的专利侵权的判决、调解书,已经履行或者强制执行的专利侵权纠纷处理决定,以及已经履行的专利实施许可合同和专利权转让合同,不具有追诉力。但是因专利权人的恶意给他人造成的损失,应当给予赔偿。"该条为"专利权被无效后不具有溯及力"条款。专利权仅对其被无效后的法律行为和法律事实发生效力,对于其在无效前已经发生效力并已执行完毕的侵权判决书、调解书和强制执行完毕的侵权处理决定不具有溯及力。因为上述行为是在承认专利权有效的情况下作出的,专利权被无效并非专利权人的过错所造成。由专利权人承担专利无效带来的后果,显然有失公平。同时,专利的被许可人或受让人已经基于该专利获得了经济利益,但由于非其原因导致专利无效而要求返还许可费、转让费的,同样有失公平。但是,专利权人在取得专利权的过程中存在恶意的或者专利权被无效后,由于赔偿金、许可费、转让费过高而显失公平的,可以作为不具有溯及力的例外,根据实际情况赔偿损失或返还相应的费用。

第三章 专利代理实务要点

一、新颖性实务应用

新颖性是专利获得授权的实质性要件,可将其理解为"首创的""唯一的",即拟要提出申请的涉案专利所记载的内容,在向国家知识产权局提出申请之前,于世界上是绝无仅有的,则该技术方案就满足了新颖性的要求。正如金渝林在其论文中所述:"首创性,要求智力创造结果和已经存在的知识相比有实质性进步,因此在一个确定的时刻与已有知识相比它是唯一存在的,智力创造结果的这一特征由另一个概念'新颖性'描述。"❶由此可见,"新颖性""首创性""唯一性"是可以相互替代的概念。在此基础上,需要进一步理解新颖性在《专利法》及《专利审查指南2023》中的含义,明确其在审查实务中的判断方法。

(一)新颖性审查思路

本书第二章已经详细阐述了新颖性的判断要件,即一个技术方案若要满足新颖性授权要求,同时需要满足下列条件:其一,该技术方案不属于现有技术;其二,该技术方案不存在抵触申请。新颖性审查的本质是判断涉案专利的技术方案是否为现有技术或者抵触申请,若该技术方案被界定为上述两种情况,则该技术方案不具备新颖性。反之,则符合《专利法》对于新颖性的要求。

涉案专利(发明和实用新型)新颖性审查判断的思路(表3-1),可以梳理为两个环节:其一,是确定可以用来评价新颖性的对比文件;其二,是基于单独对比原则,对涉案专利与对比文件是否属于同样的发明创造进行技术特征上的比对。

---

❶ 金渝林.论作品的独创性[J].法学研究,1995(4):51-57.

表3-1　发明和实用新型专利新颖性判断思路

环节	要点	具体方法
确定对比文件	现有技术与抵触申请的判断	判断对比文件的申请日和公开日与涉案专利的申请日
同样的发明创造	单独对比	将申请的权利要求与某一个对比文件单独对比
	判断保护范围	技术领域+技术问题+技术手段+技术效果
	保护范围比对	若对比文件的技术手段大于或等于拟申请的权利要求,则不满足新颖性要件;若拟申请的权利要求中存在尚未被公开的技术手段,则满足新颖性要件

1. 确定能够用来评价新颖性的对比文件

基于本书第二章关于新颖性的基本介绍可知,能够用来评价涉案专利新颖性有无的是现有技术和申请在先公开在后的专利文件。判断涉案专利新颖性需找到对比文件中符合时间要求的评价文件,基于单独对比原则将涉案专利的权利要求与某一份现有技术或申请在先公开在后的专利文件进行对比,如果涉案专利的权利要求与对比文件"一模一样"[1],则相当于涉案专利的权利要求与现有技术或抵触申请无异。换言之,在涉案专利提出申请之前,已经存在与其"一模一样"的技术方案(现有技术/抵触申请),则涉案专利所记载技术内容绝非申请人首创,该权利要求不具备新颖性。

应用模板

涉案专利申请日为×年×月×日,公开日为×年×月×日,对比文件×的公开日为×年×月×日早于涉案专利的申请日(优先权日),构成现有技术,可以用来评价涉案专利的新颖性和创造性。

应用示例

涉案专利申请日为2010年2月23日,公开日为2011年1月21日,对比文件2的公开日为2009年12月1日早于涉案专利的申请日,构成现有技术,可以用来评价涉案专利的新颖性和创造性。

---

[1] 所谓"一模一样"是指实质性相同,将在新颖性的判断基准章节中进行详细解释。

应用模板

对比文件X与涉案专利均属于向国家知识产权局提出的专利申请,对比文件X的申请日为×年×月×日早于涉案专利的申请日(优先权日),公开日晚于涉案专利的申请日(优先权日),属于申请在先公开在后的专利文件,只能用于评价涉案专利的新颖性,不能评价其创造性。

应用示例

对比文件1与涉案专利均属于向国家知识产权局提出的专利申请,对比文件1的申请日为2010年1月25日早于涉案专利的申请日(优先权日),公开日晚于涉案专利的申请日(优先权日),属于申请在先公开在后的专利文件,只能用于评价涉案专利的新颖性,不能评价其创造性。

习题演练

根据涉案专利与对比文件1、对比文件2和对比文件3的申请日与公开日(表1),从时间要件判断对比文件之于涉案专利的文件性质。

表1　涉案专利与对比文件的申请日与公开日一览

内容	涉案专利	对比文件1	对比文件2	对比文件3
申请日	2010年2月23日	2010年1月25日	2009年1月20日	2009年2月1日
公开日	2011年1月21日	2010年12月9日	2009年12月1日	2008年12月22日

参考答案:对比文件之于涉案专利的文件性质结论(表2)如下:

表2　对比文件的文件性质结论

内容	涉案专利	对比文件1	对比文件2	对比文件3
文件性质	—	申请在先公开在后的专利文件	现有技术	现有技术

参考解析:

判断1:从时间要件判断,对比文件1构成涉案专利申请在先公开在后的专利文件。对比文件1的申请日是2010年1月25日,公开日是2010年12月9日,涉案专利的申请日是2010年2月23日,对比文件1属于申请在先公开在后的技术方案,满足抵触申请的时间要件(图1)。

对比文件1申请日
2010年1月25日

对比文件1公开日
2010年12月9日

2010年2月23日
涉案专利申请日

图1 涉案专利与对比文件1时间轴

判断2:从时间要件判断,对比文件2构成涉案专利的现有技术。对比文件2的公开日是2009年12月1日,涉案专利的申请日是2010年2月23日,对比文件2属于在涉案专利申请日之前已经公开的现有技术(图2)。

对比文件2申请日
2009年1月20日

涉案专利申请日
2010年2月23日

2009年12月1日
对比文件2公开日

图2 涉案专利与对比文件2时间轴

判断3:从时间要件判断,对比文件3构成涉案专利的现有技术。对比文件3的公开日是2008年12月22日,申请日是2009年2月1日,涉案专利申请日是2010年2月23日,对比文件3属于在涉案专利申请日之前已经公开的现有技术(图3)。此处有些特殊的是对比文件3的专利申请日晚于专利公开日,这存在多种可能情形,如专利申请人未急于申请获得专利权而先通过商业秘密等进行保护,也可能是对比文件3满足不丧失新颖性的特别规定,即宽限期的要求等。

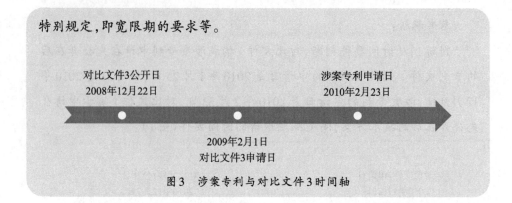

对比文件3公开日　　　　　　　　　　　　涉案专利申请日
2008年12月22日　　　　　　　　　　　　2010年2月23日

2009年2月1日
对比文件3申请日

图3　涉案专利与对比文件3时间轴

2. 确定涉案专利与对比文件是否属于同样的发明创造

(1)以技术特征为判断依据。

将涉案专利与对比文件相比,若两项发明创造属于相同的技术领域、拟解决的技术问题、采取的技术手段和实现的技术效果都相同,则二者属于同样的技术方案,即同样的发明或实用新型。在具体实务应用层面,因技术领域、技术问题和技术效果是写在专利文件中"一目了然"地客观描述,对于同样的发明创造的判断关键应集中在技术特征的比对上,即将涉案专利与对比文件的技术方案进行对比,判断涉案专利的技术特征是否被完全公开。

(2)以单独对比为判断原则。

《专利审查指南2023》第二部分第三章第3.1条规定:"判断新颖性时,应当将发明或者实用新型专利申请的各项权利要求分别与每一项现有技术或者申请在先公布或者公告在后的发明或者实用新型的相关技术内容单独地进行比较,不得将其与几项现有技术或者申请在先公布或者公告在后的发明或者实用新型内容的组合,或者与一份对比文件中的多项技术方案的组合进行对比。"

发明或者实用新型专利申请的新颖性适用单独对比的原则。新颖性判断的依据是对比涉案专利的权利要求与某一个对比文件的相关技术内容,对比文件的相关技术内容既可以包括权利要求书,还可以包括说明书、说明书附图等。按照新颖性单独对比原则的要求,在利用现有技术或者申请在先公开在后的专利文件对涉案专利的新颖性进行评价时,不能将多个对比文件中的技术特征结合起来与涉案专利的技术特征进行对比。同时,如果在一个对比文件中存在多个实施例,也不能将多个实施例的技术特征进行组合与涉案专利进行对比,这便是新颖性判断单独对比原则的含义。

单独对比原则存在两种应用情形。第一种是对隐含于涉案专利新颖性的判断中进行考察。简单地说,就是在进行新颖性判断时,只能选择一个现有技术或者申请在先公开在后的专利文件,分别与涉案专利进行单独对比。例如,涉案专利 X 具有 A+B+C 三个技术特征,对比文件 Y 具有 A+B 两个特征,对比文件 Z 具有 B+C 两个特征。单独对比原则下的新颖性判断,无论对比文件 Y 还是对比文件 Z 均不构成对涉案专利 X 全部技术特征的公开,因此可以得出涉案专利 X 具备新颖性的结论。基于新颖性判断单独对比原则,在新颖性评价时,绝不能将对比文件 Y 与 Z 的全部技术特征进行组合后与涉案专利 X 进行对比,从而得出涉案专利 X 不具备新颖性的结论。

第二种是将其设置于法条分析题中,要求专利代理师作出正确判断。例如,在 2016 年专利代理师实务考试咨询建议类场景中,对比文件 1 包含两个实施例,实施例一公开了可拆卸的搅拌部,实施例二公开了可拆卸的搅拌棒,对比文件 1 的两个实施例加起来公开了涉案专利权利要求 1 的全部特征,权利要求 1 相对于对比文件 1 不具备新颖性。从文字表述不难看出,该理由实际上是对对比文件 1 中两个实施例的技术特征进行组合后与涉案专利的技术特征进行对比,违背了新颖性判断的单独对比原则。

总结来看,通过将每一篇对比文件(现有技术/申请在先公开在后的专利文件)单独与涉案专利进行比较,只要任何一篇对比文件不具备发明创造的全部特点,该发明创造便具备新颖性。技术领域、技术问题和技术效果可以清晰地通过专利技术文件获悉,同样的发明创造判断的关键在于,涉案专利所记载的技术特征是否被现有技术或申请在先公开在后的专利文件全部公开。

习题演练

1. 假设涉案专利X的权利要求由A、B、C三个技术特征构成,即X=A+B+C。现有如下四个现有技术的权利要求,假定所属技术领域、技术问题和技术效果一致,判断哪些与涉案专利X属于同样的发明创造?

Y=A+B

Z=B+C

W=A+B+C

U=A+B+C+D

参考答案:W和U

参考解析:

在两项技术方案所属技术领域、技术问题和技术效果一致的前提下,对于时间上满足要求的现有技术是否会破坏涉案专利的新颖性,只需判断涉案专利的权利要求所包含的技术特征是否已经被对比文件完全公开。由于涉案专利包括A、B、C三个技术特征,现有技术W和U早就公开了此三项技术特征,现有技术Y和Z分别未公开涉案专利的C技术特征和A技术特征,所以现有技术Y和Z不会破坏涉案专利X的新颖性,现有技术W和U会破坏涉案专利X的新颖性。因此,在所属技术领域、技术问题和技术效果一致的前提下,当现有技术/申请在先公开在后的专利文件所公开的权利要求的技术特征大于或等于涉案专利的技术特征时,就构成同样的发明或实用新型(涉案专利的技术特征被全部公开)。

2. 假设共有三个对比文件:分别是现有技术1,包括技术特征A和C;申请在先公开在后的专利文件1,包括技术特征A和D;现有技术2,包括技术特征A和B。

涉案专利共有两个权利要求,其中权利要求1,包括技术特征A和B;权利要求2,包括技术特征C和D。

问:假设三个对比文件与涉案专利都属于相同的技术领域、解决相同的技术问题并产生相同的技术效果,判断三个对比文件是否会在技术特征上破坏涉案专利的新颖性。

参考答案：

现有技术1不会破坏涉案专利权利要求1和权利要求2的新颖性；

申请在先公开在后的专利文件1不会破坏涉案专利权利要求1和权利要求2的新颖性；

现有技术2会破坏涉案专利权利要求1的新颖性，但不会破坏涉案专利权利要求2的新颖性。

参考解析：

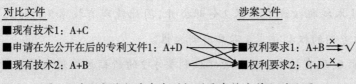

图1　对比文件与涉案专利权利要求技术特征对比图

情形1：现有技术1不会破坏涉案专利权利要求1的新颖性。现有技术1的技术特征是A和C，涉案专利的权利要求1的技术特征是A和B，其中涉案专利的权利要求1中的技术特征B未被现有技术1公开，因此就现有技术1的对比结果来看，涉案专利的权利要求1具有新颖性。

情形2：现有技术1不会破坏涉案专利权利要求2的新颖性。现有技术1的技术特征是A和C，涉案专利的权利要求2的技术特征是C和D，其中涉案专利的权利要求2中的技术特征D未被现有技术1公开，因此就现有技术1的对比结果来看，涉案专利的权利要求2具有新颖性。

情形3：申请在先公开在后的专利文件1不会破坏涉案专利权利要求1的新颖性。申请在先公开在后的专利文件1的技术特征是A和D，涉案专利的权利要求1的技术特征是A和B，其中涉案专利的权利要求1中的技术特征B未被申请在先公开在后的专利文件1公开，因此就申请在先公开在后的专利文件1的对比结果来看，涉案专利的权利要求1具有新颖性。

情形4：申请在先公开在后的专利文件1不会破坏涉案专利权利要求

2的新颖性。申请在先公开在后的专利文件1的技术特征是A和D,涉案专利的权利要求2的技术特征是C和D,其中涉案专利的权利要求2中的技术特征C未被申请在先公开在后的专利文件1公开,因此就申请在先公开在后的专利文件1的对比结果来看,涉案专利的权利要求2具有新颖性。

情形5:现有技术2破坏涉案专利权利要求1的新颖性。现有技术2的技术特征是A和B,涉案专利的权利要求1的技术特征是A和B,其中涉案专利的权利要求1的技术特征与现有技术2的技术特征完全一致,权利要求1的技术特征被现有技术2全部公开,因此就现有技术2的对比结果来看,涉案专利的权利要求1不具有新颖性。

情形6:现有技术2不会破坏权利要求2的新颖性。现有技术2的技术特征是A和B,涉案专利的权利要求2的技术特征是C和D,其中涉案专利的权利要求2中技术特征的C和D都未被现有技术2公开,因此就现有技术2的对比结果来看,涉案专利的权利要求2具有新颖性。

(二)新颖性审查基准

《专利审查指南2023》第二部分第三章第3.2条规定:"判断发明或者实用新型有无新颖性,应当以专利法第二十二条第二款为基准",《专利法》第22条第2款实为"同样的发明或者实用新型"审查原则的依据,是指导审查员进行新颖性判断的方向性指引。根据本书第二章的介绍,新颖性判断以"同样的发明或者实用新型"为落脚点,本质上是判断涉案专利与现有技术或者申请在先公开在后的专利文件是否构成"四相同",即技术领域相同、技术问题相同、技术手段相同、技术效果相同。将新颖性审查要求转化成具有可操作性的表述是:根据给出的材料,判断涉案专利的技术特征是否被对比文件中的现有技术或者申请在先公开在后的专利文件完全公开。

新颖性判断的实质是将技术特征进行对比,判断其是否"一模一样"。本节所说的审查基准是新颖性审查原则的具体表现形式,是在"同样的发明或者实用新型"的原则指导下的具体实施方式。在理解新颖性审查基准的本质后,需要专利代理师熟练掌握下列四种新颖性判断的常见情形,这也是专利代理师实务考试中新颖性判断的核心内容。

1. 相同内容的发明或者实用新型

《专利审查指南2023》第二部分第三章第3.2.1条规定:"如果要求保护的发明或者实用新型与对比文件所公开的技术内容完全相同,或者仅是简单的文字变换,则该发明或者实用新型不具备新颖性。"另外,上述相同的内容应该理解为包括可以从对比文件中直接地、毫无疑义地确定的技术内容。

(1)"相同内容的发明或者实用新型"是指涉案专利的技术特征与对比文件的技术特征在内容上完全相同,或者仅是简单的文字转换。

相同内容的发明或者实用新型是《专利审查指南2023》所规定的判断技术特征是否被公开的方法,也与上文中表述的技术特征"一模一样"。这里的"一模一样"既包括文字表述上的完全相同,也包括虽然文字表达不同,但是含义、内容都相同的技术特征。此处提示:"是否为相同内容的发明或者实用新型"是新颖性判断的具体方法,"是否为同样的发明或实用新型"是新颖性判断的审查原则。

(2)"相同内容的发明或者实用新型"的本质是识别涉案专利的技术特征与对比文件的技术特征是否"一模一样"。

判断涉案专利技术特征与对比文件技术特征是否"一模一样",需要将涉案专利权利要求书中的技术特征与对比文件权利要求书和说明书中的技术特征总和进行比对。若涉案专利的技术特征与对比文件中记载的技术特征相同或者全部被对比文件记载的技术特征覆盖,即涉案专利的技术特征小于或者等于对比文件记载的技术特征时,涉案专利的技术特征被对比文件完全公开,涉案专利不具备新颖性。反之,只要有一个涉案专利的技术特征未被对比文件公开,则涉案专利具有新颖性。示例为涉案专利与对比文件技术特征"一模一样"的情形,即涉案专利权利要求中的技术特征被对比文件完全公开,二者属于相同内容的发明或者实用新型。

　　示例（2012年专利代理师实务考试部分真题）：

　　涉案专利的权利要求为：一种硬质冷藏箱，包括箱本体（1）和盖体（2），所述箱本体（1）的内部形成一个上部开口的容纳空间，所述盖体（2）设置于所述箱本体（1）的上方，用于打开、关闭所述容纳空间的开口，其特征在于，所述箱本体（1）包括防水外层（3）、保温中间层（4）及防水内层（5），所述箱本体（1）的容纳空间内固设有若干个装有蓄冷剂的密封的蓄冷剂包（6）。

　　对比文件1的权利要求书为：一种硬质冷藏箱，包括箱本体（1）和盖体（2），盖体（2）设置于箱本体（1）的上方，其特征在于，所述的箱本体（1）包括内外两层防水尼龙面料层及保温中间层。

　　对比文件1的说明书为：硬质冷藏箱包括箱本体1和盖体2。箱本体1包括内外两层防水尼龙面料层及保温中间层。箱本体1的内部形成放置物品的容纳空间，容纳空间上部为开口。用于盖合容纳空间开口的盖体2设于箱本体1的上方。箱本体1和盖体2上设有相互配合的连接件3。容纳空间内固定设置有若干个装有蓄冷剂的密封的蓄冷剂包。

　　基于上述材料，首先需要根据涉案专利与对比文件的记载内容对技术特征进行梳理对比（表3-2）。两份技术方案均以硬质冷藏箱为主题，就部件技术特征来看，涉案专利记载了"箱本体（1）、盖体（2）、防水外层（3）、保温中间层（4）、防水内层（5）及蓄冷剂包（6）"6个部件。对比文件1记载的技术部件包括"箱本体（1）、盖体（2）、内外两层防水尼龙面料层、保温中间层（实际分为内、中、外三层）、若干个装有蓄冷剂的密封的蓄冷剂包"（对比文件1说明书中记载的内容同样属于判断"相同内容的发明或者实用新型"的技术特征来源）。同时，技术特征的对比不仅限于部件，还应涉及部件间的连接关系和位置关系等。涉案专利与此类型的对应技术特征包括"盖体设置于箱体上方、与箱体形成向上开口的容纳空间"。而对比文件1也公开了"盖体（2）设置于箱本体（1）的上方、箱本体（1）的内部形成放置物品的容纳空间"。由此不难看出，涉案专利的技术特征已经被对比文件

1完全公开,二者属于"相同内容的发明或者实用新型",因此涉案专利的权利要求不具备新颖性。

表3-2　涉案专利与对比文件1技术特征对比

涉案专利技术特征	对比文件1技术特征
箱本体	箱本体
盖体	盖体
箱本体的内部形成一个上部开口的容纳空间	箱本体的内部形成一个上部开口的容纳
盖体在箱本体的上方	盖体在箱本体的上方
防水外层	外防水尼龙面料层
保温中间层	保温中间层
防水内层	内防水尼龙面料层
固设蓄冷剂包	固设蓄冷剂包

2. 具体(下位)概念与一般(上位)概念

《专利审查指南2023》第二部分第三章第3.2.2条规定:"如果要求保护的发明或者实用新型与对比文件相比,其区别仅在于前者采用一般(上位)概念,而后者采用具体(下位)概念限定同类性质的技术特征,则具体(下位)概念的公开使采用一般(上位)概念限定的发明或者实用新型丧失新颖性";"反之,一般(上位)概念的公开并不影响采用具体(下位)概念限定的发明或者实用新型的新颖性。"

此为对"一模一样"判断的第二种情形,即"对比文件中具体的下位概念破坏涉案专利上位概念的新颖性,而对比文件中上位概念无法破坏涉案专利下位概念的新颖性"。例如,对比文件公开了"铜"这种金属,按照《专利审查指南2023》的规定,如果涉案专利使用了"金属"这一上位概念作为技术特征,则对比文件中的"铜"作为金属的下位概念会破坏涉案专利的新颖性。反之,如果对比文件公开了"金属",而涉案专利采用的是"铜"这一特征,则其新颖性不会被破坏。

《专利审查指南2023》上述规定是出于对创新难度和创新激励的综合考虑。假设甲以"铜"为材料研发了一种装备并获得授权,乙在看到有人用"铜"制造了设备后,便投机取巧地进行了技术方案拼凑,直接将"铜"的上位概念"金属"作为技术特征进行专利申请,该专利申请着实无一点创造者情怀;反之,如果现有技术公开的设备是采用"金属"这一上位概念作为技术特征,对于想要投机之人似乎困难些,因为他还需要想一想到底采用哪种金属更为合适。

3. 涉及数值的新颖性判断问题

《专利审查指南2023》第二部分第三章第3.2.4条规定:"如果要求保护的发明或者实用新型中存在以数值或者连续变化的数值范围为限定的技术特征,例如部件的尺寸、温度、压力以及组合物的组分含量,而其余技术特征与对比文件相同,则其新颖性的判断应当依照以下各项规定。"由上述规定可以看出,在进行技术特征对比时,可能涉及数值问题的判断。那么,如何进行涉及数值的新颖性的判断呢? 在《专利审查指南2023》中给出了多种涉及数值新颖性判断的方法,本书在此提出"飞刀大法"以应对所有的涉及数值新颖性判断的问题(表3-3)。

表3-3 "飞刀大法"示例

对比文件	涉案专利(申请)	新颖性(有/无)
50	0~100	无
0~100	50	有
0~100	0 或 100	无
0~100	50~80	有

对于上例中数值问题的判断,只需明确将选定的对比文件的端点视为"飞刀",将涉案专利作为目标,向目标扔出"飞刀",若端点("飞刀")砍中目标,则涉案专利无新颖性,未砍中目标,则涉案专利具备新颖性。如表3-2所示,对比文件50可以击中0~100的目标,0~100的涉案专利的技术特征被公开,则涉案专利无新颖性;又如对比文件0~100,而端点仅为0或

100,两个数字均无法与50重合,则涉案专利具备新颖性。以涉案专利单个技术特征所呈现的数值(目标)来看,只要对比文件数值的一个端点能够砍中目标,则该涉案专利的新颖性就会被破坏。

当涉案专利所涉及数值的技术特征为多个时,需逐一进行"飞刀大法"的判断,只要有一个涉案专利的技术特征数值范围未被砍中,则该涉案专利就有新颖性。在2009年专利代理师实务考试中涉案专利与对比文件均为保健枕,涉案专利涉及数值的技术特征为:尺寸长50cm~80cm、宽20cm~60cm、高6cm~18cm。对比文件的涉及数值技术特征为:尺寸长35cm~65cm、宽25cm~55cm、高6cm~16cm。通过运用"飞刀大法"可知,对比文件长65cm进入涉案专利数值50cm~80cm,宽55cm进入涉案专利数值20cm~60cm,高6cm和16cm均进入涉案专利数值6cm~18cm。因此,可以得出涉案专利不具备新颖性的结论。在此特别提示,如果长、宽、高任意一个技术特征未被对比文件公开,则涉案专利具备新颖性。

习题演练

如下为涉案专利与对比文件的技术特征对比,判断涉案专利的新颖性是否被对比文件破坏?

1. 专利申请的权利要求为一种铜基形状记忆合金,包含10%~35%(重量)的锌和2%~8%(重量)的铝,余量为铜。如果对比文件公开了包含20%(重量)的锌和5%(重量)的铝的铜基形状记忆合金。

参考答案:拟申请专利的新颖性被对比文件破坏。

2. 专利申请的权利要求为一种热处理台车窑炉,其拱衬厚度为100~400mm。如果对比文件公开了拱衬厚度为180~250mm的热处理台车窑炉。

参考答案:拟申请专利的新颖性被对比文件破坏。

3. 专利申请的权利要求为一种氮化硅陶瓷的生产方法,其烧成时间为1~10h。如果对比文件公开的氮化硅陶瓷的生产方法中的烧成时间为4~12h。

参考答案:拟申请专利的新颖性被对比文件破坏。

4. 专利申请的权利要求为一种等离子喷涂方法,喷涂时的喷枪功率为 20~50KW。如果对比文件公开了喷枪功率为 50~80KW 的等离子喷涂方法。

参考答案:拟申请专利的新颖性被对比文件破坏。

5. 专利申请的权利要求为一种二氧化钛光催化剂的制备方法,其干燥温度为 40℃、58℃、75℃或者 100℃。如果对比文件公开了干燥温度为 40℃~100℃的二氧化钛光催化剂的制备方法。

参考答案:拟申请专利权利要求中记载的"40""100"的技术特征新颖性被破坏,但"58"和"75"数值的技术特征新颖性未被对比文件破坏。

6. 专利申请的权利要求为一种内燃机用活塞环,其活塞环的圆环直径为 95mm,如果对比文件公开了圆环直径为 70mm~105mm 的内燃机用活塞环。

参考答案:拟申请专利的新颖性未被对比文件破坏。

7. 专利申请的权利要求为一种乙烯—丙烯共聚物,其聚合度为 100~200,如果对比文件公开了聚合度为 50~400 的乙烯—丙烯共聚物。

参考答案:拟申请专利的新颖性未被对比文件破坏。

4. 惯用手段的直接置换

惯用手段的直接置换是新颖性审查基准的另一种情形。《专利审查指南 2023》第二部分第三章第 3.2.3 条规定:"如果要求保护的发明或者实用新型与对比文件的区别仅是所属技术领域的惯用手段的直接置换,则该发明或者实用新型不具备新颖性。"同时,《专利审查指南 2023》给出了由螺钉的固定方式改为螺栓的固定方式属于惯用手段的直接置换的例子。

(三)新颖性判断应用模板

1. 具备新颖性应用模板

应用模板

权利要求 X 具备新颖性。

权利要求 X 与对比文件 X 对比,对比文件 X 未公开本专利的技术特征×××,因此权利要求X具有新颖性,符合《专利法》第22条第2款的规定。

2. 不具备新颖性应用模板

应用模板

权利要求X不具备新颖性。

权利要求X与对比文件X对比,权利要求X要求保护一种主题为×××的专利,对比文件X公开了一种×××(相当于本专利的主题),包括A、B(相当于本专利的技术特征B')、C(相当于本专利的技术特征C')、D。

由此可见,对比文件X公开了权利要求X的全部技术特征,两者属于相同的技术领域,解决相同的技术问题,具有相同的技术特征,达到相同的预期效果,不具有《专利法》第22条第2款规定的新颖性。

应用示例

权利要求1不具备新颖性。

权利要求1与对比文件1对比,权利要求1要求保护一种硬质冷藏箱,对比文件1公开了一种冷藏箱(相当于涉案专利的主题),包括箱本体、盖体、两层防水尼龙面料层及保温中间层(相当于涉案专利的防水外层、保温中间层和防水内层)、内部形成放置物品的容纳空间,容纳空间为上开口(相当于涉案专利的盖体设置于箱本体上方,用于打开、关闭所述容纳空间的开口)、容纳空间内固定设置有若干个装有蓄冷剂的密封蓄冷剂包。

由此可见,对比文件X公开了权利要求X的全部技术特征,两者属于相同的技术领域,解决相同的技术问题,具有相同的技术特征,达到相同的预期效果,不具有《专利法》第22条第2款规定的新颖性。

(四)优先权的应用

《专利法》第29条为优先权提供了法律依据,优先权的适用具有严格的构成要件(详见本书第二章),可以将优先权理解为法律赋予权利人在申请专利时所享有的在申请时间上的"优惠"。当专利申请满足优先权的条件时,该专利的首次申请日即可作为本专利在国内的申请日。通过分析2009—2019年的专利代理师实务考试真题,优先权应用仅在2011年考查过1次。在掌握优先权适用构成要件的基础上,其实务应用需从如下两个方面来重点强化:第一,根据专利文件的著录项目判断涉案专利的优先权要求是否满足时间要件,即涉案专利的申请日应在国外首次提出专利申请之后12个月内;第二,要求优先权的涉案专利与在国外首次提出申请的专利二者是否属于相同的发明或者实用新型,即要求优先权的涉案专利的技术方案是否记载在国外首次提出的专利申请文件中。如下示例给出了涉案实用新型专利文件著录项目中记载的申请日和优先权日信息,以及涉案专利的权利要求和在外国首次提出申请的权利要求,通过综合判断优先权时间和两份专利文件记载的技术方案的内容,即可得出涉案专利的权利要求能否享有优先权。

示例(2011年专利代理师实务考试部分真题):

涉案专利权利要求书著录项目记载的申请日和优先权日信息如下:

[45]授权公告日2011年3月22日

[22]申请日2010年9月23日

[21]申请号201020123456.7

[30]优先权

[32]2010年1月25日

[33]US

[31]10/111.222

[73]专利权人B公司(其余著录项目略)

涉案专利的权利要求为:

1. 一种即配式饮料瓶盖,包括顶壁(1)和侧壁(2),侧壁(2)下部具有与瓶口外螺纹配合的内螺纹(3),其特征在于,侧壁(2)内侧在内螺纹(3)上方具有环状凸缘(4),隔挡片(5)固定于环状凸缘(4)上,所述顶壁(1)、侧壁(2)和隔挡片(5)共同形成容纳调味材料的容置腔室(6)。

2. 如权利要求1所述的即配式饮料瓶盖,其特征在于,所述隔挡片(5)为一层热压在环状凸缘(4)上的气密性薄膜。

向美国首次提出申请的专利权利要求书译文为:

1. 一种即配式饮料瓶盖,包括顶壁(1)和侧壁(2),侧壁(2)下部具有与瓶口外螺纹配合的内螺纹(3),其特征在于,侧壁(2)内侧在内螺纹(3)上方具有环状凸缘(4),隔挡片(5)固定于环状凸缘(4)上,所述顶壁(1)、侧壁(2)和隔挡片(5)共同形成容纳调味材料的容置腔室(6)。

根据上例图1记载信息可知,涉案专利的申请日为2010年9月23日,授权公告日为2011年3月22日,涉案专利要求享有优先权且所要求的优先权依据为首次于2010年1月25日向美国专利商标局提出的专利申请。在时间要件上,于美国提出的首次专利申请时间为2010年1月25日,于国内提出专利申请的时间为2010年9月23日,满足实用新型专利优先权适用对首次国外提出和国内提出申请不超过12个月的时间要求。

在相同的实用新型的要件认定上,需比较涉案专利的权利要求与首次申请文件中记载的内容是否属于相同主题。将涉案专利的权利要求1与优先权译文中权利要求书中记载内容进行对比,发现二者所记载的技术特征完全相同,符合相同主题的要求,涉案专利权利要求1与优先权文件在记载内容上属于相同的发明创造。除此之外,二者同时满足同一申请人向中国专利行政部门提出申请的优先权适用要件,因此,涉案专利的权利要求1可以享有优先权。涉案专利权利要求1的申请日为优先权文件在美国提出专利申请之日,即2010年1月25日。涉案专利权利要求1的新颖性和创造性判断中对比文件性质的判断,皆应以该申请日作为依据。

同时需格外注意的是,通过对比涉案专利权利要求2与优先权译文中权利要求书中记载内容可知,涉案专利权利要求2中记载的"隔挡片(5)为一层热压在环状凸缘(4)上的气密性薄膜"技术特征并未记载在所要求的优先权文件中,即涉案专利权利要求2与优先权专利文件在内容上不属于相同的发明创造,即涉案专利权利要求2所记载的技术方案不能享有在先申请的申请日上的优惠,权利要求2的申请日仍为其国内的实际申请日,即2010年9月23日,此也为权利要求2新颖性和创造性判断时对比文件性质判断的依据。

总结来看,涉案专利的国内申请日与国外在先申请日满足实用新型专利优先权适用的12个月期间要求,涉案专利权利要求1的技术方案被国外在先申请的专利文件完全记载,符合优先权适用的要件,可以享有优先权,其申请日以优先权文件的申请日为准。但涉案专利的权利要求2的技术方案并未记载在海外首次申请的专利文件中,不满足优先权适用的要件,无法享有优先权,其申请日和公开日不受优先权文件影响,仍以涉案专利的国内实际申请日为准。因此,优先权适用的判断是以一项权利要求而非一项涉案专利为适用对象,同一份涉案专利中的不同权利要求会因其所记载技术方案是否被优先权文件记载的不同而存在优先权适用上的区别,对于优先权适用的实务判断需要在四项构成要件(详见本书第二章)的基础上着重加深对时间要件和相同的发明创造要件的理解。

专利代理实务中判断优先权需紧密结合专利文件的著录项目记载信息以及涉案专利权利要求各项记载内容与优先权文件记载内容的异同展开,虽然理解和应用难度不大,但优先权判断结论关系到涉案专利某项权利申请日的确定,进而影响到涉案专利对比文件性质的判断和选择。一旦优先权判断结论出错,必将直接影响权利要求新颖性和创造性的正确判断,阻碍涉案专利权利要求的驳回和无效事由的正确认定。

应用模板

对比涉案专利和附件X可知,该涉案专利的权利要求Y已经记载在附件X中。两者在技术领域、所解决的技术问题、技术方案和预期效果方面均相同,属于相同主题的发明(或者实用新型),且该专利的申请日(×年×月×日)距其所要求的优先权日(×年×月×日)在12个月之内,因此,权利要求X可以享有附件Y的优先权。

涉案专利的权利要求Z的技术特征没有记载在附件X中,涉案专利的权利要求 Z 不享有优先权。

应用示例(2011年专利代理师实务考试部分真题)

对比涉案专利和附件 4 可知,该专利权利要求 1 的技术方案已经记载在附件 4 的权利要求 1 中。两者的技术领域、所解决的技术问题、技术方案和预期效果均相同,属于相同主题的发明(或者实用新型),且该专利的申请日(2010 年 9 月 23 日)距其所要求的优先权日(2010 年 1 月 25 日)在 12 个月之内,因此权利要求 1 享有附件 4 的优先权,权利要求 1 的优先权日是 2010 年 1 月 25 日。

(五)禁止重复授权的应用

根据《专利法》第 9 条规定:"同样的发明创造只能授予一项专利权。但是,同一申请人同日对同样的发明创造既申请实用新型专利又申请发明专利,先获得的实用新型专利权尚未终止,且申请人声明放弃该实用新型专利权的,可以授予发明专利权。两个以上的申请人分别就同样的发明创造申请专利的,专利权授予最先申请的人。"

该条是关于禁止重复授权原则的规定。"同样的发明创造"是指,在两项或者两项以上的专利中,存在保护范围相同的权利要求。根据《专利法》第 9 条的规定,如果两件专利于同日(优先权日)向国家知识产权局提出申请且两项专利权利要求的保护范围相同,则构成同样的发明创造。对属于同一申请人同日提交的两项或者两项以上专利申请,并且申请均符合授权的条件的,申请人应当进行选择或者修改,如果不能改善,则申请均会被驳回。属于不同申请人同日提交的两项或两项以上专利申请,并且申请均符合授权的条件的,申请人应当自行协商确定申请人,如果不能达成一致,申请均会被驳回。

《专利审查指南 2023》第二部分第三章第 6.1 条对禁止重复授权的审查原则作出进一步规定:"为了避免重复授权,在判断是否为同样的发明创造时,应当将两项发明或者实用新型专利申请或者专利的权利要求书的内容进行比较,而不是将权利要求书与专利申请或者专利文件的全部内容进行比较。"从上述内容可以看出,对禁止重复授权这一条款进行审查时,仅是将技术方案的权利要求书进行对比,这与新颖性判断中将涉案专利的权利要求与现有技术或者申请在先公开在后的专利文件的说明书、附图等记载的全部内容进行对比存在不同。换言之,即使两项发明或者实用新型专利申请的说明书内容完全相同,只要权利要求书记载的内容不同,就不构成重复授权。

需要提示的是,作为新颖性判断依据的申请在先公开在后的专利文件,其既可以是涉案专利申请人之外的任何人在涉案专利申请日前提交的专利,也可以是涉案专利申请人在涉案专利申请日前提交的专利。所以,在实务中,只要涉案专利的申请日与对比文件的申请日不是同一日,即可适用《专利法》第22条第2款新颖性的规定进行判断,而仅当出现同一申请人或不同申请人提交的相同权利要求书为"同日"提交时,才会适用《专利法》第9条禁止重复授权的规定。在实务中,可以将禁止重复授权理解为新颖性判断的一种特殊情况,其特殊性仅表现为两点:其一,禁止重复授权仅对发明创造的权利要求书进行对比;其二,仅当对比文件与涉案专利的申请日为同日时才适用禁止重复授权的规定。

(六)"实质性相同""相同主题""同样的发明创造"的术语对比

新颖性相关术语对比,详见表3-4所示。

表3-4　新颖性相关术语对比

对比内容	实质性相同(新颖性)	相同主题(优先权)	同样的发明创造(禁止重复授权)
对比涉及的文件	涉案专利与对比文件全文(说明书、权利要求书)	在后申请和在先申请的全文(说明书、权利要求书)	后申请与在先申请的权利要求书
对比范围	文字、数值、惯用手段直接置换、上下位	文字	文字

二、创造性实务应用

（一）创造性审查思路

1.　确定能够用来评价创造性的对比文件

创造性是专利授权的实质性要件，是指与现有技术相比，该发明具有突出的实质性特点和显著的进步，该实用新型具有实质性特点和进步。从创造性的概念中可以得出两个重要信息。第一，有且只有现有技术才能作为创造性判断的对比文件，申请在先公开在后的专利文件只能评价新颖性，不能评价创造性；第二，创造性的判断包括发明的创造性判断和实用新型的创造性判断。发明要求技术方案具有突出的实质性特点和显著进步。实用新型要求技术方案具有实质性特点和进步。

2.　确定创造性的审查原则——结合对比原则

根据《专利审查指南2023》第二部分第四章第3.1条规定："与新颖性'单独对比'的审查原则不同，审查创造性时，将一份或者多份现有技术中的不同技术内容组合在一起对要求保护的发明进行评价。如果一项独立权利要求具备创造性，则一般不再审查该独立权利要求的从属权利要求的创造性。"

创造性是对涉案专利的权利要求进行判断，与之做对比的是多个现有技术中记载的权利要求的内容。创造性判断采取结合对比原则，这与新颖性判断采取的单独对比原则存在明显区别：创造性判断不受单独对比原则的限制，一般可以从两三篇对比文献中分别抽出技术特征进行对比。如果发明创造的技术特征是可从现有技术中简单推出的，其创造性便值得怀疑。当然，概括发明创造的技术特点所需要引用的对比文献的篇数也在一定程度上反映了发明的创造水平或高度，被引用的对比文献篇数越多，该发明具备创造性的可能性就越大。如图3-1所示，涉案专利所记载的技术方案中包括两项权利要求，分别为权利要求1和权利要求2，现有技术1~3中所包括的共计六项权利要求记载的所有技术特征，都可以用来评价其创造性。

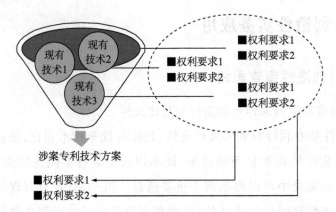

图 3-1　发明专利和实用新型专利创造性判断的结合对比原则

实操时,应在给定的对比文件中,选取两份现有技术参与对比,如果一份现有技术的对比文件有多个实施例,则也可将其作为创造性判断的依据。需要再次强调的是,务必严格区分新颖性和创造性的审查基准。

3. 确定涉案专利较之对比文件是否具备实质性特点和进步

根据《专利审查指南 2023》第二部分第四章第 3.2.1 条规定:"判断发明是否具有突出的实质性特点,就是要判断对本领域的技术人员来说,要求保护的发明相对于现有技术是否显而易见。如果要求保护的发明相对于现有技术是显而易见的,则不具有突出的实质性特点;反之,如果对比的结果表明要求保护的发明相对于现有技术是非显而易见的,则具有突出的实质性特点。"

涉案专利的新颖性和创造性判断存在先后顺序,遵循先审查新颖性再审查创造性的原则。只有当涉案专利具备新颖性时,才进行创造性的判断。如果涉案专利不具备新颖性,则必然不具备创造性,无须再进行创造性的判断。即所谓的"无新就无创,有新才有创"。

(二)创造性的审查基准——"三步法"

1. 创造性判断"三步法"的适用方式

发明和实用新型专利创造性判断"三步法",详见图 3-2 所示。

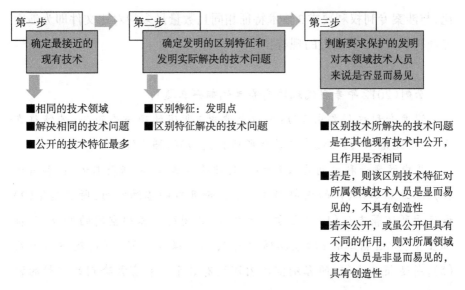

图3-2　发明专利和实用新型专利创造性判断"三步法"

根据《专利审查指南2023》的规定,判断涉案专利是否具备创造性应依据"三步法"展开。第一步,确定最接近的现有技术;第二步,确定发明的区别技术特征和发明实际解决的技术问题;第三步,判断要求保护的发明对本领域的技术人员来说是否显而易见。

(1)确定最接近的现有技术。

"最接近的现有技术是指现有技术中与要求保护的发明最密切相关的一个技术方案,它是判断发明是否具有突出的实质性特点的基础。"在审查实务中,具体的操作方法是将涉案专利权利要求与选定的两个属于相同技术领域、解决相同技术问题和产生相同技术效果的对比文件(现有技术)进行对比,与涉案专利最接近的现有技术即为最接近现有技术。换言之,通过对比技术特征的异同,与涉案专利权利要求的技术特征相同点最多的现有技术,就是最接近现有技术。以下示例给出了涉案专利权利要求3以及构成现有技术的对比文件1~2的说明书,三者都属于相同技术领域、解决相同技术问题并产生相同技术效果的技术文件,通过梳理对比文件说明书中记载的技术特征,并与涉案专利权利要求3记载技术特征做对比,与涉案专利权利要求3技术特征相同且数量最多的对比文件即为涉案专利权利要求3最接近的现有技术。

示例(2012年专利代理师实务考试部分真题):

涉案专利权利要求3为:如权利要求1所述的硬质冷藏箱,其特征在于,在所述盖体(2)上设有能盖住所述拉链(7)的挡片(8)。

其中涉案专利权利要求1为:一种硬质冷藏箱,包括箱本体(1)和盖体(2),所述箱本体(1)的内部形成一个上部开口的容纳空间,所述盖体(2)设置于所述箱本体(1)的上方用于打开、关闭所述容纳空间的开口,其特征在于,所述箱本体(1)包括防水外层(3)、保温中间层(4)及防水内层(5),所述箱本体(1)的容纳空间内固设有若干个装有蓄冷剂的密封的蓄冷剂包(6)。

对比文件1说明书为:冷藏桶包括桶本体1和设于桶本体1上方的盖体2。桶本体1和盖体2由外向内依序设有防水尼龙面料层、硬质材料层、保温层及防水尼龙面料层。桶本体1具有一体成型的侧壁和桶底,在侧壁的顶部边缘及盖体2的边缘设有拉链3。为了使冷藏桶具有冷藏功能,还需在冷藏桶的桶本体1内放置若干个装有冰块的、密封的冰块包,使冷藏桶能够用于运输和存放饮料、食品等需要低温保存的物品。为了仅将冰块包放入冰箱内冷冻而无须将冷藏桶一并放入冰箱,所有冰块包均直接放置在桶本体1内。

对比文件2说明书为:冷藏箱包括箱本体1和盖体2,盖体2设于箱本体1的上方。箱本体1内形成放置被冷藏物品的容纳空间,容纳空间的上部具有用于取放物品的开口。盖体2朝向容纳空间的一侧设有与容纳空间的开口相匹配的凸起3。凸起3由弹性材料制成且能紧密地插入容纳空间的开口中,使盖体2牢固盖合在箱本体1上。此外,在盖体2的边缘处固定设置有挡片4,人们可以通过手握挡片4将盖体2向上提起,拔出容纳空间开口中的凸起3,进而将盖体2从箱本体1上打开。在容纳空间内固定设置若干个装有蓄冷剂的、密封的蓄冷剂包。

在涉案专利权利要求3具备新颖性的前提下,判断属于相同技术领域、解决相同技术问题并产生相同技术效果的对比文件1和对比文件2哪个是涉案专利最接近的现有技术,应首先梳理两个对比文件(现有技术)所记载的技术特征,进而比较哪一个对比文件公开的与涉案专利权利要求3相同的技术特征最多。通过对比涉案专利权利要求3、对比文件1和对比文件2记载的技术特征(表3-5)可知,对比文件1公开了8个与涉案专利权利要求3相同的技术特征,对比文件2公开了5个与涉案专利权利要求3相同的技术特征。由于对比文件1公开的与涉案专利权利要求3相同的技术特征的数量多于对比文件2,因此对比文件1为涉案专利权利要求3的最接近现有技术。

表3-5　涉案专利权利要求3与对比文件1和2技术特征对比

涉案专利权利要求3	对比文件1	对比文件2
1. 箱本体	1. 桶本体	1. 箱本体
2. 盖体拉链	2. 盖体拉链	——
3. 箱本体的内部形成一个上部开口的容纳空间	3. 桶本体具有一体成型的侧壁和桶底	2. 箱本体内形成放置冷藏物容纳空间
4. 盖体在箱本体的上方	4. 盖体在桶本体的上方	3. 盖体在箱本体的上方
5. 防水外层	5. 外防水尼龙面料	
6. 保温中间层	6. 保温中间层	——
7. 防水内层	7. 内防水尼龙面料	
8. 固设蓄冷剂包	8. 设置若干个蓄冷剂包	4. 固设若干个蓄冷剂包
9. 盖体上设置有挡片	——	5. 盖体边缘处设置有挡片

(2)确定发明的区别技术特征和实际解决的技术问题。

根据《专利审查指南2023》第二部分第四章第3.2.1.1条规定:"在审查中应当客观分析并确定发明实际解决的技术问题。为此,首先应当分析要求保护的发明与最接近的现有技术相比有哪些区别特征,然后根据该区别特征在要求保护的发明中所能达到的技术效果确定发明实际解决的技术问题。"从这个意义上说,发明实际解决的技术问题,是指为获得更好的技术效果而需对最接近的现有技术进行改进的技术任务。

在实务中的具体操作方法是,将涉案专利权利要求与第一步确定的最接近现有技术进行对比,找到涉案专利权利要求较之最接近现有技术不同的技术特征,即为该涉案专利权利要求的区别技术特征。区别技术特征所解决的技术问题则应在涉案专利说明书对应位置中查找并标注。

根据上例分析可知,涉案专利权利要求3的最接近的现有技术是对比文件1。在此基础上,通过表3-5可知涉案专利权利要求3的技术特征与对比文件1的技术特征相比存在两个区别技术特征:其一,涉案专利权利要求3对蓄冷剂包采取"固定设置"的方式,与对比文件1记载的"直接放置在保温桶"不同;其二,涉案专利权利要求3采取了"挡片设置"的技术特征,对比文件1对此未予记载。由此可知,涉案专利权利要求3的"固定设置"蓄冷剂包和"设置挡片"构成与最接近的现有技术不同的区别技术特征。

在明确区别技术特征的基础上,需进一步在涉案专利说明书中查找两项区别技术特征设置拟解决的技术问题。根据2012年专利代理师实务考试涉案专利说明书记载,蓄冷剂包固定在箱本体内能防止运输过程中相互碰撞或堆积在一起;盖体上设有能盖住拉链的挡片,以减少箱体内、外空气的对流,延长箱内物品的冷藏时间,由此可知,"固定设置"蓄冷剂包这一区别技术特征解决的技术问题是"防止蓄冷剂包在运输过程中相互碰撞或堆积在一起",即"固定设置"的技术特征解决了运输过程中的碰撞问题;"设置挡片"这一区别技术特征解决的技术问题是通过挡片盖住冷藏箱以减少箱体内外空气对流,解决了冷藏保温问题。

通过对比涉案专利权利要求3与最接近的现有技术对比文件1的技术特征,查找出涉案专利权利要求3的区别技术特征,并通过阅读查找涉案专利说明书中记载内容,明确了区别技术特征所解决的技术问题,至此完成涉案专利权利要求3创造性判断的第二步,即确定了发明的区别技术特征和实际解决的技术问题。

(3)判断要求保护的发明对本领域的技术人员来说是否显而易见。

根据《专利审查指南2023》第二部分第四章第3.2.1.1条规定："在该步骤中,要从最接近的现有技术和发明实际解决的技术问题出发,判断要求保护的发明对本领域的技术人员来说是否显而易见。判断过程中,要确定的是现有技术整体上是否存在某种技术启示,即现有技术中是否给出将上述区别特征应用到该最接近的现有技术以解决其存在的技术问题(即发明实际解决的技术问题)的启示,这种启示会使本领域的技术人员在面对所述技术问题时,有动机改进该最接近的现有技术并获得要求保护的发明。如果现有技术存在这种技术启示,则发明是显而易见的,不具有突出的实质性特点"。

在审查实务中,"判断要求保护的发明对本领域的技术人员来说是否显而易见"的具体操作方法是:判断对比文件中的技术方案是否公开了涉案专利与最接近现有技术相比得出的区别技术特征,以及该区别技术特征在对比文件中的作用与该区别技术特征在涉案专利中的作用是否相同。如果区别技术特征在涉案专利中的作用与记载此区别技术特征的对比文件中相同,则要求保护的发明对本领域的技术人员来说是显而易见的,权利要求不具备创造性;反之,若该区别技术特征在涉案专利与记载此区别技术特征的对比文件中的作用不同,则要求保护的发明对本领域的技术人员来说是非显而易见的,权利要求具备创造性。值得注意的是,若选取的记载此区别技术特征的对比文件并未公开与区别技术特征相对应的技术特征,则仍可得出要求保护的发明对本领域的技术人员来说是非显而易见的,该权利要求具备创造性的结论。

承接上文,在明确涉案专利权利要求3与最接近的现有技术对比文件1的区别技术特征是"固定设置"蓄冷剂包和"设置挡片",并明确区别技术特征在涉案专利中拟解决的技术问题是"避免运输途中的碰撞""减少对流保持冷藏保温"后,只需按照创造性判断第三步的要求,分别将上述区别技术特征与选取的对比文件2中的对应技术特征的作用进行对比,即可得出区别技术特征对本领域的技术人员来说是否显而易见的结论。

通过表3-5技术特征对比可知,对比文件2中同样包括了"固定设置"蓄冷剂包的技术特征,通过查阅对比文件2的说明书记载内容,其对上述技术特征的作用描述为在容纳空间内固定设置若干个装有蓄冷剂的密封的蓄冷剂包,以便长时间为冷藏箱内放置的例如饮料、食物等物品降温。由此可知,对比文件2中"固定设置"蓄冷剂包技术特征的作用是与涉案专利说明书中的作用相同,本领域的技术人员通过阅读对比文件2可以从中获得涉案专利权利要求3"固定设置"蓄冷剂包所起到的"运输途中防碰撞"的作用启示,涉案专利权利要求3的"固定设置"蓄冷剂包的技术特征对所属领域技术人员来说是显而易见的,涉案专利权利要求3不能因"固定设置"蓄冷剂包的技术特征而具备创造性。

就涉案专利权利要求3与最接近的现有技术对比文件1的第二个区别技术特征"设置挡片"来看,根据表3-5可知,对比文件2同样公开了"设置挡片"的技术特征,通过查阅对比文件2的说明书记载内容,其对上述技术特征的作用描述为在盖体的边缘处固定设置有挡片,人们可以通过手握挡片将盖体向上提起,拔出容纳空间开口中的凸起,进而将盖体从箱本体上打开,由此可知,对比文件2中设置挡片所起到的作用是打开箱子。这与涉案专利权利要求3中"设置挡片"所起到的"减少对流保持冷藏保温"的作用不同,所属领域的技术人员通过阅读对比文件2不能从中获得涉案专利权利要求3"设置挡片"所起到的"减少对流保持冷藏保温"的作用启示,涉案专利权利要求3的"设置挡片"的技术特征对所属领域技术人员来说是非显而易见的,涉案专利权利要求3因"设置挡片"的技术特征而具备创造性。

至此,通过"确定与涉案专利权利要求3最接近的现有技术""对比涉案专利权利要求3与最接近现有技术特征进一步得出涉案专利权利要求3的区别技术特征,并明确该区别技术特征所解决的技术问题""将该区别技术特征所起到的作用与其他记载有该区别技术特征的对比文件中所记载的作用进行对比,分析相同的技术特征在涉案专利与对比文件中所起的作用是否相同,能否让所属领域技术人员获得技术启示",从而完成涉案专利权利要求3创造性有无的"三步法"判断过程。

2. 创造性判断"三步法"的关键问题

(1)确定最接近现有技术的验证方法。

最接近现有技术的判断是创造性有无判断"三步法"的第一步,也是最重要的一步,后续判断均建立在最接近现有技术判断的基础上,一旦判断错误将导致后续连锁反应。前文已经明确,判断最接近的现有技术是在现有技术中,找到与涉案专利相同特征最多的专利。通常情况下,只需数出相同的技术特征的数量即可。相同特征最多的即为最接近现有技术。但是,有时由于对技术特征的拆分方法不同,可能使判断变得不太容易。

如表3-5所示,选取的对比文件1公开的与涉案专利权利要求3相同的技术特征最多,因此以其作为最接近现有技术。但是,假设在进行技术特征拆分时,分别将涉案专利权利要求3的"5.防水外层、6.保温中间层、7.防水内层"三个特征划定为一个技术特征,将选取的对比文件1的"5.外防水尼龙面料、6.保温中间层、7.内防水尼龙面料"列为一个技术特征,则可以发现,涉案专利权利要求3与两个对比文件相比均具有5个相同的技术特征,那么在面对这种情况时,应将谁作为最接近现有技术呢?

基于此,本书提出了"作用的撰写来源于材料原则"以验证最接近的现有技术。由于创造性判断的第三步需要对区别技术特征的作用进行对比,而作用应忠实于对比文件说明书的记载。因此,首先可用假设法分别确定最接近现有技术,再看说明书对区别技术特征作用的描述,从而验证最接近现有技术的判断。具体操作步骤如下:

①假设一个现有技术为最接近现有技术,确定区别技术特征;

②再从说明书中找出有关该区别特征的描述(特别是对其作用的描述),同时找出另一个对比文件中有关该特征的描述,判断能否把有无技术启示写出来;

③再假设另一个现有技术为最接近现有技术,在说明书中查找描述区别特征作用的部分;

④综合判断哪一个为最接近现有技术。

本书将以2016年专利代理师实务考试涉及的涉案专利、对比文件2、对比文件3的技术内容为依据,结合三者的技术特征对比(表3-6),以及对应的说明书内容记载,具体解析"作用的撰写来源于材料原则"的具体适用过程。

表3-6　涉案专利、对比文件2和对比文件3技术特征对比

涉案专利权利要求	对比文件2	对比文件3
壶身	壶身	杯体
壶嘴	壶嘴	—
壶盖	壶盖	杯盖
壶把	壶把	
壶盖底延伸	壶盖底部一体成型	塞杆可拆卸
可拆卸固定有搅拌棒	有搅拌匙	安装在杯盖下

根据表3-6,对比文件2较之涉案专利权利要求的区别技术特征是"壶盖底部一体成型有搅拌匙",对比文件2说明书中对此区别技术特征的记载为茶壶通过一体成型搅拌匙进行搅拌的作用是解决冲泡不充分的技术问题。即壶身30内置茶叶等冲泡物时,搅拌匙34随壶盖32转动,由于搅拌匙34呈偏心弯曲状,弯曲部分可以加速茶壶内的茶叶在上下方向上运动,从而对壶身30内的茶叶及茶水进行搅拌。

对比文件3较之涉案专利权利要求的区别技术特征是"壶嘴和壶把",对比文件3说明书中并未对此区别技术特征进行作用的描述,而是对塞杆可拆卸地安装在杯盖下的作用进行较大篇幅的文字介绍,记载为塞杆可拆卸地安装在杯盖下的作用是该茶杯在实际应用时,配合杯盖41的旋转操作,塞部43底部设有的压片2B搅拌、搅松置放于杯体40底部的茶叶,方便完成茶叶的冲泡工作。

假设对比文件2为涉案专利最接近的现有技术,则区别技术特征是"壶盖底延伸可拆卸固定有搅拌棒"。那么,对是否具有技术启示的判断就是看该区别技术特征在涉案专利中的作用与"塞杆可拆卸地安装在杯盖下"在对比文件3中的作用是否相同。若作用相同则涉案专利权利要求不具备创造性;反之则具备创造性。显然,在假设对比文件2为涉案专利权利要求最接近的现有技术的情形下,判断创造性的所有材料都可以在给定的材料中找到明确的描述。

而若假设对比文件3为涉案专利最接近的现有技术,则区别技术特征为"壶嘴和壶把",那么需要在同样记载"壶嘴和壶把"技术特征的对比文件中对比区别技术特征的作用。显然,对比文件2中未给出"壶嘴和壶把"区别技术特征所起到的作用,无法顺利完成"三步法"的判断。

除此之外,通过观察对比文件2、3的两份说明书可以看出,两份说明书除介绍技术方案的构造外,分别用较大篇幅介绍了"壶盖底部一体成型有搅拌匙""塞杆可拆卸地安装在杯盖下"两大技术特征的作用,可以说是帮助判断涉案专利最接近的现有技术判断的提示性信息。

(三)创造性判断应用模板

创造性判断应用模板分为具备创造性判断模板和不具备创造性判断模板。除对比区别技术特征的作用是否相同这一最为常见的创造性判断情形外,还包括对比文件未公开与区别技术特征相对应的技术特征的情形(简称"未公开区别技术特征")。后者情形下在对比文件中没有与之对照的技术特征进行对比,技术启示更加无从谈起。故对比文件"未公开区别技术特征"的情形也必然具备创造性。因此,除不具备创造性的情形之外,具备创造性的情形模板可细分为两类,即"公开技术特征但作用不同"和"未公开区别技术特征"。

1. 具备创造性判断模板——公开技术特征但作用不同类

应用模板

对比文件X与涉案专利属相同技术领域且公开的技术特征最多,为最接近现有技术。

对比文件X与权利要求X相比区别技术特征为A,基于该特征解决的技术问题是×××(照抄材料)。

虽然对比文件X'公开了区别技术特征A(A'),但其在对比文件X'中的作用是×××(照抄材料),解决的技术问题是×××(照抄材料),而在涉案专利中A(A')的作用是×××(照抄材料),解决的技术问题是×××(照抄材料)。

由此可见,A(A')在对比文件X和技术特征A在本涉案专利中所起的作用及解决的技术问题完全不同,本领域技术人员不能从对比文件X'中获得技术启示。

因此,权利要求X相对于对比文件X和对比文件X'及其结合是非显而易见的。

综上所述,权利要求X的技术方案具有突出的实质性特点和显著的进步,符合《专利法》第22条3款的规定。

应用示例

对比文件1与本发明属于相同的技术领域且公开本发明的技术特征最多,为本发明最接近的现有技术。

权利要求2与对比文件1相比,区别技术特征是"下箱体侧壁上部开设有通风孔"。基于该区别技术特征,本发明解决了垃圾桶内部由于通风不畅容易导致垃圾缺氧而腐化发臭,不利于公共环境卫生的技术问题。

对比文件2中公开了一种设置在垃圾桶桶底的"通气孔",但该"通气孔"在对比文件2中的作用是避免塑料垃圾袋与桶壁、桶底产生负压,从而可以轻松地取出垃圾袋,不会摩擦弄破垃圾袋,解决的技术问题是如何轻松地取出垃圾袋而不会弄破垃圾袋,而本发明中"通风孔"的作用是在垃圾箱内产生由下而上的对流和内外循环,防止垃圾腐化,减少臭味,提高环境清洁度。

由此可见,本发明中的"通风孔"与对比文件2中的"通气孔"所起的作用及解决的技术问题完全不同,本领域技术人员不能从对比文件2中获得技术启示。

因此,权利要求2的技术方案相对于对比文件1、2及其结合是非显而易见的,具有突出的实质性特点。

权利要求2的技术方案能获得在垃圾箱内产生由下而上的对流和内外循环,防止垃圾腐化,减少臭味,提高环境清洁度的技术效果,具有显著的进步。

综上所述,权利要求2的技术方案具有突出的实质性特点和显著的进步,具有创造性,符合《专利法》第22条第3款的规定。

2. 具备创造性判断模板——未公开区别技术特征类

应用模板

对比文件X与涉案专利属于相同的技术领域且公开本发明的技术特征最多,为最接近的现有技术。

权利要求X与对比文件X相比,区别技术特征是A(照抄材料)。基于该区别特征,涉案专利实际要解决的技术问题是×××(照抄材料)

对比文件X'没有公开上述区别技术特征,没有解决上述技术问题,也没有给出任何启示。

因此,权利要求X的技术方案相对于对比文件X、X'及其结合是非显而易见的,具有(突出的)实质性特点和(显著的)进步。

权利要求X的技术方案能获得×××的技术效果,具有(显著的)进步。

综上所述,权利要求X的技术方案具有(突出的)实质性特点和(显著的)进步,具有创造性,符合《专利法》第22条第3款的规定。

应用示例

对比文件1与涉案专利属于相同的技术领域且公开本发明的技术特征最多,为最接近的现有技术。

权利要求3与对比文件1相比,区别技术特征是支撑部的高度可以调节。基于该区别特征,涉案专利实际要解决的技术问题是支点和起钉翼的高度无法调节、起钉时费时费力。

对比文件2没有公开上述区别技术特征,没有解决上述技术问题,也没有给出任何启示。

因此,权利要求3的技术方案相对于对比文件1、2及其结合是非显而易见的,具有(突出的)实质性特点和(显著的)进步。

权利要求3的技术方案能获得可以提高起钉支点的高度,轻松拔起高度钉子的技术效果,具有(显著的)进步。

综上所述,权利要求1的技术方案具有(突出的)实质性特点和(显著的)进步,具备创造性,符合《专利法》第22条第3款的规定。

3. 不具备创造性模板

应用模板

对比文件X与本发明属于相同的技术领域且公开本发明的技术特征最多,为本发明最接近的现有技术。

本发明权利要求X与对比文件X相比,区别技术特征为A。由该特征可知,本发明实际要解决的技术问题是×××。

对比文件X'公开了一种×××包括×××由此可见,对比文件X'公开了上述区别技术特征A,且上述区别技术特征在对比文件X'和本发明中所起的作用相同,均为×××因此,对比文件X'给出了将上述区别技术特征A应用到本发明中来解决技术问题B的技术启示。

本发明权利要求X的技术方案相对于对比文件X和对比文件X'的结合是显而易见的,不具有(突出的)实质性特点和(显著的)进步,不具备《专利法》第22条第3款规定的创造性。

应用示例

对比文件1与本发明属于相同的技术领域且公开本发明的技术特征最多,为本发明最接近的现有技术。

将权利要求5与对比文件1相比,其区别技术特征为"搅拌工具为可拆卸搅拌部"。基于该特征可知,本发明实际要解决的技术问题是"易于安装和更换"。对比文件3公开了一种改良结构茶杯,包括杯体、杯盖、塞杆……压片、塞部与杯盖是可拆卸结构。由此可见,对比文件3公开了上述区别技术特征"搅拌工具为可拆卸搅拌部",且上述区别技术特征在对比文件3和本发明中所起的作用相同,均为"易于安装和更换"。因此,对比文件3给出了将上述区别技术特征应用到本发明中来解决技术问题,获得"易于安装和更换"的技术启示。

因此,本发明权利要求5的技术方案相对于对比文件1和对比文件3的结合是显而易见的,不具有突出的实质性特点和显著的进步,不具备《专利法》第22条第3款规定的创造性。

三、发明和实用新型专利文件应用

技术人员并不能通过完成一项发明创造而直接获得专利法的保护。专利权的取得必须通过向国家知识产权局提交相应专利文件,经审查符合授权条件才能获得法律保护。专利文件应同时满足专利授权的形式要求和实质要求。换言之,一项发明创造若要获得专利法的保护则需要申请人将技术语言转化为符合专利法授权要求的表达后,向国家知识产权局提出申请。专利文件中记载的技术内容决定了所申请专利的技术方案的质量和水平,故法律对专利文件的撰写提出了严格的要求。根据《专利法》第26条第1款规定:"申请发明或者实用新型专利的,应当提交请求书、说明书及其摘要和权利要求书等文件。"其中,权利要求书的规范撰写是实务能力应用的重中之重,权利要求书中记载的内容是专利授权后确定专利权保护范围的依据。

本部分将围绕《专利法》《专利法实施细则》《专利审查指南2023》中关于专利文件的要求展开介绍。有关专利文件的重点法条包括:《专利法》第26条第4款关于"权利要求书以说明书为依据""清楚、简要地限定权利要求保护范围"的规定;《专利法实施细则》第23条第2款关于"独立权利要求应当从整体上反映发明或者实用新型的技术方案,记载解决技术问题的必要技术特征"的规定;《专利法实施细则》第24条和第25条关于"从属权利要求的规范撰写"的规定要求等,后文将结合专利代理实务逐一展开。

（一）权利要求书的撰写要求

1. 权利要求的定位

根据《专利法》第64条第1款规定："发明或者实用新型专利权的保护范围以其权利要求的内容为准，说明书及附图可以用于解释权利要求的内容。"由此，权利要求书是专利申请最核心的文件，决定了专利权的保护范围。一方面，申请人在提交专利申请时，一切有关新颖性、创造性等专利授权实质性要件的审查均以权利要求书所记载的文字为准；另一方面，当专利被授权后，对于侵权的判定也以权利要求书的记载为依据，权利要求书是划定发明创造保护范围的专利文件。

按照权利要求保护对象的不同，可以将权利要求划分为产品权利要求和方法权利要求。产品权利要求的保护对象包括：物质、物品、材料、工具、设备和装置等。方法权利要求的保护对象则为制造方法、使用方法、已知产品的新用途、将产品用于特定用途的方法等。权利要求的主题应当开宗明义，清楚地指明权利所要保护的对象是产品还是方法。权利要求的类型应根据权利要求的主题确定，而不是根据权利要求记载的技术特征的性质。

按照权利要求保护范围及从属关系的不同，可以将权利要求划分为独立权利要求和从属权利要求。根据《专利法实施细则》第23条第1款和第2款规定："权利要求书应当有独立权利要求，也可以有从属权利要求。独立权利要求应当从整体上反映发明或者实用新型的技术方案，记载解决技术问题的必要技术特征。"据此，技术特征、技术方案和权利要求的关系一目了然：权利要求由技术特征（如部件、位置关系、连接关系和步骤等）构成，技术特征组合形成权利要求，而所有权利要求共同组成了解决技术问题的完整的技术方案。

一份符合要求的权利要求书必须至少具备一项独立权利要求。独立权利要求划定了专利的最大保护范围。当然，当一份权利要求存在多个保护对象时，在满足单一性的情况下，可以存在两项或两项以上的独立权利要求。当有两项或者两项以上独立权利要求时，写在最前面的独立权利要求为第一独立权利要求,其他权利要求为并列独立权利要求。并列独立权利要求也可以引用在前的独立权利要求。例如,一种实施权利要求1的方法装置、一种包括权利要求1的部件的设备、一种制造权利要求1产品的方法等。

2. 权利要求的组成

(1)独立权利要求。

独立权利要求是划定最宽的专利保护范围的权利要求,其由前序和特征两部分组成。例如:

一种茶壶,包括壶身、壶嘴、壶盖及壶把,其特征在于,壶盖底面中央可拆卸地固定有一个向下延伸的搅拌棒,搅拌棒的端部可拆卸地固定有搅拌部。

其中,"一种茶壶,包括壶身、壶嘴、壶盖及壶把"为本独立权利要求的前序部分,而"其特征在于"之后的"壶盖底面中央可拆卸地固定有一个向下延伸的搅拌棒,搅拌棒的端部可拆卸地固定有搅拌部"为该独立权利要求的特征部分。

前序部分包括"主题"和与最接近现有技术的"共有特征"(也可称为"共有部分")。撰写者应当将权利要求保护的对象是产品或者方法通过对于主题的描述予以明确。"其特征在于"之后的"特征部分"记载的是使本专利具有创造性的特征,为该技术方案的"发明点"。

通过上述撰写方式,可以将权利要求区别于现有技术的技术特征清晰、明显地体现在权利要求中,便于阅读者了解该专利权利要求与现有技术的区别。对于与最接近现有技术"共有部分"和"特征部分"的区分,在实务中被称为"划界",对权利要求进行合理、准确的划界是专利权利要求撰写的基本要求。

(2)从属权利要求。

根据《专利法实施细则》第23条第3款规定:"从属权利要求应当用附

加的技术特征,对引用的权利要求作进一步限定。"故所谓从属权利要求之从属,从字面含义上看是指该权利要求并非独立的,而是与其他权利要求存在引用关系。从属权利要求所引用的权利要求既可以是独立权利要求,也可以是从属权利要求,但只能引用在前的权利要求。根据《专利审查指南 2023》第二部分第二章第 3.1.2 条规定:"如果一项权利要求包含了另一项同类型权利要求中的所有技术特征,且对该另一项权利要求的技术方案作了进一步限定,则该权利要求为从属权利要求。"从对该从属权利要求所下定义可以看出,从属权利要求用附加的技术特征对所引用的权利要求做进一步限定。例如,从属权利要求引用独立权利要求:

1. 一种水杯,包括杯体、杯盖,其特征在于,所述杯体上有杯把。
2. 根据权利要求 1 所述水杯,其特征在于,所述杯把位于杯体左侧。

上例中,独立权利要求 1 划定了本专利的最大保护范围,可以将其所要保护的技术方案理解为"一种杯体上设置杯把的水杯"。也就是说,只要是在杯体上连接有杯把特征的水杯均应纳入本方案的保护范围。权利要求 2 为独立权利要求 1 的从属权利要求,从属权利要求 2 限定了杯把的位置为在杯体的左侧。由此,权利要求 2 所描述的专利保护范围除具备权利要求 1 的所有技术特征外,杯把与杯体的位置关系被限定于杯体的左侧。由此可见,权利要求 2 对权利要求 1 的保护范围做了进一步限定,缩小了权利要求的保护范围。

对于从属权利要求,其撰写一般采用"根据权利要求 X 所述(主题),其特征在于×××"的表述。从属权利要求的撰写并不要求将其所引用的所有的权利要求均撰写出来,只需在前序部分写明其所引用的权利要求的序号,明确引用关系。从属权利要求的主题应与独立权利要求保持一致。重点是将有别于被引用的权利要求的特征,清楚记载了特征部分。应当注意的是,从属权利要求在引用在前的独立权利要求或从属权利要求后,即具备了被引用权利要求的所有技术特征。换言之,从属权利要求的技术特征=被其引用的权利要求的技术特征+其对被引用权利要求作出的限定(或附加的技术特征)。如下为权利要求2和权利要求3引用独立权利要求1的情况,需根据上述对从属权利要求技术特征判断的方式,重点掌握权利要求2和权利要求3的技术特征范围,权利要求书如下:

1. 一种×××产品,包括A、B、C,其特征在于,所述A上有D、E、F。
2. 根据权利要求1所述×××产品,其特征在于,所述D上有G。
3. 根据权利要求1所述×××产品,其特征在于,所述E上有H。

根据上例,独立权利要求1包括A、B、C、D、E、F六个技术特征。权利要求2是权利要求1的从属权利要求,权利要求2的技术特征为A、B、C、D、E、F、G。同理,权利要求3作为权利要求1的从属权利要求,其包括A、B、C、D、E、F、H技术特征。假设上例中权利要求3为引用权利要求2的从属权利要求,则权利要求3的技术特征为A、B、C、D、E、F、G、H。

(二)得不到说明书的支持

根据《专利法》第26条第4款规定:"权利要求书应当以说明书为依据,清楚、简要地限定要求专利保护的范围。"该法条虽简短,但是包含了专利代理实务中的三个知识点:①权利要求书应当以说明书为依据;②权利要求书应当清楚地限定专利保护范围(清楚);③权利要求书应当简要地限定专利的保护范围(简要)。其中,前两个知识点最为重要,每年专利代理师实务考试都会涉及。本节将重点围绕"权利要求书应当以说明书为依据"展开。

根据《专利审查指南2023》第二部分第二章第3.2.1条的规定:"权利要求书应当以说明书为依据,是指权利要求应当得到说明书的支持。权利要求书中的每一项权利要求所要求保护的技术方案应当是所属技术领域的技术人员能够从说明书充分公开的内容中得到或概括得出的技术方案,并且不得超出说明书公开的范围。"作为限定专利技术保护范围的权利要求书应当有"据"可依,而"据"即说明书。由此可知,在实务中,凡关于本条的判断均是将涉案专利的权利要求书与涉案专利的说明书进行对比,看说明书是否能够满足专利法意义上对权利要求书的支持。换言之,在"以说明书为依据"的判断中,无须关注涉案专利的权利要求书和说明书之外的其他文件,以减少不必要的干扰。

权利要求是由说明书中记载的实施例概括而成,权利要求概括的范围不应超出说明书公开的范围。如果对权利要求的概括使所属领域技术人员有理由怀疑不能解决发明或者实用新型所要解决的技术问题,并达到相同的技术效果,则应当认为该权利要求没有得到说明书支持,不符合《专利法》第26条第4款的规定,专利即无法获得授权。

对于得不到说明书支持判断的基本标准是,只有当所属技术领域的技术人员能够从说明书充分公开的内容中得到或者概括得出该权利要求所要求保护的技术方案时,记载该技术方案的权利要求才被认为得到说明书的支持。如果权利要求书的概括过于抽象,出现了不能解决发明或者实用新型技术问题的情况,则该权利要求书未能得到说明书支持。在实务中,最为常见的得不到说明书支持的情形有如下两种,需要着重掌握。

1. 权利要求缺少技术特征限定,出现了不能解决技术问题的情形

权利要求缺少技术特征限定会导致权利要求保护范围扩大,说明书中并未记载此扩大部分,从而出现了不能解决技术问题的情形,则这种情况被称为权利要求缺少技术特征限定得不到说明书的支持。如下示例为因涉案专利权利要求书记载内容较之说明书记载内容缺少特定部件制作材料的限定,导致权利要求书所要求保护的技术方案无法解决说明书中拟解决的技术问题,因而无法得到说明书的支持,不符合《专利法》第26条第4款的规定。

示例1(2011年专利代理师实务考试部分真题):
拟解决的技术问题:能够方便、卫生地破坏隔挡片5。

说明书中的内容为："顶壁1由易于变形的弹性材料制成,尖刺部7位于顶壁1内侧且向隔挡片5的方向延伸",如图1所示。

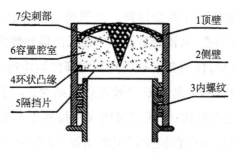

图1　说明书附图

权利要求书的内容为："如权利要求1或2所述的即配式饮料瓶盖,其特征在于,所述瓶盖带有一个用于刺破隔挡片(5)的尖刺部(7),所述尖刺部(7)位于顶壁(1)内侧且向隔挡片(5)的方向延伸"。

说明书内容与权利要求书的记载差异:说明书中记载有"顶壁1由易于变形的弹性材料制成",权利要求书只记载有"顶壁1"。

结论:涉案专利权利要求缺少对顶壁制成材料技术特征的限定,无法解决说明书中记载的"方便、卫生地破坏挡片"的技术问题,不能得到说明书的支持,不符合《专利法》第26条第4款的规定。

根据说明书记载的内容可知,当需要向瓶中加入调味料时,通过按压顶壁使其发生形变从而利用下面的尖刺部刺破隔挡片,使容置腔室内的调味材料进入瓶中,从而解决本实用新型的技术问题。因此,说明书记载了"顶壁1由易于变形的弹性材料制成"的技术特征,"弹性材料"限定了顶壁所用材料的范围。该技术方案通过按压易于变形的弹性材料使其产生形变进而刺破隔挡片以解决本实用新型的技术问题。

与之对应的权利要求书记载了"瓶盖带有一个用于刺破隔挡片(5)的尖刺部(7)"的技术方案。该权利要求并未对尖刺部的材料进行限定,也就是说制造尖刺部的材料既可以采用易于变形的弹性材料,也可采用不易产生形变的其他任何非形变材料。当顶壁为非易于变形的材料时,便无法通过按压产生形变,从而导致技术问题无法得到解决。

通过示例1可知,权利要求缺少对特定部件具体特征限定,出现了不能解决技术问题的情形,其判断步骤可以总结为:①将权利要求书和与其对应的说明书进行对比;②通过对比找到权利要求书与说明书中相近的技术特征,判断是否存在缺少限定的情况;③判断权利要求书的技术特征是否因缺少限定而较之说明书扩大了专利的保护范围,该扩大的范围是否会导致技术问题无法得到解决。如果扩大的保护范围导致技术问题无法得到解决,便可以得出得不到说明书的支持,不符合《专利法》第26条第4款的规定。

除缺少特定部件特征限定会导致权利要求得不到说明书的支持之外,缺少部件间特定连接关系、位置关系等的限定同样会导致权利要求保护范围扩大,从而出现不能解决技术问题的情形,得不到说明书的支持。下列示例2为因涉案专利权利要求书记载内容较之说明书记载内容缺少特定部件排列关系的限定,导致权利要求书所要求保护的技术方案无法解决说明书中拟解决的技术问题,因而无法得到说明书的支持,不符合《专利法》第26条第4款的规定。

示例2(2013年专利代理师实务考试部分真题):

拟解决的技术问题:垃圾箱内部由于通风不畅容易导致垃圾缺氧而腐化发臭,不利于公共环境卫生。

说明书中记载的内容为:"上箱体的侧壁内侧设置多个竖直布置的空心槽状隔条,其与上箱体的侧壁形成多个空气通道",如图1所示。

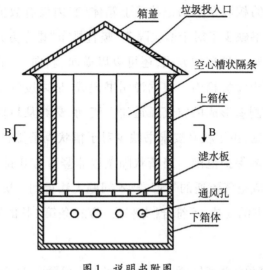

图1 说明书附图

权利要求书记载的内容为:"根据权利要求2所述的大型公用垃圾箱,其特征在于,所述上箱体(2)内设有数根空心槽状隔条(7)"。

说明书内容与权利要求书的记载差异:说明书中记载有"多个空心槽状格条呈竖直布置",权利要求书只记载有"数根空心槽状隔条(7)"。

结论:涉案专利权利要求缺少对空心槽状隔条排布方式技术特征的限定,无法解决说明书中记载的"排放腐臭空气"的技术问题,不能得到说明书的支持,不符合《专利法》第26条第4款的规定。

根据说明书记载可知,涉案专利采用了在箱体内部设置竖直排布的空心槽状隔条的技术特征。"空心"和"竖直排布"的技术特征对于排除垃圾桶内的废气起到了重要的作用。根据说明书记载的技术原理,部分空气从空心槽状隔条与滤水板的缝隙,进入空心槽状隔条中,并沿空心槽状隔条与上箱体的侧壁形成的空气通道向上流动,最终从垃圾投入口向外排出,从而解决涉案专利的技术问题。

涉案专利的权利要求书记载了上箱体(2)内设有数根空心槽状隔条(7),较之说明书缺少了对于槽状隔条"竖直排布"排布方式的限定。除了说明书限定的竖直排布的方式,还可以以横向、斜向、弯曲等任何方式将槽状隔条排布于垃圾箱内。根据说明书记载,桶内废气是通过心槽状隔条与上箱体的侧壁形成的空气通道向上流动,最终从垃圾投入口向外排出垃圾桶。可见,由于权利要求书缺少对于槽状隔条排布方式的限定,扩大了涉案专利的保护范围。当槽状隔条以非竖直方式排布时,箱内气体无法和箱体形成空气流通的气道,技术问题无法得到解决。因此,可以得出得不到说明书的支持,不符合《专利法》第26条第4款的规定。

> **应用模板**
>
> 根据说明书的记载可知,为了解决×××的技术问题,采用了×××的技术手段。
>
> 权利要求X限定了×××,但未限定×××,权利要求X的技术方案涵盖了×××这种无法达到本专利目的的情形。
>
> 因此,权利要求X在说明书记载内容的基础上概括了一个较宽的保护范围,得不到说明书的支持,不符合《专利法》第26条第4款的规定。
>
> **应用示例**
>
> 根据说明书的记载可知,为了解决能够方便、卫生地刺破隔挡片的技术问题,采用了顶壁由易于变形的弹性材料制成,尖刺部位于顶壁内侧且向隔挡片的方向延伸的技术手段。
>
> 权利要求3限定了瓶盖带有一个用于刺破隔挡片的尖刺部,尖刺部位于顶壁内侧且向隔挡片的方向延伸,但未限定顶壁具有弹性易于变形,权利要求3的技术方案含盖了不具有弹性且不能够变形这种无法实现本发明目的的情形。
>
> 因此,权利要求3在说明书记载内容的基础上概括了一个较宽的保护范围,得不到说明书的支持,不符合《专利法》第26条第4款的规定。

2. 权利要求书与说明书相比,出现了记载"矛盾"的情况

权利要求书与说明书内容间存在矛盾记载是实务中第二种常见的"得

不到说明书支持"的情况。对于二者间记载"矛盾"的判断,应格外注意由于权利要求间引用关系的存在,导致被进一步限定后形成的权利要求内容与说明书记载的内容产生了矛盾,出现了不能解决的技术问题,以致权利要求记载方案无法得到说明书的支持。下例为多项从属权利要求3在引用权利要求2时与说明书记载内容矛盾的情形。

示例(2017年专利代理师实务考试部分真题):

涉案专利的权利要求为:

1. 一种起钉锤,包括锤头组件和把手,其特征在于,所述锤头组件一端设置有起钉翼,另一端设置有锤头,所述锤头组件的顶部中间位置具有支撑部。

2. 如权利要求1所述的起钉锤,其特征在于,所述支撑部由锤头组件顶部中间向外突出的部分构成。

3. 如权利要求1或2所述的起钉锤,其特征在于,所述支撑部的高度可以调节。

说明书记载内容为:

该起钉锤的锤头组件3顶部中间向外突出形成支撑部4,作为起钉的支点,如图1所示。

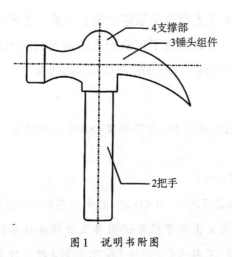

图1 说明书附图

第二实施例记载该起钉锤的锤头组件3上设置有一个调节螺杆51,通过该调节螺杆51作为调节结构,可以调节起钉支点的高度。

根据上述材料,将涉案专利的权利要求与说明书进行对比定位,权利要求2对应说明书记载的"该起钉锤的锤头组件3顶部中间向外突出形成支撑部4,用于作为起钉的支点"。权利要求3对应说明书记载的"该起钉锤的锤头组件3上设置有一个调节螺杆51,通过该调节螺杆51作为调节结构,可以调节起钉支点的高度"。从引用关系上看,权利要求2作为独立权利要求1的从属权利要求,其对权利要求1的技术特征"支撑部"进行了限定,保护的是一种由"锤头组件顶部中间向外突出"的结构形成的支撑部。该结构决定了起钉的距离完全由支撑部的长度决定,支撑部一经定型便无法调整,起钉的距离是固定的。权利要求3为分别引用权利要求1、2的多项权利要求。当其引用权利要求1时,其对"支撑部"进行了限定,保护的是一种可以进行高度调节的支撑部。说明书也进一步解释了工作原理,即支撑部可以通过调节螺杆从而调节起钉点的高度。

然而,权利要求3是多项权利要求,其同样是对权利要求2"顶部向外突出的起钉部"结构进行的进一步限定。根据分析可知,权利要求2限定的起钉部是固定结构,高度不可调节,而权利要求3明显限定的是一种通过调节螺杆实现高度调节的支撑部结构。由此不难看出,当权利要求3引用权利要求2时,对于支撑部的限定出现了矛盾。支撑部的高度不能既可调节又不可调节。由此出现了记载矛盾的情况,作为得不到说明书支持的第二种情形,不符合《专利法》第26条第4款的规定。

应用模板

根据说明书的记载可知,为了解决×××的技术问题,采用了×××的技术手段。

说明书记载了×××。

权利要求X限定了×××,当×××时,则会出现×××的情形。

因此,权利要求X出现了根据说明书无法解决技术问题的情形。故得不到说明书的支持,不符合《专利法》第26条第4款的规定。

应用示例

根据说明书的记载可知,为了解决将灯发出光完全限制在所选择的滤光区的单一区域内的技术问题,采用了反射罩的边缘可以进一步延伸到滤光部的技术手段。

说明书记载了在滤光部为多棱柱的情况下,反射罩的边缘如果延伸到滤光部,将使滤光部无法旋转的情形。

权利要求5限定了反射罩的边缘延伸到滤光部以使其发出光完全限制在所选择的滤光区的单一滤光区内。当权利要求5引用权利要求4时,会出现因滤光部为多棱柱而导致滤光部无法旋转的情形。

因此,权利要求5在引用权利要求4时,出现了根据说明书无法解决技术问题的情形。故得不到说明书的支持,不符合《专利法》第26条第4款的规定。

综上所述,缺少限定类和矛盾类是最为典型的"得不到说明书的支持"的情形。其判断的总体思路为:①划出涉案专利的权利要求中的显著的技术特征(如示例1中的调节螺杆、支撑部、向外凸起等);②根据这些显著的技术特征在说明书中进行相应定位;③通过阅读说明书,了解该权利要求是通过何种原理解决技术问题的;④将权利要求书中的技术特征和说明书中的技术特征进行对比,判断权利要求书中的技术特征是否出现了缺少限定词或者矛盾的情形,由此导致权利要求的保护范围扩大,出现了解决不了技术问题的情形。

需要注意的是,虽然缺少限定词类和矛盾类是实务中最为常见的得不到说明书支持的情形,但并不代表得不到说明书支持的情形仅有这两类。对于得不到说明书支持的判断,还有可能存在除上述两种情形之外的情形,如下列第三种和第四种情形。

3. 权利要求书对说明书作概括,概括的上位概念包含了不能解决技术问题的情形

根据《专利审查指南2023》第二部分第二章第3.2.1条规定:"对于用上位概念概括或用并列选择方式概括的权利要求,应当审查这种概括是否得到说明书的支持。如果权利要求的概括包含申请人推测的内容,而其效果又难以预先确定和评价,应当认为这种概括超出了说明书公开的范

围。如果权利要求的概括使所属技术领域的技术人员有理由怀疑该上位概括或并列概括所包含的一种或多种下位概念或选择方式不能解决发明或者实用新型所要解决的技术问题,并达到相同的技术效果,则应当认为该权利要求没有得到说明书的支持。"该规定是对得不到说明书支持的第三种情形的描述,本书将其称为"概括超范围"。例如,说明书记载了用铜、铁、铝三种材料可以解决快速加热的问题。对应的权利要求概括为金属可以解决快速加热的问题。但是,所属领域技术人员有理由怀疑除上述三种材料外,其他金属材料均无法解决快速加热的技术问题,达不到相同的技术效果。可见权利要求书概括的金属超出了说明书记载的范围,应当认定为得不到说明书的支持。

4. 纯功能性限定得不到说明书的支持

根据《专利审查指南2023》第二部分第二章第3.2.1条规定:"如果权利要求中限定的功能是以说明书实施例中记载的特定方式完成的,并且所属技术领域的技术人员不能明了此功能还可以采用说明书中未提到的其他替代方式来完成,或者所属技术领域的技术人员充分有理由怀疑该功能性限定所包含的一种或几种方式不能解决发明或者实用新型所要解决的技术问题,并达到相同的技术效果,则权利要求中不得采用覆盖了上述其他替代方式或者不能解决发明或实用新型技术问题的方式的功能性限定。"

最后,本书对得不到说明书支持的判断思路作出如下总结:①对于该问题的判断是将涉案专利的权利要求书与说明书进行对比,即所谓"得不到说明书的支持"是权利要求书记载的内容无法使所属领域技术人员根据权利要求书去解决技术问题;②上述四种情形虽在表现形式上有差别,但究其本质均是由于权利要求书进行了不当的概括,扩大了保护范围,导致出现了不能解决技术问题的情形。基于第②点可以推导出,判断得不到说明书支持的具体方法是在说明书中对权利要求书中出现的显著技术特征进行定位,将二者进行比较,判断是否出现权利要求书缺失限定词、矛盾的情况。如果没有出现上述情况,可进一步关注上位概念和下位概念的概括及功能性限定的表述。若上述情况均不存在且比较说明书与权利要求书在表达上没有实质性不同,则可以排除得不到说明书支持的情况。

另外需要提示的是,根据《专利审查指南2023》第二部分第二章第3.2.1条规定:"当要求保护的技术方案的部分或全部内容在原始申请的权利要求书中已经记载而在说明书中没有记载时,允许申请人将其补入说明书。但是权利要求的技术方案在说明书中存在一致性的表述,并不意味着权利要求必然得到说明书的支持。只有当所属技术领域的技术人员能够从说明书充分公开的内容中得到或概括得出该项权利要求所要求保护的技术方案时,记载该技术方案的权利要求才被认为得到了说明书的支持。"也就是说,一般情况下,如果说明书与权利要求书的表述相同或者非常相近,可以排除得不到说明书支持的可能。但是,得不到说明书的支持,应以所属领域技术人员能否根据说明书的记载概括出权利要求书的保护范围为标准。

(三)清楚

清楚是指权利要求书应当清楚地限定专利保护范围。根据《专利审查指南2023》第二部分第二章第3.2.2条规定:"权利要求书应当清楚,一是指每一项权利要求应当清楚,二是指构成权利要求书的所有权利要求作为一个整体也应当清楚。"根据该规定,对于权利要求书清楚的要求可以划分为两种情况:其一,每一项权利要求要清楚;其二,构成技术方案的所有权利要求作为整体要清楚,即在引用关系上要清楚。

1. 每一项权利要求都要清楚

(1)权利要求的主题要清楚。

根据《专利审查指南2023》的规定,权利要求的主题名称应当能够清楚地表明该权利要求的类型是产品权利要求,还是方法权利要求。不允许采用模糊不清的主题名称,即权利要求书要通过主题明确其所保护的专利是产品专利还是方法专利。不能采用模糊不清的表述,使他人不能识别该权利要求保护的内容。例如,"一种×××技术","技术"的表述无法使人获知该权利要求保护的是产品或是方法。再如,"一种×××产品及其制造方法",该主题名称既包含了产品也包含了方法,也不符合每一项权利要求清楚的规定。

（2）权利要求主题名称需与权利要求的技术内容相适应。

每一项权利要求除要求主题名称清楚外，还要求权利要求的主题名称应当与权利要求的技术内容相适应。产品权利要求适用于发明和实用新型专利，应当用产品的结构特征进行描述，通常可以表现为产品的部件、位置关系、连接关系等。方法权利要求适用于方法发明，通常应当用工艺过程、操作条件、步骤或者流程等技术特征进行描述。用途权利要求属于方法权利要求，应在表述方式上将用途权利要求和产品权利要求进行区分。例如，"用化合物×作为杀虫剂"该主题要保护的是如何利用化合物×的特性制造杀虫剂的步骤，属于方法权利要求。"化合物×作为杀虫剂的应用"旨在保护将化合物×作为杀虫剂的应用方法，属于方法权利要求。"用化合物×制成的杀虫剂"或者"含化合物×的杀虫剂"，则不是用途权利要求，而是产品权利要求。

（3）每项权利要求确定的保护范围应当清楚。

每一项权利要求要清楚，还要求在权利要求书中不应出现含义不确定的用语。根据《专利审查指南2023》的规定，如"厚""薄""强""弱""高温""高压""很宽范围""例如""最好是""尤其是""必要时""约""接近""等""类似物"等用语。上述词语均为含义不确定的用语，不应出现在权利要求书中。另外，除附图标记、化学式及数学式中使用的括号外，权利要求中应尽量避免使用括号，以免造成权利要求不清楚。权利要求用词不当应用模板如下所示：

应用模板

权利要求X中含有含义不确定的用语×××，从而导致该权利要求的保护范围不清楚，不符合《专利法》第26条第4款的规定。

2. 权利要求作为一个整体要清楚

根据《专利审查指南2023》第二部分第二章第3.2.2条规定，"权利要求作为整体要清楚"，是指构成权利要求的引用关系要清楚。根据《专利法实施细则》第25条规定："发明或者实用新型的从属权利要求应当包括引用部分和限定部分，按照下列规定撰写。

（1）引用部分：写明引用的权利要求的编号及其主题名称；

（2）限定部分：写明发明或者实用新型附加的技术特征。

从属权利要求只能引用在前的权利要求。引用两项以上权利要求的多项从属权利要求，只能以择一方式引用在前的权利要求，并不得作为被另一项多项从属权利要求的基础。"即在后的多项从属权利要求不得引用在前的多项从属权利要求。

上述《专利法实施细则》的规定是对于权利要求作为一个整体要清楚的具体要求。根据该规定，权利要求作为一个整体要清楚，可以分为以下四个要求。

（1）主题（名称）一致。

权利要求的主题，除需要能够直接指明权利要求的类型且与权利要求的内容保持一致外。权利要求书作为一个整体，每个权利要求的主题还需要满足一致性的要求。根据《专利法实施细则》第25条规定，对于引用部分要写明编号及其主题名称。《专利审查指南2023》第二部分第二章第3.3.2条规定："从属权利要求的引用部分应当写明引用的权利要求的编号，其后应当重述引用的权利要求的主题名称。"所谓重述引用就是要求从属权利要求的主题应和其引用的权利要求的主题保持一致。在实务中，对于主题一致的判断，仅需将每一项权利要求的主题逐一检视，确认权利要求书中载明的发明或者实用新型的主题自始至终保持一致，权利要求主题名称以外的其他前序或者特征部分的内容无须纳入主题一致考虑范围。下例为突出显示的权利要求书中的主题部分，只需要对比每项权利要求中的划线部分是否一致，即可得出主题一致与否的结论。

示例（2013年专利代理师实务考试部分真题）：

1. 一种大型公用垃圾箱，其特征在于，（略）

2. 根据权利要求1所述的箱体，（略）

3. 根据权利要求2所述的大型公用垃圾箱，（略）

4. 根据权利要求2所述的大型公用垃圾箱，（略）

上例中,独立权利要求1开宗明义表明该技术方案保护的是"大型公用垃圾箱"的产品专利。权利要求2作为权利要求1的从属权利要求,应当重述权利要求1的主题。但是,本例中权利要求2所列明的主题为"箱体",未与独立权利要求1列明的"大型公用垃圾箱"主题保持一致,不满足权利要求清楚的要求。同理,权利要求3、4也应与其引用的权利要求保持一致。

在此特别提示,主题一致属于权利要求作为一个整体清楚的情形,具体法律依据来源于《专利法实施细则》第25条规定。与新颖性、创造性、得不到说明书支持的判断不同,主题一致的判断较为简单,无须借助其他对比文件或说明书进行综合分析判断,仅聚焦于涉案专利的每一项权利要求的主题即可作出判断。主题不一致应用模板及其应用示例如下。

应用模板

权利要求X为权利要求Y的从属权利,其主题名称×××与其引用的权利要求Y的主题名称×××不一致,不符合《专利法实施细则》第25条的规定。

应用示例

权利要求2为权利要求1的从属权利,其主题名称为箱体与其引用的权利要求1的主题名称为"大型公用垃圾箱"不一致,不符合《专利法实施细则》第25条的规定。

(2)从属权利要求应当择一引用。

根据《专利法实施细则》第25条第2款规定:"从属权利要求只能引用在前的权利要求。引用两项以上权利要求的多项从属权利要求,只能以择一方式引用在前的权利要求。"根据该条规定,从属权利要求只能引用排位在其前列的权利要求,并且当权利要求为引用两项以上权利要求的多项从属权利要求时,只能以择一引用的方式进行引用。从而满足权利要求作为整体要清楚的要求。如前文所述,权利要求作为整体要清楚实质是在引用关系上要清楚、明确。择一引用的规定能够避免权利要求复杂引用引起的混乱。在实务中,择一引用就是要求在撰写权利要求时,在引用序号的书写上采用规范化形式。例如:①根据权利要求1或2;②根据权利要求1、2、3、4;③根据权利要求1~9中任一权利要求。以上三种形式均符合择一引用的撰写的形式要求。而例如:①根据权利要求1~5;②根据权利要求1和2。以上两种形式,①表达的是该权利要求同时引用了1~5的权利要求;②则表达了该从属权利要求同时引用了1和2两项权利要求,在表达形式上都不满足择一引用的要求。实务中经常会出现多项权利要求,需要对多项权利要求是否满足择一引用的表达形式进行判断。如下为满足从属权利要求择一引用的具体撰写示例。

示例1(2011年专利代理师实务考试部分真题):

如权利要求1或2所述的即配式饮料瓶盖,其特征在于,所述瓶盖带有一个用于刺破隔挡片(5)的尖刺部(7),所述尖刺部(7)位于顶壁(1)内侧且向隔挡片(5)的方向延伸。

示例2(2015年专利代理师实务考试部分真题):

根据权利要求1~3任一项所述的卡箍,其特征在于,所述环形钩件(522)是弹性钩件,最好是环形橡胶圈。

示例3(2016年专利代理师实务考试):

根据权利要求1或2所述的茶壶,其特征在于,所述齿板上设有多个三角形凸齿。

示例4(2017年专利代理师实务考试):

如权利要求1或2所述的起钉锤,其特征在于,所述支撑部的高度可以调节。

示例5(2011年专利代理师实务考试部分真题):

根据权利要求3或4所述的灯,其特征在于,还包括反射罩(15),所述反射罩(15)固定设置在所述滤光部(14)所包围空间内的光源承载座

(121)上、并部分包围所述光源(13),所述反射罩(15)的边缘延伸到所述滤光部(14)以使所述光源(13)发出的光完全限制在单一的滤光区内,所述反射罩(15)优选为铝。

上述示例1~示例5中均出现了多项从属权利要求,且在形式上都满足择一引用的要求,符合权利要求书作为整体要清楚的规定。与主题一致,择一引用的法律依据为《专利法实施细则》第25条,在判断上难度不大,无须参考其他对比文件或说明书,只需观察多项权利要求采用的表达形式即可。以下为择一引用的应用模板。

> **应用模板**
>
> 引用两项以上权利要求的从属权利要求为多项从属权利要求,只能择一引用。
>
> 权利要求X引用在前的多项权利要求,未择一引用,不符合《专利法实施细则》第25条的规定。

(3)禁止"多引多"。

根据《专利法实施细则》第25条规定,在后的多项从属权利要求不得引用在前的多项从属权利要求。此条为禁止"多引多"的法律依据。《专利审查指南2023》第二部分第二章第3.3.2条规定:"从属权利要求只能引用在前的权利要求。引用两项以上权利要求的多项从属权利要求只能以择一方式引用在前的权利要求,并不得作为被另一项多项从属权利要求引用的基础,即在后的多项从属权利要求不得引用在前的多项从属权利要求。"如果一个多项从属权利要求引用了另一项多项从属权利要求,则属于整体不清楚的情形。例如,权利要求3:根据权利要求1或2;权利要求4:根据权利要求1、2或3。该例中权利要求3为多项从属权利要求,以择一引用的方式引用了权利要求1和2。权利要求4为多项从属权利要求,以择一引用的方式引用了权利要求1、2或3。就该例来说,权利要求3和4均属于多项从属权利要求。根据规定,当权利要求4择一引用多项从属权利要求3时,构成"多引多",不符合权利要求作为一个整体要清楚的情形。

在此仍需特别提示,《专利法实施细则》第25条是禁止"多引多"的法律依据,与主题一致、择一引用一样在判断上难度不大,无须参考其他对比文件或说明书。只需注意观察涉案专利的权利要求书中多项从属权利要求的引用关系即可。下例为引用两项以上权利要求的多项从属权利要求作为另一项多项从属权利要求的引用基础,进而违反禁止"多引多"要求的情形。

示例(2011年专利代理师实务考试部分真题):

3. 如权利要求1或2所述的即配式饮料瓶盖,(略)

4. 如权利要求1~3中任意一项所述的即配式饮料瓶盖,(略)

根据上例,从属权利要求3和从属权利要求4都是多项从属权利要求,在后的多项从属权利要求4引用在前的多项权利要求3,违反不得"多引多"的权利要求书清楚的要求,不符合《专利法实施细则》第25条的规定。

应用模板

在后的多项从属权利要求不得引用在前的多项权利要求,一项引用两项以上权利要求的多项权利要求不得作为另一项多项从属权利要求的引用基础。

权利要求X作为多项从属权利要求引用在前的多项从属权利要求,不符合《专利法实施细则》第25条的规定。

应用示例

在后的多项从属权利要求不得引用在前的多项权利要求,一项引用两项以上权利要求的多项权利要求不得作为另一项多项从属权利要求的引用基础。

权利要求4作为多项从属权利要求引用在前的多项从属权利要求3,不符合《专利法实施细则》第25条的规定。

(4)缺乏引用基础

缺乏引用基础是指"从属权利要求限定部分做进一步限定的技术特征应当是在其引用的权利要求中出现过的技术特征"❶。从属权利要求所限定的特征一定是在前被引用的权利要求中出现过的,若未出现过则构成缺乏引用基础。缺乏引用基础既属于权利要求整体不清楚的情形,也属于《专利法》第26条第4款权利要求书应当清楚的情形。对缺乏引用基础的判断,要注意存在引用关系的权利要求中技术特征之间的引用关联,特别是多项权利要求在引用在前的权利要求时要确保每项引用都存在在先技术特征的关联出处。下例为多项从属权利要求引用在前权利要求,但所引用的技术特征未在所引用的权利要求中出现过的情形,实为缺乏引用基础。

示例(2016年专利代理师实务考试部分真题):

1. 一种茶壶,包括壶身、壶嘴、壶盖及壶把,其特征在于,壶盖底面中央可拆卸地固定有一个向下延伸的搅拌棒,搅拌棒的端部可拆卸地固定有搅拌部。

2. 根据权利要求1所述的茶壶,其特征在于,所述搅拌部为一叶轮,所述叶轮的底部沿径向方向设有齿板。

3. 根据权利要求1或2所述的茶壶,其特征在于,所述齿板上设有多个三角形凸齿。

根据上述示例可知,独立权利要求1的前序部分包括壶身、壶嘴、壶盖、壶把的技术特征,特征部分包括搅拌棒、搅拌部及其位置关系和连接关系的技术特征。权利要求2作为权利要求1的从属权利要求对搅拌部进行了限定,权利要求2所要保护的搅拌部是一种叶轮,并且在叶轮的底部设置有齿板。权利要求3为满足了择一引用要求的多项从属权利要求。当其引用权利要求2时,其是对权利要求2中齿板这一部件进行了限定,权利要求3所限定的齿板为三角形的凸齿。但是,当权利要求3引用权利

❶ 吴观乐.专利代理实务[M].3版.北京:知识产权出版社,2019:194.

要求1时,其所限定的部件齿板并不是被引用的权利要求1中的技术特征。由此可见,当权利要求3引用权利要求1时,由于齿板未在权利要求1中出现,故权利要求3在引用权利要求1时缺乏引用基础,不符合《专利法》第26条第4款的规定。

缺乏引用基础的判断仅需观察涉案专利的权利要求本身即可,无须参考其他对比文件和说明书。但是,需要特别提示,缺乏引用基础与主题不一致、择一引用、禁止"多引多"三个清楚事项不同,其法律依据并非来源于《专利法实施细则》第25条,而是来源于《专利法》第26条第4款关于"权利要求书应当以说明书为依据,清楚、简要地限定要求专利保护的范围"的规定。对于该问题,本书做如下理解:首先,主题一致、择一引用、禁止"多引多"及缺乏引用基础均为权利要求作为整体要清楚的要求,其与权利要求书撰写的一般规定一同构成了权利要求书撰写的形式要求,并且这四种情形均侧重于对于权利要求特别是多项权利要求引用关系的规制,旨在通过这四种限制方式避免过于复杂的权利要求引用关系的出现。其次,也是更重要的,虽然上述四种情形均属于清楚判断的范畴,但由于其所依据的法律规定不同,缺乏引用基础在属于权利要求撰写形式要求的同时,也是《专利法》第26条第4款所规定的清楚的要求。根据《专利法实施细则》第69条规定可知,《专利法》第26条第4款为专利的无效条款。但是,《专利法实施细则》第25条并非无效条款。因此,对于上述四种情形以不清楚作为专利无效理由的仅限于缺乏引用基础的情形。而其他三种情形仅作为撰写不符合形式要求的情形,不能作为专利的无效理由。

应用模板

从属权利要求X引用权利要求Y,但从属权利要求X中的"×××"在权利要求Y中并没有记载,权利要求X缺乏引用基础,导致该权利要求的保护范围不清楚,不符合《专利法》第26条第4款的规定。

应用示例

从属权利要求4引用权利要求1~3,但从属权利要求4的"环形钩件"

在权利要求1、2中并没有记载,权利要求4缺乏引用基础,导致该权利要求的保护范围不清楚,不符合《专利法》第26第4款的规定。

(四)简要

根据《专利审查指南2023》第二部分第二章第3.2.3条规定,权利要求书简要的内容包括:每一项权利要求应当简要,构成权利要求书的所有权利要求作为一个整体也应当简要。

权利要求的数目应当合理。在权利要求书中,允许有合理数量的限定发明或者实用新型优选技术方案的从属权利要求。

权利要求的表述应当简要,除记载技术特征外,不得对原因或者理由做不必要的描述,也不得使用商业性宣传用语。

为避免权利要求之间相同内容的不必要重复,在可能的情况下,权利要求应尽量采取引用在前权利要求的方式撰写。

(五)独立权利要求缺少必要技术特征

1. 独立权利要求缺少必要技术特征的概念

《专利法实施细则》第23条第2款规定:"权利要求应当从整体上反映发明或者实用新型的技术方案,记载解决技术问题的必要技术特征。"《专利审查指南2023》第二部分第二章第3.1.2条规定:"独立权利要求应当从整体上反映发明或者实用新型的技术方案,记载解决技术问题的必要技术特征。"根据上述规定,作为划定了专利最大保护范围的独立权利要求,应当包含能够解决技术问题的必要技术特征。换言之,仅在独立权利要求中存在必要技术特征。所谓必要技术特征是指,发明或者实用新型为解决技术问题所不可缺少的技术特征,其总和足以构成发明或者实用新型的技术方案,使之区别于背景技术中所述的其他技术方案。在权利要求书中,独立权利要求划定了该专利最大的保护范围。构成该独立权利要求的所有技术特征的总和均应能够被用于该专利所要解决的技术问题,这些对解决技术问题具有作用的特征,即为必要技术特征。如果在独立权利要求中出现了对于该技术问题无用的技术特征,这些特征则被称为非必要技术特征。如果独立权利要求缺少了某个或者某些技术特征，导致该技术问题无法解决，则该权利要求存在缺少必要技术特征的缺陷。根据《专利法实施细则》的规定，独立权利要求不能缺少必要技术特征，否则将不能够被授予专利权。

为了帮助理解，试举下例：如果将通过专利代理师考试获得资格证书作为需要解决的技术问题。为了顺利通过该考试，考生可以采用以下方式：①按时报名并参加考试；②通过法律部分考试；③通过实务部分考试；④选择一个培训课程。显然，想要获得代理师资质，按时报名和参加考试、通过法律部分考试、通过实务部分考试三者缺一不可，其均是获得代理师资质的必要技术特征。而报名参加培训班并非通过考试的必需要素，因此其为非必要技术特征。如果将该例看作一种技术方案，则缺少前三个中的任意一个，即构成缺少必要技术特征，不符合专利授权的条件。

2. 独立权利要求缺少必要技术特征的判断方法

对于独立权利要求缺少必要技术特征的判断应当注意把握以下三点：第一，判断某技术特征是否为必要技术特征，应当从所要解决的技术问题入手；第二，只有独立权利要求才会缺少必要技术特征；第三，通过假设法确定，即假设独立权利要求缺少某个特征，技术问题还能解决吗？若缺少该特征不影响技术问题的解决，则该特征为非必要技术特征；反之，则为必要技术特征。根据上述三点，在对独立权利要求缺少必要技术特征进行判断时，首先要阅读说明书中记载的技术问题，以及对解决该技术问题所涉及的技术方案的描述；其次，将涉案专利的独立权利要求在说明书中进行定位，并将二者进行对比，观察权利要求书是否缺少某个或者某些特征；最后，结合说明书的描述，利用假设法判断并得出结论。下例为独立权利要求缺少必要部件导致说明书中记载的技术问题无法得到解决的情形，通过梳理独立权利要求中的技术特征并与说明书中记载的解决技术问题不可缺少的技术特征进行对比即可得出结论。

示例1(2014年专利代理师实务考试部分真题):

拟解决的技术问题为:去除空气中的甲醛等污染物。

独立权利要求记载内容为:一种光催化空气净化器,它包括壳体(1)、位于壳体下部两侧的进风口(2)、位于壳体顶部的出风口(3),以及设置在壳体底部的风机(4),所述壳体(1)内设置有第一过滤网(5)和第二过滤网(6),其特征在于,该光催化空气净化器内还设有光催化剂板(7)。

说明书中记载的对应内容为:为解决上述问题,本发明提供了一种将过滤、吸附与光催化氧化相结合的空气净化器。光催化氧化是基于光催化剂在紫外光或部分可见光的作用下产生活性态氧。本发明的技术方案是:一种光催化空气净化器,它包括壳体、位于壳体下部两侧的进风口、位于壳体顶部的出风口以及设置在壳体底部的风机。所述壳体内设置有第一过滤网和第二过滤网、光催化剂板和紫外灯。所述光催化空气净化器能有效催化氧化空气中的有害气体,净化效果好。

根据上述材料,若要对独立权利要求是否缺少必要技术特征进行判断,应先根据说明书的记载确定技术问题。涉案专利所要解决的技术问题是过滤、吸附的净化技术无法去除空气中的甲醛等污染物。为了解决该技术问题,采用了一种将过滤、吸附技术和光催化氧化相结合的净化方式。光催化氧化是基于光催化氧化剂在紫外光或部分可见光作用下产生活性态氧实现的。进一步阅读说明书记载的技术方案,利用上述原理实现净化效果的光催化空气净化器由"壳体""进风口""风机""第一过滤网和第二过滤网""光催化剂板""紫光灯"等技术特征构成。通过对上述技术特征的排布与相互作用,起到净化空气的作用。

此时阅读权利要求书,权利要求书记载了"壳体""进风口""风机""第一过滤网和第二过滤网""光催化剂板"等部件及其相应的位置关系、连接关系。通过将权利要求书和说明书进行对比,除紫光灯外,二者所记载的部件、位置关系和连接关系完全相同。那么,紫光灯是否为该独立权利要求的必要技术特征呢?根据说明书的记载,若要达到净化空气的技术效果,需要包括紫光灯在内的所有部件共同作用。说明书中"光催化氧化是基于光催化剂在紫外光或部分可见光的作用下产生活性态氧"是判断紫光灯为必要技术特征的最直接依据。达到净化效果所需要的活性态氧是光催化剂在紫光灯的照射作用下形成的。如果独立权利要求中缺少紫光灯将无法达到净化效果。因此,本例中的独立权利要求缺少紫光灯这一必要技术特征,不符合《专利法实施细则》第23条第2款的规定。

上例是因缺少必要技术部件导致独立权利要求缺少必要技术特征,以致无法解决技术问题。然而,独立权利要求缺少必要技术特征的情形并不仅限于缺少技术部件这一种情形,缺少部件间的连接关系、位置关系等必要技术特征同样会导致权利要求书缺少必要技术特征的结论。下例为独立权利要求缺少解决技术问题的部件间的位置关系的情形,同样满足独立权利要求缺少必要技术特征的认定。

示例2(2019年专利代理师实务考试部分真题):

拟解决的技术问题:压蒜费力。

独立权利要求记载内容为:1. 一种压蒜器,主要由上压杆(1)和下压杆(2)构成,其特征在于,上压杆(1)和下压杆(2)活动连接,上压杆(1)靠近前端的位置设有压蒜部件(3),下压杆(2)上设有与压蒜部件(3)相对应的压筒(4),压筒(4)上端开口,压筒(4)底部设有多个出蒜孔(5)。

说明书对应记载内容为:如图1所示,本实用新型的压蒜器主要由上压杆1和下压杆2组成,上压杆1的前端与下压杆2的前端活动连接。上压杆1靠近前端的位置设有压蒜部件3,所述压蒜部件3包括压臂31和固定连接在压臂31下端的压盘32。下压杆2靠近前端的位置设有与压蒜部件3相对应的压筒4,压筒4与下压杆2一体成型,其形状为上端开口的筒状体,压筒4底部具有多个圆形的出蒜孔5,这些出蒜孔5间隔均匀地分布在压筒4的底面上。压蒜部件3与上压杆1最好采用活动连接的方式。虽然本实用新型同样是利用杠杆原理将蒜瓣压碎,但由于将支点的位置调整到上、下压杆的前端,本实用新型的压蒜器相比于现有的压蒜器操作更为省力,不需施加很大的握压力即可将蒜瓣压碎成蒜泥。而且,压盘32上设置多个压蒜齿33也可以进一步提高蒜泥的挤出效率。

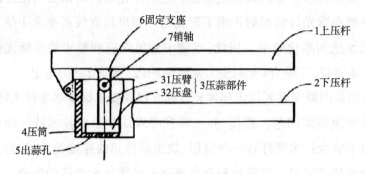

图1 说明书附图

根据上述材料,独立权利要求与说明书记载的技术特征对应关系,如表3-7所示。显然,示例2与示例1在技术特征对比上存在明显区别,即示例1中的权利要求书记载技术特征较之于说明书缺少了技术部件(示例1中的"紫光灯"),而本例显然并未缺少技术特征,而仅是在位置关系和连接关系上存在不同。也可以说,示例2中的权利要求书与说明书相比,缺少了对于一些技术特征的限定。从形式上看,独立权利要求缺少必要特征的判断与得不到说明书支持的判断非常接近。但是,需要注意的是,对于独立权利要求缺少必要技术特征的判断,最终仍要回归到假设法,即权利要求缺少该技术特征后(缺少连接关系和位置关系的限定也是缺少技术特征的一种表现形式)是否会导致技术问题无法解决。

表3-7 独立权利要求与说明书技术特征对比

序号	权利要求书	说明书
1	上压杆(1)和下压杆(2)活动连接	上压杆1的前端与下压杆2的前端活动连接
2	下压杆(2)上设有与压蒜部件(3)相对应的压筒(4)	下压杆2靠近前端的位置设有与压蒜部件3相对应的压筒4
3	压筒(4)底部设有多个出蒜孔(5)	压筒4底部具有多个圆形的出蒜孔5

表3-7序号2中权利要求书和说明书记载内容对比后可知,权利要求书缺少了"靠近前段"这一位置关系的限定。但是,通过说明书记载可知,下压杆上设置的压筒必须与压蒜部件相对应,而由于说明书记载了"上压杆2靠近前端的位置设有与压蒜部件3"的内容,如果下压杆上设置的压筒要与压蒜部件相对应,其也必须处于"靠近前端"的位置。因此,"靠近前端"其实已暗含于权利要求书中。

表3-7序号3中权利要求和说明书记载内容对比后可知,权利要求书缺少了对于压蒜孔形状的限定,但是压蒜孔的形状仅是会对压出蒜的形状产生影响,与解决的技术问题没有关系。

表3-7序号1中权利要求和说明书记载内容对比后可知,权利要求书缺少了上压杆与下压杆连接位置"前端"的限定。对于"前端"的限定是否为必要技术特征,需要通过说明书记载的内容利用假设法来判断。说明书记载由于将支点的位置调整到上、下压杆的前端,本实用新型的压蒜器相比于现有的压蒜器操作更为省力,不需施加很大的握压力即可将蒜瓣压碎成蒜泥。可见,如果上压杆与下压杆未在前端进行活动连接,则该技术方案省力的技术问题将无法得到解决。因此,权利要求书缺少必要技术特征,不符合《专利法实施细则》第23条第2款的规定。

应用模板

由说明书的记载可知,本发明要解决的技术问题是×××。为了解决上述技术问题,本发明通过×××。

由此可见,×××为解决本发明技术问题的必要技术特征,而权利要求X中并未记载该技术特征。

因此,权利要求X缺乏必要技术特征,不符合《专利法实施细则》第23条第2款的规定。

应用示例

缺少部件类:

由说明书的记载可知,本发明要解决的技术问题是有效去除空气中的甲醛污染物。为了解决上述技术问题,本发明通过在空气净化器上设置紫光灯,空气净化器在工作时……经过受到紫光灯照射的光催化剂板,其中的有害气体被氧化。

由此可见,紫光灯为解决本发明技术问题的必要技术特征,而权利要求1中并未记载该技术特征。

因此,权利要求1缺乏必要技术特征,不符合《专利法实施细则》第23条第2款的规定。

缺少限定类:

由说明书的记载可知,本发明要解决的技术问题是压杆长度有限,挤压蒜时费力。为了解决上述技术问题,本发明通过将上压杆的前端与下压杆的前端活动连接,将支点的位置调整到上下压杆的前端使操作更为省力。

由此可见,上压杆与下压杆的前端活动连接为解决本发明技术问题的必要技术特征,而权利要求1中并未记载该技术特征。

因此,权利要求1缺乏必要技术特征,不符合《专利法实施细则》第23条第2款的规定。

四、单一性实务应用

(一)单一性的限制与例外

本书第二章在单一性原则中已经说明,如果一件申请包括几项发明或者实用新型,则只有在所有这几项发明或者实用新型有一个总的发明构思,使之相互关联的情况下才被允许。例如,申请人想就插头申请专利,撰写了插头的权利要求书。那么,诸如器皿、家具等主题与插头绝非一项发明或者实用新型,无法将其作为一件申请提出,此即单一性要求的限制。但是,如果申请人就插头提出申请的同时,为了配合该插头的使用,设计了与之结构相契合的插座。在这种情况下,虽然二者属于两项发明或者实用新型,但因其具有相互关联性,属于一个总的发明构思,可以提交一份申请要求保护,此即单一性的例外。

（二）一项发明或者实用新型、总的发明构思和特定技术特征

根据单一性的定义，一件发明或者实用新型专利申请应当限于一项发明或者实用新型，属于一个总的发明构思的两项以上发明或者实用新型，可以作为一件申请提出。对于单一性概念的理解涉及三个重要概念，分别为：一项发明或者实用新型、总的发明构思、特定技术特征。

1. 一项发明或者实用新型

根据《专利法实施细则》第24条第3款规定："一项发明或者实用新型应当只有一个独立权利要求，并写在同一发明或者实用新型的从属权利要求之前。"由此可见，在一件发明或者实用新型中，有几个独立权利要求就有几项发明或者实用新型。换言之，当一项申请中包含一个独立权利要求时，不存在单一性判断的问题。只有当一项申请中包含了两个或两个以上独立权利要求时，才需判断独立权利要求之间的单一性问题。

2. 总的发明构思

根据前述，作为单一性的例外，若要在一件申请中包含两项以上发明或者实用新型时，该发明或者实用新型需要相互关联，属于一个总的发明构思。根据《专利法实施细则》第39条规定："可以作为一件专利申请提出的属于一个总的发明构思的两项以上的发明或者实用新型，应当在技术上相互关联，包含一个或者多个相同或者相应的特定技术特征，其中特定技术特征是指每一项发明或者实用新型作为整体，对现有技术作出贡献的技术特征。"由此，对于总的发明构思的判断，实际上是判断独立权利要求之间是否具备相同或者相应的特定技术特征。

3. 特定技术特征

根据《专利审查指南2023》第二部分第六章第2.1.2条规定："特定技术特征是专门为评定专利申请单一性而提出的一个概念，应当把它理解为体现发明对现有技术作出贡献的技术特征，也就是使发明相对于现有技

术具有新颖性和创造性的技术特征,并且应当从每一项要求保护的发明的整体上考虑后加以确定。"据此,特定技术特征是专为单一性判断而创设出来的概念。其是使发明或者实用新型区别于现有技术而具有创造性的技术特征,可以理解为该发明的发明点。

在此,本书对技术特征、区别技术特征、特定技术特征做比较以便区分(图3-3)。所谓技术特征是构成技术方案的最基本单位,实务中表现为各类构成产品的部件、位置关系、连接关系或者构成方法的步骤等。区别技术特征是利用"三步法"进行创造性判断时,将最接近现有技术与对比文件进行比较时得出的二者具有差异的特征,而特定技术特征是对技术方案具备创造性而起到决定性作用的技术特征。

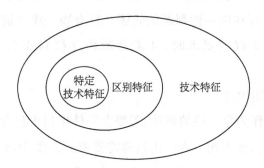

图3-3　特定技术特征、区别技术特征与技术特征的关系

(三)单一性判断方法

当涉案专利中出现两个或者两个以上独立权利要求时,需要对单一性进行判断。具体步骤如下:

①将需要进行判断的独立权利要求与现有技术进行对比,判断其是否具有创造性;

②若独立权利要求均具备创造性,进一步确定使涉案专利具备创造性的特定技术特征;

③判断两项以上发明是否属于一个总的发明构思,即判断特定技术特征是否相同或者相应。

在实务中,首先对涉案专利的权利要求进行对比,若经判断后具备创造性的独立权利要求仅剩下一项,则意味着仅存在一项发明创造,无须再进行单一性的判断。若具有创造性的独立权利要求为多项时,则需进行单一性判断。下例为权利要求书中的三项权利要求皆为独立权利要求需要进行单一性判断的情形。

示例：

权利要求1．一种灯丝A。

权利要求2．一种用灯丝A制成的灯泡B。

权利要求3．一种探照灯,装有用灯丝A制成的灯泡B和旋转装置C。

与现有技术公开的用于灯泡的灯丝相比,灯丝A具备新颖性和创造性。

上例为三个独立权利要求,若经过判断灯丝A是使独立权利要求1具有创造性的特征,则灯丝A为特定技术特征。同时,在权利要求2、权利要求3中均具有灯丝A这一特定技术特征,则可以得出独立权利要求1~3具备单一性的结论,其可作为一件申请提出。所以,所有采用灯丝A的产品都具有创造性,均可以作为一件申请提出。

在实务中,如果在涉案专利的权利要求中出现了两个或两个以上独立权利要求时,应当按上述步骤判断单一性。在此需要说明一下,如果存在两个独立权利要求,但是其中一个独立权利要求不具备创造性,而引用该独立权利要求的从属权利和另外的独立权利要求都具有创造性,此时还需特别注意从属权利要求和剩余的独立权利要求是否具备单一性,通过二者的特定技术特征进行判断是否属于一个总的发明构思。下例即为独立权利要求不具备创造性时从属权利要求与剩余独立权利要求判断特定技术特征和单一性的情形。

示例：

权利要求1. 一种×××，其特征在于，具有特征A和特征B。（无创造性）

权利要求2. 根据权利要求1所述的×××，具有另一特征C。（有创造性）

权利要求3. 一种×××方法，其特征在于D。（有创造性）

在权利要求1没有创造性的前提下，则技术特征A和特征B均不是特定技术特征；此时因权利要求2有创造性，所以C是特定技术特征；权利要求3有创造性，D是特定技术特征。在权利要求1不具备创造性的情形下，权利要求2和权利要求3并不具备相同或相应的特定技术特征，所以可以得出权利要求2与权利要求3不具备单一性的结论。

如上文所述，通常情况下，仅当涉案专利中出现两个或两个以上独立权利要求时，才需进行单一性的判断。这是因为仅需要审查独立权利要求之间的单一性，而无须审查独立权利要求与其从属权利要求的单一性（从属权利要求仅为形式上的从属权利要求，实质上属于独立权利要求的除外）。因为从属权利要求必然包括了独立权利要求的所有技术特征，如果独立权利要求具备创造性则其从属权利要求势必拥有与其相同的特定技术特征，符合单一性的要求。但是，当涉案专利仅具有一个独立权利要求且该权利要求不具备创造性时，要特别注意无引用关系的从属权利要求的单一性的判断。下例即为涉案专利独立权利要求无创造性而从属权利要求3和从属权利要求5有创造性时，需对两项从属权利要求的特定技术特征进行单一性的判断的情形。

示例（2017年专利代理师实务考试部分真题）：

1. 一种起钉锤，包括锤头组件和把手，其特征在于，所述锤头组件一端设置有起钉翼，另一端设置有锤头，所述锤头组件的顶部中间位置具有支撑部。（无创造性）

2. 如权利要求1所述的起钉锤，其特征在于，所述支撑部由锤头组件

顶部中间向外突出的部分构成。(无创造性)

3. 如权利要求1或2所述的起钉锤,其特征在于,所述支撑部的高度可以调节。(有创造性)

4. (略)

5. 如权利要求1所述的起钉锤,其特征在于,所述支撑部为板状,其两端具有弧形支撑面。(有创造性)

本例中,权利要求1和权利要求2不具备创造性,则权利要求1和2不具有特定技术特征。权利要求3作为引用权利要求1或2的从属权利要求具备创造性,则"支撑部的高度可以调节"为其特定技术特征。权利要求5作为独立权利要求1的从属权利要求,因其具备创造性,"支撑部为板状,其两端具有弧形支撑面"为其特定技术特征。根据上述分析,仅需注意从属权利要求3与从属权利要求5的单一性问题。通过对比可知,权利要求3与权利要求5并不具备相同或者相应的技术特征,因此不符合《专利法》第31条第1款单一性的规定。

对于仅存在一个独立权利要求且该权利要求不具备创造性,应当注意无引用关系的从属权利要求的单一性这一问题,可以参考下列公式(表3-8)。

表3-8　无引用关系从属权利要求单一性认定公式

权利要求	技术特征	单一性认定结论
权利要求1	A、B、C	无新无创
权利要求2引用权利要求1	A、B、C、D	无新无创
权利要求3引用权利要求1或2	A、B、C、E或者A、B、C、D、E	有创
权利要求4引用权利要求3	A、B、C、E、F或者A、B、C、D、E、F	有创
权利要求5引用权利要求1	A、B、C、G	有创

观察表3-8可以得出结论,权利要求3与权利要求5的特定技术特征分别为E和G,二者既不相同也不相应,因此不符合《专利法》第31条第1款单一性的规定。

最后补充说明一点,上文提到无须将独立权利要求与其从属权利要求进行单一性判断,但是在形式上为从属权利要求实质上为独立权利要求的情形除外。在进行单一性判断时,要注意独立权利要求与实质上的独立权利要求的单一性判断,这主要包括两种情形。

其一,引用独立权利要求的方法权利要求是独立权利要求。下例为作为从属权利要求的权利要求2同样属于独立权利要求,需对权利要求1和权利要求2的单一性进行判断的情况。

示例:

1. 一种×××产品,包括×××,其特征在于,×××。

2. 一种利用权利要求1所述×××方法,其特征在于,×××。

上例中如果权利要求1具备创造性,权利要求2作为形式上的从属权利要求实质上的独立权利要求也利用了权利要求1的产品,二者具有相同或者相应的特定技术特征,符合单一性的要求。

其二,当独立权利要求的技术特征被其从属权利要求记载的技术特征替代时,需注意引用在前权利要求的在后多项从属权利要求是否构成实质上的独立权利要求,若是,则需对同一权利要求书中的多项独立权利要求的单一性进行判断。下例为独立权利要求1的技术特征分别被权利要求2和权利要求3替代,进而需对权利要求2和权利要求3是否构成独立权利要求以及是否符合单一性进行判断的情形。

示例:

1. 一种×××,包括A、B,其特征在于C。

2. 根据权利要求1所述的×××,其特征在于,所述B由D代替。

3. 根据权利要求1所述的×××,其特征在于,所述C由E代替。

示例中权利要求2、3由于技术特征被替代,属于形式上的从属权利要求实质上的独立权利要求。如果C为权利要求1的特定技术特征,则权利要求1与权利要求2具备单一性。权利要求1、2和权利要求3不具备单一性。

五、保护客体实务应用

(一)发明和实用新型专利的客体形态

本书第二章中已经对专利法保护客体进行了介绍,发明或者实用新型作为专利法保护的客体必须是技术方案。技术方案是利用了自然规律的技术手段的集合,其能够解决技术问题,获得符合自然规律的技术效果。技术方案较之技术本身更加具有概括性和抽象性,其应当能够为解决技术问题和实现技术效果提供思路,同时能够被转化为具体的技术并投入产业利用。

发明和实用新型均为利用了自然规律的技术手段的集合,其可以为解决技术问题和实现技术效果提供具体可行的思路,在实务中以技术特征的组合形式展现出来。对于发明根据其最终表现形态不同可以分为产品发明和方法发明,该问题在上文已经介绍,在此不再赘述。实用新型则对产品的形状、构造及其结合所提出能够解决相应技术问题的技术方案。

(二)对于材料本身的改进不是实用新型的保护客体

在实务中,对于凡不属于技术方案的内容均排除于发明和实用新型专利客体之外。需要特别注意的是,根据《专利法》第2条规定,实用新型与发明不同,其只保护产品而不保护方法。根据《专利审查指南2023》第一部分第二章第6.1条规定:"一项发明创造可能既包括对产品形状、构造的改进,也包括对生产该产品的专用方法、工艺或构成该产品的材料本身等方面的改进。但是实用新型专利仅保护针对产品形状、构造提出的改进技术方案。"对于材料本身的改进可以成为发明保护的客体,却不能成为以产品形状、构造的改进为技术方案内容的实用新型的保护客体。换言之,实用新型只保护产品,不保护方法,并且对材料本身的改进不属于实用新型的保护范畴。

但是,根据《专利审查指南2023》第一部分第二章第6.2.2条规定:"权利要求中可以包含已知材料的名称,即可以将现有技术中的已知材料应用于具有形状、构造的产品上,例如复合木地板、塑料杯、记忆合金制成的心脏导管支架等,不属于对材料本身提出的改进。"在实务中,如果实用新型专利的权利要求书中涉及对材料本身的改进,先不要轻易得出其不是保护客体的结论。而是应通过阅读说明书、对比文件判断该材料是不是已知材料,所谓已知材料即为现有技术中或者已被众所周知的材料(如金、银、铜、铁等)。若为已知材料,则其符合已知材料应用于具有形状、构造的产品上的情况,属于实用新型保护的客体,符合《专利法》第2条的规定。已知材料的改进与将已有材料应用于具有形状、构造的产品上会产生不同的客体保护结论,需结合涉案专利与对比文件对已知材料改进或应用情形的具体记载进行判断。下例为涉案专利权利要求书与对比文件关于保温层采取已知泡沫材料的具体记载,因涉案专利权利要求4仅涉及对保温中间层的已知材料的改进,而非将已知的泡沫材料应用于具有形状、构造的产品上,因此不属于实用新型专利保护客体。

示例(2012年专利代理师实务考试部分真题):

涉案专利权利要求4记载为:如权利要求1所述的硬质冷藏箱,其特征在于,所述保温中间层(4)为泡沫材料。

对比文件记载为:……,保温层可以采用泡沫材料。

根据上述材料可知,权利要求4保护的是"保温中间层为泡沫材料",是对产品材料本身的改进,因此不属于实用新型保护的客体。虽然对于产品材料本身的改进不属于实用新型的保护客体。但是,如果权利要求书中出现了已用材料的名称并且应用于具有形状、构造的产品上则仍可作为实用新型的保护客体。

应用模板

权利要求X限定了×××材料，对比文件Y公开了×××的技术特征。

由此可知，将已知材料用于具有形状、构造的产品上，不属于对材料本身的改进。符合《专利法》第2条第3款有关实用新型保护客体的规定。

应用示例

权利要求4限定了保温中间层为泡沫材料，对比文件2公开了将泡沫材料作为保温层的技术特征。

由此可知，将已知材料用于具有形状、构造的产品上，不属于对材料本身的改进。符合《专利法》第2条第3款有关实用新型保护客体的规定。

六、权利要求书的实务撰写

（一）撰写的总体思路

权利要求书撰写是专利代理实务的基础性工作。撰写权利要求书是将技术交底书所记载的技术用于转化为符合《专利法》规定的专利用语的过程，其基本要求是使每一项权利要求及权利要求作为整体的引用关系满足权利要求书撰写的形式。同时，作为划定权利要求最大保护范围的独立权利要求需满足《专利法》规定的专利授权的实质性要件。在确保专利能够授权的前提下，尽量使专利保护范围达到最大。在满足上述要求的基础上，力求表达精准、专业。通过引用关系的安排让权利要求书整体的逻辑性进一步优化，最终形成一篇高质量的权利要求书。

下列为权利要求书撰写的总思路，先宏观了解权利要求书撰写的五个关键点。

①阅读技术交底书，了解技术方案需要解决的技术问题和所要保护的主题。通常情况下，技术交底书会涉及多个技术问题，为了解决多个技术

问题会对应给出相应的主题和技术方案。由此可能产生分案申请的问题。

②结合现有技术(包括客户提供的对比文件、涉案专利、技术交底材料中提及的现有技术等),确定需要保护的最主要的主题,将其作为撰写的主案的独立权利要求。

③以技术交底书为基础,对比客户提供的涉案专利、现有技术等文件,确定最接近现有技术。最接近现有技术是独立权利要求书撰写的最基础材料,通常情况下可以作为独立权利要求的前序部分。

④分析为解决技术问题所采用的技术方案,如果技术方案涉及多个实施例,可以考虑援引技术交底书中的标志性引导词进行概括。

⑤撰写的本质是对技术交底材料、涉案专利、现有技术等文件进行提炼,选取其中合适的部分进行组合,撰写过程是一个去粗取精,逐步调整、优化的过程。

(二)撰写的具体步骤

1. 撰写准备

在对权利要求书进行撰写前,要做好撰写的准备工作。本书将撰写的准备工作概括为"看—圈—拣—分"四个步骤。

"看":通过第一遍快速略读技术交底书,确定需要解决的技术问题和需要保护的主题。技术交底书中出现多个技术问题和主题时应分别进行标注。

"圈":在明确技术问题和主题的基础上,通过第二遍详读,对技术交底书的结构进行判定。对不同结构的技术交底书,采用对应的方法,圈出解决问题的技术方案,作为撰写独立权利要求的素材。

"拣":对技术交底书进行第三遍略读,拣选引导词。引导词后记载的内容可以作为撰写从属权利要求、独立权利要求概括的提示性信息和素材。

"分":对技术交底书进行第四遍略读,分析技术交底书中涉及的多个主题的主次关系,判断各个主题之间是否属于一个总的发明构思,若不属于一个总的发明构思则需做好分案准备。

（1）"看"需要解决的技术问题和主题。

《专利法》对于技术方案的保护建立在由技术问题到技术手段再到技术效果的专利思维之上,权利要求书的撰写也应围绕这一思维展开。在阅读技术交底书时,应首先锁定涉及的技术问题,在确定技术问题的基础上,确定技术方案的主题。当存在两个以上技术问题时,技术交底书所记载的技术方案通常以如下两种方式展现。

第一种方式是先给出解决最主要技术问题的最主要的技术方案,之后给出该最主要技术方案中技术特征的多个实施例。这些实施例与最主要的技术方案相互配合,可以解决技术交底书中的所有技术问题。此时,可以考虑将这些实施例的共性概括到独立权利要求中,并将共性之外的最主要技术方案的其他进一步改进措施写入从属权利要求。例如,2014年专利代理师实务考试涉及光催化净化器的技术方案,旨在解决噪声大和空气净化不彻底两个技术问题。其中,噪声大是最主要解决的技术问题,因此采用了消音结构的技术方案,并针对消音结构采用了两种不同的实施例。为了解决空气净化不彻底的技术问题,该技术方案采用了两种对于该光催化空气净化器中的光催化板的改进实施例。通过观察技术交底书可知,光催化剂板的两种改进方式也为最主要技术方案中的必要技术特征,可以考虑将其共性的特征概括至独立权利要求,对无法概括的内容根据其主从关系,撰写为相应的从属权利要求。

第二种方式是给出多个并列的具体的实施例,每个实施例均可独立完整地解决技术问题。如果所有的实施例具备可以进行概括的相同的技术特征,则全部概括进入独立权利要求中。但是,如果并列实施例中只有部分技术特征相同,相同部分的技术特征可以通过概括并入到独立权利要求中,其他不能概括的技术特征则单独撰写独立权利要求。例如,2015年专利代理师实务考试涉及的撰写中,提出了卡箍拆装费时费力和紧固效果差的技术问题。为解决卡箍拆装费时费力的技术问题,该技术方案给出了三个独立且平行的实施例。通过观察可以发现,前两个实施例具有可以通过卡扣连接实现拆卸方便的共有特征,概括并入一个独立权利要求。而第三个实施例不具有共有特征,则可以将第三个实施例单独撰写独立权利要求。为了解决紧固效果差的技术问题,也对应给出了防止部件滑落的实施例,可以判断实施例之间是否存在共性,从而概括为同一个独立权利要求。

上述两种方式的最大区别在于:第一种方式对于最主要技术方案仅在技术交底书中给出了一个实施例,然后针对该实施例中的某些技术特征给出多个实施例。技术特征所对应的多个实施例与最主要技术方案主从关系明显。而第二种方式是给出了最主要技术方案本身的多个实施例,每个实施例均可独立解决技术问题,所有实施例形成的独立权利要求为并列关系,需要对最主要技术方案的多个实施例进行概括。

本书整理了近年来专利代理师实务考试中技术交底书出现的技术问题、主要主题及技术问题出现方式(表3-9)。

表3-9　2011—2019年专利代理师实务考试中技术交底书的
技术问题、主要主题与技术问题出现方式

年份	技术问题	主要主题	技术问题出现方式
2011	1. 饮料容易变质; 2. 不卫生	瓶盖组件	开头一并给出
2012	1. 保温效果不佳; 2. 蓄冷剂放置不便	冷藏桶	开头一并给出
2013	1. 通风不利,不卫生; 2. 易积尘,卡底板	大型公用垃圾箱	分别给出
2014	1. 噪声大; 2. 空气净化不彻底	光催化空气净化器	分别给出
2015	1. 拆装费力; 2. 紧固效果差	卡箍结构	开头一并给出
2016	1. 冲泡效果不佳; 2. 搅拌工具不好找、不卫生	茶壶	开头一并给出
2017	起钉费时费力	起钉器	开头一并给出

续表

年份	技术问题	主要主题	技术问题出现方式
2018	1. 光照模式单一; 2. 黑暗中难定位	多功能灯	分别给出
2019	1. 不易清理,不卫生; 2. 压杆距离大,不便操作	压蒜器	分别给出

2011年专利代理师实务考试中的技术交底书一开始明确了需要解决的两个技术问题,包括"顶壁容易被尖刺部刺破隔挡片"和"饮料容易变质和用手除去封膜,使用不方便、不卫生"。通过改进的内置调味材料的"瓶盖组件"达到了同时解决上述两个技术问题的目的。"瓶盖组件"是该案所要保护的主题。

2012年专利代理师实务考试中的技术交底书一开始明确了需要解决的两个技术问题,包括"需要经常打开桶盖,导致保温效果不佳"和"蓄冷剂包固定放置或者冰块包不固定放置等带来的不便"。通过改进"冷藏桶"的技术方案达到了同时解决上述两个问题的目的。"冷藏桶"是本案所要保护的主题。

2013年专利代理师实务考试中的技术交底书也涉及两个技术问题。首先给出了最接近现有技术存在的技术问题,对于大型垃圾桶/箱,其内部由于"通风不畅容易导致垃圾缺氧而腐化发臭,不利于公共环境卫生"。通过"大型公用垃圾箱"的改进措施解决通风不畅的技术问题。"大型公用垃圾箱"是本案所要保护的主题。在对解决通风不畅,不利于公共环境技术问题的技术措施说明后,提出了"垃圾箱的导轨容易积尘从而卡住底板"的技术问题,以及为解决该技术问题采用"滤水板进一步设置成可活动的"的改进措施。

2014年专利代理师实务考试中的技术交底书,一开始给出了"噪声大,影响睡眠"和"反应不充分,空气净化不彻底"的技术问题。对于"噪声大,影响睡眠"的技术问题,技术交底书对"光催化空气净化器"的改进措施进行了描述。"光催化空气净化器"可以成为该案的主题。在解决第一个技术问题后,技术交底书继而给出了解决反应"不充分,空气净化不彻底"的技术问题的技术方案。

2015年专利代理师实务考试中的技术交底书,一开始给出了"拆装费时费力"和"紧固效果差"两个技术问题。针对这两个技术问题采用了"卡箍结构"的改进措施。"卡箍结构"是该案的主题。

2016年专利代理师实务考试中的技术交底书,一开始给出了"冲泡效果不佳"和"搅拌工具不方便、不卫生"两个技术问题。针对该问题采用了"一种改进的茶壶"的改进措施。"一种改进的茶壶"可以作为该案的主题。

2017年专利代理师实务考试中的技术交底书,一开始给出了"起钉费时费力"的技术问题,针对该问题提出了"一种起钉锤"的改进措施。"一种起钉锤"可以作为该案的主题。

2018年专利代理师实务考试中的实务技术交底书,一开始给出了"光照模式单一"的技术问题,针对该技术问题提出了"一种多功能灯"的改进措施,其可作为本案的主题。在对解决"光照模式单一"的技术问题进行说明后,给出了"在黑暗中难以定位"的技术问题,以及为解决该技术问题采用的设置荧光凸点的改进措施。

2019年专利代理师实务考试中的技术交底书,给出了现有技术存在的"不容易对压蒜器进行清理,不卫生"的技术问题。为解决该技术问题,采取了"一种压蒜器"的改进措施,其可以成为该案的主题。在对解决"不容易对压蒜器进行清理,不卫生"的技术问题的改进措施进行说明后,给出了"压杆距离大,不方便操作"的技术问题,以及为解决该技术问题采用的缩短上下压杆距离的改进措施。

根据表3-9可知,除2017年专利代理师实务考试外,其他年份的专利撰写均存在两个技术问题。对于两个不同的技术问题,应做好与不同技术问题相对应的两套技术方案。

(2)"圈"定独立权利要求的撰写素材,明确技术方案的主次关系。

通过第一步确定了技术问题和主题。在此基础上,应当进一步圈定解决该技术问题所利用的技术方案,明确为解决技术问题采用的技术方案在技术交底书中的位置。同时,初步理解为解决不同技术问题而采用的不同技术方案之间的主次关系。除2017年外,历年专利代理师实务考试中权利要求书撰写均涉及两个技术问题,为解决这两个技术问题,技术交底书通常会给出与之对应的两个技术方案。此时,需要判断这些技术方案之间属于并列关系还是从属关系。如果技术方案之间构成并列关系,通常情况下需要撰写两个相应的独立权利要求并涉及分案的判断问题。如果技术方案之间呈从属关系,则需要对解决主要技术问题的主要技术方案进行确认,并根据该主要技术方案撰写独立权利要求,该主要技术方案的主题,即为该独立权利要求的主题。而从属的技术方案则作为从属权利要求列入独立权利要求之后。对于主要技术方案的判断可以通过技术交底书描述的篇幅、详细程度、先后顺序等角度进行。技术交底书对于主要技术方案的描述通常在技术问题之后优先出现且篇幅长,较为详细。从属技术方案对于分别给出技术问题情形的,通常出现在第二个技术问题给出之后,篇幅较短、详细程度简略。对于一种技术方案存在多种实施例的情形,主要技术措施出现于在先的实施例中,从属技术措施出现于在后的实施例中。需要注意的是,对于技术交底书中提出需要解决两个以上的技术问题也可通过一个技术方案予以解决(如2016年专利代理师实务考试中的技术交底书,通过"在茶壶上安装搅拌工具"一个改进措施就解决了上述两种技术问题),该技术方案即为主要技术方案。

　　本书通过总结历年专利代理师实务考试中的技术交底书撰写方式,根据对技术方案描述的结构不同,将其分为"盖帽子式"技术交底书和"无帽子式"技术交底书。所谓"盖帽子式"技术交底书在结构上表现为:在提出技术问题后,直接针对该问题提出主要技术方案,该技术方案集中出现于技术问题之后的1~2段中,其所记载的内容基本能够解决主要的技术问题。在主要技术方案之后,是对主要技术方案中某些技术特征的记载,通常包括该技术特征的多种实施例。"盖帽子式"技术交底书从整体结构上呈总分式,技术方案之间有较为明确的主次关系。主要技术方案像"帽子"一样出现在技术交底书的开始处,故本书将其称为"盖帽子式"技术交底书。对于"盖帽子式"独立权利要求的撰写就是以"帽子"为依据,将其记载的技术方案作为撰写独立权利要求的主要材料。下例为典型的"盖帽子式"技术交底书材料结构。

示例(2014年专利代理师实务考试部分真题):

一种光催化空气净化器,它包括壳体1、位于壳体下部两侧的进风口2以及位于壳体上部两侧的出风口3。壳体底部设置有风机4,在壳体1内设置有第一过滤网5、第二过滤网6、光催化剂板7和紫外灯8。在该光催化空气净化器内还设置有消声结构9,大幅降低了风机和气流流动所产生的噪声。

如图1所示,消声结构9设置在第二过滤网6的上部,其由中央分流板10和一对侧导风板11组成。……

如图2所示,消声结构9是通过支架13安装在第二过滤网6上部的消声器12。……有效降低了净化器的噪声。

如图3所示,空气净化器的光催化剂板7是负载有纳米二氧化钛的三维蜂窝陶瓷网15,与多孔陶瓷板以及其他光催化剂板相比,增大了与气流的接触面积,反应充分,净化效果好。

如图4所示,空气净化器的光催化剂板7由壳体1内设置的螺旋导风片16所代替……催化反应充分,空气净化彻底。

在上述示例中,要解决噪声大、空气净化不彻底两个技术问题。在此之后记载了解决噪声大这一技术问题的技术方案。通过一系列技术特征的安排,达到了降低风机和气流流动所产生的噪声的技术效果。"如图1所示""如图2所示"之后分别记载了主要技术方案解决降低噪声问题的其他实施例。"如图3所示""如图4所示"之后分别记载了解决空气净化不彻底的技术方案的两种不同的实施例。结合篇幅、出现先后、描述详细度等因素,解决噪声大的技术问题所采用的技术方案是主要技术方案。同时,分析"如图1所示""如图2所示"之后的主要技术方

案的两个实施例,与主要技术方案存在从属关系,是对主要技术方案中
"消声结构"技术特征位置的进一步限定。"如图3所示""如图4所示"之
后的技术方案及其不同的两个实施例解决净化不彻底的技术问题。其
也是对主要技术方案中技术特征"光催化剂板"结构的进一步限定。主
要技术方案对后面内容形成了统摄,是本案的"帽子"。技术交底书中
"一种光催化空气净化器……设置有消声结构9"的部分可以成为撰写
独立权利要求的基础材料。该示例的技术交底书中的技术方案,如图
3-4所示。

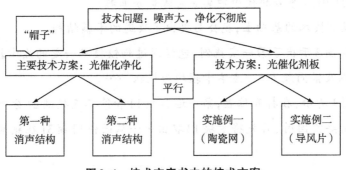

图3-4　技术交底书中的技术方案

　　"盖帽子式"技术交底书的撰写思路可以总结为:为解决技术交底书
中所有的技术问题,采取了两个以上技术方案。对解决最主要技术问题
的最主要技术方案的记载可作为独立权利要求撰写的材料。技术交底
书中记载了主要技术方案中的部分技术特征的多个实施例的,可以考虑将
多个实施例的共性概括进主要技术方案的独立权利要求,其他部分则写
入从属权利要求。对于解决次要技术问题的技术方案及实施例,可以考
虑将其共性进行概括,形成解决次要技术问题的独立权利要求。主次独
立权利要求撰写完成后,观察主案独立权利要求和次案独立权利要求是
否具有相同或者相应的特定技术特征,完成单一性判断。在此基础上,进
一步判断次案独立权利要求与主案独立权利要求的关系,如果次案独立
权利要求是对主案独立权利要求的进一步限定且为解决技术问题的必要

技术特征,则可将其共性概括进主案的独立权利要求。

"无帽子式"技术交底书的结构通常表现为:在技术问题之后记载的技术方案,从整体结构上看与后续的其他技术方案或者该技术方案的其他实施例是平行关系。每一个技术方案的多个实施例之间为平行关系,技术交底书记载的每个实施例均能够独立解决技术问题。因此,需要对解决同一个技术问题的同一个技术方案所涉及的多个实施例进行概括,从而形成独立权利要求。下例为典型的"无帽子式"技术交底书材料结构。

示例(2014年专利代理师实务考试部分真题):

在现有技术的基础上,我公司提出了改进的卡箍结构。

图1~图3示出了第一实施例,包括通过轴铰接在一起的左卡箍1和右卡箍2,以及紧固装置3。左右卡箍均为板状……。

如图1所示,在打开位置,第一连接端11和第二连接端21分开一定距离。当需要紧固时,首先将卡块13取出……从而使门锁31在锁紧位置保持稳定。

左右卡箍的圆弧内周面上设有凹槽,其内嵌有橡胶垫圈……增大了卡箍与管道间的抱紧力,进一步增大了卡箍与管道间的摩擦力,从而有效防止卡箍相对管道滑动,提高了卡箍的安全性。

图4、图5示出了第二实施例,包括卡箍带10和紧固装置3。……如图4所示,在安装时,将锁扣302卡入锁钩303……卡箍锁紧。若需要将卡箍松开,如图5所示,向上旋动锁盖301,锁扣302的一端随着锁盖301向上旋起……卡箍打开。

卡箍带10与管道接触的内表面套有一个橡胶圈(未示出),橡胶圈与管道接触的内环壁上设有点状凸起,以起到防滑的作用。

图6示出了第三实施例,包括上卡箍100,下卡箍200,螺杆5,和螺母7……。

安装时,转动螺杆螺母组件……拆卸时,只要松动螺母……打开卡箍。为了防止装配好后,螺杆螺母组件与卡箍相互脱落,U形开口6的两边向外弯折……进一步达到防脱落的目的。

在上例中，技术交底书在给出卡箍拆卸费力、不方便和紧固效果差两个技术问题后，直接给出了改进技术方案的主题。随后，平行给出三个解决该技术问题的实施例。三个实施例无主次关系，每个实施例均能独立解决技术问题。换言之，每个技术方案都可以成为独立权利要求。但是，如果将每个实施例都作为一个独立权利要求，则会导致保护范围过小。因此，对于"无帽子式"独立权利要求的撰写需要对每个实施例形成的独立权利要求进行分析，概括每个实施例共同的技术特征，形成独立权利要求。

"无帽子式"技术交底书通常在描述技术特征时具有以下标志性引导词。例如，在技术问题之后，出现"第一实施例""第二实施例""第三实施例"等描述，每个实施例之间是并列关系，需要在撰写独立权利要求时，对实施例进行概括，形成保护范围较大的独立权利要求。涉及多个实施例的技术交底书撰写，除重点关注"第X实施例"这种标志性引导词外。还可以通过阅读技术交底书，圈定每个实施例所解决的技术问题和技术效果的描述，确定构成每个实施例的技术方案，将其作为撰写每个独立权利要求的基础材料。例如，在上例中，可以找到下列关于技术问题和技术效果的描述。①通过第一实施例记载的技术方案实现"锁紧位置保持稳定"的技术效果；②在解决拆卸费力、不方便的技术问题的同时，通过在"凹槽内设置橡胶垫圈"的技术方案，达到了"防止卡箍相对管道滑动，提高了卡箍的安全性"的技术效果。因此，初步圈定，在上述两个技术效果之前描述的内容可以解决技术问题，可以作为第一实施例技术方案的撰写素材。技术问题与技术效果也是重要的引导词，其中记载的多为技术方案。同理，第二实施例、第三实施例也均可在技术交底书技术问题和技术效果找到相应的技术方案，从而分别圈定第二实施例和第三实施例对应的独立权利要求的撰写素材。

"无帽子式"技术交底书的撰写思路可以总结为：为解决技术交底书

中的技术问题,采用了多种技术方案。解决最主要技术问题的技术方案为最主要技术方案。最主要技术方案存在多个并列的实施例且这些实施例均可独立解决技术问题。此时,应对这些实施例的共性进行概括,形成主案的独立权利要求。而对次要技术问题对应的次要技术方案,如果存在多个实施例,则概括其共性,形成解决次要技术问题的独立权利要求,并判断其与主要技术方案的独立权利要求的单一性。如果概括地解决次要技术问题的独立权利要求是对主要技术方案独立权利要求中技术特征的限定,可以考虑将其纳入主要技术方案的独立权利要求。如果是非必要技术特征,则可以作为主要技术方案的从属权利要求。

在此需要特别说明的是,"盖帽子式"和"无帽子式"的划分是本书对技术交底书的结构所做的划分。"无帽子式"技术交底书的结构特征是在技术问题之后,平行给出能够解决技术问题的多个实施例,每个实施例均可独立撰写独立权利要求。而"盖帽子式"技术交底书的"帽子"部分,虽然可以作为撰写独立权利要求的直接素材,但也可能涉及对独立权利要求中某些技术特征的进一步优化的多个实施例。此时,需要借助"无帽子式"技术交底书对多个实施例的概括方式,对独立权利要求中的技术特征进行概括。换言之,在"盖帽子式"的技术交底书中,也可能存在某些技术特征的多个实施例,下例就是围绕技术特征"上盖"展开三个实施例的技术交底书结构。

示例(2012年专利代理师实务考试部分真题):

一种由硬质保温材料制成的冷藏桶,包括桶本体1、盖体2和上盖3。桶本体1的顶部开口,盖体2盖合在桶本体1的开口上,以打开和关闭该开口。盖体2上开有窗口4,上盖3能打开和盖合窗口4……最好以可拆卸的方式例如通过粘扣等与桶本体1连接。

如图1、图2所示,上盖3为圆形薄盖,盖合在盖体2上……将上盖3相对于盖体2水平转动,使窗口4完全露出,从而打开窗口4。

如图3、图4所示,上盖3为薄片状,其外形尺寸能盖住窗口4……将上盖3以竖直转轴6为轴相对于盖体2水平转动,从而打开窗口4。

如图5、图6所示,上盖3为薄片状,其外形尺寸能盖住窗口4,上盖3通过设置……将上盖3以水平转轴7为轴相对盖体2向上转动翻开,从而打开窗口4。

上例在结构上属于"盖帽子式"技术交底书,第一段即可作为独立权利要求撰写的素材。后续技术交底书分别以"如图1、图2所示""如图3、图4所示""如图5、图6所示"的引导词给出了针对上盖和打开桶盖的三种实施例。因此,在完成独立权利要求撰写时,应对三个实施例中上盖和打开桶盖的方法进行概括,纳入独立权利要求的技术特征。

综上所述,"盖帽子式"技术交底书应以"帽子"作为撰写独立权利要求的基本素材。如果技术交底书对独立权利要求书中的技术方案以其他实施例进行优化,则需要对这些实施例进行概括后融入独立权利要求。对于"无帽子式"技术交底书,则依据每个实施例的记载撰写独立权利要求,然后对每个独立权利要求的共同特征进行概括,形成权利要求书中的独立权利要求。

(3)"拣"选引导词为从属权利要求撰写和独立权利要求概括提供素材。

根据上文所述,在实务中,权利要求书撰写的实质是对技术交底材料、客户提供的现有技术内容进行提炼、选取合适内容,以及对权利要求书进行组合,并逐步优化的过程。对于独立权利要求的撰写素材,其在"盖帽子式"技术交底书中,主要来源于技术问题后对主要技术方案进行描述的部分。在"无帽子式"技术交底书中,独立权利要求书撰写素材来源于具有平行独立关系的实施例。

当然,除需要撰写独立权利要求外,还需要撰写一定数量的从属权利要求。由于从属权利要求是对独立权利要求的进一步限定。因此,技术交底书中记载的"优选方案"、列举的"具体示例""材料"等用语需要特别注意,在阅读技术交底书并进行撰写时,应将其标注出来,作为从属权利要求的撰写素材。下例为涉及"需要说明的是""有多重选择""最好""例如""可以""优选的"等引导词的具体情形。

示例：

①需要说明的是，对于以上两种实施方式，容置腔室的具体结构有多种选择。如图1和图4所示，容置腔室由顶壁、侧壁和隔挡片围合形成，其中隔挡片固定于侧壁内侧的环状凸缘上。

②作为冷源的若干个密封的冰块包或蓄冷剂包放置在桶本体1内，最好以可拆卸的方式，例如通过粘扣等与桶本体1连接。

③可以采用现有技术中的已知手段，例如通过相互配合的粘扣、磁性件等使上盖3紧密盖合在盖体2上，以获得更好的冷藏效果。此外，窗口4的大小可以设置成不同规格，以适应取、放不同物品的需要。

④支撑部4可以是半球形等各种形状。优选的为板状并且两端具有弧形支撑面，这样可以增大支点的接触面积。

上例第①段中可以明显看出，技术交底书对上文介绍的两种实施例做了进一步优化。在其中，介绍了容置腔室的结构可以有多种选择，并具体介绍了一种结构。重点提示词为"需要说明"和"多种选择"，通过这两个词语引导出后面更优的技术方案，可以作为从属权利使用。

上例第②段中给出了冷源与桶本体"以可拆卸的方式"作为连接的优化手段，并且记载了可拆卸连接方式可以通过"粘扣"实现的具体示例。连续出现引导词且技术方案本身具备从属关系，可以作为两个从属权利要求的素材。

上例第③段中，分别以"例如""可以"作为优化技术方案的引导词，可以将粘扣、磁性件作为上盖和盖体连接的优化方案；也可以将窗口大小设置为不同规格，作为对窗口技术特征的进一步限定。

上例第④段中出现了"可以"的引导词。除此之外，"优选的"引导词直接表明了其后面出现的内容是对已有技术方案的进一步优化，可以作为从属权利要求对技术特征所做进一步限定。独立权利要求的技术特征"支撑部"被限定为半球形等各种形状。同时，通过"优选的"引导词强调，当支撑部为板状并且连段具有弧形支撑面时，技术效果能够达到最佳。因此，在技术交底材料中，除"可以""优选的"等引导词外，如果出现了对技术特征形状的限定，也可以作为从属权利要求的撰写材料。

同时，需要注意的是，涉及多个实施例的独立权利要求的概括是对各个实施例的抽象概括，从而使独立权利要求的保护范围不仅局限于一个实施例所描述的单一技术方案，而是将一系列与之具有共性的技术方案均纳入独立权利要求的保护，从而使独立权利要求的保护范围达到最大。因此，在撰写时，要结合技术方案的内容，在技术交底材料中标示技术特征的概括词，为独立权利要求概括之用。下例为涉及概括词"调节螺杆"的具体情形。

示例：

虽然在本申请的实施例二到实施例四中，调节支撑部高度的装置均采用调节螺杆，但是在不偏离本发明实质内容的基础上，其他具有锁定功能的可伸缩调节机构，例如具有多个卡位的卡扣连接结构、具有锁定装置的齿条传动结构等都可以作为调节装置应用于本发明。

上例的技术交底书在技术问题后记载了四个解决技术问题的实施例且其为独立、平行的关系。故可初步判断，本案的独立权利要求需要进行概括。因此，应关注对多个实施例共有技术特征的引导词。上例中记载"申请的实施例二到实施例四中，调节支撑部高度的装置均采用调节螺杆"，由此可以看出，该句记载了实施例二到实施例四均采用了可以调节支撑部高度的调节螺杆的技术特征。从字面含义上看，"调节螺杆"是一种具体的部件，其虽然可以达到解决技术问题的目的，但是如果将其写入独立权利要求会使保护范围过窄。进一步阅读技术交底书可知，采用"具有锁定功能的可伸缩调节机构"可以起到与"调节螺杆"相同的作用，并不偏离本案的内容实质。"调节螺杆"可以理解为众多可伸缩调节机构的一种,用"可伸缩调节机构"替换"调节螺杆"在解决技术问题的同时,还能够扩大独立权利要求的保护范围。同时,还要注意到,在概括词出现后,技术交底书又进一步对"可伸缩调节机构"进行了限定,出现了引导词"例如","例如"之后"多个卡位的卡扣连接结构、具有锁定装置的齿条传动结构"是对可伸缩调节机构的进一步限定,可以作为从属权利要求的素材。

本书通过上述多个示例介绍了技术交底书中常出现的引导词,包括但不限于"需要说明的是""有多重选择""最好""例如""可以""优选的"等。除此之外,凡涉及具体的形状、颜色、材料等也可视为引导词。引导词之后往往为对技术方案的进一步优化,可以作为从属权利要求的撰写素材。同时,若涉及"无帽子式"技术交底书的多个实施例,或者在"盖帽子式"技术交底书的"帽子"下存在针对主要技术方案的多个实施例,则需要对独立权利要求书进行概括。概括的本质是将多个实施例的共性进行抽象,可以在技术交底书中寻找概括词,如上例所示,当出现如"实施例二到实施例四"类似表述时,可以从后续内容中锁定概括用语。

(4)"分"申请主题之间是否属于一个总的发明构思。

除根据技术交底书记载的篇幅长短、详细程度、先后顺序,确定要保护的最主要技术方案的主题外,还要确定其他次要技术方案的主题,判断其是否属于一个总的发明构思。如果多项技术方案属于一个总的发明构思,则具备单一性可以作为一件申请提出。如果不具备单一性则应另行提起申请,同时撰写另一份申请的独立权利要求。对于技术方案是否属于一个总的发明构思的判断可以分为两步:第一步,确定技术问题,如果技术问题为两个以上则可能存在单一性判断的可能;第二步,分别撰写解决两个技术问题的独立权利要求,判断其是否具有相同或者相应的特定技术特征。

2. 独立权利要求的撰写步骤——"盖帽子式"技术交底书

在明确上述专利权利要求书的撰写思路和做好撰写准备的基础上,即可进入独立权利要求的撰写。独立权利要求的撰写步骤是"看—圈—

拣一分"。本书结合2016年专利代理师实务考试中一份完整的技术交底书,对"盖帽子式"独立权利要求书具体的撰写步骤予以说明。下为技术交底书全文。

①茶叶在冲泡过程中,一般需要数十秒到数分钟,才能使其味道浸出。保证茶叶的浸出时间,对于泡出香味浓郁的茶水非常重要。当突然来了客人需要泡茶时,往往会因为茶叶的浸泡时间不足,而造成茶水的色、香、味过于清淡。对此,通常采取的方法都是用筷子或勺子放入茶壶中搅拌。但是,一方面,寻找合适的搅拌工具很不方便;另一方面,使用后的搅拌工具没有固定地方放置,经常被随意地放在桌上,很不卫生。

②在现有技术的基础上,我公司提出了一种改进的茶壶。

③如图1所示的茶壶,在壶身101的侧面设有壶嘴102和壶把103。壶身101的上部开口处具有壶盖104。壶盖104的中央安装有抓手105。在抓手105的旁边有一个穿透壶盖的通气孔H,在通气孔H中贯穿地插入一搅拌工具110。

④如图2所示,搅拌工具110具有杆部111、搅拌部112和把手114。杆部111可自由地穿过通气孔H,并可在通气孔H内拉动和旋转。杆部111的前端可拆卸地安装有把手114,后端一体成型有搅拌部112。搅拌部112的形状可以采用现有搅拌工具的形状,但这样的形状在茶水中的移动速度慢,不利于茶叶的快速浸出。优选地,搅拌部112为螺旋形,在杆部111的轴向上保持规定的间距而螺旋形延伸。螺旋的内侧空间还可以容纳水质改良剂。例如,将由天然石头做成的球体放入搅拌部112,可以从球体中溶出矿物质成分,使茶的味道更加温和。

⑤使用茶壶时,如图1所示,在壶身101内放入茶叶,倒入适量的热水浸泡茶叶。在茶壶中倒入热水后,立即盖上壶盖104。在盖着壶盖104的状态下,拉动和旋转搅拌工具110。在茶壶内,随着搅拌工具110的运动,茶叶在热水中移动,茶叶的成分可以迅速在整个热水中扩散。将搅拌工

具110上下移动时,搅拌部112还可以起到泵的作用,在茶壶内部促使茶水产生对流,因此,可以高效地泡出味道浓郁且均匀的茶水。

⑥图3示出了另一种搅拌工具210。搅拌工具210具有杆部211、搅拌部212和把手214。把手214与杆部211可拆卸连接,杆部211的轴周围伸出螺旋形的叶片板形成螺旋形的搅拌部212,所述杆部211与所述搅拌部212一体成型。

⑦图4为另一种结构的搅拌工具310。搅拌工具310具有杆部311、搅拌部312和把手314。杆部311与把手314一体成型,与搅拌部312间可拆卸连接。搅拌部312的上端固定有十字接头316。杆部311的下端插入十字接头316的突出部。搅拌部312可以使用弹性材料制成,由于弹性材料的作用,螺旋形搅拌部容易变形,使搅拌更容易进行。

⑧带有搅拌工具的茶壶,结构简单,成本低廉,操作方便。将搅拌工具插入通气孔H,拉动和旋转把手,杆部带动搅拌部对壶身内的茶水和茶叶进行搅拌,可以使容器内有效地产生对流,方便地完成茶叶的冲泡。其利用了茶壶上现有的通气孔,将搅拌工具安装在茶壶上,不需要改变茶壶的结构就可以方便卫生地实现对茶叶的搅拌操作。

(1)确定技术方案要解决的技术问题及保护的主题。

通过阅读技术交底书第①段,确定本方案的技术问题是,"搅拌不充分"和"搅拌工具放置不卫生";技术交底书第②段,直接明确了一种改进的茶壶为涉案专利保护的主题。

(2)明确技术交底书结构、圈定撰写独立权利要求和从属权利要求的基础素材。

在确定技术问题和主题后,进一步观察判断技术交底材料的结构。通过观察可以看出,技术交底书整体上为"盖帽子式"。技术交底书第③段给出了一套完整的茶壶结构的技术方案;第④段对上一段中的技术特征"搅拌工具"的结构进行了进一步的限定;第⑤段载明了第③段和第④段所述结构的运作方式且最终达到了可以高效泡出味道浓郁且均匀的茶水的技术效果。从篇幅、技术方案的详略程度进行判断,冲泡效果不佳是最主要的技术问题,第③~⑤段是最主要技术方案。其中,第③段所记载的全部技术特征可以解决技术问题;第④段是对第③段技术特征"搅拌工具"的进一步限定,存在将具有共性的必要技术特征并入独立权利要求或者作为从属权利要求的可能;第⑥段和第⑦段是"搅拌工具"的两种不同实施例,是对最主要技术方案中"搅拌工具"技术特征的进一步限定,对于这两段所载的技术方案,存在概括后并入独立权利要求或作为从属权利要求的可能。

通过上述分析可知,该技术交底书属于"盖帽子式"结构,技术方案之间呈现主次关系。"搅拌工具"除作为独立权利要求中的必要技术特征外,说明书中也记载了关于其结构的多种实施例。第③、④段可以成为撰写独立权利要求的基础材料。后续部分在概括共同的技术特征后,其他限定内容可作为撰写从属权利要求的基础材料。

(3)圈定重要引导词。

上文已经对技术交底书中重要引导词进行了介绍,以下将根据引导词的功能不同,进一步划分为问题效果类引导词、从属权利类引导词、概括类引导词三种(表3-10)。

表3-10　重要引导词类型

问题效果类	从属权利类	概括类
①过于清淡	④搅拌部112的形状可以采用现有搅拌工具的形状(形状)	⑥另一种搅拌工具210
①寻找工具不方便,搅拌工具没有固定地方放置,不卫生	④优选地,搅拌部112为螺旋形(优选的+形状)	⑦另一种结构的搅拌工具310

续表

问题效果类	从属权利类	概括类
②一种改进的茶壶	④例如,将由天然石头做成的球体放入搅拌部112(例如+材料)	④杆部111可自由地穿过通气孔H,并可在通气孔H内拉动和旋转
⑤可以高效泡出味道浓郁且均匀的茶水	⑦搅拌部312可以使用弹性材料制成	⑤拉动和旋转搅拌工具110
⑦使搅拌更容易进行	—	⑧将搅拌工具穿入通气孔H,拉动和旋转把手
⑧带有搅拌工具的茶壶,结构简单,成本低廉,操作方便……方便地完成茶叶的冲泡	—	—
⑧可以方便卫生地实现对茶叶的搅拌操作	—	—

注:标注的序号为引导词出现的段落标号。

根据表3-10可知,问题效果类引导词明确了技术方案所要解决的技术问题。该类引导词所引导出的内容表明,通过实施技术交底书中的技术方案使技术问题得以解决。问题与效果记载的内容为解决技术问题的技术方案及工作原理。同时,不同的技术问题对于单一性的判断提供指引。

据前文所述,从属权利类引导词包括"需要说明的是""有多重选择""最好""例如""可以""优选的",具体的形状、颜色、材料等词语。本例中出现了包括"形状""优选的""材料""例如"等从属权利类引导词,可备选作为从属权利要求的撰写素材。

概括类引导词"另一种搅拌工具""另一种结构的搅拌工具"是典型的实施例,由于其在内容上是对最主要技术方案中"搅拌工具"的进一步限定,在对共同特征进行概括后备选进入独立权利要求,对于非共同的技术特征则作为从属权利要求的素材。

而对于"杆部 111 可自由地穿过通气孔 H""并可在通气孔 H 内拉动和旋转""拉动和旋转搅拌工具 110""将搅拌工具穿入通气孔 H，拉动和旋转把手"四个引导词的选定是为最后独立权利要求的概括词的确定提供素材。例如，上文 2017 年专利代理师实务考试真题主题为"一种起钉锤"的示例中，多次出现"调节螺杆"的技术特征，以及在文末出现了"具有锁定功能的可伸缩调节机构可以起到与调节螺杆相同的作用，并不偏离本案的内容实质"的表述。因此，用"可伸缩调节机构"替换"调节螺杆"概括入独立权利要求。本例中"拉动和旋转"出现 3 次，"通气孔 H"出现 3 次，"搅拌工具或杆部"共出现 3 次，"穿过或穿入"出现 2 次。对于上述重复出现的重要引导词应备选概括入独立权利要求。

（4）将技术交底书的最主要技术方案的技术特征与客户提供的涉案专利、最接近现有技术进行对比，确定共有特征，找出区别特征。

上例中，技术交底书的第③段为撰写独立权利要求的最基础材料。将技术交底书第③段记载的最主要技术方案的技术特征拆分，如表 3-11 所示。❶

表 3-11　技术方案的技术特征拆解

最主要技术方案	涉案专利	最接近现有技术 第一实施例	最接近现有技术 第二实施例
壶身	壶身	杯体	杯体

❶ 技术交底材料：在壶身 101 的侧面设有壶嘴 102 和壶把 103。壶身 101 的上部开口处具有壶盖 104。壶盖 104 的中央安装有抓手 105。在抓手 105 的旁边有一个穿透壶盖的通气孔 H，在通气孔 H 中贯穿地插入一搅拌工具 110。

法条题部分涉案专利权利要求 1：一种茶壶，包括壶身、壶嘴、壶盖及壶把，其特征在于，壶盖底面中央可拆卸地固定有一个向下延伸的搅拌棒。

最接近现有技术第一实施例：杯盖 21A、搅拌棒 22A 和杯体 23A，搅拌棒 22A 位于杯盖 21A 的内侧，并与杯盖一体成型。搅拌棒 22A 的端部可插接一桨形搅拌部 24A。

最接近现有技术第二实施例：实用新型的多功能杯子的另一个实施例，包括杯盖 21B、搅拌棒 22B 和杯体 23B。所述搅拌棒 22B 的头部呈圆柱形。杯盖 21B 的内侧设有内径与搅拌棒 22B 的头部外径相同的插槽，搅拌棒 22B 的头部插入杯盖 21B 的插槽内。搅拌棒 22B 采用可弯折的材料制成，其端部弯折出一个搅拌匙以形成搅拌部。

最主要技术方案	涉案专利	最接近现有技术第一实施例	最接近现有技术第二实施例
壶嘴	壶嘴	—	—
壶把	壶把	—	—
壶盖	壶盖	杯盖	杯盖
壶盖的中央安装有抓手	壶盖底面中央可拆卸地固定有一个向下延伸的搅拌棒	搅拌棒与杯盖一体成型	搅拌棒22B的头部插入至杯盖21B的插槽内
抓手的旁边有一个穿透壶盖的通气孔H	搅拌棒的端部可拆卸地固定有搅拌部	搅拌棒22A的端部可插接一桨型搅拌部	搅拌棒端部弯折出一个搅拌匙以形成搅拌部
通气孔H中贯穿地插入一搅拌工具	—	—	—

表3-11对技术交底书中最主要技术方案的技术特征进行了拆分。同时,选取了客户提供的涉案专利和最接近现有技术的两个实施例。将其技术特征进行对比后发现,涉案专利与技术交底书相同的技术特征更多,包括:壶嘴、壶盖、壶把、壶身、搅拌工具。因此,以上特征为技术交底书中最主要技术方案的共有特征。壶盖的中央安装有抓手,抓手的旁边有一个穿透壶盖的通气孔H,通气孔H中贯穿地插入为区别技术特征。

(5)撰写最主要技术方案的独立权利要求,完成独立权利要求的划界。

该步骤是真正意义上开始着笔于独立权利要求的撰写。如前文所述,独立权利要求撰写的本质是对技术交底材料、涉案专利及对比文件的记载内容进行提炼,选取合适的部分,进而组合权利要求的过程。撰写过程是一个去粗取精,逐步调整优化的过程。具体撰写步骤如下:

第一步对技术交底书的最主要技术方案进行拆分,形成独立权利要求的最基本框架。拆分是将技术交底材料中所记载的每一个技术特征拆解出来,这一步骤在技术特征对比中已经完成。为了清楚起见,首次拆分可以仅拆解部件类的技术特征。技术交底书中的技术方案为：

在壶身 101 的侧面设有壶嘴 102 和壶把 103。壶身 101 的上部开口处具有壶盖 104。壶盖 104 的中央安装有抓手 105。在抓手 105 的旁边有一个穿透壶盖的通气孔 H，在通气孔 H 中贯穿地插入一搅拌工具 110。

通过上文可以拆分出茶壶（主题）的部件有，壶身、壶嘴、壶把、壶盖、抓手、通气孔、搅拌工具等。

第二步对独立权利要求进行划界。对权利要求的组装应在技术交底书提供的材料上进行。划界就是将第四步技术特征对比后的共有部分与特征部分分别写入独立权利要求"一种×××，包括×××，其特征在于×××"的结构中。共有部分写入"其特征在于"之前，特征部分则写入"其特征在于"之后。将技术交底书按照独立权利要求的结构进行改写，改写后的独立权利要求为：

一种茶壶，包括壶身 101 的侧面设有壶嘴 102 和壶把 103。壶身 101 的上部开口处具有壶盖 104。壶盖 104 的中央安装有抓手 105。其特征在于，在抓手 105 的旁边有一个穿透壶盖的通气孔 H，在通气孔 H 中贯穿地插入一搅拌工具 110。

在此基础上，可以去除共有部分技术特征的位置关系和连接关系，只保留有关部件的技术特征。在"其特征在于"表述之后为区别技术特征，应注意必须保留位置关系和连接关系，从而将各个技术特征的关系详细、准确地表达出来。整理后的独立权利要求为：

一种茶壶，包括壶身、壶嘴、壶把、壶盖、抓手，其特征在于，在抓手的旁边有一个穿透壶盖的通气孔 H，在通气孔 H 中贯穿地插入一搅拌工具。

　　第三步对独立权利要求进行润色,验证独立权利要求可以解决技术问题。结合技术交底材料,判断撰写的独立权利要求能否解决技术问题,是否缺少解决技术问题的必要技术特征。示例要解决的最主要技术问题是搅拌不充分(次要问题是拿取不方便、不卫生)。当前的独立权利要求给出了一个茶壶的完整结构,在该结构上加入"穿透通气孔的搅拌工具"的技术特征,通过搅拌工具的搅拌解决搅拌不充分的问题。试想如果搅拌工具通过通气孔贯穿插入壶中后无法进行搅拌,则技术问题势必无法得到解决。因此,目前撰写的独立权利要求尚不能解决技术问题,缺少必要技术特征,需要进一步补充。

　　根据技术交底书第④段记载可知,其不仅对独立权利要求中技术特征"搅拌工具"进行了限定,明确了其是由杆部、搅拌部、把手三个部件组成的搅拌工具。还对"杆部"特征的连接关系和位置关系进行限定。"杆部"可自由穿过通气孔且可以在通气孔内拉动和旋转。由此可以看出,杆部在通气孔内的拉动和旋转是解决搅拌不充分问题的关键,即解决该技术问题的必要技术特征,应当写入独立权利要求。补入必要技术特征的独立权利要求为:

　　一种茶壶,包括壶身、壶嘴、壶把、壶盖、抓手、搅拌工具,其特征在于,在抓手的旁边有一个穿透壶盖的通气孔H,在通气孔H中贯穿地插入一搅拌工具,搅拌工具可以拉动和旋转。

　　技术交底书第④段"拉动和旋转"后续记载的内容是对搅拌工具结构的进一步限定,并且出现了形状、材料等明显的从属权利要求的引导词,不会出现需要并入独立权利要求的技术特征,可以通过引导词来排除干扰。

　　第四步判断独立权利要求是否具备新颖性、创造性,以及是否混入非必要技术特征。此时独立权利要求的撰写已初具规模,应对其新颖性、创造性进行判断。由于在撰写前已经对技术交底书所记载的技术特征进行了拆分,对比了其与现有技术的技术特征并完成划界。因此,独立权利要求具备新颖性和创造性不存在太大疑问。此步骤的关键是判断目前的独立权利要求中的技术特征在满足不缺少必要技术特征以使技术问题得以解决后,是否混入了非必要技术特征。如果独立权利要求中存在非必要技术特征,需将其删除。

此处特别强调,撰写的独立权利要求中不应混入非必要技术特征。如果不能完全确信将非必要技术特征排除于独立权利要求中,至少要确保非必要技术特征不出现于独立权利要求的共有部分,否则会对撰写质量产生极大的影响。换言之,此时应对独立权利要求的每一个技术特征进行分析,将与解决技术问题无关的技术特征排除在独立权利要求之外,特别是独立权利要求的共有特征部分不要混入非必要技术特征。

通过进一步阅读技术交底书第③、④段可知,本技术方案是利用搅拌工具穿过壶盖上的通气孔继而在通气孔中能够进行搅拌的技术原理解决技术问题的。包括壶身、壶嘴、壶盖、壶把在内的完整的茶壶结构是必要的,缺少任何一个部件的茶壶便难以谓之茶壶。同时,搅拌工具及壶盖上的通气孔及其为搅拌工具预留的旋转空间也是必要的,其为实现搅拌功能的必要特征,缺少该特征将无法解决搅拌不充分的技术问题。此时,可以结合说明书附图●(图3-5)验证该结论,上述技术特征缺一不可。

图3-5 说明书附图

● 2016年专利代理师实务考试真题。

此时可以发现,现有独立权利要求中的"抓手"特征对于解决技术问题并非必不可少的。可以通过假设法进行验证,如果缺少"抓手"特征,茶壶的壶盖可能不易开启,但茶壶本身的装水功能不会受到影响,搅拌工具的搅拌功能也不会受到影响,搅拌不充分和不方便、不卫生的技术问题仍然可以被解决。因此"抓手"属于非必要技术特征,应当从独立权利要求中删除。独立权利要求修订前后对比,如表3-12所示。

表3-12 独立权利要求修改前后对比

修订前	修订后
一种茶壶,包括壶身、壶嘴、壶把、壶盖、抓手、搅拌工具,其特征在于,在抓手的旁边有一个穿透壶盖的通气孔H,在通气孔H中贯穿地插入一搅拌工具,搅拌工具可以拉动和旋转	一种茶壶,包括壶身、壶嘴、壶把、壶盖、搅拌工具,其特征在于,有一个穿透壶盖的通气孔H,在通气孔H中贯穿地插入一搅拌工具,搅拌工具可以拉动和旋转

上述修订后的独立权利要求删除了共有特征部分的"抓手"和特征部分抓手与通气孔的位置关系。删除了独立权利要求中的非必要技术特征。

(6)通过概括类引导词对独立权利要求进行概括。

撰写至此已经形成较为完备的独立权利要求,该权利要求具备新颖性和创造性,且不缺少必要技术特征,非必要技术特征也未混入独立权利要求。在此基础上,为了尽可能扩大技术方案的保护范围,可以以技术交底书中概括类引导词后记载的提示性信息,尝试对独立权利要求进行概括。对于概括的线索,本书认为可以从两个方面寻找:一是从概括类引导词入手,观察技术交底材料中关于实施例的列举,段末或者文末重复出现的概括类词语均可作为是否需要概括的依据;二是从技术交底书的结构入手,如果是"盖帽子式"技术交底书(如上文示例1,"盖帽子式"技术交底书),

从上文所述撰写思路出发❶，分析最主要技术方案和多个实施例的关系，判断是否需要概括。上文技术交底书中概括类引导词包括：第⑥段另一种搅拌工具；第⑦段另一种结构的搅拌工具；第④段杆部可自由地穿过通气孔 H，并可在通气孔 H 内拉动和旋转；第⑤段拉动和旋转搅拌工具；⑧段将搅拌工具穿入通气孔 H，拉动和旋转把手等概括类引导词可以为概括提供素材和依据。

技术交底书第⑥、⑦段是对独立权利要求中必要技术特征搅拌工具的进一步改进的实施例。分别载明了一种可拆卸结构的搅拌工具和一体成型的搅拌工具。二者由于结构不同，不具备可以概括入独立权利要求的共同特征。同时，由于其属于对独立权利要求中"搅拌工具"特征的进一步限定，可以考虑将其写入从属权利要求。在上文技术交底书中，并未就解决次要问题形成独立解决次要问题的独立权利要求，因此不存在次案独立权利要求并入主案的情况。

通过分析技术交底书第④、⑤、⑧段，其中第④段已经作为独立权要求的必要技术特征被写入独立权利要求。且第④段中"拉动和旋转"的提示词在后续中重复出现，特别是根据第⑧段结尾处的记载"带有搅拌工具的茶壶，结构简单，成本低廉，操作方便。将搅拌工具穿入通气孔 H，拉动和旋转……"，将由拉动和旋转带来的技术效果进行总结，使技术问题得到彻底解决。"拉动和旋转"可以作为概括词并入独立权利要求。最后，撰写的独立权利要求为：

---

❶ "盖帽子式"技术交底书的撰写思路：对解决最主要问题的最主要技术方案中的部分技术特征会出现多个实施例。可以考虑将多个实施例的共性概括进主要技术方案的独立权利要求之中，其他部分则写入从属权利要求。对于解决次要技术问题的技术方案及多个实施例，可以考虑将其共性进行概括，形成解决次要技术问题的独立权利要求。权利要求撰写完成后观察主案独立权利要求和次案独立权利要求是否具有相同或者相应的特定技术特征，完成题目中单一性判断的问题。在此基础上，进一步判断次案独立权利要求与主案独立权利要求的关系，如果次案独立权利要求是对主案独立权利要求的进一步限定且为解决技术问题的必要技术特征，则可将其共性概括进入主案的独立权利要求。

一种茶壶,包括壶身、壶嘴、壶把、壶盖、搅拌工具,其特征在于,通气孔位于壶盖上,所述搅拌工具贯穿地插入通气孔中,搅拌工具可以拉动和旋转。

(7)整理检查。

至此,独立权利要求全部撰写完毕。最后,对撰写后的独立权利要求进行检查。检查的内容包括独立权利要求的新颖性、创造性、是否缺少必要技术特征,以及在独立权利要求中不要混入非必要技术特征。若确实对非必要技术特征的判断存在困难,至少要确保在独立权利要求的共有部分,不要混入非必要技术特征。除此之外,对概括所使用的词语进行检查,尽量使用技术交底书中的概括类引导词。

综上所述,"盖帽子式"技术交底书提供的技术方案可以按照上述7个步骤撰写其独立权利要求。从上述7个步骤中不难看出,独立权利要求撰写的本质是在明确技术方案主从关系的基础上,围绕技术问题和技术效果的主线对技术交底书中的信息进行排列组合和概括的过程,撰写的素材均应来源于材料。按照上述步骤可以撰写出符合要求的独立权利要求。表3-13是将参考答案中的独立权利要求与按照7步撰写而成的独立权利要求的对比。

表3-13　独立权利要求撰写对比

参考答案中的独立权利要求	按7步撰写而成的独立权利要求
一种茶壶,包括壶身、壶嘴、壶把、壶盖、搅拌工具,所述壶盖上设置有一个穿透壶盖面的通气孔,其特征在于,所述搅拌工具穿过所述通气孔,并在通气孔中拉动和旋转	一种茶壶,包括壶身、壶嘴、壶把、壶盖、搅拌工具,其特征在于,通气孔位于壶盖上,所述搅拌工具贯穿地插入通气孔中,搅拌工具可以拉动和旋转

3. 从属权利要求的撰写步骤

独立权利要求撰写完成后,还需要撰写一定数量的从属权利要求。通常情况下,建议撰写10~12条从属权利要求。从属权利要求撰写的素材均应来源于技术交底书,在撰写时应根据技术特征之间的关系进行合理安排。

(1)从属权利要求的撰写应注意以下五点。

第一,若独立权利要求中的技术特征是由多个实施例的共同技术特征概括而来,则说明书中记载的有关多个实施例的其他非共同技术特征可以成为撰写从属权利要求的素材。

第二,可以从"概括类"引导词,"从属权利类"引导词("需要说明的是""有多重选择""最好""例如""可以""优选的",具体的形状、颜色、材料等)中确定从属权利的撰写素材。

第三,注意从属权利要求与独立权利要求,以及与其他从属权利要求的层次关系。从属权利的保护范围应层层递进,逐渐缩小。通常情况下,从属权利要求可以按照技术交底书记载内容的先后顺序进行撰写。

第四,从属权利要求的撰写内容应忠于技术交底书,以避免得不到说明书支持的情况。当独立权利要求不具备新颖性、创造性时,从属权利要求能够通过其对独立权利要求技术特征所做的限定和改进形成完整的技术方案,以保证权利要求整体的新颖性、创造性。

第五,从属权利要求在撰写形式上应符合《专利法》《专利法实施细则》《专利审查指南2023》中所有权利要求撰写的规定。从属权利要求的主题应与独立权利要求保持一致;在后的从属权利要求只能引用在前的从属权利要求;从属权利要求只能择一引用;在后的多项从属权利要求不能引用在前的多项从属权利要求等。

(2)从属权利要求撰写过程。

从属权利要求1的撰写过程以独立权利要求为出发点,根据技术交底书记载的主从关系层层推进。

1. 一种茶壶,包括壶身、壶嘴、壶把、壶盖、搅拌工具,其特征在于,通气孔位于壶盖上,所述搅拌工具贯穿地插入通气孔中,搅拌工具可以拉动和旋转。此为本案的独立权利要求1。

从属权利要求2的撰写素材来源于技术交底书第④段"搅拌工具110具有杆部111、搅拌部112和把手114"的记载。其是对搅拌工具结构的进一步限定,可以将其撰写为一个引用独立权利要求的从属权利要求。

2. 根据独立权利要求1所述茶壶,其特征在于,所述搅拌工具具有杆部、搅拌部和把手。

从属权利要求3的撰写素材来源于技术交底书第④段"杆部111的前端可拆卸地安装有把手114,后端一体成型有搅拌部112"的记载。其对权利要求2杆部的技术特征作进一步限定,为了避免缺乏引用基础的问题,权利要求3应对权利要求2进行引用。

3. 根据权利要求2所述茶壶,其特征在于,所述杆部前端可拆卸地安装有把手。

从属权利要求4的撰写素材来源于技术交底书第④段"搅拌部112的形状可以采用现有搅拌工具的形状。优选地,搅拌部112为螺旋形,在杆部111的轴向上保持规定的间距而螺旋形延伸"。"形状"和"优选地"是明显的从属权利要求引导词。

4. 根据权利要求2所述茶壶,其特征在于,所述搅拌部为螺旋形,在杆部的轴向上保持规定的间距而以螺旋形延伸。

从属权利要求5的撰写素材来源于技术交底书第④段"螺旋的内侧空间还可以容纳水质改良剂"。其对权利要求4搅拌部为螺旋形的技术特征做了进一步限定。

5. 根据权利要求4所述茶壶,其特征在于,所述螺旋内侧空间可以容纳水质改良剂。

从属权利要求6的撰写素材来源于技术交底书第④段"例如,将由天然石头做成的球体放入搅拌部112"。"例如""材料"是明显的从属权利要求引导词。其对权利要求5提到的水质改良剂进行了限定。

6. 根据权利要求5所述茶壶,其特征在于,所述水质改良剂由天然石头而制成。

从属权利要求7的撰写素材来源于技术交底书第⑥段"杆部211的轴周围伸出螺旋形的叶片板形成螺旋形的搅拌部212"。其是对螺旋形搅拌部进一步限定,并进一步描述了螺旋形搅拌部是如何形成的。螺旋形搅拌部出现于在前的从属权利要求4,注意避免缺乏引用基础的问题。

7. 根据权利要求4所述的茶壶,其特征在于,所述螺旋形搅拌部是在杆部的轴周围伸出螺旋形的叶片板而形成的。

如前文所述,技术交底书第⑥、⑦段均出现了概括类引导词"另一种搅拌工具和另一种结构的搅拌工具310"。并且分别给出了相同的构成搅拌工具的结构,即搅拌工具由杆部、搅拌部和把手组成。

从属权利要求8的撰写素材来源于技术交底书第⑥段"把手214与杆部211可拆卸连接,所述杆部211与所述搅拌部212一体成型"。其是对搅拌工具结构的进一步限定的一种实施例。此时,可以向上观察在前的从属权利要求及其之前的引用关系,从属权利要求8在分别引用权利要求2、3、4、5、6、7时均符合从属权利要求撰写的形式要求。

8. 根据权利要求2~7任意一项所述的茶壶,其特征在于,所述把手与所述杆部可拆卸连接,杆部和搅拌部一体成型。(特别说明,若不确定从属权利要求的引用关系,也可引用上述任意一项权利要求)

同理,从属权利要求9的撰写素材来源于技术交底书第⑦段"杆部311与把手314一体成型,与搅拌部312可拆卸连接"。为了准确起见可以将具有甲板部的从属权利要求2作为被引用的从属权利要求。

9. 根据权利要求2所述的茶壶,其特征在于,所述杆部和把手一体成型,所述杆部和搅拌部可拆卸连接。

从属权利要求10的撰写素材来源于技术交底书第⑦段"搅拌部312的上端固定有十字接头316。杆部311的下端插入十字接头316的突出部"。在引用关系上,是对前一项搅拌部形状的进一步限定。

10. 根据权利要求9所述的茶壶,其特征在于,所述搅拌部的前端固定有十字接头,所述杆部的前端插入十字接头的突出部。

从属权利要求11的撰写素材来源于技术交底书第⑦段"搅拌部312可以使用弹性材料制成"。该记载出现了明显的从属权利类引导词材料,其是对权利要求10搅拌部使用材料的进一步限定。

11. 根据权利要求10所述的茶壶,其特征在于,所述搅拌部由弹性材料制成。

全部撰写完成的权利要求书为:

1. 一种茶壶,包括壶身、壶嘴、壶把、壶盖、搅拌工具,其特征在于,通气孔位于壶盖上,所述搅拌工具贯穿地插入通气孔中,搅拌工具可以拉动和旋转。

2. 根据权利要求1所述茶壶,其特征在于,所述搅拌工具具有杆部、搅拌部和把手。

3. 根据权利要求 2 所述茶壶,其特征在于,所述杆部前端可拆卸地安装有把手。

4. 根据权利要求 2 所述茶壶,其特征在于,所述搅拌部为螺旋形,在杆部的轴向上保持规定的间距而以螺旋形延伸。

5. 根据权利要求 4 所述茶壶,其特征在于,所述螺旋内侧空间可以容纳水质改良剂。

6. 根据权利要求 5 所述茶壶,其特征在于,所述水质改良剂由天然石头而制成。

7. 根据权利要求 4 所述茶壶,其特征在于,所述螺旋形搅拌部是在杆部的轴周围伸出螺旋形的叶片板而形成的。

8. 根据权利要求 2~7 任意一项所述茶壶,其特征在于,所述把手与所述杆部可拆卸连接,所述杆部和搅拌部一体成型。

9. 根据权利要求 2 所述茶壶,其特征在于,所述杆部和把手一体成型,所述杆部和搅拌部可拆卸连接。

10. 根据权利要求 9 所述茶壶,其特征在于,所述搅拌部的前端固定有十字接头,所述杆部的前端插入十字接头的突出部。

11. 根据权利要求 10 所述茶壶,其特征在于,所述搅拌部由弹性材料制成。

4. 独立权利要求的撰写步骤——"无帽子式"技术交底书

对于技术交底书为"无帽子式"结构的情形,可按照上文所述的撰写思路进行。在此提示,"无帽子式"技术交底书在内容上缺少可以直接用于撰写最主要技术方案的独立权利要求的材料。❶取而代之的是多个并列

---

❶ 对于最主要技术方案存在多个并列的实施例且这些实施例均可独立形成主要技术方案。此时,应对这些实施例的共性进行概括,形成主案的独立权利要求。而对次要技术问题对应的次要技术方案,如果存在多个实施例,则与第一种情形一样,对多个实施例概括其共性,形成解决次要技术问题的独立权利要求。同时,考虑其与主要技术方案的独立权利要求的单一性问题。如果概括地解决次要技术问题的独立权利要求是对主要技术方案独立权利要求中技术特征的限定,可以考虑将其纳入主要技术方案的独立权利要求。如果是非必要技术特征,则可以作为主要技术方案的从属权利要求。

的、可以独立解决技术问题的实施例。每个实施例都可以成为独立权利要求。对于该结构技术交底书的撰写仍从技术问题出发,分别完成对每个实施例所对应的独立权利要求的撰写。再根据实施例之间的关系和概括类引导词的提示,概括形成最终的独立权利要求。本书结合2017年专利代理师实务考试中一份完整的技术交底书,对"无帽子式"独立权利要求书具体的撰写步骤予以说明。下例为技术交底书全文。

示例(2017年专利代理师实务考试部分真题):

①本发明提供一种起钉锤,包括锤头组件和把手,其特征在于,所述锤头组件一端设置有起钉翼,另一端设置有锤头。所述锤头组件的中间位置具有支撑部。

②本发明的第一实施例。该起钉锤的锤头组件3顶部中间向外突出形成支撑部4,作为起钉的支点。这种结构的起钉锤增大了起钉支点的距离。使起钉,尤其是起长钉,更加方便。

③本发明的第二实施例。该起钉锤的锤头组件3上设置有一个调节螺杆51,通过该调节螺杆51作为调节结构,可以调节起钉支点的高度。该起钉锤的具体结构是:把手2的一端与锤头组件3固定连接。锤头组件3远离把手2的一端没有沿把手2长度方向开设的螺纹槽。其内设有内螺纹。调节螺杆51上设有外螺纹,其一端螺接于螺纹槽中并可从螺纹槽中旋进旋出,另一端固定有支撑部4。支撑部4可以是半球形等各种形状。优选的为板状并且两端具有弧形支撑面,这样可以增大支点的接触面积。避免支点对钉有钉子的物品造成损坏。同时可增加起钉时的稳定性。

④使用时,可根据需要将调节螺杆51旋出一定长度,从而调节起钉支点的高度,以便能够轻松地拔起各种长度的钉子。适用范围广。在不拔钉子时,可将调节螺杆旋进去隐蔽起来,不占任何空间。与普通的起钉锤外观相差无几,美观效果好。

⑤第二实施例的一个变型,作为本申请的第三实施例。起钉锤包括锤头组件3、把手2、支撑部4和调节螺杆52。锤头组件3上设有贯穿的通孔。

通孔内设有与调节螺杆52配合使用的螺纹。调节螺杆52通过通孔贯穿锤头组件3，并与锤头组件3螺纹连接。在调节螺杆52穿过锤头组件3的顶部固定支撑部4。所述调节螺杆52基本与把手平行设置，在把手2的中上部设置一个固定支架7，调节螺杆52可在固定支架7内活动穿过。调节螺杆52的底部设有调节控制钮61。调节螺杆52的长度比把手2的长度短，以方便手部抓握把手。

⑥在实施例三中，虽然调节螺杆52也是设置在锤头组件3上，但是由于其贯穿锤头组件3使支撑部4和调节控制钮61分别位于锤头组件3的两侧，这样在使用过程中，在将钉子拔起到一定程度后，使用者可以旋转调节控制钮61，使支撑部4离开锤头组件3的表面升起一定的距离，继续进行后续操作，直至将钉子拔出。这种结构的起钉锤能够根据具体情况，随时调节支撑部的位置，不仅使起钉锤起钉子的范围大幅增加，而且可以一边进行起钉操作，一边进行支点调整，更加省时省力。

⑦发明的第四实施例，在该实施例中，调节螺杆设置于把手上。起钉锤包括锤头组件3、把手2、支撑部4和调节螺杆53。锤头组件3的中部具有一个贯穿的通孔，通孔内固定设置把手2。把手2是中空的，调节螺杆53贯穿其中。把手2的中空内表面设置有与调节螺杆53配合使用的内螺纹，这样调节螺杆53可在把手2内旋进旋出。调节螺杆53靠近锤头组件3的一端固定支撑部4，另一端具有一个调节控制钮62。调节螺杆53的长度比把手2的长度长。

⑧使用时，可以通过旋转调节控制钮62来调节支撑部4伸出的距离，从而调节起钉支点的高度。

⑨应当注意的是，虽然在本申请的实施例二到实施例四中，调节支撑部高度的装置均采用调节螺杆，但是在不偏离本发明实质内容的基础上，其他具有锁定功能的可伸缩调节机构，例如具有多个卡位的卡扣连接结构、具有锁定装置的齿条传动结构等都可以作为调节装置应用于本发明。

（1）确定技术方案要解决的技术问题及保护的主题。

本技术方案所要解决的技术问题是由于支点和起钉翼的距离有限，在拔钉子时费时费力。技术交底书提供了一种起钉锤，包括锤头组件和把手，其特征在于，所述锤头组件一端设置有起钉翼，另一端设置有锤头。所述锤头组件的中间位置具有支撑部，起钉锤为该技术方案所要保护的主题。

（2）明确技术交底书结构、圈定撰写独立权利要求和从属权利要求的基础素材。

该技术方案第①、②段记载了起钉锤的第一个实施例，能够解决技术问题。可以暂定为撰写独立权利要求的基本素材。技术交底书第③段记载了调整支撑部高度部件的第二个实施例，解决了起钉费时费力的技术问题。随后技术交底书在第④段记载了第二个实施例的操作过程。技术交底书第⑤段记载了调整支撑部高度部件的第三个实施例，也能独立解决起钉费时费力的技术问题。随后在第⑥段对其操作和解决技术问题的过程进行说明。技术交底书第⑦段记载了调整支撑部高度部件的第四个实施例，同样达到了解决技术问题的目的。第⑧段同样是该实施例解决技术问题的过程。最后技术交底书的第⑨段对技术方案整体进行总结，应注意可能出现的概括类引导词。

通过上述分析可以看出，技术交底书为解决起钉费时费力的技术问题共提供了四个实施例，这四个实施例均为平行关系。解决技术问题的核心技术特征是能够调整支撑部高度的装置，每个对于调整支撑部高度部件优化的技术方案与起钉锤的基本结构结合均能形成解决问题的独立权利要求，因此需要将每个独立权利要求撰写出来。每段对实施例具体实现方案的描述均能作为独立权利要求的撰写素材。

（3）圈定重要引导词。

根据"无帽子式"技术交底书撰写示例圈定重要引导词（表3-14）。

表3-14 重要引导词

问题效果类	从属权利类	概括类
②使起钉,尤其是起长钉,更加方便	③支撑部4可以是半球形等各种形状	②第一实施例
③可以增大支点的接触面积。避免支点对钉有钉子的物品造成损坏。同时可增加起钉时的稳定性	③优选的为板状并且两端具有弧形支撑面	③第二实施例
④以便能够轻松地拔起各种长度的钉子	③具体结构是	⑤第三实施例
⑥一边进行起钉操作,一边进行支点调整,更加省时省力	—	⑦第四实施例
⑧从而调节起钉支点的高度	—	⑧实施例二到实施例四中……其他具有锁定功能的可伸缩调节机构

注:标注的序号为引导词在技术交底书出现的段落标号。

根据表3-14问题效果类引导词可以看出,每个实施例均可以解决由于支撑部位置不可调节导致的起钉时费时费力的技术问题。由于实施例之间为并列关系,可以分别单独构成独立权利要求。从属权利类引导词涉及形状可以作为撰写从属权利要求的素材。由概括类引导词引导出的四个实施例均可单独形成独立权利要求。

(4)将技术交底书的最主要技术方案的技术特征与客户提供的涉案专利和最接近现有技术进行对比,确定共有特征,找出区别特征(表3-15)。

表3-15 技术特征对比

技术交底书中的技术方案	涉案专利	对比文件1	对比文件2
锤头组件	锤头组件	锤头	锤柄

续表

技术交底书中的技术方案	涉案专利	对比文件1	对比文件2
把手	把手	锤柄	起钉翼
起钉翼	起钉翼	起钉锤头	锤体
锤头	锤头	把手	—
支撑部	顶部中间(支撑部)	榔头	—
—	锤头组件向外突出	倒角	—
—	支撑部可调节	支撑柱	—

通过将技术交底书中的技术方案与其他专利文件进行对比可知,拟要撰写独立权利要求的共有技术特征包括:锤头组件、把手、起钉翼、锤头、支撑部。同时,应当注意,通过表3-15对技术特征的对比可以发现,技术交底书第①、②段所描述的技术特征虽然能够解决技术问题,但其已被现有技术所公开,导致由其构成的独立权利要求不具备新颖性。因此,应在实施例二到实施例四的技术方案中找到能够使独立权利要求具备新颖性、创造性的技术特征,并概括进独立权利要求。

(5)分别撰写每个实施例的独立权利要求,并对每个独立权利要求进行划界。

本步骤应按照独立权利要求形式要求撰写。根据技术交底书中提供的材料对每个实施例分别撰写独立权利要求并完成划界。在撰写过程中,要保证独立权利要求符合法律规定的授权要求。

根据技术交底书第①、②段所记载的背景技术和第一实施例可知,第一实施例可以达到解决"起钉费时费力"的技术效果。但是,与客户提供的涉案专利相比其技术特征已经被完全公开,不具备新颖性和创造性。

根据技术交底书第③段记载的本发明的第二实施例:

锤头组件3上设置有一个调节螺杆51,通过该调节螺杆51作为调节结构,可以调节起钉支点的高度。

　　该技术方案,通过在背景技术锤头组件上安装调节螺杆,达到解决本案技术问题的目的。同时,"调节螺杆"并未被其他专利文件公开,该技术特征为解决本案技术问题的特定技术特征。根据独立权利要求撰写要求,将共有技术特征去除连接关系、位置关系放置于"其特征在于"之前,将特征部分写于"其特征在于"之后的划界规则。

　　实施例二:一种起钉锤,包括锤头组件、把手、起钉翼、锤头、支撑部,其特征在于,所述锤头组件上设置有调节螺杆,所述调节螺杆一端固定有支撑部。

　　根据技术交底书第⑤、⑥段中"锤头组件 3 上设有贯穿的通孔。通孔内设有与调节螺杆 52 配合使用的螺纹。调节螺杆 52 通过通孔贯穿锤头组件 3,并与锤头组件 3 螺纹连接"对技术特征的记载及对技术效果的描述可知,调节螺杆贯穿通过锤头组件,通过锤头组件上的通孔与锤头组件内的内螺纹相互配合旋进旋出能够解决技术问题。

　　实施例三:一种起钉锤,包括锤头组件、把手、起钉翼、锤头、支撑部,其特征在于,锤头组件上包括有贯穿通孔,所述调节螺杆穿过贯穿通孔固定支撑部。

　　根据技术交底书第⑦、⑧段中"调节螺杆 53 可在把手 2 内旋进旋出。调节螺杆 53 靠近锤头组件 3 的一端固定支撑部 4,另一端具有一个调节控制钮 62,通过旋转调节控制钮 62 来调节支撑部 4 伸出的距离,从而调节起钉支点的高度"对技术特征的记载及对技术效果的描述可知,穿过锤头组件的调节螺杆通过调节按钮可以进行旋转,从而解决本案的技术问题。

　　实施例四:一种起钉锤,包括锤头组件、把手、起钉翼、锤头、支撑部,其特征在于,所述把手内贯穿调节螺杆,所述调节螺杆一端固定有支撑部,另一端设有调节按钮。

(6)通过概括类引导词对独立权利要求进行概括。

根据"无帽子式"技术交底书的撰写思路,在对每个实施例分别撰写独立权利要求后,再将每个独立权利要求汇总于一处,对每个独立权利要求的共同技术特征进行合并同类项,并运用技术交底书中的概括类引导词进行合理概括。根据技术交底书记载的三个实施例撰写的独立权利要求如下,其均是通过背景技术中的技术特征+与锤头组件相连的调节螺杆的旋转解决技术问题。

通过对上述3个实施例的共同技术特征的总结概括的独立权利要求为:

1. 一种起钉锤,包括锤头组件、把手、起钉翼、锤头、支撑部,其特征在于,所述起钉锤包括调节螺杆,所述调节螺杆一端连接有支撑部。

在此基础上,需要注意技术交底书中出现的概括类引导词。技术交底书第⑨段记载了"实施例二到实施例四中,调节支撑部高度的装置均采用调节螺杆,但是在不偏离本发明实质内容的基础上,其他具有锁定功能的可伸缩调节机构"的技术特征。从该记载中可以清楚地看出,该部分特征是对实施例二到实施例四的概括,调节螺杆的技术特征在3个实施例中均出现过。同时,调节螺杆只是多种调节部件的一种,技术交底书中也明确指明,其他具有锁定功能的可伸缩调节机构均能实现调节支撑部高度的作用。因此,可以将独立权利要求中的调节螺杆替换为可伸缩调节机构,以扩大独立权利要求的保护范围。

(7)整理检查。

根据上述步骤概括完成的独立权利要求为:

1. 一种起钉锤,包括锤头组件、把手、起钉翼、锤头、支撑部,其特征在于,所述起钉锤包括可伸缩调节机构,所述可伸缩调节机构一端连接有支撑部。根据技术交底书记载及客户提供的材料,该独立权利要求具备新颖性、创造性,不缺少必要技术特征。在形式上符合独立权利要求撰写的形式要求且未混入非必要技术特征。

（三）权利要求书撰写中的分案问题

上文对"盖帽子式"和"无帽子式"技术交底书的主要技术方案的权利要求撰写步骤进行了介绍。次要技术方案对应的独立权利要求的撰写方法与主要技术方案无异。但是，需要注意的是，当撰写了次要技术方案的独立权利要求后，由于一件专利申请不能包括两项或两项以上发明或实用新型，因此需要考虑独立权利要求之间的单一性问题。如果次要技术方案的独立权利要求中具有至少一个和主要技术方案相同或者相应的特定技术特征，则可以与主要技术方案合案申请。反之，如果在次要技术方案的独立权利要求中，没有和主案相同或者相应的特定技术特征，则应考虑分案。

权利要求撰写的分案问题通常在权利要求撰写之后提出，涉问方式通常为，"请说明为解决技术问题所形成的多个并列的独立权利要求书之间能否合案申请，并说明理由。若不能合案申请，则需要撰写分案后的另行提交的独立权利要求"。

判断是否分案的前提是通过观察技术方案，并厘清技术方案之间的关系。"盖帽子式"技术交底书，对于其主要技术方案的某个技术特征改进的多个实施例中未被概括入独立权利要求的技术特征，如果可以解决次要技术问题，则可以构成与主要技术方案并列的独立权利要求。同时，如果次要技术方案的独立权利要求，所记载的技术特征是对主要技术方案独立权利要求中特征所做的进一步限定，在作为并列的次要方案的独立权利要求的同时，也可能成为主案的从属权利要求。

对"无帽子式"技术交底书分案判断的方法与"盖帽子式"技术交底书无异。对于解决技术问题的每个实施例，当无法概括入主案的时候，则应考虑将其作为并列的独立权利要求是否需要进行分案。判断是否分案的线索应从技术问题入手，分析对于解决不同技术问题所采用的技术方案。在判断分案之前，先把具有并列关系的每一个独立权利要求按照步骤撰写出来，再去比较有无相同或者相应的特定技术特征，若并列的独立权利要求之间具有至少一个相同或者相应的特定技术特征则具备单一性应当合案申请,否则应当分案。专利代理师实务考试中2011—2015年、2018年、2019年均涉及分案撰写的问题,应能对是否需要分案作出准确判断。

本书举一例说明分案的判断步骤。例如,上文示例中的"光催化氧化净化器",该技术方案旨在解决噪声大反应不充分净化效果不佳两个技术问题,采用了带有消声结构的光催化净化器为主要技术方案,而对光催化剂板的改进能够解决净化效果不佳的技术问题。对于主案的消声结构存在两个实施例应当考虑将共同特征概括进独立权利要求。光催化剂板也存在两个改进的实施例,用以解决次要技术问题。

是否需要分案判断的第一步是按照步骤分别撰写主要和次要技术方案的独立权利要求,确保每个独立权利要求符合授权要求。第二步则是将每个撰写完成的独立权利要求进行对比,看其是否具备至少一个相同或者相应的特定技术特征。若具有至少一个相同或者相应的特定技术特征,则合案申请;反之则应当分案并说明理由。分别撰写的独立权利要求为:

主要技术方案:一种光催化空气净化器,包括壳体、进风口、出风口、风机、第一过滤网、第二过滤网、光催化剂板、紫外灯,其特征在于,所述第二过滤网上部与出风口设置有吸音材料制成的消声结构。

次要技术方案1:一种光催化空气净化器,包括壳体、进风口、出风口、风机、第一过滤网、第二过滤网、光催化剂板、紫外灯,其特征在于,所述壳体内设置有负载有纳米二氧化钛的三维蜂窝陶瓷网的光催化剂板。

次要技术方案2:一种光催化空气净化器,包括壳体、进风口、出风口、风机、第一过滤网、第二过滤网、螺旋导风片、紫外灯,其特征在于,在所述空气净化器内形成导流回旋风道,在风道内壁和螺旋导风片上喷涂纳米二氧化钛涂层,将紫光灯设置在风道中央。

"其特征在于"为解决主次问题的特定技术特征。通过观察可以发现,3个独立权利要求的特定技术特征既不相同也不相似。因此,应当对其进行分案,分案理由可参照下列应用模板及其应用示例。

应用模板

第一份申请的独立权利要求1解决的技术问题是×××对现有技术作出贡献的技术特征是×××。

第二份申请的独立权利要求1解决的技术问题是×××对现有技术作出贡献的技术特征是×××。

由此可见,上述两份申请不属于一个总的发明构思,技术上不相关联,也没有相同或相应的特定技术特征,不具有单一性,不符合《专利法》第31条第1款的规定。

应用示例

第一份申请的独立权利要求解决的技术问题是噪声大,对现有技术作出贡献的技术特征是,在第二过滤网上部与出风口设置有吸音材料制成的消声结构。

第二份申请独立权利要求解决的技术问题是反应不彻底、净化效果不佳,对现有技术作出贡献的技术特征是,壳体内设置有负载有纳米二氧化钛的三维蜂窝陶瓷网的光催化剂板。

第三份申请独立权利要求要解决的技术问题是反应不彻底、净化效果不佳,对现有技术作出贡献的技术特征是,在所述空气净化器内形成导流回旋风道,在风道内壁和螺旋导风片上喷涂纳米二氧化钛涂层,将紫光灯设置在风道中央。

由此可见,上述三份申请不属于一个总的发明构思,技术上不相关联,也没有相同或相应的特定技术特征,不具有单一性,不符合《专利法》第31条第1款的规定。故应当将上述三份独立权利要求分别提出申请。

此处需要特别提示的是,虽然次要技术方案由于与主要技术方案不属于一个总的发明构思,在提出专利申请时应当予以分案。但是,在进行权利要求的撰写时,并不代表分别提出分案申请的独立权利要求无法作为从属权利要求被写入主案。因此,在撰写主要技术方案的从属权利时,可以观察主案独立权利要求与分案权利要求技术特征的关系,以此判断分案独立权利要求是否可以作为主案的从属权利要求。

分案独立权利要求作为主案从属权利要求的判断思路是:如果将分案放入主案做从属权利要求,与主案整体并不矛盾,则构成主案的一部分。通过对主案中部分技术特征进行限定起到解决技术问题的作用,则可以作为主案的从属权利要求。反之,如果将分案放入主案做从权与主案整体发生矛盾,则应当单独提出申请,无法作为主案的从权。例如,主案的独立权利要求是:某人腿长。分案的独立权利要求是:某种裤子给腿长的人穿好看。则分案可以做主案的从属权利要求。通过分案对于主案技术特征的限定,在满足腿长的人可以穿裤子的技术问题的同时,还起到了好看的附加效果。若主案的独立权利要求是:某人腿长。分案的独立权利要求是:某种裤子只能给腿短的人穿。由于分案所限定的技术特征与主案存在矛盾,主案解决的是人腿长的技术问题,而分案所解决的是腿短人穿裤子好看的问题。因此,该分案无法作为主案的从属权利要求,作为独立权利要求单独提出专利申请即可。

(四)其他类型简答问题

专利代理师实务考试中实务撰写的最后部分会设置一些简答形式的问题,以进一步考查对实务撰写的理解。2012—2018年的专利代理师实务考试均设置了简答题,具体内容,详见表3-16所示。

表3-16　实务撰写简答题

年份	设问1	设问2
2012	简述所撰写的所有独立权利要求相对于附件1所解决的技术问题及取得的技术效果	—
2013	简述你撰写的独立权利要求相对于现有技术具备新颖性和创造性的理由	—

续表

年份	设问1	设问2
2014	简述新的发明专利申请的独立权利要求相对于附件1所解决的技术问题及取得的技术效果	—
2015	简述你撰写的独立权利要求相对于现有技术具备新颖性和创造性的理由	—
2016	简述你撰写的独立权利要求相对于涉案专利所解决的技术问题和取得的技术效果	—
2017	请你根据"三步法"陈述所撰写的独立权利要求相对于现有技术具备创造性的理由	请你根据《专利法实施细则》第17条规定，依据检索到的对比文件，说明客户自行撰写的说明书中哪些部分需要修改并对需要修改之处予以说明
2018	简述你撰写的独立权利要求相对于涉案专利解决的技术问题和取得的技术效果以及采用的技术手段	针对无效宣告请求，请你思考B公司能进行的可能应对和预期的无效宣告，并思考：在这些应对中，是否存在某种应对会使A公司的产品仍存在侵犯本涉案专利的风险？如果存在，则应说明B公司的应对方式、依据和理由；如果不存在，则应说明具体依据和理由

　　通过表3-16可以看出，问答设置的内容与已经撰写完成的独立权利要求密切相关。通常要求简述撰写的权利要求书所解决的技术问题和达到的技术效果，或者是对所撰写的独立权利要求是否具备创造性进行说明。由于权利要求书在撰写时依托"技术问题—技术方案—技术效果"的专利思维。技术问题贯穿权利要求撰写的始终，只需将技术交底书中的技术问题和技术效果作为这类简答题的结论即可。而对于创造性的判断，其实可以视为对所撰写的独立权利要求的一次检查，将撰写的独立权利要求与其他现有技术、涉案专利进行对比，按照"三步法"判断，务必保

证撰写的独立权利要求具备创造性,使用创造性模板进行回答。

除上述传统简答题外,专利代理师实务考试还考查过说明书的撰写规则。《专利法》第26条第3款、《专利法实施细则》第20条及《专利审查指南2023》共同规定了说明书的撰写要求。专利技术若想要获得保护,说明书应满足充分公开的要求,清楚、完整且以所属领域技术人员能够实现为标准。同时,上述法律规定对说明书的内容作出了具体要求,需要熟记说明书的各个组成部分的标题名称和不同标题下撰写内容的要求,能够根据权利要求书撰写说明书或指出他人所撰写的说明书中存在的不足之处。本书第二章已对说明书各部分标题及其内容写法做了介绍,在此不再赘述,直接给出说明书各个部分的标题结构及需要撰写的内容。

①发明名称(居中撰写):与权利要求书保持一致;应当清楚、简要;全面地反映保护的主题;一般不超过25个字;不能使用广告宣传用语。

②技术领域:直接写明发明或者实用新型所属或者直接应用的具体领域,不能是上位或者相邻领域,也不是该发明或者实用新型本身。例如,可写成"本实用新型涉及学习设备技术领域,具体为一种多功能课桌""本发明涉及一种有机合成中间体的制备方法,具体地涉及一种3-溴-5-氯苯酚的制备方法"等。

③背景技术:引用与涉案发明或者实用新型有关的现有技术或者申请在先公开在后的专利文件。背景技术既可以是专利文件,也可以是非专利文件,如图书、期刊、电子刊物等。指明涉案发明或者实用新型的技术问题是背景技术部分撰写的最重要内容。

④发明或者实用新型的内容:本部分应当围绕"A. 要解决的技术问题;B. 技术方案;C. 有益效果"3个方面来展开。

A. 要解决的技术问题:本部分应直接指明涉案发明或者实用新型技术方案所要解决的技术问题,不能使用广告宣传用语。

B. 技术方案:说明书中记载的技术特征及其组成的技术方案应与权利要求书中所记载的独立权利要求和从属权利要求保持一致。

C. 有益效果:写明与现有技术相比所具有的有益效果,指明与现有技术的区别,应当是由技术特征直接带来或者必然产生的有益效果。

⑤附图说明:写明各附图图名并对图示内容做简要说明。例如,主视图、侧视图、向视图、剖视图、整体结构示意图、内部结构示意图、局部结构示意图等。撰写方式为"如图1为×××的主视图""如图2为×××的侧视图"等。

⑥具体实施方式:撰写能够反映权利要求中所概括的技术特征的优选的具体实施方式,除与权利要求书中的技术特征保持相同或相应外,还能反映技术方案的运行原理,帮助所属领域普通技术人员能够充分理解、实施该技术方案,实现技术的充分公开。

七、权利要求书的规范修改

专利权人的有效专利被他人提出无效宣告请求后,或者专利申请人向国家知识产权局提出专利申请被驳回后,作为专利代理师出于维护专利继续有效或获得授权之目的,可以对专利权利要求书进行修改。无效程序中的修改要以维护专利权有效为出发点,在无效修改原则和修改方式的限定下对权利要求书进行修改。对于被驳回的专利申请,则应以最大限度地争取授权为目的,按照驳回阶段的修改原则和修改方式的要求,对权利要求书或说明书记载的内容进行修改。根据《专利法》第33条规定:"申请人可以对其专利申请文件进行修改。但是,对发明和实用新型专利文件的修改不得超出原说明书和权利要求书记载的范围。"因此,无论在无效阶段还是专利申请后的驳回阶段,均不得超出首次申请时(无效程序指原始的授权时)的权利要求书和说明书记载的范围。这也是权利要求书修改的最基本原则。

(一)专利宣告无效程序中的修改

专利宣告无效程序中对权利要求书的修改旨在通过修改克服权利要求中的影响专利授权的错误,使专利权能够保留下来。《专利审查指南2023》第四部分第三章第4.6.1条规定明确了无效修改的原则:"发明或者

实用新型文件的修改仅限于权利要求书,且应当针对无效宣告理由或者合议组指出的缺陷进行修改,其原则是:

(1)不得改变原权利要求的主题名称。

(2)与授权的权利要求相比,不得扩大原专利的保护范围。

(3)不得超出原说明书和权利要求书记载的范围。

(4)一般不得增加未包含在授权的权利要求书中的技术特征。"

基于该原则,除修改不能超出原权利要求书和说明书记载范围的原则性要求外,还应当明确以下三点。第一,无效程序中仅涉及对涉案专利权利要求书的修改,不要修改说明书中记载的任何内容;第二,主题名称不能变更;第三,不能增加在原始授权的权利要求中不曾出现过的技术特征。

《专利审查指南2023》第四部分第三章第4.6.2条规定,在明确修改原则的基础上,进一步规定了无效程序的修改方式,包括如下四种:

①权利要求的删除,指从独立权利要求或者从属权利要求中去掉某项或者某些权利要求;

②技术方案的删除,指从同一权利要求中并列的两种以上技术方案中删除一种或一种以上技术方案;

③权利要求的进一步限定,指在权利要求中补入其他权利要求中记载的一个或者多个技术特征,以缩小保护范围;

④若权利要求书存在明显错误,可以进行勘正。

基于上述对于无效程序中修改方式的要求,若要对被宣告无效的专利权利要求书进行修改,可以采用的修改方式有且仅有两种。一种是删除技术特征(技术方案);另一种则是将权利要求书中已经存在的技术特征补入需要修改的权利要求之中,以克服当前权利要求书存在的问题。

综上所述,基于无效程序的修改原则和修改方式,本书将无效阶段可以接受的修改方式及注意事项总结如下:①可以删除整个权利要求,独立权利要求和从属权利要求均可;②可以在从属权利要求书中选定技术特征并加入独立权利要求,这被称为对独立权利要求的进一步限定;③权利要求中存在的明显错误可以进行勘正;④无效阶段只能对权利要求书进行修改。对于删除的修改方式主要适用于权利要求书记载的技术方案整体上缺少新颖性、创造性,无法弥补权利要求书存在的缺陷。只能以删除的方式放弃原申请中的保护范围,以保留原申请中从属权利要求所限定的较小的保护范围的方式,从而达到维持专利有效的目的。对技术特征所做的进一步限定通常是在独立权利要求不具备新颖性或者创造性的情况下,通过补充从属权利要求中已经出现的技术特征,在一定程度上缩小了专利的保护范围,以达到维持专利权有效的目的。

例如,一份权利要求书的权利要求1和权利要求2如下文所示:

1.一种杯子,包括杯体,其特征在于,所述杯体上有杯嘴,杯嘴固定在杯体上。

2.根据权利要求1所述杯子,其特征在于,还包括搅拌棒。

此时假设:独立权利要求1存在缺乏新颖性、创造性的问题,而独立权利要求2没有问题。也就是说"搅拌棒"是使权利要求具备新颖性、创造性的特定技术特征。此时,可以选择将搅拌棒加入独立权利要求1中,以使独立权利要求具备新颖性和创造性。这种将从属权利要求中的一个或者多个技术特征补入独立权利要求以克服权利要求新颖性、创造性问题的方法叫作对技术特征的进一步限定。需要特别提示的是,将权利要求2的"搅拌棒"补入独立权利要求1可以理解为对技术特征做了进一步限定。换角度来看,由于权利要求2是独立权利要求1的从属权利要求,权利要求2包括了权利要求1的全部技术特征,也就是说补入"搅拌棒"进入独立权利要求1,也可以看作是删除了独立权利要求1而保留了从属权利要求2,并将其作为新的独立权利要求的过程。

2012年专利代理师实务考试中考查了常见的无效修改内容,题目要求对被宣告无效专利的权利要求进行分析,对于缺乏维持权利有效性的权利要求进行修改并简要说明理由,同时撰写被修改后的权利要求书。

本书以此题为例,对无效程序中权利要求书的修改方式作出解析。被请求宣告无效的权利要求书内容如下:

1. 一种硬质冷藏箱,包括箱本体(1)和盖体(2),所述箱本体(1)的内部形成一个上部开口的容纳空间,所述盖体(2)设置于所述箱本体(1)的上方,用于打开、关闭所述容纳空间的开口,其特征在于,所述箱本体(1)包括防水外层(3)、保温中间层(4)及防水内层(5),所述箱本体(1)的容纳空间内固设有若干个装有蓄冷剂的密封的蓄冷剂包(6)。

2. 如权利要求1所述的硬质冷藏箱,其特征在于,所述箱本体(1)和所述盖体(2)的连接处设置有拉链(7)。

3. 如权利要求1所述的硬质冷藏箱,其特征在于,在所述盖体(2)上设有能盖住所述拉链(7)的挡片(8)。

4. 如权利要求1所述的硬质冷藏箱,其特征在于,所述保温中间层(4)为泡沫材料。

假设权利要求1、2、4均无新颖性和创造性。权利要求3为具备新颖性和创造性的权利要求。则"能够盖住拉链的挡片"是使其具备创造性的特定技术特征。若要维持该权利要求的效力,可对其进行修改。

首先可以明确的是,由于是无效阶段的修改,因此仅能对权利要求书进行删除或特征限定。因此,无效修改的实质是对上述权利要求书记载的技术特征进行重新排列组合,将具备授权条件的技术特征补入存在缺陷的权利要求。由于权利要求1、2、4均不具备新颖性和创造性,故即使将其内的技术特征进行重新排列,依旧无法克服授权缺陷。

由于权利要求3目前是唯一具备授权条件的权利要求,特定技术特征也明确。因此可以考虑将权利要求3的技术特征补入独立权利要求1,即对独立权利要求做进一步限定。但是,需要注意的是,权利要求3的特定技术特征,如果直接补入独立权利要求1,会造成缺乏引用基础的问题(从属权利要求3与从属权利要求2无引用关系)。故出于克服缺乏引用基础的需要,可以考虑先将从属权利要求2的技术特征并入独立权利要求1中。

1. 一种硬质冷藏箱,包括箱本体(1)和盖体(2),所述箱本体(1)的内部形成一个上部开口的容纳空间,所述盖体(2)设置于所述箱本体(1)的上方,用于打开、关闭所述容纳空间的开口,其特征在于,所述箱本体(1)包括防水外层(3)、保温中间层(4)及防水内层(5),所述箱本体(1)的容纳空间内固设有若干个装有蓄冷剂的密封的蓄冷剂包(6),所述箱本体(1)和所述盖体(2)的连接处设置有拉链(7)。

此时,可以理解为对权利要求1的技术特征做了进一步限定,或是删除了原独立权利要求1。原权利要求2成为新的独立权利要求。但是,此时仍未克服修改后的独立权利要求1缺乏新颖性、创造性的问题。克服缺乏引用基础后,对新的权利要求作出进一步限定。

1. 一种硬质冷藏箱,包括箱本体(1)和盖体(2),所述箱本体(1)的内部形成一个上部开口的容纳空间,所述盖体(2)设置于所述箱本体(1)的上方,用于打开、关闭所述容纳空间的开口,其特征在于,所述箱本体(1)包括防水外层(3)、保温中间层(4)及防水内层(5),所述箱本体(1)的容纳空间内固设有若干个装有蓄冷剂的密封的蓄冷剂包(6),箱本体(1)和所述盖体(2)的连接处设置有拉链(7),所述箱本体(1)和所述盖体(2)的连接处设置有能够盖住拉链(7)的挡片(8)。

由于修改后的权利要求1补入了特定技术特征,使其具备新颖性和创造性。此时,原申请的权利要求4只要作为新权利要求2援引新独立权利要求1即可克服不具备新颖性和创造性的缺陷。

可以采用下列表达方式对无效修改予以说明,两种修改方式产生的效果完全相同。

①删除权利要求1后,原权利要求2成为新的独立权利要求1。将权利要求3的技术特征"挡片"加入新的独立权利要求1,对新的独立权利要求1作出进一步限定,形成最终修改完成的独立权利要求1。

②将权利要求2、3中的技术特征"拉链""挡片"加入权利要求1,对权利要求1作出进一步限定,形成新的独立权利要求1。

需要特别说明的是,除上述2012年专利代理师实务考试真题出现的明确要求在无效程序中对权利要求进行修改的示例外,2018年专利代理师实务考试真题还出现了新的考查方式,其并未明确提出对权利要求进行修改,而是设置了相应的场景,因此需要能够进行准确识别。

示例(2018年专利代理师实务考试部分真题):

针对无效宣告请求,请你思考B公司能进行的可能应对和预期的无效宣告结果,并思考:在这些应对中,是否存在某种应对会使A公司的产品仍存在侵犯本涉案专利的风险?如果存在,则应说明B公司的应对方式、依据和理由;如果不存在,则应说明依据和理由。

该问题提出:B公司在应对A公司的无效宣告请求时,应当如何应对?其实质是在问当B公司接到A公司的无效宣告请求后,为了维持其专利权,应当如何对权利要求书进行修改。在对权利要求书进行修改的同时,不要过度缩小权利要求的保护范围,尽可能使A公司仍处于侵权状态。故2018年专利代理师实务考试真题考查的内容仍为无效宣告程序中的权利要求书的修改。

(二)专利答复审查意见(OA)程序中的权利要求书修改

根据《专利法实施细则》第57条第3款规定:"申请人在收到国务院专利行政部门发出的审查意见通知书后对专利申请文件进行修改的,应当针对通知书指出的缺陷进行修改。"专利申请提出后,若不符合专利授权的条件,国家知识产权局将向申请人发送审查意见通知书,要求申请人对申请文件中不符合专利授权条件的内容进行修改。此时,申请人应从能够让专利获得授权,同时尽可能地使权利要求保护范围达到最大的角度出发,对专利申请文件进行修改。在答复审查意见阶段,对专利权利要求书的修改也要符合《专利法》第33条规定,修改不得超出原说明书和权利要求书记载的范围。答复审查意见阶段专利权利要求的修改原则包括:

首先,根据《专利法实施细则》第66条规定:"请求人在提出复审请求或者在对国家知识产权局的复审通知书作出答复时,可以修改专利申请文件;但是,修改应当仅限于消除驳回决定或者复审通知书指出的缺陷。"本条旨在强调答复审查意见阶段,仅需对审查员指出的问题进行答复和修改。

其次,根据《专利审查指南2023》第二部分第八章第5.2.1.3条规定,答复审查意见阶段,下列修改方式不能被接受,具体包括如下五种。

①主动删除独立权利要求中的技术特征,扩大了该权利要求请求保护的范围;

②主动改变独立权利要求中的技术特征,导致扩大了请求保护的范围;

③主动将仅在说明书中记载的与原来要求保护的主题缺乏单一性的技术内容作为修改后权利要求的主题;

④主动增加新的独立权利要求,该独立权利要求限定的技术方案在原权利要求书中未出现过;

⑤主动增加新的从属权利要求,该从属权利要求限定的技术方案在原权利要求书中未出现过。

上述规定列举了答复审查意见阶段不能修改的情形。通过对上述5种情况进行总结可知,在答复审查意见阶段的修改需要坚持一个基本原则,即不能因权利人的修改导致产生新的权利要求,从而增加审查员的审查负担。例如,第①项的记载,删除了独立权利要求中的技术特征,减少了对独立权利要求的限定,导致保护范围扩大,审查员需要重新进行检索及重新对权利要求进行评价。第②~④项中对于权利要求的修改,均增加了审查员的审查负担。因此,在该阶段不能采用上述方式对权利要求书进行修改。

答复审查意见阶段专利权利要求的修改方法包括如下四种。

①增加或变更独立权利要求的技术特征,变更独立权利要求的主题类型或主题名称及其相应的技术特征;

②删除一项或多项权利要求;

③修改独立权利要求,使其相对于最接近的现有技术重新划界;

④修改从属权利要求的引用部分,改正其引用关系,或者修改从属权利要求的限定部分。

根据上述规定,对于上述修改,只要经修改后的权利要求的技术方案已清楚地记载在原说明书和权利要求书中就应被允许。这与无效宣告阶段只能在权利要求书内部寻找技术特征并入待修改的权利要求的修改方式存在差异。在答复审查意见阶段,补充权利要求中的技术特征既可以来源于权利要求书,也能够来源于说明书。简言之,在答复审查意见阶段,对权利要求的修改,可以在独立权利要求书中增加技术特征,该特征可以来源于权利要求书也能够来源于说明书。同时,还可以以删除权利要求的方式进行修改。上述修改方式应当克服审查员指出的缺陷,可以增加说明书中的技术特征到独立权利要求,但不能给审查员增加负担,不能新增独立权利要求和从属权利要求。

答复审查意见阶段权利要求书修改的具体方法如下:

①将说明书中的技术特征增加到权利要求。当从属权利要求的特征均不能克服权利要求的缺陷时,可以从说明书中选择技术特征,加入独立权利要求,以此克服审查员指出的问题。说明书中的其他具有新颖性、创造性的技术特征,可以分案另行撰写权利要求,不要再重新撰写新的独立权利要求或者新的从属权利要求,避免加重审查负担。如下例所示,当权利要求书的技术特征A~G均不具备新颖性、创造性,在权利要求书内部无论选择哪个技术特征补入独立权利要求,都无法解决授权缺陷。在这种情况下,可以将说明书中记载的具有克服授权缺陷的技术特征补入独立

权利要求之中。权利要求书和说明书记载内容如下：

权利要求书为：

1. 一种×××,包括A,其特征在于,还包括B、C。

2. 根据权利要求1所述×××,其特征在于,还包括D。

3. 根据权利要求1所述×××,其特征在于,还包括E、F。

4. 根据权利要求2所述×××,其特征在于,还包括G。

说明书为：

1. B上有H。

2. ×××上的D是圆形的、铝制成的。

假设说明书记载的技术特征"1. B上有H""2. ×××上的D是圆形的、铝制成的"均可作为特定技术特征。此时,根据答复审查意见阶段的修改方法,可以将说明书中的任一能够克服权利要求书缺陷的技术特征增加到独立权利要求。但需注意的是,增加说明书中的新技术特征到权利要求书以能克服缺陷为目的,对于超出克服缺陷范畴的说明书中的其他新特征不能任意添加到权利要求书中,避免造成权利保护范围的扩大。

②从属权利要求的技术特征增加到权利要求中。当从属权利要求的技术特征不能克服授权缺陷时,则与宣告无效程序的修改方式一样,将从属权利要求中具备新颖性、创造性的技术特征补入独立权利要求即可,无须再将说明书的技术特征增加进来。例如,当一份权利要求书记载内容如下时：

1. 一种×××,包括A,其特征在于,还包括B、C。

2. 根据权利要求1所述×××,其特征在于,还包括D。

3. 根据权利要求1所述×××,其特征在于,还包括E、F。

4. 根据权利要求2所述×××,其特征在于,还包括G。

假设权利要求1无新颖性(有缺陷)、D有新颖性,则只需将具有新颖性的D特征补入本无新颖性的独立权利要求1中即可,修改后的权利要求书为:

1. 一种×××,包括A,其特征在于,还包括B、C、D。
2. 根据权利要求1所述×××,其特征在于,还包括E、F。
3. 根据权利要求1所述×××,其特征在于,还包括G。

在答复审查意见阶段,如果通过增加权利要求书中已经存在的特定技术特征至独立权利要求就能克服授权缺陷,则无须在说明书中再寻找新的技术特征增加至独立权利要求。

2014年专利代理师实务考试考查了答复审查意见阶段对权利要求书的修改,本书以此例对权利要求修改的具体步骤进行说明。题目中给出的权利要求书存在授权障碍,需要根据国家知识产权局给出的审查意见进行修改,并撰写修改后的权利要求书。需修改的权利要求书记载为:

1. 一种光催化空气净化器,它包括壳体(1)、位于壳体下部两侧的进风口(2)、位于壳体顶部的出风口(3)以及设置在壳体底部的风机(4),所述壳体(1)内设置有第一过滤网(5)和第二过滤网(6),其特征在于,该光催化空气净化器内还设有光催化剂板(7)。

2. 根据权利要求1所述的光催化空气净化器,其特征在于,所述第一过滤网(5)是具有向下凸起曲面(9)的活性炭过滤网,所述第二过滤网(6)是$PM_{2.5}$颗粒过滤网。

3. 根据权利要求1所述的光催化剂板,其特征在于,所述光催化剂板(7)由两层负载有纳米二氧化钛涂层的金属丝网(10)和填充在两层金属丝网(10)的负载有纳米二氧化钛的多孔颗粒(11)组成。

该例中,权利要求1存在不具备新颖性和缺少必要技术特征的授权障碍;权利要求2存在没有创造性的授权障碍;权利要求3无授权问题。通过观察可知,权利要求2、3均为独立权利要求1的从属权利要求,由于权利要求2不具备新颖性和创造性,因此,即使将权利要求2的技术特征并入独立权利要求1中也无法克服权利要求1的授权障碍。由于权利要求3也是独立权利要求1的从属权利要求,可以考虑将权利要求3的技术特征并入独立权利要求1中,加入了权利要求3特定技术特征的新的权利要求1由此可以克服不具备新颖性和创造性的授权障碍。原权利要求2仍可作为新权利要求书中的从属权利要求2引用新的权利要求1,从而克服授权障碍。(权利要求缺少必要技术特征的技术问题可从说明书中补入相应特征,在此不再赘述)修改后的权利要求书为:

1. 一种光催化空气净化器,包括壳体(1)、位于壳体下部两侧的进风口(2)、位于壳体顶部的出风口(3)以及设置在壳体底部的风机(4),所述壳体(1)内设置有第一过滤网(5)、光催化剂板(7)、第二过滤网(6)和紫外灯(8),其特征在于,所述光催化剂板(7)由两层表面负载有纳米二氧化钛涂层的金属丝网(10)和填充在两层金属丝网(10)的负载有纳米二氧化钛的多孔颗粒(11)组成。

2. 根据权利要求1所述的光催化空气净化器,其特征在于,所述第一过滤网(5)是具有向下凸起曲面(9)的活性炭过滤网,所述第二过滤网(6)是$PM_{2.5}$颗粒过滤网。

第四章 专利代理实务应用与能力提升

一、不同场景下专利代理实务考查应对思路及模板

专利代理实务主要是为客户解决专利授权确权程序中出现的问题,以达到获得专利授权或维持专利权的权利状态的目的。主要包括以下3类工作:第一,专利新申请中的权利要求书撰写或者对于新申请专利撰写文件提供咨询意见;第二,专利申请提出后,若被国家知识产权局驳回,应当能够根据驳回意见进行答复、修改权利要求书,以及为上述工作提供咨询意见;第三,对已经授权的专利提出无效宣告请求或者是为客户提供无效宣告请求的咨询建议,以及答复无效宣告请求或提供答复无效的咨询建议。总而言之,专利代理师实务考试的考查情景可以根据专利授权的阶段划分为新申请、答复审查意见、无效3类。同时,包括为完成上述3类工作向客户提出咨询建议。本书对2011—2020年专利代理师实务考试考查的类型进行了汇总,具体见表4-1。

表4-1 2011—2020年专利代理师实务考试中的考查场景

年份	类型
2011	提无效(撰写无效宣告请求书)
2012	答无效咨询(为客户提供应对无效宣告的建议)
2013	新申请咨询(为客户撰写的权利要求书提供咨询建议)
2014	答复审查意见咨询(为客户提供应对国家知识产权局驳回的咨询建议)
2015	提无效咨询(为客户无效他人专利提供咨询建议并撰写无效请求书)
2016	提无效咨询(为客户无效他人专利提供咨询建议并撰写无效请求书)
2017	新申请咨询(为客户撰写的权利要求书提供咨询建议)

年份	类型
2018	提无效咨询（为客户无效他人专利提供咨询建议并撰写无效请求书）
2019	提无效咨询（为客户无效他人专利提供咨询建议并撰写无效请求书）
2020	提无效咨询（为客户无效他人专利提供咨询建议并撰写无效请求书）

根据表4-1，无效类场景在专利代理师实务考试中考查的次数最多，一共考查过7次。新申请类场景分别在2013年、2017年专利代理师实务考试中出现，答复审查意见类在2014年专利代理师实务考试中出现。显然，无效类场景在专利代理师实务考试中出现频率较高。在7次无效类场景考查中，提无效占了6次，答复无效仅占1次。在2011年后专利代理师实务考试均考查为客户提供咨询意见。提供咨询意见不存在绝对的肯定性答案，有时需要在新申请类场景、答复审查意见类场景中对未来专利授权前景进行预判，基于预判为专利的授权提供建议，有时是在无效类场景中对专利权的维持前景或对宣告无效的目标专利未来的权利状态进行预判并提供提出无效、答复无效的具体策略。因此，专利代理师实务考试的方式更加灵活，需要在考试中结合考查的场景，立足于所站立场，进行全方位考虑。综上，本书结合无效类（提无效类+答无效类）场景、新申请类场景和答复审查意见类场景各自的特点，提出应对思路和解决策略。

（一）无效类场景下的应对思路与策略

1. 提无效类场景的应对思路与策略

在提无效类场景下，通常要求根据客户提供的现有技术或者申请在先公开在后的专利文件，对拟要宣告无效的权利要求书提出无效宣告请求，撰写提交给国家知识产权局的无效宣告请求书。在提无效类场景下，首先需要明确的是，由于该无效请求书是提交给国家知识产权局的正式文件。因此，在用语上应当坚持正式性、明确性。对拟无效专利中的每一项权利要求提出明确的宣告无效的理由，并结合现有技术等证据进行充分的分析和说明。提无效类场景的目标就是尽一切可能将拟要无效的专利中的每一项权利要求全部无效。提无效类场景在2011年后的专利代理师实务考试中就没有再出现。近年来转化为以为客户无效他人专利提供咨询的形式出现,即在给出客户咨询意见的同时,会要求撰写一份正式的无效宣告请求书。由此,将提无效场景融入提无效咨询的场景中,作为提无效咨询的组成部分。

如下内容为专利代理师实务考试中的提无效类场景的具体题目示例,旨在考查考生能否基于专利无效的法律规定,结合材料撰写或分析无效宣告请求的具体范围、理由和证据。

示例1(2011年专利代理师实务考试部分真题):

请你根据上述材料为客户撰写一份无效宣告请求书,具体要求如下:

明确无效宣告请求的范围,以《专利法》及《专利法实施细则》中的有关条、款、项作为独立的无效宣告理由提出,并结合给出的材料具体说明。

示例2(2016年专利代理师实务考试部分真题):

请你具体分析客户所撰写的无效宣告请求书中的各项无效宣告理由是否成立,并将结论和具体理由以信函的形式提交给客户。

请你根据客户提供的材料为客户撰写一份无效宣告请求书,在无效宣告请求书中要明确无效宣告请求的范围、理由和证据,要求以《专利法》及《专利法实施细则》中的有关条、款、项作为独立的无效宣告理由提出,并结合给出的材料具体说明。

撰写无效请求书是提无效类场景的一项重要工作。作为提交给国家知识产权局的正式文件应注重其结构要求。无效请求书的撰写结构为:第一部分,开场白;第二部分,证据分析;第三部分,对每一个权利要求依据专利法规定的无效事由逐一提出无效的理由;第四部分,除2011年专利代理师实务考试单纯提出专利无效请求的场景外,该请求书也可适用于提无效咨询类场景下,要求单独撰写无效宣告请求书的情形。

应用模板

尊敬的国家知识产权局:

根据《专利法》第45条和《专利法实施细则》第69条规定,请求人现请求宣告专利号为×××,名称为×××的发明(实用新型)专利,全部(部分)无效,具体理由如下:

一、证据分析

附件1:无效宣告请求针对的专利文件,其申请日为×年×月×日,公开日为×年×月×日。

对比文件1:中国实用新型专利说明书,申请日×年×月×日,公开日×年×月×日。

对比文件2:中国发明专利说明书,申请日×年×月×日,公开日×年×月×日。

综上所述:

对比文件1公开日早于本专利的申请日(优先权日),构成本专利的现有技术,可以用来评价新颖性和创造性。

对比文件2:对比文件2与本专利均属于向国家知识产权局提出的专利申请,对比文件2的申请日(×年×月×日)早于本专利的申请日(优先权日),公开日晚于本专利的申请日(优先权日),属于申请在先公开在后的技术文献,只能用于评价新颖性,不能评价创造性。

二、结合法律规定和证据进行无效说理

1. 权利要求1没有新颖性——"没有新颖性"模板。

2. 权利要求2没有创造性——"没有创造性"模板。

3. 其他无效理由——"不清楚"模板、"得不到说明书的支持"模板、"保护客体"模板等。

综上所述,该专利的权利要求1没有新颖性,权利要求2没有创造性,权利要求X保护范围不清楚,权利要求Y得不到说明书支持,请求人请求国家知识产权局宣告该专利权全部(或者部分)无效。

×××专利代理机构×××专利代理师

×年×月×日

对于上述无效请求书的撰写做以下提示:

第一,无效宣告请求书是提交给国家知识产权局的正式文件,在撰写的体例和格式上要保持正式性。请求书开头要写明提请审查的对象"国家知识产权局"并在首段明确提出无效申请的法条。《专利法》第45条与《专利法实施细则》第69条是无效专利的重要法律依据,应在无效宣告请求书的首部直接明确该法律依据。法律依据之后,则要列明拟要宣告无效专利的专利号、名称、类型等基本信息。

第二,进入无效请求书的主体部分。无论无效类、答复审查意见类、新申请类等各种场景,其实都是对目标专利权利要求书是否符合法律的规定进行分析。其中,最重要的是涉及新颖性、创造性等问题的判断,对于新颖性、创造性的判断需要借助客户提供的证据材料。因此,对于证据材料进行分析,正确判断其属于现有技术或是申请在先公开在后的专利文件是非常重要且必不可少的。在无效请求书主体部分应首先对客户所提供的证据材料进行分析。如上述应用模板所述,可以将客户提供证据的申请日、公开日等信息一一列举出来,对证据的性质进行判断并使用相应的模板进行分析说明。

第三,结合法律规定和客户提供的证据对每一项权利要求进行评价,评价过程需要首先明确以何种法定理由无效相应的权利要求,并利用有关知识模板和证据材料充分说明适用该条款的原由。

第四,请求书的最后应对之前每一个权利要求的无效理由进行总结,请求国家知识产权局宣告其无效。

第五,在请求书尾部署名并写明日期。

2. 提无效咨询类场景的应对思路与策略

目前专利代理师实务考试考查最多的是提无效咨询类场景,其与提无效类场景的区别是,需要对无效宣告请求人撰写的无效请求书中的每一项无效宣告请求所依据的理由和使用的证据进行分析,判断无效能否成功的前景,指明在无效请求中存在的不当之处。无效请求书中存在的错误主要包括:①适用的法律依据错误,如将非无效理由作为无效理由写入无效请求书中;②理由分析错误,对于本不存在权利瑕疵的权利要求冠以某项瑕疵,如将具备新颖性的权利要求,分析判断其不具备新颖性等;③证据材料适用错误,如将申请在先公开在后的专利文件用于评价创造性等。对于提无效咨询类场景也应秉持合理利用无效的法定理由,尽力将拟要无效专利的每一项权利要求均予以无效的思路,对无效请求书进行分析,肯定合理之处,指出不足之处,并结合证据和法律规定对其进行论证评价。最后,将上述结论进行整理总结,在形成提无效咨询建议的同时,能够撰写正式的无效宣告请求书。

应用模板

尊敬的A公司:

很高兴贵方委托我代理机构代为办理有关请求宣告专利号为×××、主题为×××的发明专利无效宣告请求的有关事宜,经仔细阅读提供的涉案专利以及对比文件1~3,我认为涉案专利中各项理由是否成立的结论和理由如下:

一、证据分析

附件1:无效宣告请求针对的专利文件,其申请日为×年×月×日,公开日为×年×月×日。

对比文件1:中国实用新型专利说明书,申请日×年×月×日,公开日×年×月×日。

对比文件2:中国发明专利说明书,申请日×年×月×日,公开日×年×月×日。

综上所述:

对比文件1:公开日早于本专利的申请日(优先权日),构成本专利的现有技术,可以用来评价新颖性和创造性。

对比文件2：对比文件2与本专利均属于向国家知识产权局提出的专利申请，对比文件2的申请日（×年×月×日）早于本专利的申请日（优先权日），公开日晚于本专利的申请日（优先权日），属于申请在先公开在后的技术文献，只能用于评价新颖性，不能评价创造性。

二、逐一分析每一项权利要求的无效理由

1. 权利要求1不具备×××的理由不成立。

2. 权利要求2不具备×××的理由不成立。

3. 权利要求3不具备×××的理由不成立。

4. 权利要求4不具备×××的理由不成立。

综上所述，贵公司撰写的无效宣告请求书存在较多问题，若要无效涉案专利要对无效理由进行修改。

以上咨询意见仅供参考，有问题请随时与我沟通。

×××专利代理机构×××专利代理师

×年×月×日

对上述无效咨询类应用模板的使用做以下提示：第一，应在咨询意见开头处明确撰写的对象是客户（如某公司）而非给国家知识产权局的正式文件。之后明确需要为客户提供咨询建议的专利信息，包括专利名称、专利号和主题。第二，列明客户提供的证据资料，对证据类型进行准确判断。第三，逐一对客户无效请求书中的无效理由、使用的证据及表述的形式进行分析，指出客户提供的无效请求书的不当之处。这里需要提示的是，在为客户提供咨询建议时，应当明确告知客户使用的无效理由是否正确，在此基础上为客户解释其判断错误的原因，并告知可以用来无效专利的合理事由，结合证据材料利用相应模板为客户分析适用该理由的原因。第四，注意对咨询建议进行收尾。如上文所述，在提无效咨询类场景下，在为客户提供咨询意见的基础上，还需要向国家知识产权局提交正式的无效请求书，此时可以直接使用"提无效"模板。

3. 答无效咨询类场景的应对思路与策略

答无效咨询类是当专利权人的专利遭到他人专利无效宣告请求时,依据《专利法》的规定进行答复。与提无效咨询相比,答无效咨询处于防守位置,需要站在尽可能维持专利权人的角度为未来专利权人专利的权利前景进行判断。为专利权人分析、解释每一项专利无效理由是否成立并解释原因。对于确实存在无法避免的权利维持障碍应建议专利权人接受并对权利要求书进行修改。对于可能不成立的无效理由在解释不成立理由的同时,也可将可能存在的专利权利要求无法维持的风险告知专利权利人。

应用模板

尊敬的A公司:

很高兴贵方委托我所代为办理有关×××无效事项,我方根据贵方提供的涉案专利以及对比文件1、2,提出意见如下:

一、证据分析

附件1:无效宣告请求针对的专利文件,其申请日为×年×月×日,公开日为×年×月×日。

对比文件1:中国实用新型专利说明书,申请日×年×月×日,公开日×年×月×日。

对比文件2:中国发明专利说明书,申请日×年×月×日,公开日×年×月×日。

综上所述:

对比文件1:公开日早于本专利的申请日(优先权日),构成本专利的现有技术,可以用来评价新颖性和创造性。

对比文件2:对比文件2与本专利均属于向国家知识产权局提出的专利申请,对比文件2的申请日(×年×月×日)早于本专利的申请日(优先权日),公开日晚于本专利的申请日(优先权日),属于申请在先公开在后的技术文献,只能用于评价新颖性,不能评价创造性。

二、逐一为客户分析无效请求人的每一个无效理由是否成立

1. 权利要求1无效理由成立与否并说明理由。

2. 权利要求2无效理由成立与否并说明理由。

综上所述：无效申请人提出的全部（部分）无效理由成立，为保证能够维持该专利权，可以考虑对无效理由成立的权利要求进行修改。

×××专利代理机构×××专利代理师

×年×月×日

答无效咨询类应用模板适用说明如下：由于是为客户撰写的咨询意见，因此第一部分仍在应用模板开头处明确咨询的对象并交代专利无效事项的具体对象；第二部分还是对客户提供的证据类型进行分析，结合应用模板进行定性；第三部分分别对无效请求人针对每一项权利要求的无效理由进行分析，告知客户无效请求的理由是否成立并结合相应的法律规定和相应的知识应用模板进行说明。答无效咨询意见的最后部分应告知客户哪些无效宣告理由是成立的，并建议客户做好修改准备。

随着无效修改咨询建议的提出，应依据咨询建议对确已无法避免的维持权利状态的权利要求进行修改。无效程序中的修改原则、规则、步骤等已在本书第三章中进行了介绍，此处不再赘述。

应用模板

专利权人对专利权利要求书进行了修改，将原授权公告中的独立权利要求1删除，将从属权利要求×××、×××的特征进一步限定到权利要求1中，形成新的独立权利要求1，并修改了权利要求的引用关系和编号。

修改后的权利要求具有新颖性、创造性。

1. 新颖性

修改后的权利要求1具有新颖性。

在修改后的独立权利要求1有新颖性的基础上，对其进行引用的从属权利要求2~X也具有新颖性。

2. 创造性

修改后的权利要求1具有创造性。

在修改后的独立权利1有创造性的基础上,对其进行引用的从属权利要求2~X也具有创造性。

修改后的权利要求书没有超出原说明书和权利要求书的记载范围,也没有扩大原专利的保护范围,符合无效修改的相关规定。专利权人请求国家知识产权局在修改后的权利要求书的基础上进行审查。

另外需要说明的是,与为客户提供无效咨询的同时,还需要向国家知识产权局提交正式的无效请求书一样,无效的答复咨询也可能涉及代理客户向国家知识产权局提交针对无效宣告的答复无效请求的答辩意见。该答辩意见是向国家知识产权局提交的正式意见,需要针对请求人提出的每一项具体的无效宣告请求的理由进行点对点的答复,无须在无效请求之外对可能存在的其他问题进行答复。在进行无效答复时,也要依据法律的规定和证据对无效请求书记载的内容进行合理驳斥并说明理由。

应用模板

尊敬的国家知识产权局:

专利权人接到国家知识产权局转来的请求人×××于×年×月×日提交的无效宣告请求书以及对比文件1~X,现针对无效请求人所提出的请求宣告本专利无效的理由和证据进行答辩,具体答辩意见如下:

一、证据分析

附件1:无效宣告请求针对的专利文件,其申请日为×年×月×日,公开日为×年×月×日。

对比文件1:中国实用新型专利说明书,申请日×年×月×日,公开日×年×月×日。

对比文件2:中国发明专利说明书,申请日×年×月×日,公开日×年×月×日。

综上所述：谁为现有技术谁为申请在先公开在后。

二、针对无效宣告请求中的每一项理由进行驳斥

1. 权利要求1不具备新颖性的理由不成立并分析理由。

2. 权利要求1缺少必要技术特征的理由成立并分析理由。

3. 权利要求2不具备创造性的理由不成立。

4. 权利要求3得不到说明书支持、不清楚的理由不成立。

综上所述，无效宣告申请人的全部（部分）无效宣告请求不能成立，应维持该权利要求全部（部分）有效。

×××专利代理机构×××专利代理师

×年×月×日

（二）新申请类场景下的应对思路与策略

为客户撰写权利要求书是专利代理实务的基本业务。专利代理师需要具备代理客户进行权利要求撰写的能力。新申请类场景的考查形式是为客户撰写的专利权利要求书的授权前景提供咨询意见。新申请类咨询场景的基本应对思路是为客户撰写的权利要求书提供咨询意见，结合法律规定和客户提供的证据对客户撰写的每一条权利要求的授权前景进行分析，指明客户撰写的权利要求书存在的不足之处。这类场景代理师应着眼于最大限度地实现专利的授权。

应用模板

尊敬的A公司：

很高兴贵方委托我所代为办理有关（主题名称）的专利申请案，经仔细阅读技术交底材料、技术人员撰写的权利要求书及现有技术，我认为贵公司技术人员所撰写的权利要求书存在不符合《专利法》和《专利法实施细则》规定的问题，现一一指出：

一、证据分析

附件1：拟申请的涉案专利，其申请日为×年×月×日，公开日为×年×月×日。

对比文件1:中国实用新型专利说明书,申请日×年×月×日,公开日×年×月×日。

对比文件2:中国发明专利说明书,申请日×年×月×日,公开日×年×月×日。

综上所述:对比文件1公开日早于本专利的申请日(优先权日),构成本专利的现有技术,可以用来评价新颖性和创造性。

对比文件2:对比文件2与本专利均属于向国家知识产权局提出的专利申请,对比文件2的申请日(×年×月×日)早于本专利的申请日(优先权日),公开日晚于本专利的申请日(优先权日),属于申请在先公开在后的技术文献,只能用于评价新颖性,不能评价创造性。

二、逐项分析客户撰写的权利要求

1. 权利要求1存在的问题。

2. 权利要求2存在的问题。

3. 权利要求3存在的问题。

4. 权利要求4存在的问题。

综上所述,目前贵公司撰写的权利要求书存在较多问题,难以获得授权。我方专利代理师将会在与发明人进行认真沟通的基础上,为贵公司撰写权利要求书和说明书。

以上咨询意见仅供参考,有问题随时与我沟通。

×××专利代理机构×××专利代理师

×年×月×日

(三)答复审查意见场景类的应对思路与策略

申请人在提出专利申请后,审查员如果认为申请的专利不满足专利授权的要求,则会驳回专利申请人的申请。此时需要专利申请人对照审查员的驳回意见通知书指出的问题进行答复。答复审查意见场景类的应对思路是对国家知识产权局提出的审查意见所依据的法条、证据和理由进行逐条分析,认为审查意见合理的告知客户接受并说明理由,若认为审查意见不合理的则要据理力争并说明理由。审查意见中未提到的权利要求存在的缺陷,可以为客户提供咨询意见,并告知其潜在的授权风险。对于提交的正式的对审查意见的答复文件,仅针对驳回通知书中提到的授权问题进行答复。

应用模板

尊敬的A公司:

很高兴贵方委托我所代为办理×××专利申请案,经仔细阅读申请文件及现有技术后,我认为贵公司目前的发明专利申请文件存在一些不符合《专利法》和《专利法实施细则》规定的问题,将影响到授权前景,现将问题一一指出:

一、分析证据

附件1:拟申请的涉案专利,其申请日为×年×月×日,公开日为×年×月×日。

对比文件1:中国实用新型专利说明书,申请日×年×月×日,公开日×年×月×日。

对比文件2:中国发明专利说明书,申请日×年×月×日,公开日×年×月×日。

对比文件1公开日早于本专利的申请日(优先权日),构成本专利的现有技术,可以用来评价新颖性和创造性。

对比文件2:对比文件2与本专利均属于向国家知识产权局提出的专利申请,对比文件X的申请日(×年×月×日)早于本专利的申请日(优先权日),公开日晚于本专利的申请日(优先权日),属于申请在先公开在后的技术文献,只能用于评价新颖性,不能评价创造性。

二、逐项分析客户权利要求驳回理由是否成立

1. 关于权利要求1驳回理由是否成立(如新颖性、创造性、得不到说明书的支持、缺少必要技术特征等)。

2. 关于权利要求2驳回理由是否成立。

3. 关于权利要求3驳回理由是否成立。

4. 关于权利要求4驳回理由是否成立。

5. 关于权利要求5驳回理由是否成立。

综上分析,贵公司的专利申请文件存在较多问题,若要获得授权,需要对权利要求书进行进一步修改。

以上咨询意见仅供参考,有问题请随时与我沟通。

×××专利代理机构×××专利代理师

×年×月×日

在此进一步提示,在对驳回通知书进行答复后,为了能够保证专利的授权前景,应当对权利要求书进行修改以争取授权。可按照本书第三章介绍的答复审查意见权利要求书修改的相关规则对存在授权问题的权利要求进行修改,此处不再赘述。

本书对专利代理实务不同考查场景下的应对思路进行分析归纳汇总如下:

(1)提无效类咨询。

①提无效类咨询:撰写提供给客户的咨询类文件,以法定理由无效目标专利为立场,使用建议性口吻,可向客户说明无效请求前景的多种可能性。提无效类咨询还会涉及提交给国家知识产权局的正式无效请求书的撰写。无效请求书为正式文件,需采用确定性语言,说明提起无效的理由、证据和分析过程。

②答无效类咨询:提供给客户的咨询类文件,以维持专利有效性为前提,使用建议性口吻,对无效请求书中依据的理由、证据逐条回复,对无效请求书中未提及的风险进行警示。答无效咨询可能涉及撰写提交给国家知识产权局的正式答复意见书。该文件为正式文件,需要采用确定性语言,对无效请求书中提到的问题逐一进行答复,请求书中未提及的问题无须答复。

（2）新申请类咨询。

告知客户其所撰写的权利要求书存在的问题。以为了授权为立场，使用建议性口吻，告知客户专利申请的授权前景。新申请咨询除给客户指出其所撰写的权利要求的不足之处外，还可能涉及为客户撰写符合授权标准的专利申请文件的情况。务必要注意权利要求书、说明书的撰写规则。

（3）答复审查意见类咨询。

撰写提供给客户的咨询类文件。以维持专利权为立场，使用建议性口吻，逐一为客户解释驳回通知书中指出的问题。对于驳回通知书中未提及的风险给出警示。答复审查意见类咨询可能涉及撰写提交给国家知识产权局的正式答复审查意见书。该文件为正式文件，需要采用确定性语言，对驳回通知书中提到的问题逐一进行答复，驳回通知书中未提及的问题不需答复。

需要特别提示的是，虽然专利代理实务的场景类别繁多，也不排除出现新类型考查场景。但是，只需明确不同考察场景的工作本质即可轻松应对。事实上，无论哪种场景均是根据《专利法》《专利法实施细则》等规范性文件的规定，识别涉案专利的每一项专利权利要求存在的问题，如果可以将权利要求中存在的问题准确找出，考察场景仅会对所依据的理由产生影响。例如，不能将单一性作为专利无效的理由。

二、专利代理实务核心知识的归纳、逻辑结构与运用梳理

本书第三章对专利代理实务涉及的所有核心知识进行了详细的讲解。本节将从应用角度对前述核心知识进行总结。在强化重点的同时，增强对核心知识的实际运用能力。

（一）专利代理师实务核心知识点的归纳

根据《专利法实施细则》第59条❶、第69条❷的规定，以及历年专利代理师实务考试的考查重点，本书归纳出专利代理实务的核心知识，具体如表4-2所示。

表4-2　专利代理师实务考试考查重点

法条	内容	驳回理由	无效理由
A9	重复授权	√	√
A22.2	新颖性	√	√
A22.3	创造性	√	√
R23.2	缺少必要技术特征	√	√
A31.1	单一性	√	—
A26.4	以说明书为依据		
A29	优先权（文件性质）	—	—
R25	主题一致、"多引多"、择一引用	—	—
A2	保护客体	√	√

---

❶《专利法实施细则》第59条："依照专利法第三十八条的规定，发明专利申请经实质审查应当予以驳回的情形是指：（一）申请属于专利法第五条、第二十五条规定的情形，或者依照专利法第九条规定不能取得专利权的；（二）申请不符合专利法第二条第二款，第十九条第一款，第二十二条，第二十六条第三款、第二十六条第四款、第二十六条第五款，第三十一条第一款或者本细则第十一条、第二十三条第二款规定的；（三）申请的修改不符合专利法第三十三条规定，或者分案的申请不符合本细则第四十九条第一款的规定的。"

❷《专利法实施细则》第69条："依照专利法第四十五条的规定，请求宣告专利权无效或者部分无效的，应当向国家知识产权局提交专利权无效宣告请求书和必要的证据一式两份。无效宣告请求书应当结合提交的所有证据，具体说明无效宣告请求的理由，并指明每项理由所依据的证据。前款所称无效宣告请求的理由，是指被授予专利的发明创造不符合专利法第二条，第十九条第一款，第二十二条，第二十三条，第二十六条第三款、第二十六条第四款，第二十七条第二款，第三十三条或者本细则第十一条、第二十三条第二款、第四十九条第一款的规定，或者属于专利法第五条、第二十五条规定的情形，或者依照专利法第九条规定不能取得专利权的。"

根据表4-2所列的核心知识,《专利法》第31条第1款的单一性较为特殊,其仅可作为专利的驳回理由,不能作为无效理由。《专利法》第29条是优先权条款,既不是驳回理由,也不是无效理由,但是将会影响对现有技术和申请在先公开在后的专利文件的判断,需要予以重视。《专利法实施细则》第25条是有关权利要求书撰写的格式要求,本书将其称为细节问题。既然是细节问题,其非为专利驳回和无效的理由。但是,在专利代理师实务考试的咨询类题目中权利要求若出现细节问题,应当予以指出并纠正。《专利法》第2条是保护客体条款,若权利要求书所保护的不是技术方案,则不能被授权。该条既是驳回理由也可作为无效理由。除以上条款外,其他条款均为驳回和无效的法定事由,需充分掌握。

出于能够合理、高效、准确地将上述事由用于对权利要求书的评价,排除额外因素的干扰。本书以在判断相应法定事由时需要利用的专利文件(包括涉案专利的权利要求书、涉案专利说明书、对比文件3部分)为依据,将上述法定事由划分为以下类别(表4-3)。

表4-3　法定事由适用与专利文件类型的关系

仅需观察涉案专利权利要求书的判断事由	仅需观察涉案专利说明书的判断事由	需要将权利要求书与对比文件结合的判断事由
保护客体	缺少必要技术特征	新颖性
主题一致、"多引多"、择一引用	得不到说明书的支持	创造性
清楚:缺乏引用基础	—	单一性
简要	—	—

除需要判断优先权时会提供相应的优先权文件,将涉案专利的申请日与优先权日进行对比,将首次申请的技术特征与涉案专利的技术特征进行对比外,其他问题的判断需要结合哪些文件进行可根据表4-3的归类进行,从而提高判断的效率和准确性,排除干扰。

（二）专利代理实务核心知识的逻辑结构和运用梳理

上文对专利代理实务中核心知识进行了汇总，本部分将对本书第三章讲解的每一个知识点的逻辑结构进行梳理，进一步明确其运用方式和重点内容，以增强对于核心知识的理解。

1. 新颖性——看涉案专利的权利要求与对比文件

新颖性判断逻辑思维导图，详见图4-1所示。

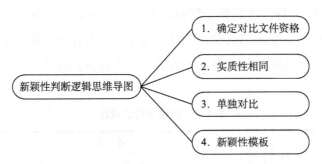

图4-1　新颖性判断逻辑思维导图

（1）确定对比文件资格时需要注意现有技术和申请在先公开在后的专利文件的确定。

现有技术在时间要件上要求早于涉案专利的申请日（不含申请日当日）；申请在先公开在后的专利文件需要在涉案专利的申请日（不含申请日当日）以前提出，公开在申请日（含申请日）以后的专利文件中。申请在先公开在后的专利文件与抵触申请不同，前者是具备了评价新颖性的资格，后者则是评价涉案专利不具备新颖性的结果。

（2）实质性判断是将每个技术特征进行对比（包括部件、位置关系、连接关系等），看涉案专利的技术特征是否与对比文件特征实质性相同。

实质性相同包括：①文字完全相同或者仅表述不同（如"滤水板"与"滤水孔"虽然表述不同，但是结合考虑部件的名称，以及在技术方案中的位置和作用，构成实质性相同）；②已公开的下位概念破坏上位概念（如"透水性滤网"与"隔挡片"，"透水性滤网"是"隔挡片"的下位概念。换言之,"隔挡片"可以是多种形式的"透水性滤网");③数值问题;④惯用手段的直接置换。实务中不需要准确说明所对比的技术特征之间具体属于哪种实质性相同的情形,仅需准确判断技术特征之间是否实质性相同即可。对于数值问题的判断,可根据本书第二章"飞刀大法"来解决。

表4-4是对技术特征数量与上下位概念进行的梳理判断。当涉案专利比对比文件公开的技术特征少时(如序号2),则涉案专利不具备新颖性。当涉案专利比对比文件公开的技术特征多时(如序号3),则涉案专利具备新颖性。因此,在判断新颖性时可以先数出涉案专利与对比文件技术特征的数量。如果二者技术特征数量相同,则对比文件的下位概念会破坏上位概念的新颖性,如序号5的情况就不具备新颖性。

表4-4　新颖性特征对比

序号	涉案专利	对比文件	结论
1	A、B、C	A、B、C	无
2	A、B、C	A、B、C、D	无
3	A、B、C、D	A、B、C	有
4	a、b、c、d	A、B、C、D	有
5	A、B、C、D	a、b、c、d	无

注:A与a分别代表技术特征的上下位技术特征,B~D同理。

(3)单独对比原则的两种运用方式。

单独对比原则在新颖性实务应用中主要有两种典型的运用方式。其一,在对新颖性进行判断时,不得用两份以上技术方案或同一方案中的两个以上实施例中的技术特征进行对比评价;其二,如果在为客户提供无效答复审查意见的咨询意见时使用了多个技术方案(实施例),应当给出修改建议。

2. 创造性——看涉案专利的权利要求与对比文件

创造性判断的逻辑思维导图,详见图4-2所示。

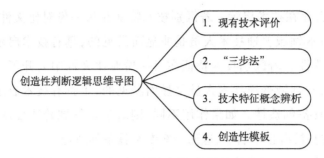

图4-2　创造性判断的逻辑思维导图

（1）只有现有技术才能评价创造性，申请在先公开在后的专利文件不能评价创造性。

在进行创造性评价时，要根据文件性质及时排除干扰对比文件。同时需要注意，创造性是以具备新颖性为前提的。因此，"无新不评创、有新才评创"。

（2）"三步法"是创造性判断的重要内容，需要准确、深度掌握。

①确定最接近现有技术。公开相同技术特征最多的现有技术为最接近现有技术。确定最接近现有技术后，另一份对比文件则成为确定区别技术特征的文件。最接近现有技术的判断可以通过假设法反推，要在文件材料中比较容易地找到对于该区别技术特征解决技术问题、作用和技术效果的描述。

②确定区别技术特征及区别技术特征所解决的技术问题。区别技术特征是指涉案专利与最接近现有技术相比的区别。不同部件名称通常为区别技术特征（如"可拆卸搅拌部"与"搅拌匙一体成型呈弯心曲状"）。另外，部件名称即使相同，也可能成为区别技术特征，需要考虑该相同名称部件在技术方案汇总中所起到的作用，如起通风作用的"孔"与在桶底部起"漏水"作用的孔，虽然上述部件名称均为"孔"，但是在技术方案中所处的位置，特别是在技术方案中所起的作用不同，因此构成区别技术特征。对于区别技术特征的判断，技术交底书描述的技术效果也可以作为参考。特别注意，区别技术特征既可以是一个部件特征，也可以是包括了连接关系或位置关系的一些特征。

③是否存在技术启示。若区别技术特征在另一份对比文件中没有被公开,则对本领域普通技术人员是非显而易见的,具有技术启示,涉案专利具备创造性。若区别技术特征在另一份对比文件中公开了,如果作用相同,则对本领域普通技术人员是显而易见的,不具有技术启示,因此涉案专利不具备创造性。如果作用不同,则对于本领域普通技术人员是非显而易见的,具有技术启示,进而涉案专利具备创造性。

(3)根据《专利法》对于发明和实用新型的分类,发明若具备创造性应描述为"具有突出的实质性特点和显著进步",实用新型具备创造性则应描述为"具有实质性特点和进步"。

3. 缺少必要技术特征——看涉案专利的权利要求和涉案专利的说明书

只有独立权利要求才能缺少必要技术特征。判断某一技术特征是否为必要技术特征,应当从所要解决的技术问题出发。具体方法是:将涉案专利的独立权利要求与说明书中对应部分进行对比,判断独立权利要求是否缺少技术特征。若缺少技术特征,则利用假设法假设,若没有该特征,技术问题是否能够被解决,若无法解决技术问题,则该特征为必要技术特征,若不能解决技术问题,则该技术特征为非必要技术特征,独立权利要求不缺少必要技术特征。

4. 得不到说明书支持、不清楚——看涉案专利的权利要求与涉案专利的说明书

(1)将涉案专利权利要求书与说明书进行对比,若出现下列情况,属于得不到说明书支持的情形。

①权利要求缺少对技术特征限定,出现了不能解决技术问题的情形。涉案专利的权利要求与说明书对应部分进行对比,若说明书中某个技术特征的限定在权利要求书中未出现,导致权利要求书的保护范围扩大,进而出现了解决不了的技术问题,则构成得不到说明书的支持。(如说明书中记载了部件的排布方式,权利要求书中未做限定;说明书中记载了部件的材料、形状,而权利要求未做限定,导致出现了其他材料、形状不能解决的技术问题)

②权利要求书与说明书相比,出现了记载"矛盾"的情况。根据权利要求书的引用关系,出现了权利要求书中记载的技术方案与说明书对应部分记载的技术方案在实施过程中出现矛盾。(如权利要求记载部件在特定情况下无法旋转,而说明书记载该部件可旋转等)

③权利要求书对说明书做概括,概括的上位概念包含了不能解决技术问题的情形。权利要求书对于说明书中技术方案的概括范围过大,或者新增了说明书中没有记载的技术特征,导致保护范围过大,出现了不能解决技术问题的情形。

④纯功能性限定得不到说明书的支持。

(2)得不到说明书的支持是权利要求书常见出现的瑕疵,其既是专利的驳回理由也是无效理由。

要区分得不到说明书支持与独立权利要求缺少必要技术特征的相同点和不同点。相同点是二者判断的本质均是将涉案专利的权利要求与说明书进行对比,找出权利要求与说明书的不同之处,往往成为判断的关键;二者的不同点是,仅有独立权利要求才会缺少必要技术特征。而独立权利要求和从属权利要求均可能出现得不到说明书支持的情况。独立权利要求缺少必要技术特征会导致技术问题彻底无法解决。而得不到说明书的支持,是由于权利要求超出说明书记载,导致保护范围扩大后,对于扩大的部分出现了不能解决技术问题的情形。

5. 清楚

判断权利要求书清楚的逻辑思维导图,详见图4-3所示。

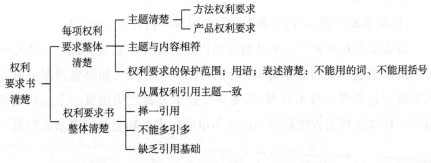

图4-3　判断权利要求书清楚的逻辑思维导图

（1）权利要求书清楚包括权利要求书整体清楚（权利要求书权利要求之间的引用关系符合法定要求）和每一项权利要求书清楚。权利要求书的主题应当能直接、明确地反映技术方案所要保护的权利要求属于产品权利要求还是方法权利要求，且能够涵盖技术方案的内容，不能在权利要求书中出现（包括"厚""薄""强""弱""高温""高压""例如""最好是""尤其是""必要时""优选""约""接近""等""类似物"等）的词语。在权利要求的引用关系上，要保持主题一致、择一引用，不能出现"多引多"，以及缺乏引用基础的情况。

（2）根据《专利法实施细则》第25条、第59条和第69条规定，主题一致、择一引用、"多引多"均为《专利法实施细则》第25条列举的不清楚（不符合权利要求书撰写形式要求）的情形，但其非《专利法实施细则》第59条、第69条列举的专利驳回与无效的法定事由，因此上述三种不清楚情形不得作为《专利法》第26条第4款中的不清楚情形而作为驳回和无效条款。缺乏引用基础和使用标准用词，属于《专利法》第26条规定的不清楚的情形。

6. 保护客体

材料不能成为实用新型保护的客体，但是对于材料的改进可以成为实用新型保护的客体。实用新型的产品权利要求中可以涉及已知材料，对已知材料的改进作为实用新型的保护客体，但不能涉及新材料。判断是否为已知材料，应看是否有申请在先公开在后的专利文件或者现有技术是否公开了该材料。

7. 单一性

（1）从原则上说，一份专利申请只能包含一份技术方案。❶

如果技术方案属于一个总的发明构思的除外。也就是说单一性是一份申请仅能包含一份技术方案的例外情况。换言之，如果想要在一份专利申请中包含多个技术方案，需要多个技术方案之间构成一个总的发明构思。具体的判断方法是看一份专利申请的多个独立权利要求之间是否

---

❶ 单一性的规定可以降低审查难度，保证审查收入。

具备至少一个相同或者相应的特定技术特征。若具有相同或者相应的特定技术特征,则属于一个总的发明构思,具备单一性。

(2)单一性判断不仅要关注独立权利要求。

当涉案专利的独立权利要求不具备创造性时,要特别注意具备创造性的无引用关系的从属权利要求的单一性。

(3)单一性不是无效理由,若国家知识产权局将其作为无效理由或客户将其作为提起无效的理由时,应予以指出并排除。

(4)在权利要求书的实务撰写中要注意分案问题。

若撰写的独立权利要求之间不具有至少一个相同或者相应的特定技术特征,可以作为一份申请提出,反之则应当分案。撰写的过程应从技术问题入手,若技术交底书中出现了两个或两个以上技术问题,则要考虑针对每个技术问题撰写对应的独立权利要求。撰写完成后再对多个独立权利要求书的特定技术特征进行对比判断。

(5)在撰写中,当权利要求作为独立权利要求提出时,应关注其与技术交底书中技术方案的主从关系。

若分案独立权利要求与主案独立权利要求存在从属关系,则分案独立权利要求写入主案从属权利要求。

第五章　专利代理实务实训与能力考查

　　本书前四章已经将专利代理实务中所涉及的基本知识点、场景类型进行了详细介绍。本章将以专利代理实务场景为划分依据,结合不同场景类型,将实务分析方法、步骤和基本知识点的运用结合试题进行综合解析,进一步提高应对专利代理实务的能力。同时,特别以2016年专利代理师实务考试真题为例,对评分标准进行拆解,为题目作答提供参考。

一、无效类场景典型试题(以2016年专利代理师实务考试部分真题为例)

(一)宣告无效请求书撰写咨询

1. 阅读试题说明,确定考查场景

试题说明:

　　第一题:客户A公司拟对B公司的发明专利(以下称涉案专利)提出无效宣告请求,为此,A公司向你所在的机构代理提供了涉案专利(附件1)和对比文件1~3,以及A公司技术人员撰写的无效宣告请求书(附件2),请你具体分析客户所撰写的无效宣告请求书中的各项无效宣告理由是否成立,并将结论和具体理由以信函的形式提交给客户。

　　第二题:请你根据客户提供的材料为客户撰写一份无效宣告请求书,在无效宣告请求书中要明确无效宣告请求的范围、理由和证据,要求以《专利法》及《专利法实施细则》中的有关条、款、项作为独立的无效宣告理由提出,并结合给出的材料具体说明。

　　第三题:客户A公司同时向你所在的代理机构提供了技术交底材料(附件3),希望就该技术申请实用新型专利。请你综合考虑涉案专利和对比文件 1~3 所反映的现有技术,为客户撰写实用新型专利申请的权利要求书。

第四题:简述你撰写的独立权利要求相对于涉案专利解决的技术问题和取得的技术效果。

在专利代理实务的考查中,第一步通过阅读试题说明,明晰试题考查的场景和要求。通过阅读上述试题说明,可以得出以下信息:

①依据客户 A 公司提供的涉案专利的权利要求(附件 1)和 3 份对比文件,对 A 公司撰写的针对 B 公司专利的无效宣告请求书提出咨询意见。据此,确定本题为提无效咨询场景,旨在利用法定事由无效对方专利权。因为是提供咨询意见,所以应结合证据和法律规定,告知客户 A 公司,其所撰写的无效请求书所依据的理由、证据及分析过程是否存在问题,并告知风险。

②根据第一题的要求,撰写一份正式地提交给国家知识产权局的针对 B 公司专利的无效请求书。无效请求书应采用正式口吻,无效理由需明确并结合证据进行充分说理。

③根据客户 A 公司提供的技术交底书,撰写权利要求书。本题目为权利要求书撰写,应充分保证撰写权利要求书的可授权性。

④属于其他类型的简答题,可以根据技术交底书和所撰写的独立权利要求书对技术问题和技术效果进行作答。

2. 着眼涉案专利权利要求,确定仅通过观察权利要求就能确定的问题

根据本书第三章对于核心知识的总结,保护客体(A2)、不授予专利权的对象(A25)、主题一致、"多引多"、择一引用(R25)、缺乏引用基础(A26.4)为仅通过观察权利要求就能发现的问题。此时,可以进行初步判断,如存在上述问题可进行批注。同时,还可对涉案专利的申请日和公告日进行批注。

附件1(涉案专利):

[19]中华人民共和国国家知识产权局

[12]发明专利

[45]授权公告日2016年2月11日

[21]申请号201311234567.X

[22]申请日2013年9月4日

[73]专利权人B公司(其余著录项目略)

权利要求书

1. 一种茶壶,包括壶身、壶嘴、壶盖及壶把,其特征在于,壶盖底面中央可拆卸地固定有一个向下延伸的搅拌棒,搅拌棒的端部可拆卸地固定有搅拌部。

2. 根据权利要求1所述的茶壶,其特征在于,所述搅拌部为一叶轮,所述叶轮的底部沿径向方向没有齿板。

3. 根据权利要求1或2所述的茶壶,其特征在于,所述齿板上设有多个三角形凸齿。

4. 一种茶壶,包括壶身、壶嘴、壶盖及壶把,其特征在于,壶身上设有弦月形护盖板。

上述权利要求保护的主题为"茶壶"的发明专利,保护主题始终保持一致(R25)。唯一的多项从属权利要求3采用了择一引用方式(R25)。权利要求的内容是围绕权利要求保护主题"茶壶",描述了"茶壶"的部件、位置关系和连接关系。权利要求中未出现不符合法律规定的词语(A26.4)。权利要求中也未出现明显的不属于《专利法》保护客体或不能被授予专利权对象的内容(A2、A25)。

同时,应当可以观察出权利要求3作为引用权利要求1或2的从属权利要求,其对技术特征"齿板"做了进一步限定。当其引用权利要求1时,由于权利要求1并未出现"齿板"这一技术特征,因此权利要求3存在缺乏引用基础的问题,不符合《专利法》第26条第4款的规定,是法定的无效理由。此时完成了对涉案专利权利要求的首次阅读,找到了缺乏引用基础的无效理由。同时,可标记该涉案专利的申请日为2013年9月4日;公开日为2016年2月11日。

3. 阅读涉案专利说明书和所有对比文件,标注涉案专利的技术问题、技术方案、技术效果,涉案专利的权利要求在说明书里定位,并在此步骤中确定对比文件的性质

(1)阅读涉案专利说明书。

阅读涉案专利的权利要求书后,再阅读涉案专利的说明书。首次阅读时只需快速阅读,在说明书中标注技术问题、技术效果,以及将涉案专利权利要求书记载的权利要求在说明书中的大致位置进行定位。

说 明 书

茶 壶

本发明涉及茶壶的改良。

一般茶叶在冲泡过程中,茶叶经常聚集在茶壶底部,需要长时间的浸泡才能浸出味。当需要迅速冲泡茶叶的时候,有人会使用搅拌棒或者筷子对茶壶里面的茶叶进行搅拌,这样既不方便也不卫生。

再者,在茶壶的倾倒过程中,壶盖往往会向前滑动,容易使茶水溢出,甚至烫伤他人。

本发明的主要目的是提供一种具有搅拌工具的茶壶,所述搅拌工具可拆卸地固定在壶盖底部中央,并向壶身内部延伸。

本发明的另一个目的是提供具有护盖板的茶壶,所述护盖板呈弦月形,位于壶身靠近壶嘴的前沿开口部分,并覆盖部分壶盖。

图1为本发明的茶壶的立体外观图;

图2为本发明的茶壶的立体分解图。

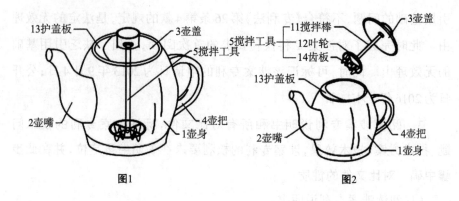

图1   图2

  根据说明书记载,涉案专利所要解决的技术问题包括两个:一是搅拌不充分、不卫生;二是水容易溢出,导致烫伤他人。在阅读说明书时,可先将这两个技术问题进行标注。说明书给出了解决两个技术问题对应的技术思路,分别是采用了带有搅拌工具的茶壶和具有护盖板的茶壶。阅读涉案专利权利要求书可知,两种技术思路与权利要求书中的两个独立权利要求相互对应。在此基础上,说明书给出了两幅说明书附图。附图作为判断的参考即可,不要对其深入研究。

  继续阅读说明书,进入对涉案专利技术方案的具体描述部分。此时应通过快速阅读,锁定涉案专利每项权利要求在说明书中的对应位置。

  如图1、图2所述,本发明的茶壶包括壶身1、壶嘴2、带有抓手的壶盖3、壶把4及搅拌工具5。搅拌工具5包括搅拌棒11和作为搅拌部的叶轮12。壶身1放入茶叶,并提供茶叶在冲泡后具有伸展空间。壶盖3的底部中央安装有一个六角螺母。搅拌棒11的两端具有螺纹,其一端旋进六角螺母,从而实现与壶盖3的可拆卸安装,另一端与叶轮12螺纹连接。由于搅拌工具为可拆卸结构,因此易于安装和更换。

  壶身1上设置有一弦月形护盖板13,该护盖板13从壶身1近壶嘴2的前缘开口部位沿壶盖3的周向延伸,并覆盖部分壶盖3。护盖板13可以防止壶盖在茶水倾倒过程中向前滑动,从而防止茶水溢出。

通过阅读上述说明书记载内容可知,搅拌工具可拆卸的技术方案达到了易于安装和更换的技术效果;带有护盖板的茶壶达到了防止水溢出的技术效果。在阅读说明书时,可以标注出技术效果。通常情况下,说明书中的技术效果之前的内容为技术方案。说明书记载的内容与权利要求的对应关系,如表5-1所示。

表5-1　涉案专利权利要求与说明书内容对应关系(1)

涉案专利权利要求书	说明书
独立权利要求1:一种茶壶,包括壶身、壶嘴、壶盖及壶把,其特征在于,壶盖底面中央可拆卸地固定有一个向下延伸的搅拌棒,搅拌棒的端部可拆卸地固定有搅拌部	本发明的茶壶包括壶身1、壶嘴2、带有抓手的壶盖3、壶把4及搅拌工具5。搅拌工具5包括搅拌棒11和作为搅拌部的叶轮12; 从而实现与壶盖3的可拆卸安装,另一端与叶轮12螺纹连接
独立权利要求4:一种茶壶,包括壶身、壶嘴、壶盖及壶把,其特征在于,壶身上设有弦月形护盖板	壶身1上设置有一弦月形护盖板13,该护盖板13从壶身1近壶嘴2的前缘开口部位沿壶盖3的周向延伸,并覆盖部分壶盖3

如表5-1所示,在阅读说明书时,可大致标记对应权利要求1和权利要求4的内容。

使用时,先在壶身1内置入茶叶等冲泡物,倾斜壶盖3,使搅拌工具5置于壶身1内,然后向下将壶盖3置于护盖板13的下方。旋转壶盖3,搅拌工具5随着壶盖3的转动而转动,实现对壶身1内的茶叶及茶水进行搅拌。

为了更好地对茶叶进行搅拌,可在叶轮12的底部设置齿板。如图1、图2所示,在叶轮12的底部,沿径向向外延伸设有若干个齿板14,每个齿板14上只有设有两个三角形凸齿,配合搅拌工具在茶壶内的旋转,三角形的尖锐凸齿可以进一步搅拌茶壶内的茶叶。

上述说明书首先记载了搅拌工具的工作原理,有助于理解技术方案的运作过程。需要注意的是,说明书中关于技术方案的运作过程的描述,往往是帮助理解技术方案的,而不是技术方案本身,切勿深入研究,以免造成干扰。上述说明书最后记载为了更好地进行搅拌,使用了在叶轮底部设置齿板的技术方案。"更好地进行搅拌"作为技术效果,可以在说明书中进行标注。本部分说明书记载内容与权利要求的对应关系,如表5-2所示。

表5-2　说明书记载内容与权利要求的对应关系(2)

涉案专利权利要求书	说明书
权利要求2. 根据权利要求1所述的茶壶,其特征在于,所述搅拌部为一叶轮,所述叶轮的底部沿径向方向设有齿板 权利要求3. 根据权利要求1或2所述的茶壶,其特征在于,所述齿板上设有多个三角形凸齿	在叶轮12的底部,沿径向向外延伸设有若干个齿板14,每个齿板14上至少设有两个三角形凸齿

至此,完成了对于涉案专利说明书的首次阅读,标注了涉案专利要解决的技术问题及技术效果;完成了涉案专利权利要求在说明书中的定位。在此特别提示,通过将权利要求在说明书中进行定位,对于后续缺少必要技术特征、得不到说明书支持等缺陷的判断是非常重要的,可以增强判断的准确性和效率。

(2)阅读客户提供的对比文件。

在阅读完说明书后,可对客户提供的多份对比文件进行阅读。对比文件用来评价涉案专利的新颖性和创造性。客户所提供的对比文件包括著录项目和具体技术方案。应首先标注著录项目中的申请日与公开日信息,为确定该对比文件的性质做准备。同时,将对比文件中的技术问题和技术效果进行标注,为对技术方案中的技术特征进行拆分做准备,技术问题与技术效果通常为解决问题的技术方案。

对比文件1:

[19]中华人民共和国国家知识产权局

[12]实用新型专利

[45]授权公告日 2014 年 5 月 9 日

[21]申请号 201320123456.5

[22]申请日 2013 年 8 月 22 日

[73]专利权人赵××(其余著录项目略)

说明书

一种多功能杯子

本实用新型涉及一种盛饮用液体的容器,具体地说是一种多功能杯子。

人们在冲泡奶粉、咖啡等饮品时,由于水温及其他各种因素的影响,固体饮料不能迅速溶解,容易形成结块,影响口感。

本实用新型的目的在于提供一种多功能杯子,该杯子具有使固体物迅速溶解、打散结块的功能。

图1为本实用新型的多功能杯子的第一实施例的结构示意图;

图2为本实用新型的多功能杯子的第二实施例的结构示意图。

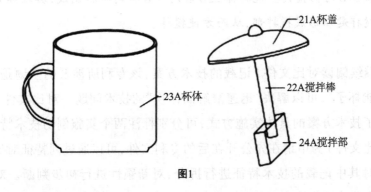

图1

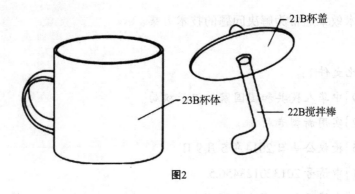

图2

上述为客户提供的第一份对比文件。对比文件1的申请日为2013年8月22日,公开日为2014年5月9日。此时,与涉案专利(申请日2013年9月4日,公开日2016年2月11日)进行对比,判断对比文件1为申请在先公开在后的专利文件,可以用来评价新颖性,但不能评价创造性。

如图1所示,本实用新型的多功能杯子包括:杯盖21、搅拌棒22A和杯体23A,搅拌棒22A位于杯盖21A的内侧,并与杯盖一体成型。搅拌棒22A的端部可插接一桨形搅拌部24A。

图2示出了本实用新型的多功能杯子的另一个实施例,包括杯盖21B、搅拌棒22B和杯体23B。所述搅拌棒22B的头部呈圆柱形。杯盖21B的内侧设有内径与搅拌棒22B的头部外径相同的插槽,搅拌棒22B的头部插入至杯盖21B的插槽内。搅拌棒22B采用可弯折的材料制成,其端部弯折出一个搅拌匙以形成搅拌部,从而方便搅拌。

继续阅读对比文件1记载的技术方案,该专利所涉及的主题是"一种多功能杯子",可以解决"迅速溶解固体物"的技术问题。对比文件1后续记载了技术方案的具体实施方式,可分别标注两个实施例的技术特征,由于对比文件1为申请在先公开在后的专利文件,可以通过列特征对比表的方式对其中记载的技术特征进行拆分,对新颖性进行初步判断。对比文件1的最后部分给出了该技术方案的工作原理和附图1和附图2,说明采用上述技术方案解决了技术问题。

技术方案原理：

在使用时，取下杯盖，向杯内放入奶粉、咖啡等固态饮料并注入适宜温度的水，盖上杯盖，握住杯体，转动杯盖，此时搅拌棒也随杯盖的旋转而在杯体内转动，从而使固态饮料迅速溶解，防止结块产生，搅拌均匀后取下杯盖，直接饮用饮品即可。

涉案专利权利要求书和对比文件1记载的技术特征的对比，如表5-3所示。

表5-3 涉案专利权利要求书与对比文件1技术特征对比

内容	涉案专利	对比文件1（实施例一）	对比文件1（实施例二）
主题	茶壶	多功能杯子	多功能杯子
申请日	2013年9月4日	2013年8月22日	2013年8月22日
公开日	2016年2月11日	2014年5月9日	2014年5月9日
权利要求1	壶身	杯体	杯体
	壶嘴	—	—
	壶盖	杯盖	杯盖
	壶把	—	—
	壶底延伸可拆卸固定有搅拌棒	搅拌棒与杯盖一体成型	杯盖的内侧设有内径与搅拌棒的头部外径相同的插槽，搅拌棒的头部插入杯盖的插槽内
	搅拌棒可拆卸有搅拌部	搅拌棒一端可拆卸桨形搅拌部	—
权利要求2引用权利要求1	搅拌部为叶轮	—	—
	叶轮上有齿板	—	—

内容	涉案专利	对比文件1 （实施例一）	对比文件1 （实施例二）
权利要求3引用权利要求1或2	齿板上有一个三角形凸齿	—	—
权利要求4	壶身、壶嘴、壶盖、壶把	—	—
	壶把上有弦月形盖板	—	—

  首次对说明书进行阅读时，可确定咨询意见场景，并结合客户的无效宣告请求书提供咨询建议，通过列特征对比表为熟悉技术方案提供帮助，此阶段可暂时不对新颖性、创造性做判断。至此，完成了对客户提供的对比文件1的阅读，可重复上述步骤，阅读对比文件2。

对比文件2：

[19]中华人民共和国国家知识产权局

[12]实用新型专利

[45]授权公告日2011年3月23日

[21]申请号201020789117.7

[22]申请日2010年4月4日

[73]专利权人孙××（其余著录项目略）

说明书

本实用新型涉及一种新型泡茶用茶壶。

  在泡茶时，经常会发生部分茶叶上下空间展开不均匀不能充分浸泡出味的情况，影响茶水的口感。

  本实用新型的目的是提供一种具有搅拌匙的茶壶。

  图1为本实用新型的茶壶的立体外观图；

图2为本实用新型的茶壶的剖视图。

32壶盖
34搅拌匙
33壶把
31壶嘴
30壶身

图1

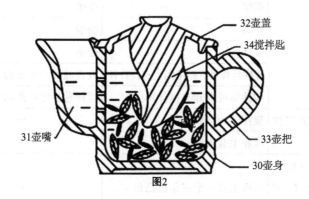

32壶盖
34搅拌匙
33壶把
31壶嘴
30壶身

图2

对比文件2的涉案专利的申请日为2010年4月4日,公开日为2011年3月23日,构成涉案专利的现有技术,因此,既可以评价新颖性也可以评价创造性。该技术方案通过带有搅拌匙的茶壶,解决了浸泡不充分的技术问题。继续阅读说明书及其附图,对技术特征进行拆分,列出特征对比,详见表5-4。

如图1所示,本实用新型的茶壶包括壶身30、壶嘴31、壶盖32及壶把33。壶盖32的底面中央一体成型有一向下延伸的搅拌匙34,此搅拌匙34

至偏心弯曲状,在壶盖32盖合壶身30时,可伸置在壶身30内部。

如图2所示,在壶身30内置茶叶等冲泡物时,搅拌匙34随壶身32转动,由于搅拌匙呈偏心弯曲状,弯曲部分可以加速茶壶内的茶叶在上下方向上运动,从而对壶身30内的茶叶及茶水进行搅拌,使冲泡过程中不致有茶叶长时间聚集在茶壶的底部,从而提升冲泡茶水的口感。

表5-4 涉案专利与对比文件2技术特征对比

内容	涉案专利	对比文件2
主题	茶壶	泡茶用壶
申请日	2013年9月4日	2010年4月4日
公开日	2016年2月11日	2011年3月23日
权利要求1	壶身	壶身
	壶嘴	壶嘴
	壶盖	壶盖
	壶把	壶把
	壶底延伸可拆卸地固定有搅拌棒	壶盖底部一体成型有搅拌匙
	搅拌棒可拆卸有搅拌部	搅拌匙呈弯心曲状
权利要求2引用权利要求1	搅拌部为叶轮	—
	叶轮上有齿板	—
权利要求3引用权利要求1或权利要求2	齿板上有一个三角形凸齿	—
权利要求4	壶身、壶嘴、壶盖和壶把	—
	壶把上有弦月形盖板	—

对比文件3:

[19]中华人民共和国国家知识产权局

[12]实用新型专利

[45]授权公告日 2000年10月19日

[21]申请号 99265446.9

[22]申请日1999年11月10日

[73]专利权人钱××(其余著录项目略)

说 明 书

茶　杯

本实用新型有关一种具有改良结构的新型茶杯。

传统茶杯在冲泡茶叶时需要耗费较长的冲泡时间才能将茶叶冲开饮用。

本实用新型的目的是提供一种新型茶杯,其能够通过对冲泡中的茶叶进行搅拌来加速茶叶的冲泡。

图1是本实用新型的茶杯的剖视图。

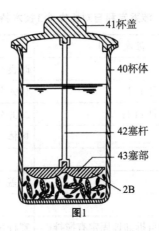

图1

对比文件3的主题为保护一种新型茶杯解决需要快速冲泡的技术问题,其申请日为1999年11月10日,公开日为2000年10月19日。构成涉案专利的现有技术。继续阅读说明书的记载内容及附图。

如图1所示,本实用新型改良结构的茶杯,具有一杯体40,杯盖41,塞杆42,以及塞部43。塞杆42可拆卸地固定安装在杯盖41的下表面上。塞杆42的下端部插接有一个塞部43,塞部43表面包覆有滤网,底部沿径向方向上设有两片微弧状的压片2B。塞部43可与圆柱形杯体40配合,借以用作茶叶的搅拌及过滤的结构装置。

该茶杯在实际应用时,配合杯盖41的旋转操作,塞部43底部设有的压片2B搅拌、搅松置放于杯体40底部的茶叶,方便地完成茶叶的冲泡工作。

由于塞杆42、塞部43与杯盖41均采用可拆卸连接,一方面,当茶杯没有浸泡茶叶时,可以将用于搅拌的塞杆42、塞部43取下;另一方面,如果出现了零件损坏的情况,可以方便进行更换。

上述说明书介绍了改良后"茶杯"的具体结构,可以拆分出该现有技术的技术特征。通过上述技术方案达到完成冲泡和方便更换零件的技术效果。特征对比如表5-5所示。

表5-5　涉案专利与对比文件3技术特征对比

内容	涉案专利	对比文件3
主题	茶壶	改良结构的新型茶杯
申请日	2013年9月4日	1999年11月10日
公开日	2016年2月11日	2000年10月19日
权利要求1	壶身	杯体
	壶嘴	—
	壶盖	杯盖
	壶把	—
	壶底延伸可拆卸地固定有搅拌棒	塞杆可拆卸地安装在杯盖下
	搅拌棒可拆卸有搅拌部	塞杆下插接塞部
权利要求2引用权利要求1	搅拌部为叶轮	—
	叶轮上有齿板	—
权利要求3引用权利要求1或权利要求2	齿板上有一个三角形凸齿	—
权利要求4	壶身、壶嘴、壶盖、壶把	—
	壶把上有弦月形盖板	—

（3）阅读客户提供的无效请求，针对每一项无效宣告请求所依据的理由、证据给出无效意见。

（一）关于新颖性和创造性

1. 对比文件1与涉案专利涉及相近的技术领域，其说明书的附图1所示的实施例公开了一种多功能杯子包括：杯盖21A、搅拌棒22A和杯体23A，搅拌棒22A位于杯盖21A的内侧，并与杯盖一体成型。搅拌棒22A的端部可插接一桨形搅拌部24A。附图2示出了另一个实施例，包括杯盖21B、搅拌棒22B和杯体23B，所述搅拌棒22B的头部呈圆柱形。杯盖21B的内侧设有内径与搅拌棒22B的头部外径相同的插槽，搅拌棒22B的头部插入至杯盖21B的插槽内。搅拌棒22B采用可弯折的材料制成，其端部弯折出一个搅拌匙以形成搅拌部。因此，实施例一公开了可拆卸的搅拌部，实施例二公开了可拆卸的搅拌棒，对比文件1公开了权利要求1的全部特征，权利要求1相对于对比文件1不具备新颖性。

根据上述无效理由，客户试图通过涉案专利不具有新颖性的理由无效B公司专利。上述分析存在两个问题：第一，客户通过将实施例一的技术特征和实施例二的技术特征相结合，以达到证明涉案专利技术特征已经被全部公开的目的，从而否定涉案专利权利要求1的新颖性。其违背了新颖性判断的单独对比原则。第二，根据前述对比文件1与涉案专利的特征对比表5-3可知，无论是第一实施例还是第二实施例在单独对比的情况下，均未公开全部涉案专利的全部技术特征，涉案专利具备新颖性。

2. 对比文件2公开了一种茶壶，并具体公开了本实用新型的茶壶包括有壶身30、壶嘴31、壶盖32及壶把33。壶盖32的底面中央一体成型有一向下延伸的搅拌匙34，此搅拌匙34呈偏心弯曲状，在壶盖32盖合在壶身30时，可伸置在壶身30内部。因此其公开了权利要求1的全部技术特征，二者属于相同的技术领域，解决了同样的技术问题，并且达到了同样的技术效果，因此权利要求1相对于对比文件2不具备新颖性。

　　根据上述无效理由,客户通过对比文件2对权利要求1的新颖性进行评价。根据对比文件2与涉案专利特征对比表5-4所述,对比文件2无法否定权利要求1的新颖性。涉案专利权利要求1要求保护的技术方案是"壶底延伸可拆卸地固定有搅拌棒",对比文件2公开的是"盖底部一体成型有搅拌匙"。"可拆卸"和"一体成型"是两种完全不同的连接关系,权利要求1的新颖性未被破坏。

　　3. 对比文件2公开了一种带有搅拌匙的茶壶,对比文件3公开了一种改良结构的茶杯,二者结合公开了权利要求2的全部技术特征,因此权利要求2相对于对比文件2和对比文件3不具备创造性。

　　根据上述无效理由,客户试图通过对比文件2、对比文件3的结合,以涉案专利不具备创造性,无效涉案专利。但是,创造性判断要依据"三步法"结合证据充分说明理由。该无效理由未依据"三步法"并结合有关证据作出详尽说明。

　　(二)其他无效理由

　　4. 权利要求1没有记载搅拌部的具体结构,因此缺少必要技术特征。

　　根据上述无效理由,客户没有将涉案专利的独立权利要求与说明书相对应的部分进行对比,分析缺少搅拌部的哪些具体结构导致技术问题不能得到解决,而是笼统地认为缺少搅拌部的具体结构就缺少解决问题的技术特征的理由不成立。缺少必要技术特征需要结合技术问题和技术效果进行分析。

　　5. 权利要求3保护范围不清楚。

　　客户未对权利要求3保护范围不清楚进行分析,仅给出结论。权利要求3作为多项权利要求,在引用权利要求1时存在缺乏引用基础而造成保护范围不清楚的情形,但是当权利要求1引用权利要求2时并不存在该问题,其保护范围是清楚的,客户未对权利要求3保护范围不清楚进行充分说明。

6. 权利要求1的特定技术特征是壶盖底面中央可拆卸地固定有一个向下延伸的搅拌棒,搅拌棒的端部可拆卸地固定有搅拌部,从而实现对茶叶的搅拌;权利要求4的特定技术特征是壶身上设有弦月形护盖板,以防止壶盖向前滑动,权利要求4与权利要求1不属于一个总的发明构思,没有单一性。

客户依据单一性提出无效专利的申请,根据《专利法》第65条规定,单一性不是无效的理由,因此选择单一性作为无效理由存在问题。

因此请求宣告涉案专利全部无效。

上文中依据提无效咨询类场景的立场和思路对客户提出的每一项无效理由均做了说明,并指出了每条无效理由存在的问题,但上述内容仅为分析思路,需要将分析出来的结论撰写为咨询意见并确保不失分。下文将提供一份给客户的无效咨询建议的参考示例。本示例为提无效咨询场景,直接选取了本书第四章对应的提无效咨询模板,具体适用方式如下:

尊敬的A公司:

很高兴贵方委托我代理机构代为办理专利号为201311234567.X,名称为"茶壶"的发明专利无效宣告请求的有关事宜,经仔细阅读提供的涉案专利以及对比文件1~3,我认为涉案专利中各项理由是否成立的结论和理由如下:

一、证据分析

附件1：涉案专利申请日为2013年9月4日，公开日为2016年2月11日。

对比文件1：中国实用新型专利说明书，申请日2013年8月22日，公开日2014年5月9日。

对比文件2：中国发明专利说明书，申请日2010年4月4日，公开日2011年3月23日。

对比文件3：中国实用新型专利说明书，申请日1999年11月10日，公开日2000年10月19日。

综上所述：

对比文件1与涉案专利均属于向国家知识产权局提出的专利申请，对比文件1的申请日早于涉案专利的申请日，公开日晚于涉案专利的申请日，属于申请在先公开在后的技术文献，只能评价新颖性，不能评价创造性。

对比文件2公开日早于涉案专利的申请日，构成涉案专利的现有技术，可以评价新颖性和创造性。

对比文件3公开日早于涉案专利的申请日，构成涉案专利的现有技术，可以评价新颖性和创造性。

在此说明，本题为提无效咨询场景，以"尊敬的A公司"引入作为开场白，之后进入证据分析，分别对三份对比文件的性质、功能和用途做了说明。虽然本题是提无效咨询，仅需针对客户提出的无效理由提出建议即可。但是，本书仍然强烈建议，无论何种场景都应首先对文件性质进行判定并保证准确。在证据分析结束后，根据提无效咨询模板，对客户所提的无效请求书提出咨询意见。

本书在此特别提示，在给出客户咨询意见时，明确告知客户无效理由是否成立，意见需全面且要结合证据进行分析，充分说理以支持咨询意见的结论。

二、对客户提出的无效请求书逐条提出咨询意见

1. 权利要求1相对于对比文件1不具备新颖性的理由不成立。

如上文所述，对比文件1属于申请在先公开在后的专利文件，但无法破坏权利要求1的新颖性。权利要求1与对比文件1的实施例一对比，对比文件1的实施例一公开了杯盖、搅拌棒、杯体，搅拌棒位于杯盖的内侧并与杯盖一体成型、搅拌棒的端部可插接一桨形搅拌部，未公开涉案专利壶嘴、壶把，也没有公开在壶盖底面中央可拆卸地固定有一个向下延伸的搅拌棒，搅拌棒的端部可拆卸地固定有搅拌部的技术特征。对比文件1不构成权利要求1的抵触申请。

无效请求书指出，实施例一公开了可拆卸的搅拌部，实施例二公开了可拆卸的搅拌棒，对比文件1公开了权利要求1的全部特征。新颖性判断应为单独对比，无效请求书违反了单独对比原则。

根据上述参考答案，在此对得分点做如下说明：本题满分为10分。①明确告知客户新颖性理由不成立得2分；②对比文件1为申请在先公开在后的专利文件，可以评价新颖性得2分；③明确指出涉案专利有哪些技术特征未被对比文件1公开并进行对比得4分；④明确指出将对比文件中的两个实施例结合起来评价新颖性，未坚持单独对比原则得2分。由此可见，在答复咨询类场景下，不仅需要对客户无效所依据的理由作出明确的判断，还要说明作出判断的原因，并将客户意见中出现的所有问题一一明确指出并分析，切勿遗漏。根据上述参考答案可以看出，关于对比文件1为申请在先公开在后的专利文件的表述容易遗漏，对于涉案专利技术特征公开的特征容易不到位。因此，本书建议，在答复咨询类题目中，可以直接引入对应的知识点模板进行作答。

以本题为例，由于咨询意见第一部分已经做了文件性质的对比，因此对于对比文件1性质的得分点不会再遗漏。此时，对于新颖性的判断，可以参照前述对比文件1与涉案专利的特征对比表5-3进行判断，并引入新颖性模板进行分析说明。引入新颖性模板的好处是避免遗漏得分点，同

时本部分的分析过程可直接写入后续正式无效请求书。

2. 权利要求2不具有新颖性的理由不成立。

根据证据分析可知,对比文件2为现有技术,既可以评价新颖性也能评价创造性。

对比文件2公开了壶身、壶嘴、壶盖及壶把。壶盖32的底面中央一体成型有一向下延伸的搅拌匙,此搅拌匙34至偏心弯曲状。未公开涉案专利在壶盖底面中央可拆卸地固定有一个向下延伸的搅拌棒,搅拌棒的端部可拆卸地固定有搅拌部的技术特征,二者实质性不同。因此,对比文件2不能破坏涉案专利的新颖性。

本题满分为6分,答出对比文件2为现有技术可以作为评价文件得2分;通过特征对比表列出搅拌棒与壶盖和搅拌部均为可拆卸连接关系,涉案专利技术特征未完全公开得2分;得出权利要求2不具备新颖性的结论得2分。

3. 使用对比文件2和对比文件3的结合可以评价权利要求2的创造性,理由成立。

但是,没有具体说明权利要求2不具有创造性的理由。对于创造性的判断应根据《专利法》第22条第3款规定,指明最接近现有技术,涉案专利与最接近现有技术的区别,以及是否对本领域普通技术人员具有技术启示。

本题满分为4分,给出理由成立得2分;指明应采用创造性"三步法"进行分析得2分。需要说明的是本题若引入创造性模板并结合对比文件2和对比文件3的技术特征直接对涉案专利权利要求2进行判断也无不可。但是,就本题所附分值而言"性价比"不高,考虑到后续还需提交正式的无效宣告请求书,也可在此处先行完成创造性判断。由此,也得出一个咨询类场景的答题技巧,即出现什么问题便直接予以指出,未问到的可不作答。如果确实对是否遗漏得分点存疑,可以通过引入相应知识点的模板,对所咨询的问题直接进行判断。例如本例,既然客户认为权利要求2不具备创造性,那么通过"三步法"直接进行创造性判断并得出结论也无不可。

4. 权利要求1缺少必要技术特征的理由不成立。

由说明书的记载可知,本发明要解决的技术问题是使用搅拌棒或者筷子对茶壶里边的茶叶进行搅拌不方便、不卫生。为了解决上述技术问题,本发明通过在壶盖底面中央可拆卸地固定有一个向下延伸的搅拌棒,搅拌棒的端部可拆卸地固定有搅拌部。

由此可见,权利要求1所记载的技术特征能够解决技术问题,权利要求1不缺乏必要技术特征。

本题满分为6分,给出客户提出权利要求1缺少必要技术特征理由不成立得2分;指明解决的技术问题和使用的技术方案得2分;得出不缺少必要技术特征的结论得2分。上述参考答案即为直接引入缺少必要技术特征模板,得出判断结论。

5. 权利要求3的保护范围不清楚,理由成立。

权利要求3引用权利要求1的技术方案缺乏引用基础,导致该技术方案不清楚,权利要求3引用权利要求2的技术方案是清楚的。

本题满分为4分,指明客户理由成立得2分;进一步说明原因得2分。本题也可通过引入缺乏引用基础模板直接进行判断。

6. 权利要求4因缺乏单一性而应当被宣告无效的理由不成立。

根据《专利法实施细则》第69条第2款规定,在无效宣告程序中,单一性不是无效宣告请求的理由,因此不能以权利要求之间不具备单一性为由提出无效宣告请求。

本题满分为4分,指明客户将单一性作为无效理由不成立得2分;进一步说明原因得2分。

综上所述,贵公司撰写的无效宣告请求书存在较多问题,若要无效涉案专利要对无效理由进行修改。

以上咨询意见仅供参考,有问题请随时与我沟通。

×××专利代理机构×××专利代理师

×年×月×日

以上为完整地提供给客户的无效宣告请求咨询意见。本书对提无效咨询类题目的立场和思路的应用进行了展示,同时给出了参考得分点并对作答方法进行了说明,所有咨询类场景均可仿照上例思路进行,务必多多练习。

(二)撰写无效宣告请求书

至此,基于前述对于客户撰写的无效请求书中的理由进行分析以及咨询意见的撰写,对涉案专利已经有了较为深入地了解。在此基础上,需要向国家知识产权局提交一份正式的无效宣告请求书。此处,可以直接使用提无效申请的正式模板,同时对于每个无效理由在分析定性准确的基础上,使用本书第四章提供的模板进行作答即可。下文为本案无效请求书的参考答案。

尊敬的国家知识产权局:

根据《专利法》45条和《专利法实施细则》69条规定,请求人现请求宣告专利号为201311234567.X,名称为"茶壶"的实用新型专利,部分无效,具体理由如下:

一、证据分析

附件 1：涉案专利申请日为 2013 年 9 月 4 日，公开日为 2016 年 2 月 11 日

对比文件 1：中国实用新型专利说明书，申请日 2013 年 8 月 22 日，公开日 2014 年 5 月 9 日。

对比文件 2：中国发明专利说明书，申请日 2010 年 4 月 4 日，公开日 2011 年 3 月 23 日。

对比文件 3：中国实用新型专利说明书，申请日 1999 年 11 月 10 日，公开日 2000 年 10 月 19 日。

综上所述：

对比文件 1 与涉案专利均属于向国家知识产权局提出的专利申请，对比文件 1 的申请日早于涉案专利的申请日，公开日晚于涉案专利的申请日，属于申请在先公开在后的技术文献，只能评价新颖性，不能评价创造性。

对比文件 2 公开日早于涉案专利的申请日，构成涉案专利的现有技术，可以评价新颖性和创造性。

对比文件 3 公开日早于涉案专利的申请日，构成涉案专利的现有技术，可以评价新颖性和创造性。

此文为写给国家知识产权局的正式提请专利无效的申请文件。文内所述所有无效理由均应明确，并应结合证据进行充分说理。本参考答案使用的是提无效类正式模板，开场白中指明收信对象为国家知识产权局，并列明提出专利无效所依据的法条。随后进入证据判断部分。由于咨询意见的证据分析部分已对每一个对比文件的性质和功能进行过判断，直接誊抄复制即可。同时，在请求书抬头处列明无效理由依据的法条，指明是对对方专利的部分无效。在以上内容均判断正确的情况下，可得满分 6 分。特别说明一下，此时若无法判断本案为全部无效或部分无效对方专利，可暂不写明，待无效宣告请求书整体撰写完毕后再进行补充。

二、具体无效理由

新颖性、创造性的判断均是历年专利代理实务考试中最重要的问题之一,需要投入比较多的时间进行判断,随着对技术方案认识的加深,进行反复验证,以确保准确。结合前文所列特征对比表,以及对客户提出的无效请求的评析,可以看出对比文件1的两个实施例未公开壶嘴、壶把的技术特征,并且对比文件1的两个实施例分别公开了搅拌棒一端为可拆卸;另一端为一体成型的结构。这与涉案专利壶盖、搅拌棒、搅拌部均为可拆卸的技术特征不构成实质性相同。在单独对比原则下,无法破坏权利要求1的新颖性。

需要注意的是,仅靠对比文件1未公开涉案专利权利要求1的全部技术特征,尚无法得出权利要求1具有新颖性的结论(表5-6)。需要分别与对比文件2和对比文件3进行对比才可得出最终的结论。通过与对比文件2对比可知,对比文件2未公开搅拌工具可拆卸的技术特征。通过与对比文件3对比可知,对比文件3未公开壶嘴、壶把的技术特征。只有通过以上判断,才能最终确定权利要求1具备新颖性。

表5-6　涉案专利与对比文件技术特征对比

内容	涉案专利	对比文件1 实施例一	对比文件1 实施例二	对比文件2	对比文件3
主题	茶壶	多功能杯子	多功能杯子	泡茶用壶	改良结构的 新型茶杯
申请日	2013 年 9 月 4 日	2013 年 8 月 22 日	2013 年 8 月 22 日	2010 年 4 月 4 日	1999 年 11 月 10 日
公开日	2016 年 2 月 11 日	2014 年 5 月 9 日	2014 年 5 月 9 日	2011 年 3 月 23 日	2000 年 10 月 19 日
权利要求1	壶身	杯体	杯体	壶身	杯体
	壶嘴	—	—	壶嘴	—
	壶盖	杯盖	杯盖	壶盖	杯盖

内容	涉案专利	对比文件1 实施例一	对比文件1 实施例二	对比文件2	对比文件3
权利要求1	壶把	—	—	壶把	—
	壶底延伸可拆卸地固定有搅拌棒	搅拌棒与杯盖一体成型	杯盖的内侧设有内径与搅拌棒的头部外径相同的插槽,搅拌棒的头部插入杯盖的插槽内	壶盖底部一体成型有搅拌匙	塞杆可拆卸地安装在杯盖下
	搅拌棒可拆卸地固定有搅拌部	搅拌棒一端可拆卸桨形搅拌部	—	—	塞杆下插接塞部
权利要求2 引用权利要求1	搅拌部为叶轮	—	—	—	—
	叶轮上有齿板	—	—	—	—
权利要求3 引用权利要求1或权利要求2	齿板上有一个三角形凸齿	—	—	—	—
权利要求4	壶身、壶嘴、壶盖、壶把	—	—	—	—
	壶把上有弦月形盖板	—	—	—	—

　　由于权利要求1具备新颖性,为了能够无效涉案专利,应考虑通过创造性条款进行无效。根据表5-6可以确定,对比文件1为申请在先公开在后的专利文件,因此不能评价创造性。可见,创造性判断"三步法"的展开将围绕对比文件2和对比文件3的组合。通过观察可以看出,对比文件2

较对比文件3公开的与涉案专利权利要求1相同的技术特征最多,对比文件2为最接近现有技术。进而得出区别技术特征为"壶底延伸可拆卸地固定有搅拌棒,搅拌棒可拆卸地固定有搅拌部"。在确定区别技术特征后,将该区别技术特征与对比文件3中"塞杆可拆卸的安装在杯盖下、塞杆下插接塞部"的技术特征在技术方案的作用是否相同进行判断,从而得出是否具备创造性的结论。对于技术特征的作用应在涉案专利的说明书和对比文件3中锁定。

如图1、图2所示,本发明的茶壶包括有壶身1、壶嘴2、带有把手的壶盖3、壶把4及搅拌工具5。搅拌工具5包括搅拌棒11和作为搅拌部的叶轮12。壶身1内可放入茶叶时,并供茶叶在冲泡后具有伸展空间。壶盖3的底面中央安装有一个六角螺母。搅拌棒11的两端具有螺纹,其一端旋进六角螺母,从而实现与壶盖3的可拆卸安装,另一端与叶轮12螺纹连接。由于搅拌工具为可拆卸结构,因此需安装和更换。

由于塞杆42、塞部43与杯盖41均采用可拆卸连接,一方面,当茶杯没有浸泡茶叶时,可以将用于搅拌的塞杆42、塞部43取下;另一方面,如果出现了零件损坏的情况,可以方便进行更换。

由上述材料可知,区别技术特征在涉案专利中的作用与对比文件3相同,因此权利要求1不具备创造性。由此,完成了对于权利要求1创造性的判断工作,可以引入创造性模板,对权利要求1的创造性进行评价。参考答案如下:

1. 权利要求1不具备创造性

对比文件2与涉案专利属于相同的技术领域且公开本发明的技术特征最多,为涉案专利的最接近的现有技术。

权利要求1与对比文件2相比,区别技术特征是壶盖底面中央可拆卸地固定有一个向下延伸的搅拌棒,搅拌棒的端部可拆卸地固定有搅拌部。

基于该区别特征,涉案专利实际要解决的技术问题是用搅拌棒或者筷子对茶壶里面的茶叶进行搅拌,不方便也不卫生。

对比文件3公开了一种茶杯,包括杯体,杯盖,塞杆,以及塞部。塞杆可拆卸地固定安装在杯盖的下表面上。塞杆的下端部插接有一个塞部,塞部表面包覆有滤网,底部沿径向方向上设有两片微弧状的压片。由此可见,对比文件3公开了上述区别技术特征搅拌棒的端部可拆卸地固定有搅拌部,且上述区别技术特征在对比文件3中和本发明中所起的作用相同,均为易于安装和更换。

因此,对比文件3未给出了将上述区别技术特征应用到涉案专利的技术启示。

涉案专利的权利要求1的技术方案相对于对比文件2和对比文件3的结合是显而易见的,不具有突出的实质性特点和显著的进步,不符合《专利法》第22条第3款的规定。

上述为完整地提交给国家知识产权局的对于权利要求1无创造性的分析过程,清晰呈现了"三步法"的适用过程。无效宣告请求书中关于区别技术特征及其解决的技术问题,以及区别技术特征在对比文件3中的作用的表述均来源于材料。该问题总计18分,只要能够按照"三步法"模板无遗漏地对"三步法"进行展开,即可避免失分。

结束对涉案专利权利要求1的评价,可进入对权利要求2的评价。由于权利要求2为权利要求1的从属权利要求,既然权利要求1具备新颖性,则权利要求2也具备新颖性。权利要求2的新颖性无须再做判断。同时,由于权利要求1并不具备创造性,因此还需要对权利要求2的创造性进行判断。

涉案专利与最接近现有技术(对比文件2)的区别特征为"叶轮和齿板",对应在对比文件3中的技术特征为"附有滤网的塞部和压片"。阅读说明书和对比文件3,可知其作用均为方便搅拌,以完成冲泡工作。因此,二者作用相同,权利要求2不具备创造性。

为了更好地对茶叶进行搅拌,可在叶轮12的底部设置齿板。如图1、图2所示,在叶轮12的底部,沿径向向外延伸设有若干个齿板14,每个齿板14上至少设有两个三角形凸齿,配合搅拌工具在茶壶内的旋转,三角形的尖锐凸齿可以进一步搅拌壶身内的茶叶。

该茶杯在实际应用时,配合杯盖41的旋转操作,塞部43底部设有的压片2B搅拌、搅松置放于杯体40底部的茶叶,方便地完成茶叶的冲泡工作。

权利要求2不具有创造性的参考答案如下:

2. 权利要求2不具备创造性

对比文件2与涉案专利属于相同的技术领域且公开本发明的技术特征最多,为涉案专利的最接近的现有技术。

涉案专利权利要求2与对比文件2相比,区别技术特征为搅拌部为一叶轮,所述叶轮的底部沿径向方向设有齿板。由该特征可知,涉案专利实际要解决的技术问题是易于安装和更换。

对比文件3公开了一种茶杯,包括杯体、杯盖、塞杆及塞部。塞杆可拆卸地固定安装在杯盖的下表面上。塞杆的下端部插接有一个塞部,塞部表面包覆有滤网,底部沿径向方向上设有两片微弧状的压片。由此可见,对比文件3公开了塞部表面包覆有滤网,底部沿径向方向上设有两片微弧状的压片,上述特征在对比文件3和涉案专利中所起的作用相同,均为方便完成茶叶的冲泡工作。因此,对比文件3给出了将上述区别技术特征应用到涉案专利解决技术问题的技术启示。

涉案专利权利要求2的技术方案相对于对比文件2和对比文件3的结合是显而易见的,不具有突出的实质性特点和显著的进步,不符合《专利法》第22条第3款的规定。

上述为完整地提交给国家知识产权局的对于权利要求2无创造性的分析过程,清晰呈现了"三步法"的适用过程。无效宣告请求书中关于区别技术特征及其解决的技术问题,以及区别技术特征在对比文件3中的作用的表述均来源于材料。该问题总计6分,只要能够按照"三步法"模板无遗漏地对"三步法"进行展开,即可避免失分。

3. 权利要求3不清楚

从属权利要求3引用权利要求1,但从属权利要求3中的"齿板"在权利要求1中并没有记载,权利要求3缺乏引用基础,导致该权利要求的保护范围不清楚,不符合《专利法》第26条第4款的规定。

在第一遍阅读涉案专利时,仅通过阅读权利要求书就已识别权利要求3存在缺乏引用基础的问题。此处只需将缺乏引用基础的模板套用进来避免失分。本题总计4分,结论和分析各占2分。

至此已经完成对前面3个权利要求的无效理由的撰写。对于权利要求4存在的问题可以从以下几点进行考虑。首先,根据第一遍阅读材料即判断权利要求4并不存在缺乏引用基础、用语不清或者《专利法实施细则》第25条规定的引用关系问题;其次,虽然权利要求4为独立权利要求,但是本案为无效宣告请求,单一性不是无效理由因此不用考虑单一性问题;最后,根据前列特征对比表可以清晰看出,权利要求4记载的"壶把上有弦月形盖板"这一技术特征未被任何对比文件所公开,新颖性和创造性均具备。除此之外,权利要求4所记载的内容也未出现《专利法》不予保护对象或非《专利法》保护客体的情形。基于此,可供进行判断的只有《专利法实施细则》第23条第2款的独立权利要求缺少必要技术特征,以及《专利法》第26条第4款所规定的得不到说明书支持两个问题。根据权利要求4记载的内容以及第一遍阅读说明书时权利要求书在说明书中的定位(表5-7),结合本书第二章对缺少必要技术特征和得不到说明书支持的区别方法,即可确定权利要求4存在的问题。

表5-7　涉案专利权利要求4与说明书对比

涉案专利权利要求4	说明书
第二独立权利要求4：一种茶壶，包括壶身、壶嘴、壶盖及壶把，其特征在于，壶身上设有弦月形护盖板	壶身1上设置有一弦月形护盖板13，该护盖板13从壶身1近壶嘴2的前缘开口部位沿壶盖3的周向延伸，并覆盖部分壶盖3

　　上述涉案专利权利要求书记载了"壶盖上设有弦月形护盖板"的技术特征。对应说明书记载了对该护盖板的限定即"护盖板从壶身近壶嘴的前缘开口部位沿壶盖的周向延伸"，限定了护盖板处于靠近壶嘴开口的位置。权利要求书缺少对于护盖板位置的限定，出现了包括弦月形护盖板处于远离壶嘴前沿开口部在内的多种位置关系，扩大了权利要求的保护范围，出现了不能解决漏水导致烫伤人技术问题的情况。因此，属于得不到说明书支持的情况。本题属于得不到说明书的支持中因缺少限定词导致出现了不能解决的技术问题的情形，可结合模板进行作答。

　　4. 得不到说明书的支持

　　根据说明书的记载可知，为了解决茶水溢出，可能烫伤他人的技术问题，采用了壶身上设置有一弦月形护盖板，该护盖板从壶身靠近壶嘴的前缘开口部位沿壶盖的周向延伸，并覆盖部分壶盖的技术手段。

　　权利要求4限定了壶身上设置有一弦月形护盖板，但未限定护盖板设置在近壶嘴的前缘开口部位，权利要求4的技术方案涵盖了护盖板远离壶嘴前缘开口这种无法实现本发明目的的情形。

　　因此，权利要求4在说明书记载内容的基础上概括了一个较宽的保护范围，得不到说明书的支持，不符合《专利法》第26条第4款的规定。

　　本题共计6分，若能够指出存在得不到说明书支持的问题得2分，具体分析合理得4分。

　　综上所述，该专利的权利要求1没有创造性，权利要求2没有创造性，权利要求3缺乏引用基础不清楚,权利要求4得不到说明书的支持,请求人请求国家知识产权局宣告该专利权全部无效。

×××专利代理机构×××专利代理师

×年×月×日

在无效宣告请求书的落款处对每一个权利要求的无效理由进行总结,总结的过程也是检查的过程,最终确认目标专利为全部无效还是部分无效,补充至无效请求书的抬头处。至此便完成了无效宣告请求书的撰写。

(三)撰写权利要求书

本书第三章第六节权利要求书的实务撰写部分以2016年专利代理师实务考试真题为例,具体讲解了权利要求书的撰写方法。撰写过程请参阅本书第三章,在此不再赘述。本节将结合2016年专利代理师实务考试真题撰写题目评分标准介绍权利要求书撰写的有关注意事项。

在本书第三章撰写示例中,完成的独立权利要求如下:

一种茶壶,包括壶身、壶嘴、壶把、壶盖、搅拌工具,其特征在于,通气孔位于壶盖上,所述搅拌工具贯穿地插入通气孔中,搅拌工具可以拉动和旋转。

在本撰写题目中,独立权利要求总计26分。前序部分撰写占4~6分,写明主题"茶壶"得2分,出现壶盖特征得2分。若共有部分混入非必要技术特征"抓手"减2分,出现搅拌工具特征得2分。区别技术特征部分占20~22分。写出通气孔可得8分,使用"贯穿"的连接方式可得8分,概括出拉动和旋转可得4分,以上为独立权利要求撰写的参考分值。

通过观察该题目分值的分布情况,除按照本书第三章的讲解按步骤完成权利要求书的撰写外,在权利要求撰写过程中可通过以下技巧提高得分率。第一,在共有特征部分要避免混入非必要技术特征;第二,权利要求书的划界不影响得分;第三,对权利要求书的概括不一定对得分率造成特别大的影响;第四,认真检查撰写完的独立权利要求,务必保证其具备新颖性、创造性,不要出现缺少必要技术特征等明显错误。

在该案中,从属权利要求撰写总计20~24分。每条从属权利要求得2~3分。为了保证得分率,要求根据技术交底书记载的内容,务必撰写10~12条从属权利要求。在撰写过程中,请注意从属权利要求与独立权利要求的引用关系,避免出现违背权利要求书撰写形式要求的情形。

(四)技术问题、技术效果的说明

撰写完成后,进入最后问答题的环节。在2016年专利代理师实务考试的真题案例中,简答题要求对所撰写的独立权利要求解决的技术问题和技术效果进行说明。只需结合撰写完成的权利要求书与技术交底书,使用技术交底书中有关技术问题和技术效果的记载内容即可。给出参考答案如下:

本专利解决的技术问题是背景技术中茶叶的浸出时间不足,而造成茶水的色、香、味过于清淡,同时用筷子或勺子放入茶壶搅拌,但是寻找合适的搅拌工具很不方便,同时使用后的搅拌工具经常被随意地放在桌上,也不卫生。权利要求1通过在通气孔中贯穿插入搅拌工具,搅拌工具在壶内部拉动和旋转可以解决上述技术问题,达到高效泡出味道浓郁且均匀的茶水,以及不需要改变茶壶的结构就可以方便卫生地实现对茶叶搅拌操作的技术效果。

至此,本书以2016年专利代理师实务考试的答无效咨询类场景为例,对该场景中的立场、如何为客户提供咨询意见、如何撰写正式的无效宣告请求书、权利要求书的撰写,以及问答题的题目做了介绍,也给出了可供参考的答案和评分标准。上述示例所展示的分析步骤,可运用于各种场景的咨询。

二、新申请场景类典型试题(以 2017 年专利代理师实务考试部分真题为例)

(一)新申请咨询撰写

1. 阅读试题说明,确定考查场景

试题说明:

客户 A 公司向你所在的代理机构提供了自行撰写的申请材料(包括说明书 1 份、权利要求书 1 份),以及检索到的 2 篇对比文件。现委托你所在的代理机构为其提供咨询意见并具体办理专利申请事务。

第一题:请你撰写提交给客户的信函,为客户逐一解释其自行撰写的权利要求书是否符合《专利法》及《专利法实施细则》的规定并说明理由。

第二题:请你根据《专利法实施细则》第 17 条规定,依据检索到的对比文件,说明客户自行撰写的说明书中哪些部分需要修改并对需要修改之处予以说明。

第三题:请你综合考虑对比文件 1 及对比文件 2 所反映的现有技术,为客户撰写发明专利申请的权利要求书。

第四题:请你根据"三步法"陈述所撰写的独立权利要求相对于现有技术具备创造性的理由。

通过阅读上述试题说明,可得出以下信息。

①客户 A 公司拟向国家知识产权局提交专利申请,自行撰写了涉案专利的权利要求书,请为其撰写的权利要求书提供修改建议。该案属于新申请类咨询场景,旨在利用法定事由对客户撰写专利的授权前景进行预测,告知其撰写的权利要求存在的问题。

②对客户撰写的说明书提出修改建议,考察了本书第二章关于说明书结构的有关规定。

③根据客户提供的涉案专利说明书、对比文件等证据材料,撰写提交

给国家知识产权局的正式专利申请文件。

④对权利要求1撰写的独立权利要求的创造性进行判断。

2. 着眼涉案专利权利要求,确定仅通过观察权利要求就能确定的问题

观察涉案专利的每一项权利要求是否存在保护客体(A2)、不授予专利权的对象(A25)、主题一致、"多引多"、择一引用(R25)、缺乏引用基础(A26.4)的问题。

附件2(客户撰写的权利要求书):

1. 一种起钉锤,包括锤头组件和把手,其特征在于,所述锤头组件一端设置有起钉翼,另一端设置有锤头,所述锤头组件的顶部中间位置具有支撑部。

2. 如权利要求1所述的起钉锤,其特征在于,所述支撑部由锤头组件顶部中间向外突出的部分构成。

3. 如权利要求1或2所述的起钉锤,其特征在于,所述支撑部的高度可以调节。

4. 如权利要求3所述的起钉锤,其特征在于,所述把手为中空的,内设调节装置,所述调节装置与锤头组件螺纹连接。

5. 如权利要求1所述的起钉锤,其特征在于,所述支撑部为板状,其两端具有弧形支撑面。

上文为客户撰写的主题为"起钉锤"的权利要求书,主题需在5个权利要求中始终保持一致。多项从属权利要求3采用了择一引用的方式,未出现"多引多"(R25)、缺乏引用基础、未使用不符合法律规定的用语(A26.4)等问题。权利要求的内容也是围绕保护主题"起钉锤"展开,描述了"起钉锤"的部件、位置关系和连接关系。权利要求中也未出现不属于《专利法》保护客体和不授予专利权对象的内容(A2、A25)。目前来看,仅观察权利要求本身,尚未发现该权利要求存在撰写问题。

3. 阅读涉案专利说明书、所有对比文件,标注涉案专利的技术问题、技术方案、技术效果,把涉案专利的权利要求在说明书里进行定位,并在此步骤确定对比文件的性质

(1)阅读涉案专利说明书。

对说明书进行快速阅读,标注出技术问题、技术效果、5个权利要求在说明书的位置。

附件1(客户自行撰写的说明书):

背景技术

图1示出了现有起钉锤的立体图:起钉锤大致为英文字母"T"的形状,包括把手2和锤头组件3。锤头组件3包括锤头31和起钉翼32。所述起钉翼32呈弯曲双叉形爪,并在中部形成"V"形缺口。在起钉时,起钉翼32的缺口用于卡住钉子的边缘,以锤头组件3的中部作为支点。沿着方向A扳动把手2,弯曲双叉形爪与把手2一起用于在拔出钉子时通过杠杆作用将钉子拔出。

现有的起钉锤在起钉子时是通过锤头组件的中部作为支点,由于支点和起钉翼的距离有限。在要拔起较长的钉子时,往往起到一定程度就无法再往上拔了,只好无奈地再找辅助工具垫高支点才能继续往上拔,费时费力。

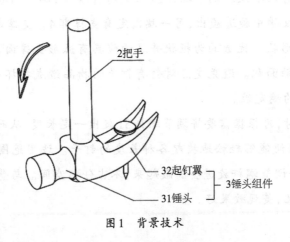

图1　背景技术

发明内容

本发明提供一种起钉锤，包括锤头组件和把手，其特征在于，所述锤头组件一端设置有起钉翼，另一端设置有锤头。所述锤头组件的中间位置具有支撑部。

上述背景技术明确了该专利想要解决的技术问题是因受支点和起钉翼距离所限，使用现有的起钉工具费时费力的技术问题。并为解决该问题"提供了一种起钉锤，包括锤头组件和把手，其特征在于，所述锤头组件一端设置有起钉翼，另一端设置有锤头。所述锤头组件的中间位置具有支撑部"的技术方案。

具体实施方式

图2示出了本发明的第一实施例。如图2所示，该起钉锤的锤头组件3顶部中间向外突出形成支撑部4，作为起钉的支点。这种结构的起钉锤增大了起钉支点的距离。使起钉，尤其是起长钉，更加方便。

图3示出了本发明的第二实施例。如图3所示，该起钉锤的锤头组件3上设置有一个调节螺杆51，通过该调节螺杆51作为调节结构，可以调节起钉支点的高度。该起钉锤的具体结构是：把手2的一端与锤头组件3固定连接。锤头组件3远离把手2的一端没有沿把手2长度方向开设的螺纹槽。其内设有内螺纹。调节螺杆51上设有外螺纹，其一端螺接于螺纹槽中并可从螺纹槽中旋进旋出，另一端固定有支撑部4。支撑部4可以是半球形等各种形状。优选的为板状并且两端具有弧形支撑面，这样可以增大支点的接触面积。避免支点对钉有钉子的物品造成损坏。同时，还可增加起钉时的稳定性。

在使用时，可根据需要将调节螺杆51旋出一定长度，从而调节起钉支点的高度，以便能够轻松地拔起各种长度的钉子。适用范围广。在不拔钉子时，可将调节螺杆旋进去隐蔽起来，不占任何空间。与普通的超钉锤外观相差无几，美观效果好。

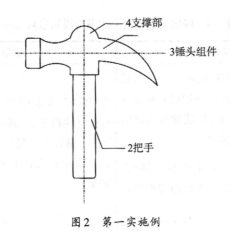

图 2 第一实施例

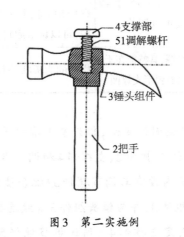

图 3 第二实施例

根据说明书记载的具体实施方式,实施例一将"向外突出的支撑部"作为支点的技术特征,达到了起钉方便的技术效果。实施例二采用的调节结构,调节起钉支点高度的技术方案,可轻松拔起各种长度的钉子。同时,还要注意到说明书中"优选的板状并且两端具有弧形支撑面"的技术特征与权利要求5的表达非常接近,并且弧形支撑面还起到了增加起钉稳定性的技术效果。权利要求与上述说明书的定位关系,如表5-8所示。

表5-8　涉案专利权利要求书与说明书对比(1)

涉案专利权利要求书	说明书
1．一种起钉锤,包括锤头组件和把手,其特征在于,所述锤头组件一端设置有起钉翼,另一端设置有锤头,所述锤头组件的顶部中间位置具有支撑部	发明内容:本发明提供一种起钉锤,包括锤头组件和把手,其特征在于,所述锤头组件一端设置有起钉翼,另一端设置有锤头。所述锤头组件的中间位置具有支撑部
2．如权利要求1所述的起钉锤,其特征在于,所述支撑部由锤头组件顶部中间向外突出的部分构成	
3．如权利要求1或2所述的起钉锤,其特征在于,所述支撑部的高度可以调节	该起钉锤的锤头组件3上设置有一个调节螺杆51,通过该调节螺杆51作为调节结构,可以调节起钉支点的高度
5．如权利要求1所述的起钉锤,其特征在于,所述支撑部为板状,其两端具有弧形支撑面	优选的为板状并且两端具有弧形支撑面

　　图4示出了第二实施例的变形,作为本申请的第三实施例。如图4所示:起钉锤包括锤头组件3、把手2、支撑部4和调节螺杆52。锤头组件3上设有贯穿的通孔。通孔内设有与调节螺杆52配合使用的螺纹。调节螺杆52通过通孔贯穿锤头组件3,并与锤头组件3螺纹连接。在调节螺杆52穿过锤头组件3的顶部固定支撑部4。所述调节螺杆52基本与把手平行设置,在把手2的中上部设置一个固定支架7,调节螺杆52可在固定支架7内活动穿过。调节螺杆52的底部设有调节控制钮61。调节螺杆52的长度比把手2的长度短,以方便手部抓握把手。

　　在该实施例中,虽然调节螺杆52也是设置在锤头组件3上,但是由于其贯穿锤头组件3使支撑部4和调节控制钮61分别位于锤头组件3的两侧,这样在使用过程中,在将钉子拔起到一定程度后,使用者可以旋转调节控制钮61,使支撑部4离开锤头组件3的表面升起一定的距离,继续进行后续操作,直至将钉子拔出。这种结构的起钉锤能够根据具体情况,随时调节支撑部的位置,不仅使起钉锤起钉子的范围大幅增加,而且可以一边进行起钉操作,一边进行支点调整,更加省时省力。

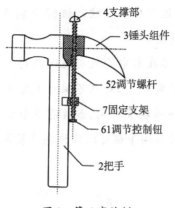

图4　第三实施例

　　上述内容为第三实施例,通过调节控制钮,使调节螺杆能够升降,从而对支点进行调整,达到省时省力的技术效果。涉案专利权利要求书与说明书的对应关系,如表5-9所示。

表5-9　涉案专利权利要求书与说明书对比(2)

涉案专利权利要求书	说明书
2.　如权利要求1所述的起钉锤,其特征在于,所述支撑部由锤头组件顶部中间向外突出的部分构成	在调节螺杆52穿过锤头组件3的顶部固定支撑部4
3.　如权利要求1或2所述的起钉锤,其特征在于,所述支撑部的高度可以调节	使用者可以旋转调节控制钮61,使支撑部4离开锤头组件3的表面升起一定的距离

　　图5示出了本发明的第四实施例,在该实施例中,调节螺杆设置于把手上。如图5所示,起钉锤包括锤头组件3、把手2、支撑部4和调节螺杆53。锤头组件3的中部具有一个贯穿的通孔,通孔内固定设置把手2。把手2是中空的,调节螺杆53贯穿其中。把手2的中空内表面设置有与调节螺杆53配合使用的内螺纹,这样调节螺杆53可在把手2内旋进旋出。调节螺杆53靠近锤头组件3的一端固定支撑部4,另一端具有一个调节控制钮62。调节螺杆53的长度比把手2的长度长。

在使用时,可以通过旋转调节控制钮62来调节支撑部4伸出的距离,从而调节起钉支点的高度。

应当注意的是,虽然在本申请的实施例二到实施例四中,调节支撑部高度的装置均采用调节螺杆,但是在不偏离本发明实质内容的基础上,其他具有锁定功能的可伸缩调节机构,如具有多个卡位的卡扣连接结构、具有锁定装置的齿条传动结构等都可以作为调节装置应用于本发明。

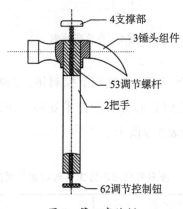

图5 第四实施例

上述为第四实施例,通过该实施例也可通过调节按钮控制支撑部距离,从而调节起钉支点的高度,达到省时省力的技术效果。涉案专利权利要求书与说明书的对应关系,如表5-10所示。

表5-10 涉案专利权利要求书与说明书对比(3)

涉案专利权利要求书	说明书
4. 如权利要求3所述的起钉锤,其特征在于,所述把手为中空的,内设调节装置,所述调节装置与锤头组件螺纹连接	把手2是中空的,调节螺杆53贯穿其中。把手2的中空内表面设置有与调节螺杆53配合使用的内螺纹。调节螺杆53靠近锤头组件3的一端固定支撑部4,另一端具有一个调节控制钮62。调节螺杆53的长度比把手2的长度长

涉案专利权利要求书	说明书
3. 如权利要求1或2所述的起钉锤,其特征在于,所述支撑部的高度可以调节	通过旋转调节控制钮62来调节支撑部4伸出的距离,从而调节起钉支点的高度

至此,完成了对涉案专利说明书的首次阅读,并将涉案专利的权利要求在说明书中进行了定位。

(2)阅读客户提供的对比文件。

附件3(对比文件1):

[19]中华人民共和国国家知识产权局

[12]实用新型专利

[45]授权公告日2017年5月9日

[21]申请号201620123456.5

[22]申请日2016年8月22日

[73]专利权人赵××(其余著录项目略)

说明书

一种多功能起钉锤

技术领域

本实用新型涉及手工工具领域,尤其涉及一种多功能起钉锤。

背景技术

目前,人们使用的起钉锤如图1所示包括锤柄,锤柄一端设置起钉锤头,起钉锤头的一侧是榔头,另一侧的尖角处有倒脚,用于起钉操作。起钉锤头的顶部中央向外突出形成支撑柱,设置支撑柱是为了增加起钉高度,使需要拔出的钉子能够完全被拔出。起钉锤是一种常见的手工工具,但作用单一,使用率低下,闲置时又占空间。

实用新型内容

本实用新型的目的在于解决上述问题,使起钉锤有开瓶器的作用,在起钉锤闲置不用时,可以作为开瓶器使用,提高使用率。

为达到上述目的,具体方案如下:

一种多功能起钉锤,包括一锤柄,一起钉锤头,所述起钉锤头固定于锤柄顶部。

优选的,所述锤柄底部有塑胶防滑把手。

优选的,所述起钉锤头的榔头一侧中间挖空,呈普通开瓶器状。

附图说明

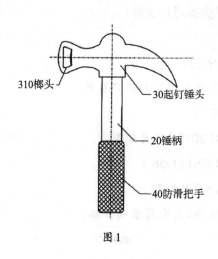

图1

具体实施方式

如图1所示,一种多功能起钉锤,包括锤柄20,起钉锤头30,所述起钉锤头30的榔头一侧310中间挖空,呈普通开瓶器状,起钉锤头30另一侧尖角处有倒脚,用于起钉操作。起钉锤头30固定于锤柄20顶部。优选的,所述锤柄20底部有塑胶防滑把手40。本实用新型可以提高起钉锤的使用率,起钉锤头30的榔头一侧310内部挖空形成开瓶器口,开瓶时只需将挖空部分里侧对准瓶口翘起即可,使用方便,且整体结构简单,制作方便。

该对比文件1的申请日为2016年8月22日,授权公告日为2017年5月9日。由于本案为新申请案件,涉案专利的申请日为申请当天即2017年

11月5日,由此对比文件1为现有技术。说明书中背景技术和具体的实施方式部分记载了解决常见的起钉工具作用单一、闲置时占据空间的技术问题和解决该问题的技术方案,可以对具体实施方式下的技术特征进行拆分,为后续新颖性的判断做好准备(表5-11)。

表5-11　涉案专利与对比文件1技术特征对比

内容	涉案专利	对比文件1
主题	起钉锤	一种多功能起钉锤
申请日	2017年11月8日	2016年8月22日
公开日	无	2017年5月9日
权利要求1	把手	锤柄
	锤头组件	起钉锤头
	锤头组件一端的起钉翼	起钉锤头另一侧倒角
	锤头组件另一端锤头	起钉锤头一侧榔头
	锤头组件中部支撑部	起钉锤头向外突出形成支撑柱
权利要求2引用权利要求1	支撑部由锤头组件顶部之间向外突出部分构成	起钉锤头向外突出形成支撑柱
权利要求3引用权利要求1或权利要求2	支撑部高度可调节	—
权利要求4引用权利要求3	把手孔,内设调节装置,调节装置和锤头组件螺纹连接	—
权利要求5引用权利要求1	支撑部为板状	—

附件4(对比文件2):

[19]中华人民共和国国家知识产权局

[12]实用新型专利

[45]授权公告日2017年9月27日

[21]申请号201720789117.7

[22]申请日 2017 年 4 月 4 日

[73]专利权人孙××(其余著录项目略)

说明书

一种新型起钉锤

技术领域

本实用新型涉及一种起钉锤。

背景技术

在日常生活中,羊角起钉锤是一种非常实用的工具。羊角起钉锤一般由锤头和锤柄组成,其锤头具有两个功能,一是用来钉钉子,二是用来起钉子。现有的起钉锤在起钉子时是通过锤头的中部作为支点,受力支点与力臂长度是固定的,当钉子拔到一定高度后,由于羊角锤的长度有限,受力支点不能良好起作用,力矩太小,导致很长的钉子很难拔出来。

实用新型内容

为了克服现有羊角起钉锤的不足,本实用新型提供一种锤身长度可以加长的起钉锤,该起钉锤不仅能克服很长的钉子无法拔出来的不足,而且使用更加省力、方便、快捷。

附图说明

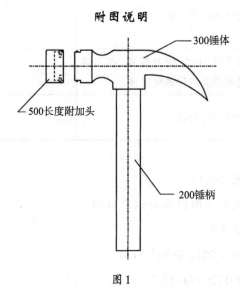

图 1

具体实施方式

如图1所示,该起钉锤包括锤柄200、锤体300和长度附加头500。锤体300一端设置有锤头,另一端设置有起钉翼。

长度附加头500为一圆柱形附加头,其直径与锤头的直径相同。所述长度附加头500与锤体300的锤头采用卡扣的方式连接在一起。使用时,如果需要起长钉,则将长度附加头500安装在锤体300上,从而增加起钉锤的锤身长度。

对比文件2的申请日为2017年4月4日,公告日为2017年9月27日。构成涉案专利的现有技术,既能评价新颖性也能评价创造性。对比文件2与涉案专利的技术对比,如表5-12所示。

表5-12 涉案专利与对比文件2技术特征对比

内容	涉案专利	对比文件2
主题	起钉锤	一种新型起钉锤
申请日	2017年11月8日	2017年4月4日
公开日	无	2017年9月27日
权利要求1	把手	锤柄
	锤头组件	锤体
	锤头组件一端的起钉翼	锤体另一侧起钉翼
	锤头组件另一端锤头	锤体一侧锤头
	锤头组件中部支撑部	附加锤头
权利要求2引用权利要求1	支撑部由锤头组件顶部之间向外突出部分构成	—
权利要求3引用权利要求1或权利要求2	支撑部高度可调节	—
权利要求4引用权利要求3	把手孔,内设调节装置,调节装置和锤头组件螺纹连接	—

内容	涉案专利	对比文件2
权利要求5引用权利要求1	支撑部为板状	—

根据对比文件2说明书的记载,对比文件2是通过附加锤头增加了锤身的长度,从而解决起钉费时费力的技术问题。

(3)阅读客户的拟提交申请的专利权利要求书,针对客户撰写的每一项权利要求,根据《专利法》的规定并结合证据给出客户咨询意见。

作为新申请咨询场景,应以保证专利授权的同时,争取更大保护范围为立场。如上文所述,通过对权利要求书的首次阅读,并未发现仅通过阅读权利要求书即可确定的违背《专利法》授权条件的情形,故应进一步结合对比文件和说明书确定每一项权利要求存在的其他问题,下面逐一对客户撰写的权利要求书进行分析。

1. 一种起钉锤,包括锤头组件和把手,其特征在于,所述锤头组件一端设置有起钉翼,另一端设置有锤头,所述锤头组件的顶部中间位置具有支撑部。

通过前述涉案专利的权利要求1与对比文件1的特征对比(表5-11)。把手与锤柄、锤头组件与起钉锤头、锤头组件的支撑部与起钉锤头的支撑柱均为实质性相同的技术特征。进一步阅读说明书,起钉翼和倒角均是连接在锤头组件(起钉锤头)一端的部件,也是作为拔起钉子所用的技术特征,二者仅是名称不同。同理,锤头与榔头也均连接于与起钉翼和倒角相对应的锤头组件(起钉锤头)的另一端,均为配合支撑部(支撑柱)的支点完成起钉工作的重要特征,二者构成实质性相同。因此,权利要求1不具备新颖性。

需要注意的是,一项权利要求可能不只存在一个问题,因此应对权利要求可能出现的其他问题进行判断。作为独立权利要求1,其除不具备新颖性外,此时还应对该权利要求是否缺少必要技术特征、是否能够得到说明书的支持进行判断。单一性虽然是驳回的理由,但是因为单一性判断是对比两个独立权利要求是否具备相同或者相应的特定技术特征,由于权利要求1已不具备新颖性,故不存在特定技术特征,无须再进行单一性判断。但是,当独立权利要求无新颖性、创造性时,在非无效场景下,需注意无引用关系的从属权利要求单一性的判断。

对于独立权利要求1缺少必要技术特征和得不到说明书支持的判断,可以结合权利要求1与说明书的对应记载进行(表5-13)。

表5-13 涉案专利权利要求1与说明书对比

涉案专利权利要求1	说明书
独立权利要求1:一种起钉锤,包括锤头组件和把手,其特征在于,所述锤头组件一端设置有起钉翼,另一端设置有锤头,所述锤头组件的顶部中间位置具有支撑部	发明内容:本发明提供一种起钉锤,包括锤头组件和把手,其特征在于,所述锤头组件一端设置有起钉翼,另一端设置有锤头。所述锤头组件的中间位置具有支撑部

经过对比可以看出,涉案专利的权利要求1与说明书的记载完全一致,可以判断不存在缺少必要技术特征和得不到说明书支持等问题。至此,完成了对权利要求1的评价。

2. 如权利要求1所述的起钉锤,其特征在于,所述支撑部由锤头组件顶部中间向外突出的部分构成。

权利要求2是权利要求1的从属权利要求,由于权利要求1不具备新颖性,故只需判断权利要求2对权利要求1进行限定的技术特征,是否被对比文件1公开。权利要求2对支撑部进行了进一步限定,该支撑部应为由锤头组件顶部之间向外突出部分构成的锤头组件。对比文件1公开了起钉锤头向外突出形成的支撑柱与权利要求2的技术特征实质性相同。

因此,权利要求2不具备新颖性(表5-14)。

表5-14　涉案专利权利要求2与对比文件1对比

内容	涉案专利权利要求2	对比文件1
主题	起钉锤	一种多功能起钉锤
权利要求2引用权利要求1	支撑部由锤头组件顶部之间向外突出部分构成	起钉锤头向外突出形成支撑柱

进一步将权利要求2在说明书中的定位进行对比,判断权利要求2是否能够得到说明书的支持(表5-15)。经过对比,权利要求2也不存在得不到说明书支持的情形。至此,权利要求2缺乏新颖性,可进入对权利要求3的评价。

表5-15　涉案专利权利要求2与说明书对比

涉案专利权利要求2	说明书
2. 如权利要求1所述的起钉锤,其特征在于,所述支撑部由锤头组件顶部中间向外突出的部分构成	发明内容:本发明提供一种起钉锤,包括锤头组件和把手,其特征在于,所述锤头组件一端设置有起钉翼,另一端设置有锤头。所述锤头组件的中间位置具有支撑部

3.如权利要求1或2所述的起钉锤,其特征在于,所述支撑部的高度可以调节。

通过表5-16对比可以看出,对比文件1的支撑部是向外突出的支撑柱,支撑柱为固定形态,无法对高度进行调节,与涉案专利权利要求3支撑部高度可调节的支撑部不构成实质性相同。特别注意,仅对比文件1未公开涉案专利权利要求3的技术特征不能得出权利要求3不具有新颖性的结论。需要继续将对比文件2与权利要求3的技术特征进行对比,对比文件2通过附加锤头本身的长度提升支撑部的高度,高度由附加锤头长度决定,高度不可调节。因此,权利要求3的高度可调节的技术特征并未被公开,其具备新颖性。

表5-16　涉案专利与对比文件1和对比文件2技术特征对比

内容	涉案专利	对比文件1	对比文件2
主题	起钉锤	一种多功能起钉锤(对比文件1)	一种新型起钉锤(对比文件2)
申请日	2017年11月	2016年8月22日	2017年4月4日
公开日	无	2017年5月9日	2017年9月27日
权利要求1	把手	锤柄	锤柄
	锤头组件	起钉锤头	锤体
	锤头组件一端的起钉翼	起钉锤头另一侧倒角	锤体另一侧起钉翼
	锤头组件另一端锤头	起钉锤头一侧榔头	锤体一侧锤头
	锤头组件中部支撑部	起钉锤头向外突出形成支撑柱	附加锤头
权利要求2引用权利要求1	支撑部由锤头组件顶部之间向外突出部分构成	起钉锤头向外突出形成支撑柱	—
权利要求3引用权利要求1或权利要求2	支撑部高度可调节	—	—

判断完新颖性后,可进一步利用"三步法"分析创造性。支撑部高度可调节作为区别技术特征,在另一份对比文件中并未公开与之对应的有可调节高度作用的技术特征,因此权利要求3具备创造性。至此,无法通过对比文件判断权利要求3存在的其他问题。

此时,权利要求3最有可能存在的问题仅为得不到说明书的支持,可将权利要求3与其对应在说明书中的内容进行对比。当权利要求3引用权利要求2时,由于权利要求2限定的是"起钉锤的锤头组件3顶部中间向外突出形成支撑部4"的技术特征,该升高的部分由支撑部的高度决定,该高度不可调节。因此,权利要求3限定了可调节高度的支撑部,与其引用的权利要求存在矛盾,该权利要求得不到说明书支持,属于权利要求书与说明书相比,出现了记载"矛盾"的情形。

4. 如权利要求3所述的起钉锤,其特征在于,所述把手为中空的,内设调节装置,所述调节装置与锤头组件螺纹连接。

由于权利要求3具备新颖性和创造性,作为从属权利要求的权利要求4便不存在缺乏新颖性和创造性的情形。由于从属权利要求4和权利要求3是存在引用关系的从属权利,故无须判断单一性。因此,仍需结合该权利要求在说明书中的定位,判断其是否能够得到说明书的支持。

表5-17　涉案专利权利要求4与说明书对比

涉案专利权利要求4	说明书
4. 如权利要求3所述的起钉锤,其特征在于,所述把手为中空的,内设调节装置,所述调节装置与锤头组件连接	把手2是中空的,调节螺杆53贯穿其中。把手2的中空内表面设置有调节螺杆53配合使用的内螺纹。调节螺杆53靠近锤头组件3的一端固定支撑部4,另一端具有一个调节控制钮62。调节螺杆53的长度比把手2的长度长

通过将权利要求4与说明书中记载的内容对比可以发现,说明书记载的是调节螺杆与把手螺纹连接,而不是如权利要求书所记载的调节装置与锤头组件螺纹连接。二者记载内容不同,权利要求书得不到说明书的支持。

5. 如权利要求1所述的起钉锤,其特征在于,所述支撑部为板状,其两端具有弧形支撑面。

权利要求 5 是权利要求 1 的从属权利要求,需要对其新颖性和创造性进行判断(表 5-18)。

表 5-18 涉案专利权利要求 5 与对比文件 1 和对比文件 2 对比

内容	涉案专利	对比文件 1	对比文件 2
主题	起钉锤	一种多功能起钉锤	一种新型起钉锤
权利要求 5 引用权利要求 1	支撑部为板状	—	—

通过对比可以得出,权利要求 5 具备新颖性和创造性。此时需要重点关注权利要求 5 是否存在得不到说明书支持和单一性的问题(表 5-19)。

表 5-19 涉案专利权利要求 5 与说明书对比

涉案专利权利要求 5	说明书
5. 如权利要求 1 所述的起钉锤,其特征在于,所述支撑部为板状,其两端具有弧形支撑面	优选的,为板状并且两端具有弧形支撑面

如表 5-19 所列,权利要求书与说明书记载无异,权利要求 5 能够得到说明书的支持。同时,在权利要求 1、权利要求 2 不具备新颖性和创造性,权利要求 3 可作为新的独立权利要求时,要注意从属权利要求 5 与权利要求 3 的单一性问题。通过表 5-16 和表 5-19 可以发现,"支撑部高度可调节"与"支撑部为板状"分别为特定技术特征,二者既不相同也不相似,权利要求 3 与权利要求 5 不具备单一性。

至此,本书依据新申请类场景的立场和思路对客户提出的每一项无效理由做了说明,指出了每条权利要求存在的问题,但上述内容仅为分析的思路,需要将分析出来的结论撰写为咨询意见并确保不失分。

应用模板

尊敬的 A 公司：

很高兴贵方委托我所代为办理有关（主题名称）的专利申请案，经仔细阅读技术交底材料、技术人员撰写的权利要求书及现有技术，我认为贵公司技术人员所撰写的权利要求书存在不符合《专利法》和《专利法实施细则》规定的问题，现一一指出：

一、证据分析

附件1：涉案专利申请日为 2017 年 11 月 5 日。

对比文件1：中国实用新型专利说明书，申请日 2016 年 8 月 22 日，公开日 2017 年 5 月 9 日。

对比文件2：中国发明专利说明书，申请日 2017 年 4 月 4 日，公开日 2017 年 9 月 27 日。

综上所述：

对比文件1公开日早于涉案专利的申请日，构成涉案专利的现有技术，可以评价其新颖性和创造性。

对比文件2公开日早于涉案专利的申请日，构成涉案专利的现有技术，可以评价其新颖性和创造性。

与无效咨询场景一样以"尊敬的 A 公司"作为开场白引入。首先对客户提供的两份对比文件进行分析，引入文件性质模板进行说明。两份文件作为现有技术，既能评价新颖性，也能评价创造性。

在完成文件性质的判断后，将逐一为客户分析其撰写的每一项权利要求能否获得授权，对客户撰写权利要求存在的问题要给出明确的结论，咨询意见需全面结合证据进行分析，充分说理以支持咨询意见的结论。

二、逐项分析

1. 权利要求1不具备新颖性

如上文所述，对比文件1属于现有技术。权利要求1要求保护一种起钉锤,对比文件1公开了一种多功能起钉锤,包括锤柄(相当于把手),起钉锤头(相当于锤头组件),起钉锤头一侧是榔头(相当于锤头),起钉锤头 30 另一侧尖角处有倒脚(相当于起钉翼),起钉锤头向外突出形成支撑柱(相当于支撑部)。

由此可见,对比文件1公开了涉案专利权利要求1的全部技术特征,两者属于相同的技术领域、解决相同的技术问题,并具有相同的预期效果。

因此,权利要求1不具备《专利法》第22条第2款规定的新颖性。

2. 权利要求2不具备新颖性

如上文所述,对比文件1属于现有技术。权利要求2要求保护一种起钉锤,对比文件1公开了一种多功能起钉锤,包括锤柄(相当于把手),起钉锤头(相当于锤头组件),起钉锤头一侧是榔头(相当于锤头),起钉锤头 30 另一侧尖角处有倒脚(相当于起钉翼),起钉锤头向外突出形成支撑柱(相当于支撑部),起钉锤头向外突出形成支撑柱(相当于支撑部由锤头组件顶部之间向外突出部分构成)。

由此可见,对比文件1公开了涉案专利权利要求2的全部技术特征,两者属于相同的技术领域,解决相同的技术问题,并具有相同的预期效果。

因此,权利要求2不具备《专利法》第2条第2款规定的新颖性。

3. 权利要求3得不到说明书的支持

根据说明书的记载可知,为了解决起长钉时不方便的技术问题,采用了在起钉锤的锤头组件上设置一个调节螺杆,通过调节螺杆作为调节结构,可以调节起钉支点高度的技术手段。

说明书记载了该起钉锤的锤头组件顶部中间向外突出形成支撑部,作为起钉的支点。

权利要求3限定了支撑部为可调节高度的螺杆。

因此,权利要求3在引用权利要求2时,出现了根据说明书无法解决技术问题的情形。故得不到说明书的支持,不符合《专利法》第26条第4款的规定。

4. 权利要求4得不到说明书的支持

权利要求4限定了所述把手为中空的,内设调节装置,所述调节装置与锤头组件螺纹连接。根据说明书的记载,把手2是中空的,调节螺杆53贯穿其中。把手2的中空内表面设置有与调节螺杆53配合使用的内螺纹,这样调节螺杆53可在把手2内旋进旋出。即说明书中记载的是在调节螺杆与把手螺纹连接,而不是与锤头组件螺纹连接,权利要求所限定的技术方案与说明书的记载不一致,其没有以说明书为依据,不符合《专利法》第26条第4款的规定。

5. 权利要求3与权利要求5不具备单一性

在独立权利要求1不具备新颖性的情况下,需要考虑从属权利的新颖性。

权利要求3要解决的技术问题是调节起钉支点的高度,对现有技术作出贡献的技术特征是支撑部的高度可以调节。

权利要求5要解决的技术问题是增大接触面,避免物品损坏,增加稳定性,对现有技术作出贡献的技术特征是支撑部为板状,其两端具有弧形支撑面。

由此可见,上述两份申请不属于一个总的发明构思,技术上不相关联,也没有相同或相应的特定技术特征,不具有单一性,不符合《专利法》第31条第1款的规定。

综上所述,目前贵公司撰写的权利要求书存在较多问题,难以获得授权。我方专利代理师将会在与发明人进行认真沟通的基础上,为贵公司撰写权利要求书和说明书。

以上咨询意见仅供参考,有问题请随时与我沟通。

×××专利代理机构×××专利代理师

×年×月×日

(二)说明书修改

试题说明中第二问要求指出客户撰写的说明书存在哪些不符合《专利法实施细则》有关规定的情形,并对修改之处予以说明。

第一，说明书第一页第一行应当写明发明名称，涉案发明的说明书未写明发明名称。

(1)发明名称：该名称应当与请求书中的名称一致，并左右居中。发明名称前面不得冠以"发明名称"或者"名称"等字样。发明名称与说明书正文应当空一行。该涉案发明的名称可写为"一种起钉锤"。

第二，客户撰写的说明书未写明技术领域。

(2)技术领域：说明书应直接写明技术领域，不要写于涉案发明或实用新型相邻或者上位的技术领域。该涉案发明的技术领域可写为"本发明涉及一种工具，尤其涉及一种新结构的起钉锤"。

(3)背景技术：存在具体实施方式中混入背景技术，涉案专利说明书具体实施方式中的实施例一被对比文件1公开，构成背景技术。并且存在支撑部位置是固定的，其各种长度不同钉子范围受到限制。

(4)发明内容：首先本申请所要解决的技术问题是现有技术中起钉锤的支撑部高度不能调节、适应范围窄、不能起出不同长度钉子的问题。

第三，应当记载该申请的技术方案。

第四，应当阐明本申请与现有技术相比，优点(有益效果)在于可根据需要调节支撑部的高度，从而调节支点距离，适应不同长度钉子的需要。

(5)附图说明：说明书无附图的，说明书文字部分未包括附图说明及其相应的标题。

(6)具体实施方式：目前的实施例一的技术方案已经被对比文件1所公开，其已经构成了现有技术，可以从申请文件中删除。

（三）撰写权利要求书

下一步按照要求结合客户提供的技术交底书撰写符合《专利法》授权条件的权利要求书。本书第三章第六节介绍"无帽子式"权利要求书撰写时以本题为例，具体撰写思路和过程在此不再赘述。撰写完成的独立权利要求为：

1. 一种起钉锤,包括锤头组件、把手、起钉翼、锤头、支撑部,其特征在于,起钉锤包括调节螺杆(可伸缩调节机构)调节支撑部的高度,所述调节机构一端连接有支撑部。

在撰写独立权利要求时,要注意确保撰写完成的独立权利要求符合专利授权的所有条件,勿将非必要技术特征混入权利要求,特别是权利要求1的前序部分。同时撰写10~12条的从属权利要求。

(四)对撰写的权利要求书的新颖性、创造性评价

试题说明第四问要求利用"三步法"陈述所撰写的独立权利要求相对于现有技术具备创造性的理由。可以直接适用本书第三章介绍的创造性模板,确保"三步法"的全面展开,避免遗漏得分点,参考答案如下:

对比文件1与涉案专利属于相同的技术领域且公开本发明的技术特征最多,为涉案专利最接近的现有技术。

权利要求1与对比文件1相比,区别技术特征是可伸缩调节机构。基于该区别特征,涉案专利实际要解决的技术问题是支点和起钉翼距离有限,费时费力。对比文件1没有解决上述技术问题,也没有给出任何启示。

对比文件2虽然公开了附加锤头,但是附加锤头在对比文件2解决的技术问题是通过增加起钉锤的高度起钉,而涉案专利中可伸缩调节机构解决的技术问题是通过调节支撑部的高度来解决起钉费时费力。

由此可见,附加锤头在对比文件2中所起到的作用与区别技术特征可伸缩调节机构在涉案专利中所起的作用完全不同,本领域技术人员不能从对比文件2获得技术启示。

因此,权利要求1的技术方案相对于对比文件1、2及其结合是非显而易见的,具有(突出的)实质性特点。权利要求1的技术方案能获得起钉省时省力的技术效果,具有(显著的)进步。

综上所述,权利要求1的技术方案具有(突出的)实质性特点和(显著的)进步,具备创造性,符合《专利法》第22条第3款的规定。

三、答复审查意见场景类典型试题（以2014年专利代理师实务考试部分真题为例）

（一）驳回审查意见咨询

1. 阅读试题说明，确定考查场景

试题说明：

客户A向你所在的专利代理机构提供了以下资料：其自行向国家知识产权局递交的发明专利申请文件（附件1），审查员针对该发明专利申请做出的第一次审查意见通知书（附件2），以及所引用的三份对比文件（对比文件1~3），公司进行最新技术改进和开发的技术交底资料（附件3）；现委托你所在的代理机构办理相关事务。

第一题：撰写咨询意见。请参照第一次审查意见通知书（附件2）的内容（为了用于考试，对通知书内容进行了简化和改造，隐去了详细阐述的内容），向客户逐一解释该发明专利申请（附件1）的权利要求书和说明书是否符合专利法及其实施细则的相关规定并说明理由。

第二题：撰写答复第一次审查意见通知书时提交的修改后的权利要求书，请在综合考虑对比文件1~3所反映的现有技术以及你的咨询意见的基础上进行撰写。

第三题：撰写一份新的发明专利申请的权利要求书。请根据技术交底材料（附件3）记载的内容，综合考虑附件1、对比文件1~3所反映的现有技术，撰写能够有效且合理地保护发明创造的权利要求书。

如果你认为应当提出一份专利申请，则应撰写独立权利要求和适当数量的从属权利要求；如果应当提交多份申请，则应说明不能合案申请的理由，并针对其中的一份专利申请撰写独立权利要求和适当数量的从属权利要求；如果在一份申请中包含两项或两项以上的独立权利要求，则应该说明这些独立权利要求能够合案申请的理由。

第四题：简述新的发明专利申请的独立权利要求相对于附件1所解决的技术问题及达到的技术效果。如果有多项独立权利要求，请分别进行对比和说明。

通过阅读试题资料可以确定,本题为答复审查意见类场景。需要结合国家知识产权局驳回的权利要求和客户提供的对比文件,针对驳回意见逐一进行答复。尽量保证涉案专利权利要求的授权前景。通过阅读试题说明,可得出以下信息:

①根据客户提供的证据材料和《专利法》规定,针对审查意见通知书提出的问题为客户进行解释,告知客户专利授权前景。

②对所分析会影响授权前景的权利要求进行修改,撰写修改后的权利要求书。

③根据客户提供的技术交底书,撰写新的权利要求书,并考虑是否需要分案。

④属于其他问题,明确权利要求书解决的技术问题和达到的技术效果。

2. 着眼涉案专利权利要求,确定仅通过观察权利要求就能确定的问题

观察涉案专利的每一项权利要求是否存在保护客体(A2)、不授予专利权的对象(A25)、主题一致、"多引多"、择一引用(R25)、缺乏引用基础(A26.4)的问题。同时,可以对涉案专利的申请日和公告日进行批注。涉案专利的权利要求书如下。

附件1(发明专利申请文件):

(19)中华人民共和国国家知识产权局

(12)发明专利申请

(43)申请公布日 2013 年 7 月 25 日

(21)申请号 201210345678.9

(22)申请日 2012 年 2 月 25 日

(71)申请人 A 公司(其余著录项目略)

权利要求书

1. 一种光催化空气净化器，它包括壳体(1)、位于壳体下部两侧的进风口(2)、位于壳体顶部的出风口(3)以及设置在壳体底部的风机(4)，所述壳体(1)内设置有第一过滤网(5)和第二过滤网(6)，其特征在于，该光催化空气净化器内还设有光催化剂板(7)。

2. 根据权利要求1所述的光催化空气净化器，其特征在于，所述第一过滤网(5)是具有向下凸起曲面(9)的活性炭过滤网，所述第二过滤网(6)是$PM_{2.5}$颗粒过滤网。

3. 根据权利要求1所述的光催化剂板，其特征在于，所述光催化剂板(7)由两层负载有纳米二氧化钛涂层的金属丝网(10)和填充在两层金属丝网(10)的负载有纳米二氧化钛的多孔颗粒(11)组成。

4. 一种空气净化方法，其特征在于，该方法包括使空气经过光催化剂板(7)进行过滤和净化的步骤。

5. 一种治疗呼吸道类疾病的方法，该方法使用权利要求1所述的光催化空气净化器。

通过观察涉案专利的权利要求，其所要保护的主题是"一种光催化空气净化器"，权利要求3保护的是"光催化剂板"，出现了主题不一致的问题(R25)。

权利要求1与权利要求4作为独立权利要求，由于本案为答复审查意见类场景，单一性可以是驳回理由，因此在后续判断中要注意权利要求1与权利要求4单一性的判断问题。

权利要求5保护的主题是"一种治疗呼吸道类疾病的方法"，疾病的治疗方法不能被授予专利权(A25)。

最后涉案专利的申请日为2012年2月25日，公告日为2013年7月25日。

3. 阅读涉案专利说明书、所有对比文件,标注涉案专利的技术问题、技术方案、技术效果,把涉案专利的权利要求在说明书里定位,并在此步骤确定对比文件的性质

(1)阅读涉案专利的说明书。

说明书

一种光催化空气净化器

本发明涉及一种空气净化器,尤其涉及一种光催化空气净化器。

现有的空气净化器大多采用过滤、吸附等净化技术,没有对有害气体进行催化分解,无法去除空气中的甲醛等污染物。

为解决上述问题,本发明提供了一种将过滤、吸附与光催化氧化相结合的空气净化器。光催化氧化是基于光催化剂在紫外光或部分可见光的作用下产生活性态氧,将空气中的有害气体氧化分解为二氧化碳和水等物质。

本发明的技术方案是:一种光催化空气净化器,它包括壳体、位于壳体下部两侧的进风口、位于壳体顶部的出风口以及设置在壳体底部的风机。所述壳体内设置有第一过滤网和第二过滤网、光催化剂板和紫外灯。所述光催化空气净化器能有效催化氧化空气中的有害气体,净化效果好。

图1是本发明光催化空气净化器的正面剖视图。

图2是本发明光催化剂板的横截面图。

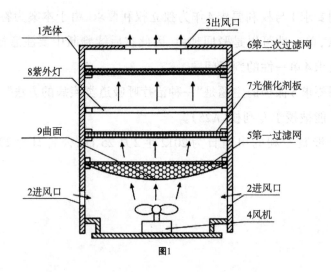

图1

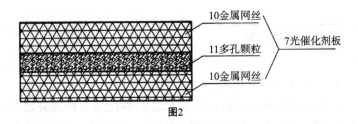

图2

上述说明书记载的技术问题是现有技术无法彻底去除空气中的甲醛等污染物,空气净化效果不佳。在解决技术问题后,提供了在紫光灯的光催化下对有害气体进行分解的技术原理。说明书还进一步详细描述了涉案专利的技术方案,通过该技术方案最终获得了良好的净化效果。

如图1所示,该空气净化器包括壳体1、位于壳体下部两侧的进风口2、位于壳体顶部的出风口3以及设置在壳体底部的风机4,所述壳体1从下往上依次设置有第一过滤网5、光催化剂板7、紫外灯8和第二过滤网6。所述第一过滤网5是活性炭过滤网,其具有向下凸起的曲面9,该曲面9不仅能增大过滤网的过滤面积,而且还能使空气顺畅地穿过第一过滤网5,有助于降低噪声。所述第二过滤网6是$PM_{2.5}$颗粒(直径小于等于2.5微米的颗粒物)过滤网。

上述说明书进一步对空气净化器的内部结构和运行原理进行了说明,通过对活性炭过滤网采用向下凸起的曲面的结构达到降低噪声的效果。涉案专利权利要求与说明书对应关系,如表5-20所示。

表5-20　涉案专利权利要求与说明书对应关系(1)

涉案专利权利要求	说明书
1. 一种光催化空气净化器,它包括壳体(1)位于壳体下部两侧的进风口(2)位于壳体顶部的出风口(3)以及设置在壳体底部的风机(4),所述壳体(1)内设置有第一过滤网(5)和第二过滤网(6),其特征在于,该光催化空气净化器内还设有光催化剂板(7)	该空气净化器包括壳体1、位于壳体下部两侧的进风口2、位于壳体顶部的出风口3以及设置在壳体底部的风机4,所述壳体1从下往上依次设置有第一过滤网5、光催化剂板7、紫外灯8和第二过滤网6

涉案专利权利要求	说明书
2. 根据权利要求1所述的光催化空气净化器,其特征在于,所述第一过滤网(5)是具有向下凸起曲面(9)的活性炭过滤网,所述第二过滤网(6)是PM$_{2.5}$颗粒过滤网。	所述第一过滤网5是活性炭过滤网,其具有向下凸起的曲面9,该曲面9不仅能增大过滤网的过滤面积,还能使空气顺畅地穿过第一过滤网5,有助于降低噪声。所述第二过滤网6是PM$_{2.5}$颗粒(直径小于等于2.5微米的颗粒物)过滤网。

如图2所示,所述光催化剂板7由两层负载有纳米二氧化钛涂层的金属丝网10和填充在两层金属丝网10之间的负载有纳米二氧化钛的多孔颗粒11组成。

本发明的光催化空气净化器工作时,室内空气在风机4的作用下经进风口2进入,经过第一过滤网5后,其中的灰尘等较大颗粒物质被过滤掉;然后经过受到紫外灯8照射的光催化剂板7,其中的有害气体被催化氧化;随后经过第二过滤网6,PM$_{2.5}$颗粒被过滤掉,净化后的空气经过出风口3送出,净化效率高。

根据需要,可以在该光催化空气净化器的第二过滤网6的上部设置中草药过滤网盒,所述中草药过滤网盒内装有薄荷脑、甘草粉等中草药。净化后的空气经中草药过滤网盒排入室内,可预防或治疗呼吸道类疾病。

上述说明书记载了光催化剂板的结构,继而对该技术方案的整体工作原理进行了介绍,最终能够达到提高净化效率的效果。说明书最后一段,记载了通过设置中草药来起到预防或治疗呼吸道疾病的技术效果。涉案专利权利要求与说明书对应关系,如表5-21所示。

表5-21　涉案专利权利要求与说明书对应关系(2)

涉案专利权利要求	说明书
3. 根据权利要求1所述的光催化剂板,其特征在于,所述光催化剂板(7)由两层负载有纳米二氧化钛涂层的金属丝网(10)和填充在两层金属丝网(10)的负载有纳米二氧化钛的多孔颗粒(11)组成	光催化剂板7由两层负载有纳米二氧化钛涂层的金属丝网10和填充在两层金属丝网10之间的负载有纳米二氧化钛的多孔颗粒11组成
4. 一种空气净化方法,其特征在于,该方法包括使空气经过光催化剂板(7)进行过滤净化的步骤	室内空气在风机4的作用下经进风口2进入,经过第一过滤网5后,其中的灰尘等较大颗粒物质被过滤掉;然后经过受到紫外灯8照射的光催化剂板7,其中的有害气体被催化氧化;随后经过第二过滤网6,$PM_{2.5}$颗粒被过滤掉,净化后的空气经过出风口3送出
5. 一种治疗呼吸道类疾病的方法,该方法使用权利要求1所述的光催化空气净化器	可以在该光催化空气净化器的第二过滤网6的上部设置中草药过滤网盒,所述中草药过滤网盒内装有薄荷脑、甘草粉等中草药。净化后的空气经中草药过滤网盒排入室内,可预防或治疗呼吸道类疾病

(2)阅读客户提供的对比文件。

对比文件1:

(19)中华人民共和国国家知识产权局

(12)实用新型专利

(43)授权公告日2012年10月9日

(21)申请号201220133456.7

(22)申请日2012年1月25日

(71)申请人A公司(其余著录项目略)

说明书

一种家用空气净化设备

本实用新型涉及一种家用空气净化设备。

图1是本实用新型家用空气净化设备的立体图。

图2是本实用新型家用空气净化设备的正面剖视图。

如图1、图2所示,该家用空气净化设备包括壳体1、位于壳体下部两侧的进风口2、位于壳体顶部的出风口3以及设置在壳体底部的风机4。所述壳体1内由下向上依次设置有除尘过滤网5、活性炭过滤网6、紫外灯8和光催化剂多孔陶瓷板7。所述除尘过滤网由两层金属丝网和填充在两者之间的无纺布所组成。所述光催化剂多孔陶瓷板7上涂覆有纳米二氧化钛涂层。

该家用空气净化设备在工作时,室内空气在风机4的作用下经进风口2进入,经除尘过滤网5和活性炭过滤网6过滤后,除去其中的灰尘等颗粒物质;然后经过受到紫外灯8照射的光催化剂多孔陶瓷板7,其中的有害气体被催化分解,净化后的空气经出风口3送出。

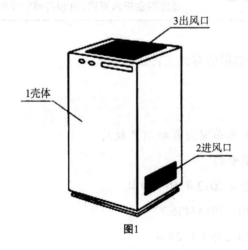

图1

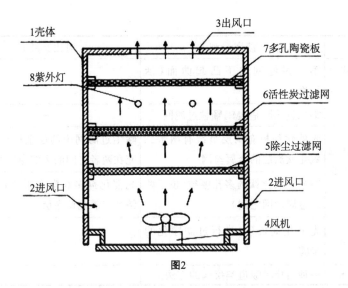

图2

对比文件1的申请日为2012年1月25日,授权公告日为2012年10月9日,构成涉案专利申请在先公开在后的专利文件,仅能够用来评价新颖性,不能评价创造性。涉案专利权利要求与对比文件1技术特征对应关系,如表5-22所示。

表5-22　涉案专利与对比文件1技术特征对比

内容	涉案专利	对比文件1
主题	一种光催化空气净化器	一种家用空气净化设备
申请日	2012年2月25日	2012年1月25日
公开日	2013年7月25日	2012年10月9日
权利要求1	壳体	壳体
	进风口	进风口
	出风口	出风口
	风机	风机、紫光灯
	第一过滤网	除尘过滤网
	第二过滤网	活性炭过滤网
	光催化剂板	光催化剂多孔陶瓷板

内容	涉案专利	对比文件1
权利要求2 引用权利要求1	第一过滤网向下凸起曲面（活性炭）	—
	第二过滤网是PM$_{2.5}$颗粒过滤网	—
权利要求3 引用权利要求1	光催化剂板有两层负载有纳米二氧化钛涂层的金属丝网	除尘过滤网由两层金属丝网和填充在两者之间的无纺布所组成
	纳米二氧化钛的多孔颗粒（位于两层金属丝网之间）	光催化剂多孔陶瓷板7上涂覆有纳米二氧化钛涂层
权利要求4	光催化剂板（7）进行过滤净化的步骤	—
权利要求5	一种治疗呼吸道类疾病的方法	—

对比文件2：

（19）中华人民共和国国家知识产权局

（12）实用新型专利

（45）授权公告日2011年9月2日

（21）申请号201110123456.7

（22）申请日2011年1月20日（其余著录项目略）

说明书

一种车载空气清新机

本实用新型涉及一种车载空气清新机。

目前的车载空气清新机大都通过活性炭过滤网对车内空气进行过滤，但是活性炭过滤网仅能过滤空气中颗粒较大的悬浮物，不能对人体可吸入的细小颗粒进行过滤。

图1为本实用新型车载空气清新机的立体图。

图2为本实用新型车载空气清新机的剖视图。

如图1、图2所示，一种车载空气清新机，其包括外壳1、位于壳体一端的进风口2、位于壳体另一端侧面的出风口3。在壳体内从右往左依次设置有活性炭过滤网5、鼓风机4、PM$_{2.5}$颗粒过滤网6、紫外灯8和格栅状导风板7。所述鼓风机4设置在两层过滤网之间,所述导风板靠近出风口3,在所述导风板7上涂覆有纳米二氧化钛薄膜。该车载空气清新机通过电源接口(图中未示出)与车内点烟器相连。

在使用时,将电源接口插入车内点烟器中,车内在空气鼓风机4的作出下,经由进风口2进入,经过活性炭过滤网5,滤除其中的大颗粒悬浮物;随后经过PM$_{2.5}$过滤网6,过滤掉人体可吸入的细小颗粒;然后经过受到紫外线灯8照射的涂覆有与纳米二氧化钛薄膜的导风板7,其中的有毒气体被催化氧化、净化后的空气经出风口3排出。

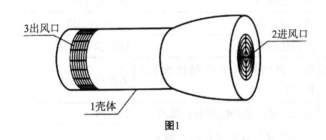

图1

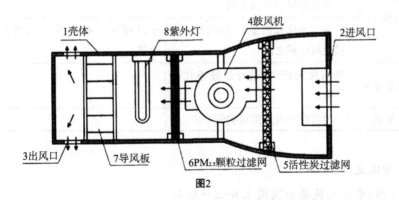

图2

对比文件2的申请日为2011年1月20日,授权公告日为2011年9月2日,构成涉案专利的现有技术,既能评价新颖性,也能评价创造性。对比文件2记载了技术方案并提供了附图进行辅助理解,涉案专利权利要求与对比文件2技术特征对应关系,如表5-23所示。

表5-23　涉案专利与对比文件2技术特征对比

内容	涉案专利	对比文件2
主题	一种光催化空气净化器	一种车载空气清新机
申请日	2012年2月25日	2011年1月20日
公开日	2013年7月25日	2011年9月2日
权利要求1	壳体	外壳
	进风口	进风口
	出风口	出风口
	风机	鼓风机
	第一过滤网	颗粒过滤网
	第二过滤网	活性炭过滤网
	光催化剂板	格栅状导风板
权利要求2 引用权利要求1	第一过滤网向下凸起曲面（活性炭）	活性炭过滤网
	第二过滤网是PM$_{2.5}$颗粒过滤网	颗粒网
权利要求3 引用权利要求1	光催化剂板有两层负载有纳米二氧化钛涂层的金属丝网	—
	纳米二氧化钛的多孔颗粒（位于两层金属丝网之间）	导风板上涂覆有纳米二氧化钛涂层
权利要求4	光催化剂板（7）进行过滤净化的步骤。	—
权利要求5	一种治疗呼吸道类疾病的方法	—

对比文件3：

（19）中华人民共和国国家知识产权局

（12）实用新型专利

（45）授权公告日2011年4月9日

（21）申请号201020123456.7

（22）申请日2010年7月20日（其余著录项目略）

说明书

一种空气过滤器

本实用新型涉及一种应用于工矿厂房粉尘过滤的空气过滤器。通常将该空气过滤器吊装在厂房顶部以解决厂房内灰尘大的问题。

图1为本实用新型空气过滤器的正面剖视图。

如图1所示，一种空气过滤器，其包括简体1、位于简体上部的进风口2、位于简体下部的出风口3、风机4、活性炭过滤网和除尘过滤网6。所述风机4设置在靠近出风口3，所述活性炭过滤网5呈锥状，锥状设置的活性炭过滤网不仅能增大过滤面积，而且能使所吸附的灰尘等大颗粒悬浮物沉淀于过滤网的边缘位置，从而提高过滤效率。

该空气过滤器工作时，空气在风机4的作用下，经进风口2进入，经过除尘过滤网6，除去其中的大部分灰尘，然后经过锥状活性炭过滤网5，进一步滤除掉空气中的灰尘等大颗粒悬浮物，净化后的空气经出风口3送出。

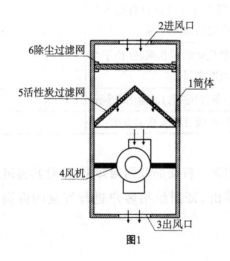

图1

对比文件3的申请日为2010年7月20日，授权公告日为2011年9月4日，构成涉案专利的现有技术，既能评价新颖性，也能评价创造性。涉案专利权利要求与对比文件3技术特征对应关系，如表5-24所示。

表5-24　涉案专利与对比文件3技术特征对比

内容	涉案专利	对比文件3
主题	一种光催化空气净化器	一种空气过滤器
申请日	2012年2月25日	2010年7月20日
公开日	2013年7月25日	2011年9月4日
权利要求1	壳体	筒体
	进风口	进风口
	出风口	出风口
	风机	风机
	第一过滤网	除尘网
权利要求1	第二过滤网	活性炭过滤网
	光催化剂板	筒体
权利要求2 引用权利要求1	第一过滤网向下凸起曲面(活性炭)	除尘网呈锥状
	第二过滤网是PM$_{2.5}$颗粒过滤网	—
权利要求3 引用权利要求1	光催化剂板有两层负载有纳米二氧化钛涂层的金属丝网	—
	纳米二氧化钛的多孔颗粒(位于两层金属丝网之间)	—
权利要求4	光催化剂板(7)进行过滤净化的步骤	—
权利要求5	一种治疗呼吸道类疾病的方法	—

(3)阅读国家知识产权局的驳回通知书,针对其提出的每一项驳回意见及其所依据的理由、证据给出客户进行答复的咨询意见,分析过程如下:

附件2(第一次审查意见通知书):

第一次审查意见通知书正文

本发明涉及一种光催化空气净化器,经审查,提出如下审查意见:

1. 独立权利要求1缺少解决其技术问题的必要技术特征,不符合《专利法实施细则》第23条第2款的规定。

国家知识产权局审查意见通知书认为独立权利要求1缺少必要技术特征。根据独立权利要求1与说明书的定位进行对比可知（表5-25），权利要求书并未记载说明书中"紫光灯"这一技术特征，继而通过阅读说明书记载的运行原理可知，有害物质的净化需要在紫光灯的照射作用下进行，因此独立权利要求1缺少必要技术特征的审查意见成立。

表5-25　涉案专利权利要求1与说明书的对应关系

涉案专利权利要求1	说明书
1. 一种光催化空气净化器，它包括壳体（1）位于壳体下部两侧的进风口（2）位于壳体顶部的出风口（3）以及设置在壳体底部的风机（4），所述壳体（1）内设置有第一过滤网（5）和第二过滤网（6），其特征在于，该光催化空气净化器内还设有光催化剂板（7）	该空气净化器包括壳体1、位于壳体下部两侧的进风口2、位于壳体顶部的出风口3以及设置在壳体底部的风机4，所述壳体1从下往上依次设置有第一过滤网5、光催化剂板7、紫外灯8和第二过滤网6

2. 权利要求1不具备《专利法》第22条第2款新颖性的规定。对比文件1公开了一种家用空气净化器，其公开了权利要求1的全部技术特征。因此，权利要求1所要求保护的技术方案不符合《专利法》第25条第2款的规定。

通过前述将权利要求1与对比文件1的技术特征进行对比（表5-22）可知，对比文件1公开了涉案专利的全部技术特征，该审查意见成立。但是该审查意见并未根据单独对比原则将对比文件1所公开的特征与独立权利要求1进行逐一对比。

3. 权利要求2不具备《专利法》第22条第3款规定的创造性。对比文件1公开了一种家用空气净化设备，对比文件2公开了一种车载空气清新机，对比文件3公开了一种空气过滤器，对比文件1、2和3属于相同的技术领域。因此,权利要求2所要求保护的技术方案相对于对比文件1、2的结合,或者相对于对比文件2、3的结合均不具备创造性,不符合《专利法》第22条第3款的规定。

首先,该审查意见在证据的材料运用上存在问题,对比文件1为申请在先公开在后的专利文件,不能作为对比文件与其他两个对比文件进行结合对比。其次,对比文件2和对比文件3结合后,与涉案专利权利要求2对比情况,如表5-26所示。

表5-26 涉案专利与对比文件2、对比文件3技术特征对比

内容	涉案专利	对比文件2	对比文件3
主题	一种光催化空气净化器	一种车载空气清新机	一种空气过滤器
申请日	2012年2月25日	2011年1月20日	2010年7月20日
公开日	2013年7月25日	2011年9月2日	2011年9月4日
权利要求1	壳体	外壳	筒体
	进风口	进风口	进风口
	出风口	出风口	出风口
	风机	鼓风机	风机
	第一过滤网	颗粒过滤网	除尘网
	第二过滤网	活性炭过滤网	活性炭过滤网
	光催化剂板	格栅状导风板	筒体
权利要求2引用权利要求1	第一过滤网向下凸起曲面(活性炭)	活性炭过滤网	除尘网呈锥状
	第二过滤网是PM$_{2.5}$颗粒过滤网	颗粒网	—

通过表5-26可以看出,第一过滤网为向下凸起的曲面是区别技术特征,判断权利要求2是否具备创造性,就是判断其与对比文件3中除尘网呈锥状的作用是否相同。根据涉案专利说明书记载,第一过滤网向下凸起曲面可以增大过滤的面积并且还能达到降低噪声的作用,而除尘网成

锥形的设计能够起到增大过滤面积和提高过滤效率的作用。因此,由于其均具有增大过滤面积和提高除尘效率的作用,二者作用相同。故权利要求2不具备创造性的意见是可以接受的。

但是,在答复审查意见咨询场景下,可以尽力争取授权并给客户提出该权利要求具备创造性的理由。第一过滤网的凸起方向与除尘网不同,并且涉案专利的第一过滤网具有与锥状除尘网不同的作用。因此,可以依此争取权利要求2的创造性。据此说服审查员,但也要告知客户有需要修改的可能性。

4. 权利要求3不符合《专利法实施细则》第25条的规定。

通过之前步骤对权利要求的观察,涉案专利权利要求存在主题不一致的形式问题,该条驳回意见应当接受。

5. 权利要求4未以说明书为依据,不符合《专利法》第26条4款的规定。

权利要求4要求保护一种空气净化方法,其特征在于,该方法包括使空气经过光催化剂板进行过滤净化的步骤,但是并没有就具体的实施方式进行说明,本领域普通技术人员无法通过权利要求4的记载实现利用光催化剂板进行空气净化,因此权利要求4得不到说明书的支持。

6. 权利要求5不符合《专利法》第25条第1款的规定。

通过之前步骤对权利要求的观察,疾病的诊断和治疗方法不是授予专利权的对象,该条审查意见应当接受。

综上所述,本申请的权利要求书和说明书存在上述缺陷。申请人应当对本通知书提出的意见予以答复。如果申请人提交修改文本,则申请文件的修改应当符合《专利法》第33条的规定,不得超出原说明书和权利要求书所记载的范围。

至此,本书完成了对国家知识产权局提出的针对每一项权利要求的驳回理由进行的分析,指出每个理由成立与否的理由。下文结合答复审查意见类场景模板,给出本题的参考答案。

应用模板

尊敬的A公司:

很高兴贵方委托我所代为办理光催化净化器专利申请案,经仔细阅读申请文件及现有技术,我认为贵公司目前的发明专利申请文件存在一些不符合《专利法》和《专利法实施细则》规定的问题,将影响到授权前景,现将问题一一指出:

一、证据分析

附件1:涉案专利申请日为2012年2月25日、公开日为2013年7月25日

对比文件1:中国实用新型专利说明书,申请日2012年1月25日,公开日2012年10月9日。

对比文件2:中国实用新型专利说明书,申请日2011年1月20日,公开日2011年9月2日。

对比文件3:中国实用新型专利说明书,申请日2010年7月20日,公开日2011年4月9日。

综上所述:

对比文件1与涉案专利均属于向国家知识产权局提出的专利申请,对比文件1的申请日早于涉案专利的申请日,公开日晚于涉案专利的申请日,属于申请在先公开在后的技术文献,只能评价新颖性,不能评价创造性。

对比文件2公开日早于涉案专利的申请日,构成涉案专利的现有技术,可以评价新颖性和创造性。

　　对比文件3公开日早于涉案专利的申请日，构成涉案专利的现有技术，可以评价新颖性和创造性。

　　二、逐条分析审查意见是否成立

　　1. 权利要求1不具备新颖性的审查意见成立。

　　根据上文所述，对比文件1为申请在先公开在后的专利文件，可以评价新颖性，不能评价创造性。

　　权利要求1要求保护一种光催化净化器，对比文件1公开了一种家用空气净化设备，包括壳体、进风口、出风口、风机、除尘过滤网（相当于第一过滤网），活性炭过滤网（第二过滤网），光催化剂多孔陶瓷板（相当于光催化剂板）。

　　由此可见，对比文件1公开了涉案专利权利要求1的全部技术特征，两者属于相同的技术领域、解决相同的技术问题，并具有相同的预期效果。

　　因此，权利要求1不具有《专利法》第22条第2款规定的新颖性。

　　2. 权利要求1缺少解决其技术问题的必要技术特征，不符合《专利法实施细则》第23条第2款规定的审查意见成立。

　　由说明书的记载可知，本发明要解决的技术问题是有效去除空气中的甲醛等污染物。为了解决上述技术问题，本发明通过在空气净化器上设置紫光灯，空气净化器在工作时……。经过受到紫光灯照射的光催化剂板，其中的有害气体被氧化。

　　由此可见，紫光灯为解决本发明技术问题的必要技术特征，而权利要求1中并未记载该技术特征。

　　因此，权利要求1缺乏必要技术特征，不符合《专利法实施细则》第23条第2款的规定。

　　3. 权利要求2不具备创造性的审查意见成立。

　　对比文件2与涉案专利属于相同的技术领域且公开本发明的技术特征最多，为涉案专利的最接近的现有技术。

　　权利要求2与对比文件2相比，区别技术特征是第一过滤网，具有向下凸起曲面的活性炭过滤网。基于该区别特征,涉案专利实际要解决的技术问题是增大过滤面积。

对比文件3虽然公开了呈锥状设置的活性炭过滤网,呈锥状设置的活性炭过滤网在对比文件3解决的技术问题是增大过滤面积。

由此可见,活性炭过滤网呈锥面在对比文件3中所起到的作用与区别技术特征活性炭过滤网呈曲面在涉案专利所起的作用完全相同,本领域技术人员不能从对比文件3中获得技术启示。

因此,权利要求2的技术方案相对于对比文件2、3及其结合是显而易见的不具有(突出的)实质性特点。权利要求2的技术方案能获得增大过滤面积的技术效果,不具有(显著的)进步。

综上所述,权利要求2的技术方案不具有(突出的)实质性特点和(显著的)进步,不具有创造性,不符合《专利法》第22条第3款的规定。

因此,建议客户可以对活性炭过滤网呈曲面的技术方案进行修改,以克服不具备创造性的问题。但是,可以以对比文件3的过滤网为锥形,与本申请中的曲面过滤网形状明显不同,采用曲面结构相对于锥形结构除了具有相同的加大接触面积,还起到降低噪声的作用,作为说明权利要求2具备创造性的理由。但仍然可能被审查员认为,曲面和锥面仅是形状不同,仍可能存在因不具备创造性而不被授权的风险。

4. 权利要求3不符合《专利法实施细则》第25条的审查意见成立。

权利要求3为权利要求1的从属权利,其主题名称光催化剂板与其引用的权利要求1的主题名称光空气催化净化器不一致,不符合《专利法实施细则》第25条的规定。这一问题,通过修改权利要求3的主题名称即可解决。

5. 权利要求4存在的得不到说明书支持的审查意见成立。

权利要求4限定了其要求保护一种空气净化方法,该方法包括使空气经过光催化剂板进行过滤净化的步骤。根据说明书的记载,该空气净化方法所采用的光催化剂板是利用"由两层表面负载有纳米二氧化钛涂层的金属丝网10和填充在两层金属丝网10之间的负载有纳米二氧化钛的多孔颗粒11组成"。采用该光催化剂板可以有效催化氧化空气中的有害气体,净化效果好。由说明书可知,并不是任一种包括光催化剂板的空气净化器均能解决发明所要解决的技术问题,达到本专利的技术效果。

权利要求所限定的技术方案与说明书的记载不一致,其没有以说明书为依据,不符合《专利法》第26条第4款的规定。

6. 权利要求5不是保护客体的审查意见成立。

权利要求5要求保护一种利用光催化空气净化器治疗呼吸道类疾病的方法,是以有生命的人体为直接实施对象,属于疾病的诊断和治疗方法,是《专利法》不授予专利权的客体。

综合以上分析,目前贵公司的发明专利申请文件存在较多问题,若要想获得授权,需要对权利要求书进行修改。

以上咨询意见仅供参考,有问题请与我们随时沟通。

×××专利代理机构×××专利代理师

×年×月×日

(二)根据驳回意见修改专利权利要求书

在为客户提供答复审查意见咨询建议的基础上,本案进一步要求结合审查意见对权利要求书进行修改,应按照《专利法》《专利法实施细则》《专利审查指南2023》的要求进行,本书第三章第六节以本题为例对答复审查意见的修改方法进行了说明,在此不再赘述,修改后的权利要求书参考答案如下。

1. 一种光催化空气净化器,包括壳体(1)、位于壳体下部两侧的进风口(2)、位于壳体顶部的出风口(3)以及设置在壳体底部的风机(4),所述壳体(1)内设置有第一过滤网(5)、光催化剂板(7)、第二过滤网(6)和紫外灯(8),其特征在于,所述光催化剂板(7)由两层表面负载有纳米二氧化钛涂层的金属丝网(10)和填充在两层金属丝网(10)之间的负载有纳米二氧化钛的多孔颗粒(11)组成。

2. 根据权利要求1所述的光催化空气净化器,其特征在于,所述第一过滤网(5)是具有向下凸起曲面(9)的活性炭过滤网,所述第二过滤网(6)是PM$_{2.5}$颗粒过滤网。

(三)撰写权利要求书

本案第三问要求根据客户提供的技术交底书撰写权利要求书,应严格按照撰写步骤展开。

附件3(技术交底材料):

现有的光催化空气净化器的光催化剂板填充的多孔颗粒阻碍了气流的流动,风阻较大,必须靠风机的高速运转来提高气流的流动,一方面,由此导致噪音增大,特别是净化器的夜间运行更是影响人的睡眠;另一方面,金属丝网夹层多孔颗粒的结构使气流与光催化剂的有效接触面积小,反应不充分,空气净化不彻底。

在现有技术的基础上,我公司提出改进的光催化空气净化器。

(1)确定技术方案要解决的技术问题及保护的主题。

通过阅读上述技术交底书,本技术方案所要解决的技术问题包括"噪声大"和"空气净化不彻底"。为了解决上述技术问题,采用了以"光催化空气净化器"为主题的技术方案。

(2)明确技术交底书结构、圈定撰写独立权利要求和从属权利要求的基础素材。

一种光催化空气净化器,它包括壳体1、位于壳体下部两侧的进风口2以及位于壳体上部两侧的出风口3。壳体底部设置有风机4,在壳体1内设置有第一过滤网5、第二过滤网6、光催化剂板7和紫外灯8。在该光催化空气净化器内还设置有消声结构9,大幅降低了风机和气流流动所产生的噪声。

如图1所示,消声结构9设置在第二过滤网6的上部,其由中央分流板

10和一对侧导风板11组成。中央分流板10固定连接在壳体1顶部的内壁上，一对侧导风板11对称地分别连接在壳体1内侧壁上，中央分流板10与一对侧导风板11构成一截面为V字形的出风通道。室内空气在风机4的作用下经进风口2进入，经过第一过滤网5，穿过受到紫外灯8照射的光催化剂板7，然后经过第二过滤网6，净化后的空气在中央分流板10和一对侧导风板11的作用下，从竖直气流导流成平行气流，由出风口3排出。中央分流板10和侧导风板11由吸音材料制成，例如玻璃纤维棉。

上述技术交底书首先介绍了一种光催化空气净化器的结构，通过该结构的工作原理达到了降噪的技术效果。"如图1所示"之后记载的内容，是对主要技术方案中"消声结构"这一技术特征的进一步限定。从结构上看，本题属于"盖帽子式"技术交底书，撰写独立权利要求的基础性材料为"包括壳体1、位于壳体下部两侧的进风口2以及位于壳体上部两侧的出风口3、壳体底部设置有风机4……在该光催化空气净化器内还设置有消声结构9。"技术交底书中"例如玻璃纤维棉"作为材料属于典型的从属权利类引导词。

如图2所示，消声结构9是通过支架13安装在第二过滤网6上部的消声器12。在消声器12内设置有竖直布置的一组消声片14，消声片14由吸音材料制成。消声片14接近第二过滤网6的一端均为圆弧形。经过第二过滤网6的气流流经消声片14的圆弧形端面时会被分为两道以上气流，使气流的声音能被更好吸收，有效降低净化器的噪声。

如图3所示，空气净化器的光催化剂板7是负载有纳米二氧化钛的三维蜂窝陶瓷网15，与多孔陶瓷板以及其他光催化剂板相比，增大了与气流的接触面积，反应充分，净化效果好。

上述技术交底书进一步对独立权利要求中的"消声结构"进行限定，是"消声结构"的另一种实施方式。通过上述对消声结构的改进，可以达到降噪的技术效果。技术交底书还记载了对"光催化剂板"具体结构的限定,并且通过该结构达到了提高净化效率的技术效果。

如图4所示,空气净化器的光催化剂板7由壳体1内设置的螺旋导风片16所代替,由此在空气净化器内形成导流回旋风道。在风道内壁和螺旋导风片16上喷涂纳米二氧化钛涂层,将紫外灯8设置在风道的中央。空气进入净化器后,在螺旋导风片16的作用下在风道内形成回旋风,增加气流与光催化剂的接触面积和接触时间,催化反应充分,空气净化彻底。

可以将各种光催化剂板插入空气净化器中,与其他过滤网例如活性炭过滤网组合使用。

技术交底书结尾处给出了光催化剂板的另一种改进结构,通过该改进达到彻底净化空气的技术效果。

(3)圈定重要的引导词。

上述分析圈定了技术问题、技术效果等问题效果类引导词,以及材料等从属类引导词。"消声结构"和"光催化剂板"为独立权利要求中的技术特征,也在技术交底书中多次出现,特别是消声结构及其所采用的吸音材料,可以成为概括的对象。对于"光催化剂板"这一解决不同问题的主题,可能形成分案的独立权利要求,同时做主案的从属权利要求。

(4)将技术交底书的最主要技术方案的技术特征与客户提供的涉案专利及其他证据进行对比,确定共有特征,找出区别特征(表5-27)。

表5-27 技术特征对比

需撰写的权利要求书	涉案专利	对比文件1	对比文件2	对比文件3
一种光催化空气净化器	一种光催化空气净化器	一种家用空气净化设备	一种车载空气清新机	一种空气过滤器
壳体	壳体	壳体	外壳	筒体
进风口	进风口	进风口	进风口	进风口

需撰写的权利要求书	涉案专利	对比文件1	对比文件2	对比文件3
出风口	出风口	出风口	出风口	出风口
风机	风机	风机、紫光灯	鼓风机	风机
第一过滤网	第一过滤网	除尘过滤网	颗粒过滤网	除尘网
第二过滤网	第二过滤网	活性炭过滤网	活性炭过滤网	活性炭过滤网
光催化剂板	光催化剂板	光催化剂多孔陶瓷板	格栅状导风板	筒体
紫光灯	第一过滤网向下凸起曲面（活性炭）	—	活性炭过滤网	除尘网呈锥状
消声结构	第二过滤网是PM$_{2.5}$颗粒过滤网	—	颗粒网	筒
—	光催化剂板有两层负载有纳米二氧化钛涂层的金属丝网	除尘过滤网由两层金属丝网和填充在两者之间的无纺布所组成	—	—
—	纳米二氧化钛的多孔颗粒（位于两层金属丝网之间）	光催化剂多孔陶瓷板7上涂覆有纳米二氧化钛涂层	—	—
—	光催化剂板（7）进行过滤净化的步骤	—	—	—

通过表5-27对比可知,客户向国家知识产权局提交的申请专利为最接近现有技术。将技术交底书主案的撰写材料与涉案专利相比,壳体、进风口、出风口、风机、第一过滤网、第二过滤网、光催化剂板为最接近现有

技术的共有技术特征,紫光灯和消声结构为区别技术特征。故结合技术交底材料,可进行独立权利要求的撰写。

(5)撰写最主要技术方案的独立权利要求,完成独立权利要求的划界。

①形成独立权利要求框架。

一种光催化空气净化器,它包括壳体、进风口、出风口、风机、第一过滤网、第二过滤网、光催化剂板,其特征在于,壳体内设置有紫外灯,光催化空气净化器内还设置有消声结构。

②对独立权利要求进行划界。

共有特征部分可仅保留部件,无须保留位置关系和连接关系。特征部分需指明技术特征的位置关系和连接关系。

一种光催化空气净化器,它包括壳体、进风口、出风口、风机、第一过滤网、第二过滤网、光催化剂板,其特征在于,壳体内设置有紫外灯,光催化空气净化器内还设置有消声结构。

③对独立权利要求进行润色,保证独立权利要求可以解决技术问题。

技术交底书多次出现了使用消音材料制成的消音结构即消声结构的多个实施例,可将其概括进独立权利要求。

1. 一种光催化空气净化器,包括壳体、进风口出风口(3),壳体(1)底部风机,第一过滤网、第二过滤网、光催化剂板,其特征在于,壳体内设置有紫外灯,在从其所述第二过滤网至所述出风口的空气流道中设置由吸音材料制成的消声结构。

④判断独立权利要求是否具备新颖性、创造性,以及是否混入非必要技术特征。

该独立权利要求的共有部分和特征部分的划界是依据前述步骤与客户提供的涉案专利和3份对比文件对比而成。权利要求的特征部分均未被任意一份文件所公开,因此其具备新颖性和创造性。同时,将该独立权利要求与其在技术交底书中的对应位置对比可知,其并未混入非必要技术特征。故该独立权利要求符合《专利法》规定的授权条件。

(6)通过引导词进行概括及检查。

由于该技术方案的技术交底书已经给出了较为完善的概括词,无须再单独进行概括。最后对该独立权利要求进行检查,注意表述中不要出现违背《专利法》规定的用语即可。

独立权利撰写完毕后,还需依照技术交底书中所载的技术特征之间的引用关系及从属权利要求的提示词,撰写10~12条从属权利要求,在撰写过程中要注意用语的规范性,注意权利要求之间的引用关系,务必避免出现缺乏引用基础、主题不一致等问题。本书给出权利要求书的参考答案如下:

1. 一种光催化空气净化器,包括壳体、进风口、出风口,壳体底部风机,第一过滤网、第二过滤网、光催化剂板,其特征在于,壳体内设置有紫外灯,在从其所述第二过滤网至所述出风口的空气流道中设置由吸音材料制成的消声结构。

2. 根据权利要求1所述的光催化净化器,其特征在于,所述消声结构由中央分流板和一对侧导风板组成。

3. 根据权利要求2所述的光催化净化器,其特征在于,所述中央分流板固定地连接在壳体顶部内壁上。

4. 根据权利要求1所述的光催化净化器,其特征在于,所述一对侧导风板对称地分别连接在壳体内壁上。

5. 根据权利要求2所述的光催化净化器,其特征在于,所述中央分流板与一对侧导风板构成一截面为"V"字形的出风通道。

6. 根据权利要求5所述的光催化净化器,其特征在于,所述中央分流板和侧导风板由吸音材料制成。

7. 根据权利要求6所述的光催化净化器,其特征在于,所述吸音材料为玻璃纤维棉。

8. 根据权利要求1所述的光催化净化器,其特征在于,所述消声结构是通过支架安装在第二过滤网上部的消声器。在消声器内设置有竖直布置的一组消声片。

9. 根据权利要求1所述的光催化净化器,其特征在于,所述光催化剂板是负载有纳米二氧化钛的三维蜂窝陶瓷网。

10. 根据权利要求1所述的光催化净化器,其特征在于,所述光催化剂板由壳体内设置的螺旋导风片所代替,由此在空气净化器内形成导流回旋风道。在风道内壁和螺旋导风片上喷涂纳米二氧化钛涂层,将紫外灯设置在风道的中央。

上述为根据技术交底书所撰写的完整的权利要求书的参考,从属权利要求只要引用关系正确,不违背《专利法》撰写的要求即可。

(四)撰写分案的权利要求

独立权利要求撰写完成后,需进一步判断是否需要进行分案并说明理由。本书第三章以本案为例对分案的判断进行了介绍,关键点是分别将解决噪声大和反应不充分技术问题的独立权利要求撰写出来,对比其是否包含相同或相应的特定技术特征。给出参考答案如下:

分别撰写的独立权利要求如下:

主案的独立权利要求:一种光催化空气净化器,包括壳体、进风口、出风口、风机、第一过滤网、第二过滤网、光催化剂板、紫外灯,其特征在于,所述第二过滤网上部与出风口设置有吸音材料制成的消声结构。

第一个分案的独立权利要求:一种光催化空气净化器,包括壳体、进风口、出风口、风机、第一过滤网、第二过滤网、光催化剂板、紫外灯,其特征在于,所述壳体内设置有负载纳米二氧化钛的三维蜂窝陶瓷网的光催化剂板。

第二个分案的独立权利要求:一种光催化空气净化器,包括壳体、进风口、出风口、风机、第一过滤网、第二过滤网、螺旋导风片、紫外灯,其特征在于,在所述空气净化器内形成导流回旋风道,在风道内壁和螺旋导风片上喷涂纳米二氧化钛涂层,将紫光灯设置在风道中央。

第一份申请的独立权利要求要解决的技术问题是噪声大,对现有技术作出贡献的技术特征是,在第二过滤网上部与出风口设置有吸音材料制成的消声结构。

第二份申请独立权利要求要解决的技术问题是反应不彻底、净化效果不佳,对现有技术作出贡献的技术特征是壳体内设置由负载纳米二氧化钛的三维蜂窝陶瓷网的光催化剂板。

第三份申请独立权利要求要解决的技术问题是反应不彻底、净化效果不佳,对现有技术作出贡献的技术特征是,在所述空气净化器内形成导流回旋风道,在风道内壁和螺旋导风片上喷涂纳米二氧化钛涂层,将紫光灯设置在风道中央。

由此可见,上述两份申请不属于一个总的发明构思,技术上不相关联,也没有相同或相应的特定技术特征,不具有单一性,不符合《专利法》第31条1款的规定,综上所述,应当将上述三份独立权利要求分别提出申请。

(五)技术问题、技术效果的撰写

本案最后要求对撰写的独立权利要求相对于附件1所解决的技术问题及取得的技术效果进行简述。根据上述分案可知,本案可以形成三个独立权利要求,应对三个独立权利要求解决的技术问题和达到的技术效果分别予以具体说明。解决的技术问题和达到的技术效果均应来源于技

术交底书的表述,参考答案如下:

第一件专利申请的独立权利要求1解决的技术问题是:空气净化器的噪声大,影响睡眠。达到的技术效果是通过设置消声结构有效降低风机和气流流动所产生的噪声。

第二件专利申请的独立权利要求1解决的技术问题是:催化反应不充分,空气净化不彻底。所达到的技术效果为:在三维蜂窝陶瓷网上负载纳米二氧化钛涂层,增大了气流与光催化剂的有效接触面积,催化反应充分,净化效果好。

第三件专利申请的独立权利要求解决的技术问题是:催化反应不充分,空气净化不彻底。其通过壳体内设置的螺旋导风片,形成空气净化器内导流回旋风道,在风道内壁和螺旋导风片上喷涂纳米二氧化钛层,增大了气流与光催化剂的有效接触面积和接触时间,使催化反应充分,空气净化彻底。

四、无效咨询场景类典型试题(以2018年专利代理师实务考试部分真题为例)

(一)宣告无效请求书咨询

1. 阅读试题说明,确定考查场景

试题说明:

客户A公司正在研发一项产品。在研发过程中,A公司发现该产品存在侵犯B公司的实用新型专利的风险,为此,A公司进行了检索并得到对比文件1、2,拟对B公司的实用新型专利(以下称涉案专利)提出无效宣告请求,在此基础上,A公司向你所在代理机构提供了涉案专利(附件1)、对比文件1~2、A公司技术人员撰写的无效宣告请求书(附件2),以及A公司所研发产品的技术交底书(附件3)。

第一题：请你具体分析客户所撰写的无效宣告请求书中的各项无效宣告理由是否成立，并将结论和具体理由以信函的形式提交给客户。

第二题：请你根据客户提供的材料为客户撰写一份无效宣告请求书，在无效宣告请求书中要明确无效宣告请求的范围、理由和证据，要求以《专利法》及其实施细则中的有关条、款、项作为独立的无效宣告理由提出，并结合给出的材料具体说明。

第三题：针对你在第二题所提出的无效宣告请求，请你思考 B 公司能进行的可能应对和预期的无效宣告结果，并思考：在这些应对中，是否存在某种应对会使 A 公司的产品仍存在侵犯本涉案专利的风险？如果存在，则应说明 B 公司的应对方式、依据和理由；如果不存在，则应说明依据和理由。

第四题：请你根据技术交底书，综合考虑客户提供的涉案专利和两份对比文件所反映的现有技术，为客户撰写一份发明专利申请的权利要求书。

如果认为应当提出一份专利申请，则应撰写独立权利要求和适当数量的从属权利要求；如果在一份专利申请中包含两项或两项以上的独立权利要求，则应说明这些独立权利要求能够合案申请的理由；如果认为应当提出多份专利申请，则应说明不能合案申请的理由，并针对其中的一份专利申请撰写独立权利要求和适当数量的从属权利要求，对于其他专利申请，仅需撰写独立权利要求。

第五题：简述你撰写的独立权利要求相对于本涉案专利所解决的技术问题和取得的技术效果以及所采用的技术手段。如有多项独立权利要求，请分别说明。

通过阅读上述试题说明可以确定，本案为提无效咨询类场景。需结合客户 A 公司提供的提出无效宣告申请的涉案专利的两个对比文件，对客户撰写的无效请求书中所涉及的每一项理由能否成立进行说明。为客户提供咨询意见，具体要求如下。

①针对客户撰写的无效请求书逐一为客户解释其宣告无效所依据的理由是否能够成立；

②为客户撰写提交给国家知识产权局的正式的无效宣告请求书；

③对存在被无效风险的涉案专利进行修改，旨在尽可能维持授权；

④根据技术交底书撰写权利要求书并考虑是否需要分案；

⑤其他问答题，结合技术交底书说明撰写的每一件专利的独立权利要求要解决的技术问题和达到的技术效果。

2. 着眼涉案专利权利要求，确定仅通过观察权利要求就能确定的问题

观察涉案专利的每一项权利要求是否存在保护客体（A2）、不授予专利权的对象（A25）、主题一致、"多引多"、择一引用（R25）、缺乏引用基础（A26.4）的问题。同时，可以对涉案专利的申请日和公告日进行批注。涉案专利的权利要求书如下。

附件1（涉案专利）：

[19]中华人民共和国国家知识产权局

[12]实用新型专利

[45]授权公告日2018年9月12日

[21]申请号201721234567.X

[22]申请日2017年12月4日

[73]专利权人B公司（其余著录项目略）

权利要求书

1. 一种灯，包括灯座（11）、支撑杆（12）、发白光的光源（13），其特征在于，还包括滤光部（14），所述滤光部（14）套设在所述光源（13）外，所述滤光部（14）由多个滤光区（14a，14b，14c，14d）组成，所述滤光区（14a，14b，14c，14d）与所述光源（13）的相对位置是可以改变的，从而能够提供不同的光照模式。

2．根据权利要求1所述的灯，其特征在于，所述滤光部(14)可旋转地连接在所述支撑杆(12)上，通过旋转所述滤光部(14)提供不同的光照模式。

3．根据权利要求2所述的灯，其特征在于，所述滤光部(14)是圆柱状，所述滤光区(14a,14b,14c,14d)的分界线与所述滤光部(14)的旋转轴平行。

4．根据权利要求2所述的灯，其特征在于，所述滤光部(14)是多棱柱状，所述多棱柱的每个侧面为一个滤光区，所述多棱柱的棱边与所述滤光部(14)的旋转轴平行。

5．根据权利要求3或4所述的灯，其特征在于，还包括反射罩(15)，所述反射罩(15)固定设置在所述滤光部(14)所包围空间内的光源承载座(121)上、并部分包围所述光源(13)，所述反射罩(15)的边缘延伸到所述滤光部(14)以使所述光源(13)发出的光完全限制在单一的滤光区内，所述反射罩(15)的材料为金属，优选为铝。

6．根据权利要求2所述的灯，其特征在于，所述灯座(11)的材料为塑料。

权利要求6出现了灯座的材料为塑料，可能涉及保护客体的问题。单一性非无效理由，在此不做考虑，其他问题未直接在涉案专利的权利要求中发现。另外，涉案专利的申请日为2017年12月4日，授权公告日为2018年9月12日。

3．阅读涉案专利说明书、所有对比文件，标注涉案专利的技术问题、技术方案、技术效果，把涉案专利的权利要求在说明书里定位，并在此步骤中确定对比文件的性质

(1)阅读涉案专利的说明书。

说明书

多用途灯

本实用新型涉及灯的改良。

图1是一种现有灯的示意图。现有灯通常由灯座1、支撑杆2、光源3和部分包围光源3的反射罩4组成,灯座1可以平稳地放置在桌面上,并通过支撑杆2连接到光源3,这种灯通常仅能提供单一形态、单一色调等的光。

本实用新型的主要目的是提供一种多用途灯,可以提供不同的光照模式。

图1为现有灯的示意图。

图2为本实用新型的灯的示意图。

在图3中,(a)、(b)分别是本实用新型的光源为发光二极管、荧光管且无反射罩的发光角度示意图;(c)是带反射罩的发光角度示意图。

说明书附图

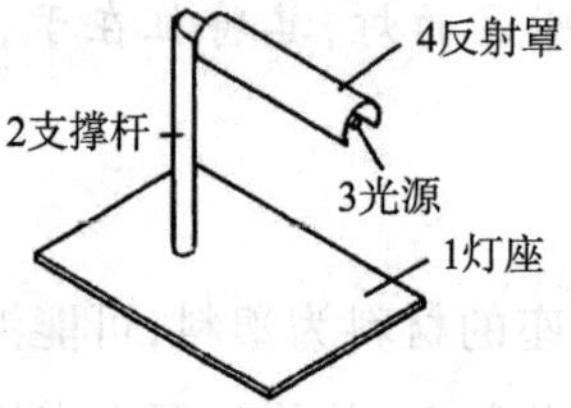

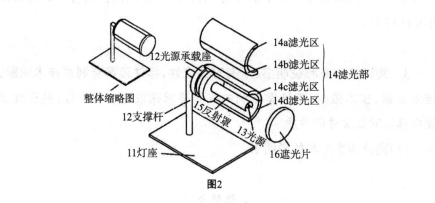

图1

图2

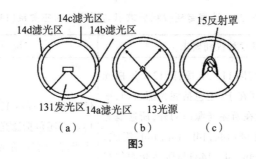

14c滤光区　　15反射罩
14d滤光区　　14b滤光区
131发光区　14a滤光区　13光源
（a）　　　（b）　　　（c）
图3

上述说明书介绍了背景技术中的灯存在光照模式单一的技术问题,该技术方案的主题为"多用途灯",解决了光照模式单一的技术问题,达到提供不同的光照模式的技术效果。

如图2和图3所示,本实用新型的灯包括灯座11、支撑杆12、发白光的光源13。灯还包括滤光部14、遮光片16和光源承载座121,光源13安装在光源承载座121上。滤光部14套设在光源13外,并可旋转地连接在支撑杆12顶端上,如旋转套接在光源承载座121外部,滤光部14的旋转轴和光源承载座121的轴线重合,遮光片16盖在滤光部14远离光源承载座121的顶端。灯座11的材料为塑料。

滤光部14由依次排列的多个滤光区组成,其通过透过不同颜色和/或亮度比例而提供不同的滤光功能,隔开多个滤光区的分界线则平行于滤光部14的旋转轴,因此,通过旋转滤光部14可以为不同的方位提供不同的光照模式。例如,图3示出的滤光部14是圆柱状的,有四个滤光区14a、14b、14c、14d,其中,滤光区14a是透明的,便于工作照明,滤光区14b透过中等亮黄光,用于营造就餐氛围,滤光区14c和滤光区14d分别透过中等亮度的粉红色和蓝色光,用于营造浪漫和海洋的氛围。

上述技术方案中滤光部存在4个不同颜色滤光区,通过滤光部的旋转,光源照射在不同颜色的滤光区上,实现光照模式的变化。涉案专利的权利要求在说明书的对应关系,如表5-28所示。

表5-28　涉案专利权利要求书与说明的对应关系(1)

涉案专利权利要求	说明书
1．一种灯,包括灯座(11)、支撑杆(12)、发白光的光源(13),其特征在于,还包括滤光部(14),所述滤光部(14)套设在所述光源(13)外,所述滤光部(14)由多个滤光区(14a,14b,14c,14d)组成,所述滤光区(14a,14b,14c,14d)与所述光源(13)的相对位置是可以改变的,从而提供不同的光照模式	灯座11、支撑杆12、发白光的光源13。灯还包括滤光部14; 滤光部14套设在光源13外; 有四个滤光区14a、14b、14c、14d
2．根据权利要求1所述的灯,其特征在于,所述滤光部(14)可旋转地连接在所述支撑杆(12)上,通过旋转所述滤光部(14)提供不同的光照模式	滤光部14套设在光源13外,并可旋转地连接在支撑杆12顶端上
3．根据权利要求2所述的灯,其特征在于,所述滤光部(14)是圆柱状,所述滤光区(14a,14b,14c,14d)的分界线与所述滤光部(14)的旋转轴平行	滤光部14是圆柱状的,有四个滤光区14a、14b、14c、14d

　　光源13可以是具有一定发光角度的发光二极管灯条,即光源13发射的光主要集中在如图3(a)所示的发光区131下方、由发光区131延伸的两箭头涵盖的发光角度范围之内,而在发光角度之外仅有少量光,因而通过将相应的滤光区14a、14b、14c、14d旋转而覆盖相应的发光角度,可以使在发光区131下方、发光角度范围之内光的光照模式发生变化。光源13也可以采用荧光管这种360度全角度发光的光源,如图3(b)所示,除了可以调整光源13下方区域的光照模式,还可以调整光源13侧面和上方等区域的光照模式。

　　为了集中光能量,可以在滤光部14所包围空间内的光源承载座121上固定设置一个部分包围光源13的反射罩15,如图3(c)所示。反射罩15的材料为金属,优选为铝。反射罩15的边缘还可以进一步延伸到内,避免灯的其他滤光区出现不需要的光。

　　滤光部 14 也可以是其他形状,例如多棱柱状。当为多棱柱状时,多棱柱的每个侧面为一个滤光区,多棱柱的棱边也是各滤光区的分界线,其与滤光部 14 的旋转轴平行时,可以通过多棱柱的侧面朝向来判断旋转是否已经到位。但在滤光部 14 为多棱柱的情况下,反射罩 15 的边缘如果延伸到滤光部 14,将使滤光部 14 无法旋转。

　　涉案专利的权利要求在说明书的对应关系,如表 5-29 所示。

表 5-29　涉案专利权利要求与说明书的对应关系(2)

涉案专利权利要求	说明书
4. 根据权利要求 2 所述的灯,其特征在于,所述滤光部(14)是多棱柱状,所述多棱柱的每个侧面为一个滤光区,所述多棱柱的棱边与所述滤光部(14)的旋转轴平行	滤光部 14 也可以是其他形状,例如是多棱柱状的。 隔开多个滤光区的分界线则平行于滤光部 14 的旋转轴。 多棱柱的每个侧面为一个滤光区,多棱柱的棱边也是各滤光区的分界线,其与滤光部 14 的旋转轴平行
5. 根据权利要求 3 或 4 所述的灯,其特征在于,还包括反射罩(15),所述反射罩(15)固定设置在所述滤光部(14)所包围空间内的光源承载座(121)上并部分包围所述光源(13),所述反射罩(15)的边缘延伸到所述滤光部(14)以使所述光源(13)发出的光完全限制在单一的滤光区内,所述反射罩(15)优选为铝	在滤光部 14 所包围空间内的光源承载座 121 上固定设置一个部分包围光源 13 的反射罩 15。 反射罩 15 的材料为金属,优选为铝
6. 根据权利要求 2 所述的灯,其特征在于,所述灯座(11)的材料为塑料	灯座 11 的材料为塑料

（2）阅读客户提供的对比文件。

对比文件1：

［19］中华人民共和国国家知识产权局

［12］实用新型专利

［45］授权公告日2007年10月9日

［21］申请号200620123456.5

［22］申请日2006年12月26日（其余著录项目略）

说明书

变光灯

本实用新型涉及一种变光灯。

现有放置在桌子上的台灯,包括灯座、管状光源和部分包围管状光源的反射罩,不具备变光功能。

本实用新型的目的在于提供一种变光灯,可以使用户根据需要进行变光。

图1为本实用新型的变光灯的分解图。

图2为本实用新型的变光灯的一种工作状态的剖视图,此时光源23对准滤光层242并用销柱25定位。

如图1和图2所示,本实用新型的变光灯包括灯座21、支撑柱22、光源23和变光套24,支撑柱22设置在灯座21上,光源23为在支撑柱22顶端的四个侧面上设置的白光发光二极管,变光套24为中空的四棱柱体,其从上到下由滤光层241、242、243和一个基底244排列而成,滤光层241、242、243和一个基底244均为中空的四棱柱体,滤光层241、242、243的透明度依次降低。

通过上下移动变光套24相对于支撑柱22的位置,并用销柱25定位,使变光套24上下运动,从而适应用户的不同亮度需求。

说明书附图

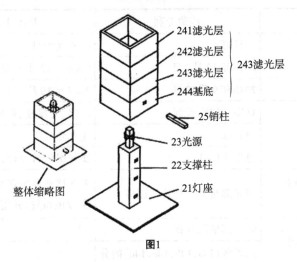

图1

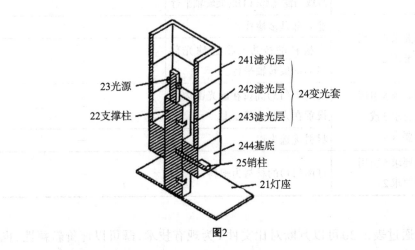

图2

对比文件1说明书记载了一种变光灯的技术方案,通过采用变光套中设置透明度不同的滤光层在支撑柱上进行调整,由于光源透过不同透明度的滤光层进行光照模式的调节的技术方案,解决了光照模式单一的技术问题。对比文件1的申请日为2006年12月26日,授权公告日为2007年10月9日。涉案专利与对比文件1的技术特征对比关系,如表5-30所示。

表5-30　涉案专利与对比文件1技术特征对比

内容	涉案专利	对比文件1
主题	一种灯	一种变光灯
申请日	2017年12月4日	2006年12月26日
公开日	2018年9月12日	2007年10月9日
权利要求1	灯座、灯杆、光源	灯座、支撑柱、光源
	滤光部	变光套
	滤光区(a、b、c、d)	滤光层(241、242、243)
权利要求2引用权利要求1	滤光部与支撑杆旋转连接	上下移动变光套24相对于支撑柱22的位置,并用销柱25定位
权利要求3引用权利要求2	滤光部呈圆柱状	—
	滤光区(14a,14b,14c,14d)的分界线与滤光部(14)的旋转轴平行	—
权利要求4引用权利要求2	滤光部是多棱柱状	—
	多棱柱的棱边与所述滤光部(14)的旋转轴平行。	—
权利要求5引用权利要求3或权利要求4	反射罩(15)固设在滤光部内并设置在光源承载座上	—
	材料优选为铝	—
权利要求6引用权利要求2	灯座(11)的材料为塑料	—

通过表5-30可以判断对比文件1为现有技术,既可以评价新颖性,也可以评价创造性,对于涉案专利新颖性的判断,可结合后续客户的无效请求书具体分析。

对比文件2:

[19]中华人民共和国国家知识产权局

[12]实用新型专利

[45]授权公告日2008年10月23日

[21]申请号 200820789117.7

[22]申请日 2008 年 1 月 4 日(其余著录项目略)

说明书

调光灯

本实用新型涉及一种调光灯。

现有技术的调光灯,其调光是通过阻抗调节结构和灯泡串联而实现的,但是这种方式流过灯泡的电流会产生变化,从而导致使用寿命缩短。

本实用新型所要解决的技术问题是提供一种使用寿命长的调光灯。

图 1 是本实用新型的调光灯的分解图;

图 2 是从调光灯发出的光的亮度较暗时的工作状态图,此时,灯罩被旋转到其侧壁部分地或全部地遮挡灯泡;

图 3 是从调光灯发出的光的亮度较亮时的工作状态图,此时,灯罩被旋转到其侧壁完全露出灯泡。

如图 1~图 3 所示,调光灯包括塑料的灯座 31、竖直柱 32、灯泡 33、灯罩 34,竖直柱 32 的外壁设置外螺纹;灯泡 33 设置于竖直柱 32 顶端;灯罩 34 整体由半透明材料制成,灯罩 34 下侧与竖直柱 32 通过内外螺纹配合,从而可旋转地套设于竖直柱 32 外侧,旋转灯罩 34 可使其上下移动,从而实现亮度调整。

说明书附图

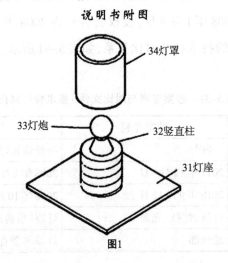

图1

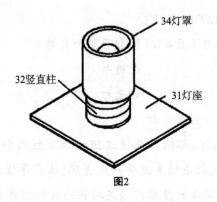

图2

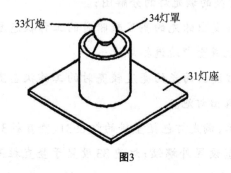

图3

对比文件2说明书记载了一种调光灯的技术方案。通过拧动竖直柱上的灯罩使灯罩遮挡光源的位置发生变化,从而改变光照模式。对比文件2的申请日为2008年1月4日,授权公告日为2008年10月23日。涉案专利与对比文件2的技术特征对比关系,如表5-31所示。

表5-31 涉案专利与对比文件2技术特征对比

内容	涉案专利	对比文件2
主题	一种灯	一种调光灯
申请日	2017年12月4日	2008年1月4日
公开日	2018年9月12日	2008年10月23日
权利要求1	灯座、灯杆、光源	灯座(塑料)、竖直柱、光源
	滤光部	灯罩与竖直柱螺纹连接

内容	涉案专利	对比文件2
权利要求1	滤光区(a、b、c、d)	灯泡在竖直柱顶端
权利要求2引用权利要求1	滤光部与支撑杆旋转连接	—
权利要求3引用权利要求2	滤光部呈圆柱状	—
	滤光区(14a,14b,14c,14d)的分界线与滤光部(14)的旋转轴平行	—
权利要求4引用权利要求2	滤光部是多棱柱状	—
	多棱柱的棱边与所述滤光部(14)的旋转轴平行	—
权利要求5引用权利要求3或权利要求4	反射罩(15)固设在滤光部内并设置在光源承载座上	—
	材料优选为铝	—
权利要求6引用权利要求2	灯座(11)的材料为塑料	—

通过表5-31可以判断对比文件2为现有技术,既可以评价新颖性,也可以评价创造性,对于涉案专利新颖性的判断,可结合后续客户的无效请求书具体分析。

(3)阅读客户提供的无效请求,针对客户提出的每一项无效宣告请求所依据的理由、证据给出客户无效咨询意见。

客户提供的第一个无效理由:

(一)关于新颖性和创造性

1. 对比文件1公开变光套24包括三个从上到下透明度依次降低的滤光层,变光套24可上下运动,实现了灯的不同亮度调整。因此,对比文件1公开了权利要求1的特征部分的全部内容,权利要求1相对于对比文件1不具备新颖性。

根据上文中将涉案专利的权利要求与对比文件1进行对比(表5-30),涉案专利的权利要求1公开了灯座、灯杆、光源、滤光部、滤光区(a、b、c、d),对比文件1公开了灯座、支撑柱、光源、变光套、滤光层(241、242、243)。上述技术特征实质性相同,权利要求1不具备新颖性。

2. 对比文件2公开了灯罩34与竖直柱32通过内外螺纹配合,从而可旋转地套设于竖直柱32外侧,旋转灯罩34可使其上下移动,实现亮度调整,因此,对比文件2公开了权利要求2的全部附加技术特征,因此,在其所引用的权利要求1不具备新颖性的前提下,权利要求2也不具备新颖性。

涉案专利的权利要求2公开了灯座、灯杆、光源、滤光部、滤光区(a、b、c、d)以及限定了滤光部与支撑杆旋转连接这一连接方式。客户提供的无效宣告请求,试图通过对比文件2否定涉案专利权利要求2的新颖性。但是对比文件2并未公开权利要求2的全部技术特征(表5-31)。例如,对比文件2是通过依靠改变遮挡光源的面积大小对亮度进行调整。而涉案专利的权利要求2所公开的是通过滤光部的旋转,使滤光区发生变化从而引起光照模式的变化。因此,涉案专利权利要求2与对比文件2相比,具备新颖性。

但是,需要注意的是,根据单独对比原则,仅因对比文件2未公开涉案专利权利要求2的全部技术特征还不能得出权利要求2具备新颖性的结论。需要将涉案专利权利要求2与对比文件1进行单独对比(表5-30)。通过对比可知,权利要求2是通过旋转滤光部实现光源转换,而对比文件1公开的是上下移动灯罩,通过锁销在支撑柱上固定灯罩,从而实现多样化的光照模式。

3. 由于权利要求6的附加技术特征是材料,不属于形状、构造,而涉案专利为实用新型,实用新型保护的对象为产品的形状、构造或者其结合,因此该特征不应当纳入新颖性的考虑之内,因此,在其引用的权利要求不具备新颖性的前提下,该权利要求也不具备新颖性。

首先,根据《专利审查指南2023》的规定,权利要求中可以包含已知材料的名称,即可以将现有技术中的已知材料应用于具有形状、构造的产品上,如复合木地板、塑料杯、记忆合金制成的心脏导管支架等,不属于对材料本身提出的改进。因此,权利要求6的附加技术特征虽然是材料,但是对于已知材料的改进,可以作为实用新型进行保护。其次,组成技术方案的技术特征不仅包括部件、位置关系、连接关系等,也包括材料。由于权利要求6是引用权利要求2的从属权利要求,通过对比可知,权利要求2的技术特征并未被全部公开,因此权利要求6具备新颖性。

(二)其他无效理由

4. 在权利要求1、2和6无效的前提下,权利要求3、4将成为独立权利要求,由于权利要求3、4所引用的权利要求2不具备新颖性,而权利要求3、4的附加技术特征既不相同,也不相应,因此,权利要求3、4将不具备单一性。

根据《专利法实施细则》的规定,单一性不是无效理由。凡无效题目中出现单一性均不能成立。

5. 权利要求5、6中限定了材料,由于实用新型保护的对象为产品的形状、构造或者其结合,因此,权利要求5、6不是实用新型的保护对象,不符合《专利法》第2条第3款的规定。因此请求宣告涉案专利全部无效。

如上述分析,可以将现有技术中的已知材料应用于具有形状、构造的产品上。上述权利要求5中的铝和权利要求6中的塑料均为已知材料,符合实用新型的概念,不能以《专利法》第2条不是保护客体,宣告其无效。

基于上述对客户所撰写的每一项无效宣告请求的分析,可参考本书第三章提无效咨询类场景的模板为客户提供咨询意见,参考答案如下。

尊敬的A公司:

很高兴贵方委托我代理机构代为办理有关请求宣告专利号为201721234567.X、名称为"一种灯"的发明专利无效宣告请求的有关事宜,经仔细阅读提供的涉案专利以及对比文件1、2后,我认为涉案专利中各项理由是否成立的结论和理由如下:

一、证据分析

附件1:涉案专利申请日为2017年12月4日,公开日为2018年9月12日。

对比文件1:中国实用新型专利说明书,申请日2006年12月26日,公开日2007年10月9日。

对比文件2:中国发明专利说明书,申请日2008年1月4日,公开日2008年10月23日。

综上所述:

对比文件1公开日早于涉案专利的申请日,构成涉案专利的现有技术,可以评价新颖性和创造性。

对比文件2公开日早于涉案专利的申请日,构成涉案专利的现有技术,可以评价新颖性和创造性。

二、逐条对客户提出的无效理由进行分析并给出咨询意见

1. 权利要求1相对于对比文件1不具备新颖性的理由成立。

如上文所述,对比文件1为现有技术,既可以评价新型性,也能评价创造性。权利要求1与对比文件1对比,对比文件1公开了灯座、支撑柱(相当于灯杆)、光源、变光套(相当于滤光部)、滤光层(相当于滤光区)。

由此可见,对比文件1公开了涉案专利权利要求1的全部技术特征,

两者属于相同的技术领域、解决相同的技术问题,并具有相同的预期效果。

因此,权利要求1不具有《专利法》第22条第2款规定的新颖性。

2. 权利要求2相对于对比文件2不具备新颖性的理由不成立。

如上文所述,对比文件2为现有技术,既可以评价新型性,也能评价创造性。权利要求2与对比文件2对比,对比文件2公开了灯座、竖直柱(相当于灯杆)、光源。但并未公开涉案专利权利要求2滤光部可旋转地连接在所述支撑杆上的技术特征。因此,权利要求2相对于对比文件2具有新颖性,符合《专利法》第22条2款的规定。

3. 权利要求6因为材料不属于技术特征,进而其不具备新颖性的理由不成立。

将对比文件1与涉案专利的权利要求进行对比,对比文件1为现有技术,既可以评价新型性,也能评价创造性。对比文件1公开了灯座、支撑柱(相当于灯杆)、光源、变光套(相当于滤光部)、滤光层(相当于滤光区)。但并未公开权利要求1所要求保护的通过旋转滤光部实现光源转换,对比文件1公开的是上下移动灯罩,通过锁销在支撑柱上固定从而实现多样化的光照模式。因此,权利要求2相对于对比文件2具有新颖性,符合《专利法》第22条第2款的规定。同时,根据《专利法》的规定,组成技术方案的技术特征不仅包括部件、位置关系、连接关系等,也包括材料。因此,作为具备新颖性的权利要求2的从属权利要求6也具备新颖性。

4. 权利要求3和4不具备单一性的无效理由不成立。

根据《专利法》《专利法实施细则》的规定,单一性不是无效理由。凡无效题目中出现单一性均不能成立。

5. 权利要求5和6记载的铝和塑料材料不是专利法保护客体的无效理由不成立。

根据《专利审查指南2023》的规定,权利要求中可以包含已知材料的名称,即可以将现有技术中的已知材料应用于具有形状、构造的产品上,例如复合木地板、塑料杯、记忆合金制成的心脏导管支架等,不属于对材料本身提出的改进。因此,权利要求6的附加技术特征虽然是材料,但是对于已知材料的改进,可以作为实用新型进行保护。

综上所述,贵公司撰写的无效宣告请求书存在较多问题,若要无效涉案专利要对无效理由进行修改。

以上咨询意见仅供参考,有问题请随时与我沟通。

×××专利代理机构×××专利代理师

×年×月×日

(二)撰写无效宣告请求书

在上述为客户提供撰写的无效咨询意见的基础上,撰写一份提交给国家知识产权局的无效宣告请求书。

尊敬的国家知识产权局:

根据《专利法》第45条和《专利法实施细则》第69条规定,请求人现请求宣告专利号为201311234567.X,名称为"一种灯"的实用新型专利,部分无效,具体理由如下:

一、证据分析

附件1:涉案专利申请日为2017年12月4日,公开日为2018年9月12日。

对比文件1:中国实用新型专利说明书,申请日2006年12月26日,公开日2007年10月9日。

对比文件2:中国发明专利说明书,申请日2008年1月4日,公开日2008年10月23日。

综上所述:

对比文件1公开日早于涉案专利的申请日,构成涉案专利的现有技术,可以评价新颖性和创造性。

对比文件2公开日早于涉案专利的申请日,构成涉案专利的现有技术,可以评价新颖性和创造性。

二、具体无效理由

1. 权利要求1不具备新颖性。

如上文所述,对比文件1为现有技术,既可以评价新型性,也能评价创造性。权利要求1与对比文件1对比,对比文件1公开了灯座、支撑柱(相当于灯杆)、光源、变光套(相当于滤光部)、滤光层(相当于滤光区)。

由此可见,对比文件1公开了涉案专利权利要求1的全部技术特征,两者属于相同的技术领域、解决相同的技术问题,并具有相同的预期效果。

因此,权利要求1不具有《专利法》第22条第2款的规定的新颖性。

2. 权利要求2不具备创造性。

对比文件1与本发明属于相同的技术领域且公开本发明的技术特征最多,为本发明最接近的现有技术。

将权利要求2与对比文件1相比,其区别技术特征为"滤光部可以旋转"。基于该特征可知,本发明实际要解决的技术问题是通过旋转滤光部可以为不同方位提供不同的光照模式。

对比文件2公开了一种调光灯,包括竖直柱、灯泡、灯罩……灯罩下侧与竖直柱通过内外螺纹配合,从而旋转……旋转灯罩可以使其上下移动。由此可见,对比文件3公开了上述区别技术特征"滤光部可以旋转",且上述区别技术特征在对比文件3和本发明中所起的作用相同,均为通过旋转滤光部提供不同的光照模式。因此,对比文件2给出了将上述区别技术特征应用到本发明中来解决技术问题"通过旋转灯罩从而实现亮度调整"的技术启示。

因此,本发明权利要求2的技术方案相对于对比文件1和2的结合是显而易见的,不具有突出的实质性特点和显著的进步,不具有《专利法》第22条第3款规定的创造性。

3. 权利要求5得不到说明书的支持。

根据说明书的记载可知,为了解决将灯发出光完全限制在所选择的滤光区的单一区域内的技术问题,采用了反射罩的边缘可以进一步延伸到滤光部的技术手段。

说明书记载了在滤光部为多棱柱的情况下,反射罩的边缘如果延伸到滤光部,将使滤光部无法旋转的情形。

权利要求5限定了反射罩的边缘延伸到滤光部以使发出光完全限制在所选择的滤光区的单一滤光区内。当权利要求5引用权利要求4时,则会出现因滤光部为多棱柱而导致滤光部无法旋转的情形。

因此,权利要求5在引用权利要求4时,出现了根据说明书无法解决技术问题的情形。故得不到说明书的支持,不符合《专利法》第26条第4款的规定。

4.权利要求5不清楚。

根据《专利法》的规定,权利要求作为整体应当清楚,应当使用清楚的用语,涉案专利的权利要求5中出现了"优选为铝"的表述,"优选"为含义不清楚的用语,不符合《专利法》第26条第4款的规定。

5.权利要求6不具备创造性。

通过对于权利要求2的判断,权利要求2具备新颖性,但不具备创造性。作为引用权利要求2的从属权利要求。因此,权利要求2具备新颖性,由于权利要求6对灯座为塑料材料制成的限定,灯座为塑料的技术特征被对比文件2公开过,因此权利要求6不具备创造性。

综上所述,该专利的权利要求1没有新颖性,权利要求2没有创造性,权利要求5引用权利要求4得不到说明书的支持,权利要求5不清楚,权利要求6不具备创造性,请求人请求国家知识产权局宣告该专利权部分无效。

×××专利代理机构×××专利代理师

×年×月×日

(三)无效程序中的权利要求书修改

在撰写无效请求书的基础上,要求按照《专利法》《专利法实施细则》《专利审查指南2023》中有关无效的修改规则对存在无效问题的权利要求书进行修改。本书给出参考答案如下:

根据上述对涉案专利每一项权利要求的分析,原权利要求3不涉及无效问题,为克服权利要求1不具备新颖性的问题,可以选择将权利要求3的技术特征做进一步限定于权利要求1中,从而形成新的独立权利要求。

1. 一种灯,包括灯座(11)、支撑杆(12)、发白光的光源(13),其特征在于,还包括滤光部(14),所述滤光部(14)套设在所述光源(13)外,所述滤光部(14)由多个滤光区(14a,14b,14c,14d)组成,所述滤光区(14a,14b,14c,14d)与所述光源(13)的相对位置是可以改变的,从而提供不同的光照模式。所述滤光部(14)是圆柱状,所述滤光区(14a,14b,14c,14d)的分界线与所述滤光部(14)的旋转轴平行。

(四)撰写权利要求书

本例第四问为根据客户提供的技术交底书,为客户撰写权利要求书。

附件3(技术交底材料):

一种多功能灯

现有灯的亮度、冷暖色调等通常是单一的。但是,不同的用途往往需要有不同的光,例如小夜灯需要亮度较暗、色调较暖的黄光,工作时需要亮度较高、色调较冷的白光,用餐时需要亮度中等、色调较暖的黄光。因此,需要一种灯能同时兼具多种模式以满足不同需求。

为此,提供了一种能兼顾上述需求的灯。

图1为灯的整体分解图;

图2为灯的分解剖视图;

图3为拆除遮光片46后、朝光源承载座421观看的滤光部44的剖视图。

技术交底材料附图

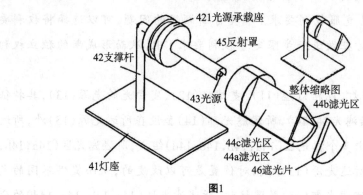

图1

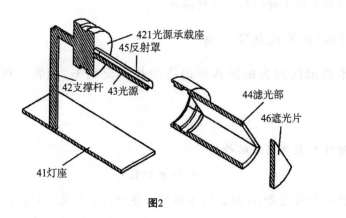

图2

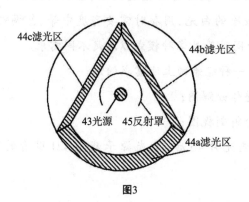

图3

（1）确定技术方案要解决的技术问题及保护的主题。

通过阅读上述技术交底书,本技术方案所要解决的技术问题包括"光照模式单一"的技术问题。为了解决上述技术问题,采用了以"灯"为主题的技术方案。

（2）明确技术交底书结构、圈定撰写独立权利要求和从属权利要求的基础素材。

如图1~图3所示,灯包括灯座41、支撑杆42、光源43。光源43为全角度发光的线性白光灯管,反射罩45部分包围光源43。灯还包括滤光部44、遮光片46和光源承载座421,光源43安装在光源承载座421上,滤光部44套设在光源43之外,并可旋转地连接在支撑杆42顶端上,如旋转套接在光源承载座421外部。遮光片46盖在滤光部44远离光源承载座421的顶端,并随滤光部44一起共同旋转。

滤光部44具有三个滤光区44a、44b、44c,其分界线位于一个虚拟圆柱体的圆柱面上,并与滤光部44的旋转轴平行。滤光区44a仅透过少部分黄光从而实现小夜灯的功能,其形成在该虚拟圆柱体的120度圆心角的扇形圆柱面上;滤光区44b是透明的,便于工作照明,滤光区44c可透过中等量黄光从而可以营造就餐氛围,滤光区44b、44c形成在该虚拟圆柱体的内接等边三棱柱的两个侧平面上。反射罩45使光线发射角度集中到光源43下方的一个滤光区的范围中,通过滤光部44的旋转可以实现满足上述三种光照的需求。

上述技术交底书首先介绍了本技术方案"灯"的主要构成结构。包括灯座、支撑杆、光源等技术特征及其位置关系。其中"滤光部"是一个对解决技术问题至关重要的技术特征。"滤光部具有三个滤光分区……旋转轴平行"是对滤光部的进一步限定,可以作为从属权利要求。最终说明书记载了通过实施上述技术方案,可达到满足上述三种光照需求的技术效果。

可见,该技术交底书为"盖帽子式"的,撰写独立权利要求的主要材料来源于对其基本结构的介绍部分。

由于小夜灯模式透光量较少,相对于其他两种光照模式,滤光部44会吸收更多的光,升温更多,而将滤光区44a设置在虚拟圆柱体的圆柱面上,并将滤光区44b、44c设置在该虚拟圆柱体的内接等边三棱柱上,且滤光部44的旋转轴、光源43的轴线均与该虚拟圆柱体的中心轴重合,使滤光区44a与光源43的间距大于其他滤光区44b、44c与光源43的间距,将会抑制滤光部44升温,并通过滤光区44b、44c的平面设置,保证了各滤光区44a、44b、44c的相应光照模式切换到位。

上述技术交底书对滤光区44a位置的技术特征作出进一步限定,限定了滤光区的位置,最终达到实现切换光照模式的技术效果。说明书中记载的"保证了各滤光区44a、44b、44c的相应光照模式切换到位"是效果类提示词。由于普通的滤光区的排列方式存在温度较高的问题,所以采用对44a位置的限定,实现最终的技术效果。

为便于在黑暗环境下,定位小夜灯模式,在滤光区44a与其他两个滤光区44b、44c交界区域各设置一列间隔的荧光凸点,而在其他两个滤光区44b、44c的交界区域设置条形荧光凸起,同时在滤光部44的靠近光源承载座421和靠近遮光片46的边界区域,以及遮光片46的靠近各滤光区的区域上,分别设置表示滤光区编号的数字型荧光凸起,当然,这些荧光凸点和荧光凸起等亮度极弱并不能用于照明,但可在触感上和视觉上被识别。同时,由于圆柱面和平面的整体触感不同,也可以定位小夜灯模式。

上述技术交底书给出了问题效果类提示词。引导出本技术方案除提供多种光照模式以外的第二个技术问题,即在黑暗中定位小夜灯。通过在滤光区的交界区域设置凸点的技术方案解决上述技术问题。由于说明书记载了解决第二个技术问题的完整的技术方案,可能存在分案的问题。

(3)圈定重要的引导词。

上述分析圈定了技术问题、技术效果等问题效果类引导词。对于"滤光区交界处凸点"作为解决黑暗中定位的技术方案可能形成分案的独立权利要求,同时还要考虑该分案与主案的关系,是否为既可以分案作为独立提出专利申请,又可作为主案的从属权利要求。

(4)将技术交底书的最主要技术方案的技术特征与客户提供的涉案专利及其他证据进行对比,确定共有特征,找出区别特征(表5-32)。

表5-32　技术特征对比

需进行撰写的技术方案	涉案专利	对比文件1	对比文件2
灯	一种灯	一种变光灯	一种调光灯
灯座、支撑杆、光源	灯座、灯杆、光源	灯座、支撑柱、光源	灯座(塑料)、竖直柱、光源
反射罩、遮光片	滤光部	变光套	灯罩与竖直柱螺纹连接
滤光部、三个滤光区	滤光区(a、b、c、d)	滤光层(241、242、243)	灯泡在竖直柱顶端
光源承载座	滤光部与支撑杆旋转连接	上下移动变光套24相对于支撑柱22的位置,并用销柱25定位	—
—	滤光部呈圆柱状	—	—
滤光部44具有三个滤光区44a、44b、44c,其分界线位于一个虚拟圆柱体的圆柱面上,并与滤光部44的旋转轴平行	滤光区(14a,14b,14c,14d)的分界线与滤光部(14)的旋转轴平行	—	—

需进行撰写的技术方案	涉案专利	对比文件1	对比文件2
滤光区44a设置在虚拟圆柱体的圆柱面上,并将滤光区44b、44c设置在该虚拟圆柱体的内接等边三棱柱上,且滤光部44的旋转轴、光源43的轴线均与该虚拟圆柱体的中心轴重合	滤光部是多棱柱状	—	—
—	多棱柱的棱边与所述滤光部(14)的旋转轴平行	—	—
—	反射罩(15)固设在滤光部内并设置在光源承载座上	—	—
—	材料优选为铝	—	—
—	灯座(11)的材料为塑料	—	—

通过表5-32对比可知,涉案专利为最接近现有技术,将技术交底书主案的撰写材料与涉案专利相比。灯座、支撑杆、光源、反射罩、滤光部、光源承载座、遮光片、多个滤光区为最接近现有技术的共有技术特征。"将滤光区44a设置在虚拟圆柱体的圆柱面上……虚拟圆柱体的中心轴重合"为该方案的区别技术特征。

（5）撰写最主要技术方案的独立权利要求，完成独立权利要求的划界。

①形成独立权利要求框架。

一种灯，包括灯座41、支撑杆42、光源43。光源43为全角度发光的线性白光灯管，反射罩45部分包围光源43。灯还包括滤光部44、遮光片46和光源承载座421，光源43安装在光源承载座421上，滤光部44套设在光源43之外，并可旋转地连接在支撑杆42顶端上，其特征在于，滤光区44a设置在虚拟圆柱体的圆柱面上，并将滤光区44b、44c设置在该虚拟圆柱体的内接等边三棱柱上，且滤光部44的旋转轴、光源43的轴线均与该虚拟圆柱体的中心轴重合。

②对独立权利要求进行划界。共有特征部分可仅保留部件，无须保留位置关系和连接关系。特征部分需指明技术特征的位置关系和连接关系。

一种多功能灯，包括灯座、支撑杆、光源、反射罩、滤光部、光源承载座、遮光片、多个滤光区，其特征在于，所述滤光区44a设置在虚拟圆柱体上、并将滤光区44b、44c形成在该虚拟圆柱体的内接等边三棱柱上，且滤光部44的旋转轴，光源43的旋转轴均与虚拟圆柱体的中心轴重合。

③对独立权利要求进行润色，保证独立权利要求可以解决技术问题。三个滤光区均可设置在圆柱体的圆柱面上并非必须为44a，当一个滤光区被设置于圆柱面上后，其他两个滤光区则位于虚拟圆柱体的内接等边三棱柱上。撰写完成的独立权利要求参考如下：

一种多功能灯，包括灯座、支撑杆、光源、反射罩、滤光部、光源承载座、遮光片、多个滤光区，其特征在于，所述多个滤光区之一设置在虚拟圆柱体的圆柱面上、其他滤光区形成在该虚拟圆柱体的内接等边三棱柱上，且滤光部的旋转轴，光源的旋转轴均与虚拟圆柱体的中心轴重合。

④判断独立权利要求是否具备新颖性、创造性，以及是否混入非必要技术特征。

该独立权利要求的共有部分和特征部分的划界是依据前述步骤与客户提供的涉案专利和两份对比文件对比而成。权利要求的特征部分均未被任意一份文件所公开，因此其具备新颖性和创造性。同时，将该独立权利要求与其在技术交底书中的对应位置对比可知，其并未混入非必要技术特征。故该独立权利要求符合《专利法》规定的授权条件。

（6）通过引导词进行概括及检查。

由于该技术方案的技术交底书已经给出了较为完善的概括词，无须再单独进行概括。最后再对该独立权利要求进行检查，注意表述中不要出现违背《专利法》规定的用语即可。

独立权利撰写完毕后，仍需依照技术交底书中所载的技术特征之间的引用关系及从属权利要求的提示词，撰写10~12条从属权利要求即可，在撰写过程中注意用语的规范性，注意权利要求之间的引用关系，务必避免出现缺乏引用基础、主题不一致等问题。

主案的独立权利要求撰写完毕后，还需对解决黑暗中定位问题的第二独立权利要求进行撰写。该独立权利要求参考如下：

一种多功能灯，包括灯座、支撑杆、光源、反射罩、滤光部、光源承载座、遮光片、多个滤光区，其特征在于，所述多个滤光区之一与其他滤光区之间，其他滤光区的交接区之间，在滤光部靠近光源承载座和靠近遮光片的边界区域，以及遮光片的靠近各滤光区的区域上，分别设置有荧光凸起装置。

此时可以对两个独立权利要求是否需要进行分案进行判断，并说明判断的理由，本案中两个独立权利要求应当进行分案，理由如下：

第一份申请的独立权利要求1要解决的技术问题是背景技术中的灯光照模式单一,对现有技术作出贡献的技术特征是多个滤光区的分界线位于一个虚拟圆柱体的圆柱面上,多个滤光区之一设置在虚拟圆柱体的圆柱面上、其他滤光区形成在该虚拟圆柱体的内接等边三棱柱上,且滤光部的旋转轴、光源的旋转轴均与虚拟圆柱体的中心轴重合。

第二份申请的独立权利要求1要解决的技术问题:实现黑暗环境下的定位,对现有技术作出贡献的技术特征是多个滤光区之一与其他滤光区之间,其他两个滤光区的交接区之间,在滤光部靠近光源承载座和靠近遮光片的边界区域,以及遮光片的靠近各滤光区的区域上,分别设置有荧光凸起装置。

由此可见,上述两份申请不属于一个总的发明构思,不仅技术上不相关联,也没有相同或相应的特定技术特征,不具有单一性,不符合《专利法》第31条第1款的规定。

(五)技术问题、技术效果的撰写

本案最后分别对上述两个独立权利要求所解决的技术问题与达到的技术效果进行回答,均应以技术交底书作为依据,参考答案如下:

第一个独立权利要求要解决现有灯的亮度、冷暖色调等通常是单一的技术问题。其通过将滤光区44a设置在虚拟圆柱体上、并将滤光区44b、44c形成在该虚拟圆柱体的内接等边三棱柱上,且滤光部44的旋转轴,光源43的旋转轴均与虚拟圆柱体的中心轴重合的技术方案达到了提供多种光照模式的技术效果。

第二个独立权利要求要解决黑暗中难以定位的技术问题,其通过在滤光部靠近光源承载座和靠近遮光片的边界区域,以及遮光片的靠近各滤光区的区域上,分别设置有荧光凸起装置的技术方案达到了定位小夜灯的技术效果。

五、无效咨询场景类典型试题(以2019年专利代理师实务考试部分真题为例)

(一)宣告无效请求书咨询

1. 阅读试题说明,确定考查场景

试题说明:

客户A公司正在研发一项产品。在研发过程中,A公司发现该产品存在侵犯B公司的实用新型专利的风险。为此,A公司进行了检索并得到对比文件1、2,拟对B公司的实用新型专利(以下称涉案专利,即附件1)提出无效宣告请求。在此基础上,A公司向你所在的代理机构提供了涉案专利、对比文件1~2和A公司技术人员撰写的无效宣告请求书(附件2),以及A公司所研发产品的技术交底材料(附件3)。

第一题:请你具体分析客户所撰写的无效宣告请求书中的各项无效宣告理由是否成立,并将结论和具体理由以信函的形式提交给客户。

第二题:请你根据客户提供的材料为客户撰写一份无效宣告请求书,在无效宣告请求书中要明确无效宣告请求的范围、理由和证据,要求以《专利法》及其实施细则中的有关条、款、项作为独立的无效宣告理由提出,并结合给出的材料具体说明。

第三题:请你根据A公司所研发产品的技术交底材料(附件3),综合考虑附件1和对比文件1、2所反映的现有技术,为客户撰写一份发明专利申请的权利要求书。

第四题:简述你撰写的独立权利要求相对于现有技术具备新颖性和创造性的理由。

第五题:如果所撰写的权利要求书中包含两项或者两项以上的独立权利要求,请简述这些独立权利要求能够合案申请的理由;如果客户提供的技术内容涉及多项发明,应当以多份申请的方式提出,则请说明理由,并撰写另案申请的独立权利要求。

通过阅读上述试题说明可以确定,本案为提无效咨询类场景。需结合客户A公司提供的提出无效宣告申请的涉案专利三份对比文件,对客户撰写的无效请求书中所涉及的每一项理由能否成立进行说明,为客户提供咨询意见,具体要求如下:

①针对客户撰写的无效请求书逐一为客户解释其宣告无效所依据的理由是否能够成立;

②为客户撰写提交给国家知识产权局的正式的无效宣告请求书;

③根据技术交底书撰写权利要求书;

④说明所撰写的独立权利要求的新颖性和创造性;

⑤如果撰写多个独立权利要求的,说明是否需要分案及理由。

2. 着眼涉案专利权利要求,确定仅通过观察权利要求就能确定的问题

观察涉案专利的每一项权利要求是否存在保护客体(A2)、不授予专利权的对象(A25)、主题一致、"多引多"、择一引用(R25)、缺乏引用基础(A26.4)的问题。同时,可以对涉案专利的申请日和公告日进行批注。涉案专利的权利要求书如下:

附件1(涉案专利):

(19)中华人民共和国国家知识产权局

(12)实用新型专利

(45)授权公告日 2018年6月11日

(21)申请号 201721443567.X

(22)申请日 2017年12月12日

(73)专利权人 B公司(其余著录项目略)

权利要求书

1. 一种压蒜器,主要由上压杆(1)和下压杆(2)构成,其特征在于,上压杆(1)和下压杆(2)活动连接,上压杆(1)靠近前端的位置设有压蒜部件

(3),下压杆(2)上设有与压蒜部件(3)相对应的压筒(4),压筒(4)上端开口,压筒(4)底部设有多个出蒜孔(5)。

2. 根据权利要求1所述的压蒜器,其特征在于,上压杆(1)前端与下压杆(2)前端活动连接。

3. 根据权利要求2所述的压蒜部件,其特征在于,所述压蒜部件(3)包括压臂(31)和固定连接在压臂(31)下端的压盘(32),所述压臂(31)的上端与上压杆(1)活动连接。

4. 根据权利要求2或3所述的压蒜部件,其特征在于,所述压盘(32)上设有多个压蒜齿(33)。

通过观察涉案专利的权利要求书,主要存在如下问题:首先,权利要求3和权利要求4主题与独立权利要求的主题不一致,但其不是无效理由;其次,当权利要求4引用权利要求2时,缺少"压盘"这一技术特征,属于缺乏引用基础,不符合《专利法》第26条第4款的规定。另该涉案专利的申请日为2017年12月12日,公告日为2018年6月11日。

3. 阅读涉案专利说明书、所有对比文件,标注涉案专利的技术问题、技术方案、技术效果,把涉案专利的权利要求在说明书里定位,并在此步骤中确定对比文件的性质。

(1)阅读涉案专利的说明书。

说明书

压蒜器

[0001]本实用新型涉及一种用于将蒜瓣压制成蒜泥的压蒜器。

[0002]大蒜是一种常用的调味食材,在将蒜瓣制成蒜泥时,传统的方法是采用捣杆与瓦罐配合将蒜瓣捣成蒜泥。目前,市面上有一种压蒜器,可较传统方法更为方便省力地获得蒜泥。该压蒜器包括上压杆1'和下压

杆2',上压杆1'的端部设有压头3',下压杆2'的端部设有与上述压头3'相配合的压筒4',上压杆1'和下压杆2'在中间铰接起来形成钳子的形状。使用时,将蒜瓣放在压筒4'内,用手握住压杆,便可利用杠杆原理将蒜瓣压碎。

[0003]但是,该压蒜器用于挤压配合的压头3'和压筒4'分开的角度有限,蒜瓣较大时不易放入,而且压杆长度有限,挤压较大的蒜瓣时仍然比较费劲。

[0004]本实用新型的目的在于提供一种压蒜器,该压蒜器具有操作方便、省力的特点。

[0005]图1是现有技术的压蒜器的示意图。

[0006]图2是本实用新型的压蒜器实施例的示意图。

[0007]图3是本实用新型的压蒜器改进实施例的示意图。

说明书附图

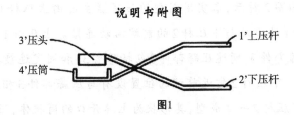

图1

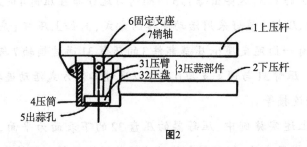

图2

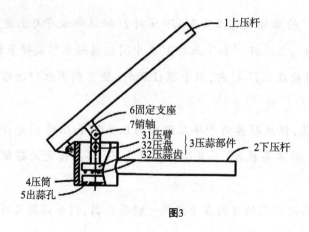

图3

上述说明书中介绍了背景技术中的压蒜器存在挤压较大蒜瓣时仍然
比较费劲的技术问题，该技术方案的主题为"一种压蒜器"，达到操作方
便、节省力气的技术效果。

[0008]如图2所示，本实用新型的压蒜器主要由上压杆1和下压杆2
组成，上压杆1的前端与下压杆2的前端活动连接。上压杆1靠近前端的
位置设有压蒜部件3，所述压蒜部件3包括压臂31和固定连接在压臂31下
端的压盘32。下压杆2靠近前端的位置设有与压蒜部件3相对应的压筒
4，压筒4与下压杆2一体成型，其形状为上端开口的筒状体，压筒4底部具
有多个圆形的出蒜孔5，这些出蒜孔5间隔均匀地分布在压筒4的底面上。
压蒜部件3与上压杆1最好采用活动连接的方式，例如上压杆1底部靠近
前端的位置设有一固定支座6，压蒜部件3的压臂31通过销轴7与所述固
定支座6连接。压臂31与固定支座6也可以通过其他方式活动连接，例如
铆钉连接、螺栓连接等。

[0009]在上述实施例中，压蒜器的压盘32的下表面为平面，在使用
时，压蒜器将蒜瓣压扁后，仍有部分蒜瓣被压成饼状残留在压筒4内，即便
反复施力挤压仍无法将残留的蒜瓣挤碎并排出压筒4。

为进一步解决蒜瓣残留的问题，如图3所示，在压盘32的下表面上设
置多个与出蒜孔5对应的压蒜齿33，所述多个压蒜齿33间隔均匀地分布

在压盘 32 的下表面上,其横截面直径小于出蒜孔 5 的内径。当压盘 32 置入压筒 4 内时,压蒜齿 33 与出蒜孔 5 一一对应,从而使挤压更加充分,提高了蒜泥的挤出效率。

上述说明书记载了压蒜器解决费力问题的技术方案。其原理是通过在上压杆前端位置设置压蒜部件的方式提前了支点的位置,改变了力臂距离,从而达到省力的技术效果。同时,通过在压蒜部件中设计压蒜齿和出蒜孔等技术特征,提升压蒜效率,解决蒜瓣残留的问题。权利要求书与说明书记载对应关系,如表 5-33 所示。

表 5-33　涉案权利要求与说明书的对应关系

涉案专利权利要求	说明书
1. 一种压蒜器,主要由上压杆(1)和下压杆(2)构成,其特征在于,上压杆(1)和下压杆(2)活动连接,上压杆(1)靠近前端的位置设有压蒜部件(3) 下压杆(2)上设有与压蒜部件(3)相对应的压筒(4) 压筒(4)上端开口,压筒(4)底部设有多个出蒜孔(5)	上压杆 1 和下压杆 2 组成,上压杆 1 的前端与下压杆 2 的前端活动连接。上压杆 1 靠近前端的位置设有压蒜部件 3 下压杆 2 靠近前端的位置设有与压蒜部件 3 相对应的压筒 4 压筒 4 其形状为上端开口的筒状体,压筒 4 底部具有多个圆形的出蒜孔 5
2. 根据权利要求 1 所述的压蒜器,其特征在于,上压杆(1)前端与下压杆(2)前端活动连接	上压杆 1 和下压杆 2 组成,上压杆 1 的前端与下压杆 2 的前端活动连接
3. 根据权利要求 2 所述的压蒜部件,其特征在于,所述压蒜部件(3)包括压臂(31)和固定连接在压臂(31)下端的压盘(32) 所述压臂(31)的上端与上压杆(1)活动连接	上压杆 1 底部靠近前端的位置设有一固定支座 6,压蒜部件 3 的压臂 31 通过销轴 7 与所述固定支座 6 连接 压臂 31 与固定支座 6 也可以通过其他方式活动连接

续表

涉案专利权利要求	说明书
4. 根据权利要求2或3所述的压蒜部件,其特征在于,所述压盘(32)上设有多个压蒜齿(33)	在压盘32的下表面上设置多个与出蒜孔5对应的压蒜齿33,所述多个压蒜齿33间隔均匀地分布在压盘32的下表面上 其横截面直径小于出蒜孔5的内径。当压盘32置入压筒4内时,压蒜齿33与出蒜孔5一一对应

[0010]具体的操作过程如下:首先一手握持下压杆2,将上压杆1向上抬起,使压盘32离开压筒4;之后将蒜瓣放入压筒4内,将上压杆1下压,在上压杆1向下运动的过程中,压盘32进入压筒4中,对蒜瓣进行挤压,压蒜齿33将蒜泥从出蒜孔5挤出。

[0011]虽然本实用新型同样是利用杠杆原理将蒜瓣压碎成泥,但由于将支点的位置调整到上、下压杆的前端,本实用新型的压蒜器相比于现有的压蒜器操作更为省力,无须施加很大的握压力即可将蒜瓣压碎成蒜泥。而且,压盘32上设置多个压蒜齿33也可以进一步提高蒜泥的挤出效率。

上述说明书记载了该实用新型的使用运行过程及达到的技术效果,通过实施上述技术方案达到了压蒜省力和提高压蒜效率的技术效果。

(2)阅读客户提交的对比文件。

对比文件1:

(19)中华人民共和国国家知识产权局

(12)实用新型专利

(45)授权公告日2018年6月30日

(21)申请号201721433456.5

(22)申请日2017年11月22日

(73)专利权人赵××(其余著录项目略)

说明书

家用压蒜器

[0001]本实用新型涉及一种压蒜器,特别涉及一种简易家用压蒜器。

[0002]大蒜是我们常用的一种食材,但是在食用大蒜的时候,剥蒜后将蒜瓣捣碎是一件既麻烦又很浪费时间的事情。

[0003]本实用新型的目的在于提供一种既简易又方便省事的家用压蒜器。

[0004]图1为本实用新型的结构示意图。

[0005]如图1所示,家用压蒜器由压头1、压槽2及两个手柄3组成。压头1和压槽2分别设置在两个手柄3的前端,手柄3中部设有连接孔,把两个手柄3通过连接孔用铆钉4连接起来,形成一个钳子形状。压槽2顶部开口,底部均布有多个漏孔5,压头1上有多个相对应的压蒜齿6。把蒜瓣放在压槽2里,用手握住手柄3用力挤压,由于杠杆的作用,蒜瓣就会被压成泥状,然后在压蒜齿6的挤压下,蒜泥从漏孔5中被挤出,方便又快捷。

说明书附图

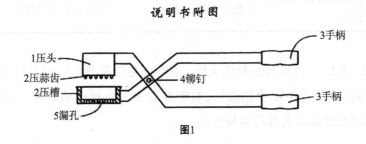

图1

说明书记载了一种家用压蒜器,采用了将压头、压槽设置在手柄前端并且在压槽内设置有漏孔,通过压头上的压蒜齿对蒜进行挤碎后,使蒜从漏孔中被挤出的技术原理,解决剥蒜不方便的技术问题。对比文件1的申请日为2017年11月22日,授权公告日为2018年6月30日。涉案专利与对比文件1的技术特征对比关系,如表5-34所示。

表5-34　涉案专利与对比文件1技术特征对比

内容	涉案专利	对比文件1
主题	一种压蒜器	一种家用压蒜器
申请日	2017年12月12日	2017年11月22日
公开日	2018年6月11日	2018年6月30日
权利要求1	上压杆	手柄（上）
	下压杆	手柄（下）
	上压杆前端设压蒜部件	压头
	下压杆对应设压筒	压槽
	压筒上设有多个出蒜孔	漏孔
权利要求2引用权利要求1	上压杆前端与下压杆前端活动连接	中部通过连接孔用铆钉连接
权利要求3引用权利要求2	压蒜部件（压壁+压盘固定连接）	—
	压壁与上压杆活动连接	
权利要求4引用权利要求2或权利要求3	压盘上设有压蒜齿	压头上有对应的压齿

　　通过表5-34可以判断对比文件1为申请在先公开在后的专利文件,仅能评价新颖性,不能评价创造性,对于涉案专利新颖性的判断,可结合后续客户的无效请求文书具体分析。

对比文件2:

（19）中华人民共和国国家知识产权局

（12）实用新型专利

（45）授权公告日2013年3月23日

（21）申请号201220789117.7

（22）申请日 2012 年 9 月 4 日

（73）专利权人孙××（其余著录项目略）

说　明　书

一种防堵孔压蒜装置

［0001］本实用新型涉及一种压蒜装置，特别涉及一种防堵孔压蒜装置。

［0002］现有的压蒜装置在使用时压料筒的漏孔容易被细碎蒜粒堵塞，进而阻碍蒜泥出料，降低压蒜效率。

［0003］本实用新型的目的是提供一种防堵孔压蒜装置，以解决现有技术中压蒜装置在使用过程中其漏孔容易堵塞，进而出现阻碍蒜泥出料的问题。

［0004］图 1 为本实用新型的压蒜装置的结构示意图。

［0005］如图 1 所示，一种防堵孔压蒜装置，包括有上压杆 1、下压杆 2、第一压臂 3、第一压板 4 和压料筒 5，上压杆 1 和下压杆 2 的前端部通过销轴连接在一起。下压杆 2 上设有压料筒 5，压料筒 5 为顶部敞口的筒体，其底部设有供蒜泥通过的多个漏孔（在图 1 中未示出）；第一压臂 3 与上压杆 1 在与压料筒 5 相对应的位置（如图 1 所示上压杆 1 的下侧位置）活动连接，第一压板 4 与第一压臂 3 焊接在一起。在上压杆 1 上还活动安装有第二压臂 6，所述第二压臂 6 的位置与第一压臂 3 相对应设置（如图 1 所示上压杆 1 的上侧位置），第二压臂 6 上焊接第二压板 7，第二压板 7 上设有若干凸起 8，凸起 8 的横截面直径略小于漏孔的内径，其位置与压料筒 5 底部的漏孔一一对应。

［0006］在压蒜时若出现细碎蒜粒堵塞漏孔的现象，可反向（即图 1 中逆时针方向）转动上压杆 1，使另一侧的第二压板 7 向压料筒 5 底面运动，第二压板 7 上的若干凸起 8 穿透压料筒 5 底部的对应漏孔，从而将堵塞的漏孔疏通，以保证压蒜装置的正常使用。

说 明 书 附 图

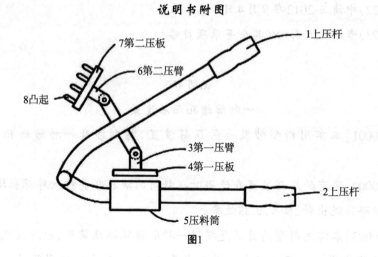

7第二压板
6第二压臂
8凸起
1上压杆
3第一压臂
4第一压板
2上压杆
5压料筒

图1

说明书记载了一种防堵孔压蒜装置,在第一压板压碎压料筒内的蒜后,通过设置在第二压板上的小于漏孔内径的凸起对残留在压料筒内的蒜残留进行挤压,达到疏通压孔堵塞的技术效果。对比文件2的申请日为2012年9月4日,授权公告日为2013年3月23日。涉案专利与对比文件2的技术特征对比关系,如表5-35所示。

表5-35 涉案专利与对比文件2技术特征对比

内容	涉案专利	对比文件2
主题	一种压蒜器	一种防堵孔压蒜装置
申请日	2017年12月12日	2012年9月4日
公开日	2018年6月11日	2013年3月23日
权利要求1	上压杆	上压杆
	下压杆	下压杆
	上压杆前端设压蒜部件	第一压壁、第一压板
	下压杆对应设压筒	压料筒
	压筒上设有多个出蒜孔	多个漏孔
权利要求2引用权利要求1	上压杆前端与下压杆前端活动连接	上压杆与下压杆前端销轴连接

内容	涉案专利	对比文件2
权利要求3引用权利要求2	压蒜部件(压壁+压盘固定连接)	第一压板与第一压臂焊接在一起
	压壁与上压杆活动连接	第一压壁与上压杆活动连接
权利要求引用权利要求2或权利要求3	压盘上设有压蒜齿	第二压板上有凸起

通过表5-35可以判断对比文件2为现有技术,既能评价新颖性,也能评价创造性,对于涉案专利新颖性的判断,可结合后续客户的无效请求文书进行具体分析。

(3)阅读客户提供的无效请求,针对客户提出的每一项无效宣告请求所依据的理由、证据给出客户无效咨询意见。

(一)关于新颖性和创造性

1. 对比文件1作为现有技术,公开了一种家用压蒜器,由压头1、压槽2及两个手柄3组成,压头1和压槽2分别设置在两个手柄3的前端,手柄3中部设有连接孔,把两个手柄3通过连接孔用铆钉4连接起来(即上压杆和下压杆活动连接),压槽2顶部开口,底部有多个漏孔5。由此可见,对比文件1公开了权利要求1的全部技术特征,权利要求1相对于对比文件1不具备《专利法》规定的新颖性。

根据上文将涉案专利权利要求1与对比文件1对比(表5-34)可知,涉案专利权利要求1要求保护的技术特征包括:上压杆、下压杆、上压杆前端设压蒜部件、下压杆对应设压筒、压筒上设有多个出蒜孔。对比文件1公开了手柄(上)、手柄(下)压头、压槽、漏孔。由此可见,对比文件1公开了涉案专利权利要求1的全部技术特征。因此,客户通过对比得出权利要求不具备新颖性的结论正确。但是,无效请求书对于对比文件1的性质判断存在问题,对比文件1的申请日为2017年11月22日,授权公告日为2018年6月30日。其申请日早于涉案专利申请日为2017年12月12日,公告日晚于涉案专利申请日。因此,对比文件1应为申请在先公开在后的专利文件,由于对比文件1公开了权利要求1的全部技术特征,因此构成涉案专利的抵触申请,不符合《专利法》第22条第2款的规定。

2. 对比文件2作为现有技术,公开了一种防堵孔压蒜装置,包括有上压杆1、下压杆2、第一压臂3、第一压板4和压料筒5。上压杆1和下压杆2的前端部通过销轴连接在一起(即上压杆和下压杆活动连接),上压杆靠近前端的位置活动安装有第一压臂3,第一压板4与第一压臂3焊接在一起(第一压臂和第一压板一起构成压蒜部件);下压杆2上对应设有压料筒5,压料筒5为顶部敞口的筒体。因此,对比文件2公开了权利要求1的全部技术特征,权利要求1相对于对比文件2也不具备《专利法》规定的新颖性。

根据上文将涉案专利权利要求1与对比文件2对比(表5-35)可知,对比文件2作为现有技术公开的上压杆、下压杆、第一压壁、第一压板、压料筒、多个漏孔将涉案专利的全部技术特征进行了公开。客户无效请求中的结论和技术对比不存在问题。但要注意书写规范,如在新颖性判断过程中没有规范写出新颖性对应的法条。可通过利用基础知识模板和场景类模板克服上述问题。

3. 对比文件2还公开了从属权利要求2、3的附加技术特征,在其引用的权利要求不具备新颖性的前提下,从属权利要求2、3也不具备《专利法》规定的新颖性。

根据上文将权利要求2、3分别与对比文件1和2的对比(表5-34和表5-35)可知,作为从属权利要求2、3由于其引用的权利要求1不具备新颖性,同时该上述两个权利要求所附加的技术特征"上压杆前端与下压杆前端活动连接""压蒜部件(压壁+压盘固定连接)""压壁与上压杆活动连接"被对比文件2公开。客户无效请求所依据的理由正确,但是没有对技术特征对比展开,缺少分析的过程。

4. 对比文件1公开了压头1上设有多个压蒜齿6,因此,本领域的技术人员容易想到将上述特征用于对比文件2的压蒜装置中从而得到权利要求4所要求保护的技术方案,因此,权利要求4相对于对比文件2和对比文件1的结合不具备《专利法》规定的创造性。

通过前述分析可知,对比文件1为申请在先公开在后的专利文件,只能评价新颖性,不能评价创造性。该无效理由利用对比文件1与对比文件2结合进行对比,不符合仅现有技术才能评价创造性的规定。同时,分析过程也没有利用"三步法"展开,缺少规范性。

5. 对比文件2公开了第二压板7上设有若干凸起8且与漏孔一一对应,因此本领域的技术人员容易想到在第一压板4上也设置若干凸起(即压蒜齿),因此,权利要求4相对于对比文件2不具备《专利法》规定的创造性。

该无效理由没有结合两个对比文件依照"三步法"进行展开分析,另外对比文件2中的凸起起到的作用是对漏孔进行疏通,而压蒜齿的作用是将压筒中的蒜进行充分挤压提升压蒜效率,二者的作用不同。

(二)其他无效理由
6. 权利要求3和4的主题名称与所引用的权利要求的主题名称不一致,不符合《专利法实施细则》第25条的规定。

主题不一致不属于无效理由。

7. 权利要求4没有限定压蒜齿的大小,因此得不到说明书的支持,不符合《专利法》的有关规定。

由表5-36将涉案专利的权利要求4与说明书记载的位置进行对比可知,权利要求4缺少对于压蒜齿位置和大小的限定,从而会导致无法解决的技术问题出现。客户以得不到说明书的支持提出专利无效的理由成立,但是缺乏详细的分析过程。

表5-36　涉案专利权利要求4与说明书的对应关系

涉案专利权利要求4	说明书
4. 根据权利要求2或3所述的压蒜部件,其特征在于,所述压盘(32)上设有多个压蒜齿(33)	在压盘32的下表面上设置多个与出蒜孔5对应的压蒜齿33,所述多个压蒜齿33间隔均匀地分布在压盘32的下表面上,其横截面直径小于出蒜孔5的内径。当压盘32置入压筒4内时,压蒜齿33与出蒜孔5一一对应

基于上述对客户所撰写的每一项无效宣告请求的分析,可参考本书第四章提无效咨询类场景的模板为客户提供咨询意见,参考答案如下:

尊敬的A公司:

很高兴贵方委托我代理机构代为办理有关请求宣告专利号为201721443567.X、名称为"压蒜器"的实用新型专利无效宣告请求的有关事宜,经仔细阅读提供的涉案专利及对比文件1、2,我认为涉案专利中各项理由是否成立的结论和理由如下:

一、证据分析

附件1:涉案专利申请日为2017年12月12日,公开日为2018年6月

11日。

对比文件1：中国实用新型专利说明书，申请日2017年11月22日，公开日2018年6月30日。

对比文件2：中国实用新型专利说明书，申请日2012年9月4日，公开日2013年3月23日。

综上所述：

对比文件1的申请日早于涉案专利申请日，公开日晚于涉案专利申请日，构成申请在先公开在后的专利文件，仅能评价新颖性，不能评价创造性。

对比文件2公开日早于涉案专利的申请日，构成涉案专利的现有技术，可以评价新颖性和创造性。

二、逐条对客户提出的无效理由进行分析并给出咨询意见

1. 权利要求1相对于对比文件1不具备新颖性的理由成立。

如上文所述，对比文件1为申请在先公开在后的专利文件，可以用来评价新颖性，不能评价创造性。权利要求1与对比文件1对比，对比文件1公开了手柄（上）（相当于上压杆）、手柄（下）（相当于下压杆）、压头（相当于压蒜部件）、压槽（相当于压筒）、漏孔（相当于出蒜孔）。

由此可见，对比文件1公开了涉案专利权利要求1的全部技术特征，两者属于相同的技术领域、解决相同的技术问题，并具有相同的预期效果。

因此，权利要求1不符合《专利法》第22条第2款规定的新颖性。

2. 权利要求1相对于对比文件2不具备新颖性的理由成立。

如上文所述，对比文件2为现有技术，既可以评价新颖性，也能评价创造性。权利要求2与对比文件2对比，对比文件2公开了上压杆（第一压壁）、下压杆（第一压板）（相当于压蒜部件的压壁和压板）、压料筒（相当于压筒）、多个漏孔（相当于出蒜孔）。

由此可见，对比文件1公开了涉案专利权利要求1的全部技术特征，两者属于相同的技术领域、解决相同的技术问题，并具有相同的预期效果。

因此，权利要求1不符合《专利法》第22条第2款规定的新颖性。

3. 权利要求2、权利要求3不具备新颖性的理由成立。

权利要求2与作为申请在先公开在后的专利文件对比文件1相比,对比文件1公开了手柄3中部设有连接孔,把两个手柄3通过连接孔用铆钉4连接起来,形成一个钳子形状的技术特征(相当于权利要求2中上压杆前端与下压杆前端活动连接)。由于权利要求2为权利要求1的从属权利要求,权利要求1不具备新颖性,从属权利要求2进一步限定的特征又被对比文件1公开。

由此可见,对比文件1公开了涉案专利权利要求2的全部技术特征,两者属于相同的技术领域、解决相同的技术问题,并具有相同的预期效果。

因此,权利要求2不符合《专利法》第22条2款规定的新颖性。

同理,权利要求3与作为申请在先公开在后的专利文件对比文件1相比,对比文件1公开了第一压板与第一压臂焊接在一起的技术特征[相当于权利要求3中压蒜部件(压壁+压盘固定连接)],由于权利要求3为权利要求2的从属权利要求,权利要求2不具备新颖性,从属权利要求3进一步限定的特征又被对比文件1公开。

由此可见,对比文件1公开了涉案专利权利要求2的全部技术特征,两者属于相同的技术领域、解决相同的技术问题,并具有相同的预期效果。

因此,权利要求2不符合《专利法》第22条第2款规定的新颖性。

4. 权利要求4相对于对比文件1、2不具备创造性的理由不成立。

对比文件1为申请在先公开在后的专利文件,只能评价新颖性不能评价创造性。该无效理由利用对比文件1与对比文件2结合进行对比不符合仅现有技术才能评价创造性的规定。同时,分析过程也没有利用"三步法"展开,缺少规范性。

5. 权利要求5相对于对比文件2不具备创造性的理由不成立。

该无效理由没有结合两个对比依照"三步法"进行展开分析,另外对比文件2中的突起所起到的作用是对漏孔进行疏通,而压蒜齿的作用是将压筒中的蒜进行充分挤压提升压蒜效率,二者的作用不同。

6. 权利要求3和4不符合《专利法实施细则》第22条第1款规定的无效理由不成立。

根据《专利法实施细则》第69条规定,主题不一致导致的权利要求不清楚不是专利无效的理由。

7. 权利要求4得不到说明书支持的理由成立。

权利要求4缺少对于压蒜齿位置和大小的限定,会导致无法解决的技术问题的出现。客户以得不到说明书的支持提出专利无效的理由成立,但是缺乏详细的分析过程。

综上所述,贵公司撰写的无效宣告请求书存在较多问题,若要无效涉案专利要对无效理由进行修改。

以上咨询意见仅供参考,有问题请随时与我沟通。

×××专利代理机构×××专利代理师

×年×月×日

(二)撰写无效宣告请求书

在上述为客户提供撰写的无效咨询意见的基础上,撰写一份提交给国家知识产权局的无效宣告请求书。

尊敬的国家知识产权局:

根据《专利法》第45条和《专利法实施细则》第69条规定,请求人现请求宣告专利号为201721443567.X,名称为"压蒜器"的实用新型专利,全部无效,具体理由如下:

一、证据分析

附件1:涉案专利申请日为2017年12月12日,公开日为2018年6月11日。

对比文件1:中国实用新型专利说明书,申请日2017年11月22日,公开日2018年6月30日。

对比文件2:中国实用新型专利说明书,申请日2012年9月4日,公开日2013年3月23日。

综上所述：

对比文件1的申请日早于涉案专利申请日,公开日晚于涉案专利申请日,构成申请在先公开在后的专利文件,仅能评价新颖性,不能评价创造性。

对比文件2公开日早于涉案专利的申请日,构成涉案专利的现有技术,可以评价新颖性和创造性。

二、具体无效理由

1. 权利要求1与对比文件1相比不具备新颖性

权利要求1要求保护一种压蒜器,对比文件1公开了一种压蒜器,包括压头(相当于压蒜部件)、压槽(相当于压筒)、两个手柄(相当于上下压杆)、压头和压槽分别设置在手柄前端(相当于上压杆前端的位置设置有压蒜部件)、两个压杆通过铆钉连接(相当于上压杆与下压杆活动连接)、压槽上顶部有开口(相当于压筒上有开口)、底部均匀设有多个漏孔(相当于底部设有多个出蒜孔)。

由此可见,对比文件1公开了本发明权利要求1的全部技术特征,两者属于相同的技术领域、解决相同的技术问题,并具有相同的预期效果。

因此,权利要求1不符合《专利法》第22条第2款规定的新颖性。

2. 权利要求1缺少必要技术特征

由说明书的记载可知,本发明要解决的技术问题是压杆长度有限,挤压蒜时费力。为了解决上述技术问题,本发明通过将上压杆的前端与下压杆的前端活动连接,将支点的位置调整到上下压杆的前端使操作更为省力。

由此可见,上压杆与下压杆的前端活动连接为解决本发明技术问题的必要技术特征,而权利要求1中并未记载该技术特征。

因此,权利要求1缺乏必要技术特征,不符合《专利法实施细则》第23条第2款的规定。

3. 权利要求1得不到说明书的支持

根据说明书的记载可知,为了解决压蒜费力的技术问题,采用了上压杆1和下压杆2组成,上压杆1的前端与下压杆2的前端活动连接,以挪动支点的技术手段。

权利要求1限定了上压杆(1)和下压杆(2)活动连接,权利要求3的技术方案涵盖了上下压杆后端连接等其他连接方式,诸如后端连接等方式无法实现本实用新型的目的。

因此,权利要求1在说明书记载内容的基础上概括了一个较宽的保护范围,得不到说明书的支持,不符合《专利法》第26条第4款的规定。

4. 权利要求2与对比文件1相比不具备新颖性

权利要求2与作为申请在先公开在后的专利文件对比文件1相比,对比文件1公开了手柄3中部设有连接孔,把两个手柄3通过连接孔用铆钉4连接起来,形成一个钳子形状的技术特征(相当于权利要求2中上压杆前端与下压杆前端活动连接)。由于权利要求2为权利要求1的从属权利要求,权利要求1不具备新颖性,从属权利要求2进一步限定的特征又被对比文件1公开。

由此可见,对比文件1公开了涉案专利权利要求2的全部技术特征,两者属于相同的技术领域、解决相同的技术问题,并具有相同的预期效果。

因此,权利要求2不符合《专利法》第22条第2款规定的新颖性。

5. 权利要求3与对比文件1相比不具备新颖性

权利要求3与作为申请在先公开在后的专利文件对比文件1相比,对比文件1公开了第一压板与第一压臂焊接在一起的技术特征[相当于权利要求3中压蒜部件(压壁+压盘固定连接)],由于权利要求3为权利要求2的从属权利要求,权利要求2不具备新颖性,从属权利要求3进一步限定的特征又被对比文件1公开。

由此可见,对比文件1公开了涉案专利权利要求2的全部技术特征,两者属于相同的技术领域、解决相同的技术问题,并具有相同的预期效果。

因此,权利要求3不符合《专利法》第22条第2款规定的新颖性。

6. 权利要求4缺乏引用基础

从属权利要求4引用权利要求2,但从属权利要求4中的"压盘"在权利要求2中并没有记载,权利要求4缺乏引用基础,导致该权利要求的保护范围不清楚,不符合《专利法》第26条第4款的规定。

7. 权利要求4得不到说明书的支持

根据说明书的记载可知,为了解决提高出蒜效率的技术问题,采用了多个压蒜齿33间隔均匀地分布在压盘32的下表面上,其横截面直径小于出蒜孔5的内径。当压盘32置入压筒4内时,压蒜齿33与出蒜孔5一一对应技术手段。

权利要求4限定了压盘上设有多个压蒜齿,但是没有限定压蒜齿和出蒜孔的大小关系。权利要求3的技术方案涵盖了压蒜齿大于出蒜孔的情形,该种情形无法达到本实用新型的目的。

因此,权利要求4在说明书记载内容的基础上概括了一个较宽的保护范围,得不到说明书的支持,不符合《专利法》第26条第4款的规定。

综上所述,该专利的权利要求1没有新颖性,缺少必要技术特征、得不到说明书支持。权利要求2没有新颖性,权利要求3没有新颖性、权利要求4得不到说明书的支持,不清楚,请求人请求国家知识产权局宣告该专利权全部无效。

×××专利代理机构×××专利代理师

×年×月×日

(三)撰写权利要求书

根据本题第三问的要求,下一步应基于客户提供的技术交底书撰写符合《专利法》授权条件的权利要求书。客户提交的技术交底材料如下:

现有技术中披露了一种压蒜器,包括上手柄、下手柄、压头和压料筒,采用压头和带有漏孔的压料筒相配合来压制蒜泥。然而这种压蒜器的压料筒与下手柄是一体的,不容易对压料筒内残留的蒜末进行清理,有时会有蒜末残余,导致不够卫生。

在上述现有技术的基础上,我公司提出一种改进的压蒜器。

图1为我公司改进的压蒜器的结构示意图。我公司提供的压蒜器,包

括上压杆1和下压杆2,上压杆1与下压杆2在两者的前端部活动连接。在上压杆1靠近前端部的位置设有压蒜部件3,压蒜部件3包括压臂31和压盘32。在下压杆2上相应设有压筒4,压筒4包括壳体41和可拆卸的内筒42。壳体41为上下两端开口的筒状结构,其位置靠近下压杆2前端,壳体41与下压杆2连为一体。内筒42上端开口,内筒42底部开设有多个出蒜孔5,内筒42的上端边缘设有外翻的折边42a。在使用时,将内筒42放置于壳体41内,通过所述折边42a抵靠在壳体41的上端面,把蒜瓣放入内筒42内,随后合拢上、下压杆,使压蒜部件3进入内筒42,从而进行压蒜操作。在清洗的时候,只需分开上、下压杆,取出内筒42,即可对内筒42中的残留物进行清洗,非常方便。

技术交底材料附图

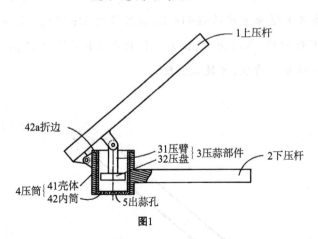

图1

(1)确定技术方案要解决的技术问题及保护的主题。

通过阅读上述技术交底书,本技术方案所要解决的技术问题为压料筒内不易清理,不卫生。采用了一种改进的压蒜器为主题的技术方案。

(2)明确技术交底书结构,圈定撰写独立权利要求和从属权利要求的基础素材。

上述技术交底书给出了解决技术方案的第一种实施方式,包括:"上压杆1和下压杆2,上压杆1与下压杆2在两者的前端部活动连接。……内筒42底部开设有多个出蒜孔5,内筒42的上端边缘设有外翻的折边42a"。通过上述方案,解决了不卫生的技术问题。

图2为我公司改进的另一结构的压蒜器的结构示意图。相同部件不再赘述,所述压蒜器的压筒4包括壳体41和可拆卸的插片42,壳体41为上下两端开口的筒状结构,它与下压杆2连为一体,位置靠近下压杆2前端,在壳体41下端沿垂直于壳体41轴线的方向开设有插槽41a,在插槽41a下方、壳体41内壁面上设有一圈环形的凸起41b,所述凸起41b从壳体41的内壁面沿径向向内延伸。插片42的形状大小与壳体41内部横截面基本一致,插片42上设置有多个出蒜孔5,插片42的一侧边缘设置有便于插拔插片42的把手42b。在使用时,将插片42从插槽41a插入壳体41内,插片42到位后其边缘抵靠在凸起41b上,通过凸起41b实现支撑定位。由于插片42是可拆卸的,在清洗时,仅需拉住把手42b将插片42抽出,壳体41和插片42可以分开清理,方便又快捷。

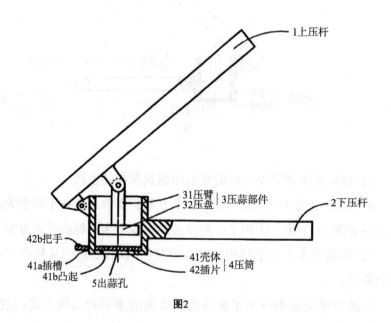

图2

在第一个实施例的基础上,又给出了第二个实施例。"压蒜器的压筒4包括壳体41和可拆卸的插片42,壳体41为上下两端开口的筒状结构,它与下压杆2连为一体,位置靠近下压杆2前端……多个出蒜口。"上述技术方案也达到了清洗方便的技术效果。

图3为我公司改进的又一结构的压蒜器的结构示意图。相同部件不再赘述,所述压蒜器的压筒4包括壳体41和可拆卸的出蒜筒42,壳体41为上下两端开口的筒状结构,它与下压杆2连为一体,位置靠近下压杆2前端,在壳体41靠近下端的外壁面设有外螺纹。出蒜筒42为上端开口的筒体结构,出蒜筒42的底板上设置多个出蒜孔5,出蒜筒42的内壁设有与壳体41上外螺纹相配合的内螺纹,出蒜筒42通过螺纹连接在壳体41的下端。由于出蒜筒42是可拆卸的,清洗时,仅需将出蒜筒42从壳体41上拧下即可,后续的清理工作方便又快捷。

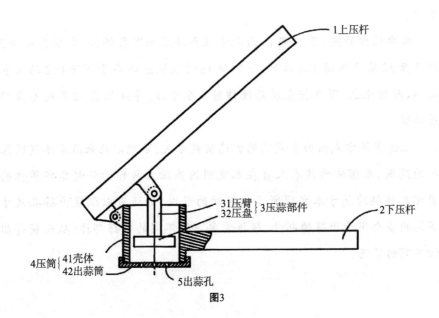

图3

第三实施例同样是达到了清理方便的技术效果,采用了"压蒜器的压筒4包括壳体41和可拆卸的出蒜筒42,壳体41为上下两端开口的筒状结构,它与下压杆2连为一体,位置靠近下压杆2前端……出蒜筒42通过螺纹连接在壳体41的下端"的技术方案。

现有技术以及前述实施方式中的上、下压杆均为直杆,当压筒4内装满蒜瓣时,压蒜部件3的压盘32处于压筒4的端口,此时上压杆1与下压杆2中后段的距离太大,无法一只手同时将上、下压杆握住,而必须双手分别握住上、下压杆才能进行操作,从而使压蒜操作不太方便。为解决上述问题,我公司还对压蒜器的压杆进行了改进设计,图4为对压杆改进后的压蒜器的结构示意图。如图4所示,上压杆1的中后段设置有圆弧状的下凹部1a,与上压杆1为直杆的压蒜器相比,上、下压杆间的距离得以减小,在压制蒜泥时,能够一只手将上、下压杆同时握住进行操作,操作更为便利。

需要注意的是,下凹部1a的尺寸应当满足如下条件,即当压蒜部件3的压盘32处于压筒4底部时,下凹部1a的最低点略高于下压杆2的上表面,从而防止上、下压杆在压蒜操作时发生干涉,导致压盘32不能充分挤压蒜瓣。

上述实施方式仅为本发明的优选实施方式,不能以此来限定本发明保护的范围,本领域的技术人员在本发明的基础上所作的任何非实质性的变化及替换均属于本发明所要求保护的范围,如还可以配置出蒜孔尺寸不同的多个用于出蒜的部件,根据需要更换不同的出蒜部件,从而获得粗细不同的蒜泥。

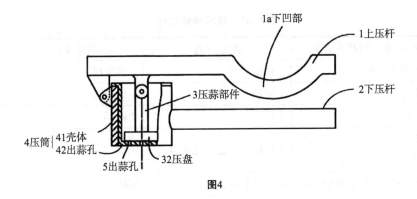

图4

上述技术交底书给出了解决另一个技术问题即压蒜操作不方便的技术方案。通过"上压杆1的中后段设置有圆弧状的下凹部1a……能够一只手将上、下压杆同时握住进行操作"达到了操作便利的技术效果。

至此可以清楚地看出,该技术交底书为"无帽子式"分别通过实施例一、实施例二和实施例三记载的对于压蒜器结构的改进,解决清理不方便的技术问题并达到了相应的技术效果。同时,通过对把手结构的改进解决了存在的第二个操作不方便的技术问题。

(3)圈重点引导词。

除有关技术效果的问题外,对于"无帽子式"技术交底书,概括类引导词尤为重要。通过观察可以看出,"压筒包括壳体和可拆卸的内筒且压筒与下压杆为一体,靠近下压杆前端"的结构在3个实施例中均有出现,"壳体为桶状结构"出现了3次,其可能作为后续撰写概括的素材。除此之外,技术交底书中,如出蒜筒、插片等的进一步限定可以作为从属权利要求引导词。

(4)将技术交底书的最主要技术方案的技术特征与客户提供的涉案专利、最接近现有技术及对比文件进行对比,确定共有特征,找出区别特征(表5-37)。

表5-37　技术特征对比

需要撰写的技术方案	涉案专利	对比文件1
一种改进的压蒜器	一种压蒜器	一种家用压蒜器
上压杆1	上压杆	手柄(上)
下压杆2	下压杆	手柄(下)
在上压杆1靠近前端部的位置设有压蒜部件3	上压杆前端设压蒜部件	压头
在下压杆2上相应设有压筒4	下压杆对应设压筒	压槽
—	压筒上设有多个出蒜孔	漏孔
上压杆1与下压杆2在两者的前端部活动连接	上压杆前端与下压杆前端活动连接	中部通过连接孔用铆钉连接
压蒜部件3包括压臂31和压盘32	压蒜部件(压壁+压盘固定连接)	—
—	压壁与上压杆活动连接	—
—	压盘上设有压蒜齿	压头上有对应的压齿

通过对比可知,上述技术特征与作为涉案专利的最接近现有技术的共有部分在去除位置关系和连接关系后,可以作为独立权利要求的前序部分,即:

一种改进的压蒜器,包括上压杆1、下压杆2,压蒜部件3(包括压臂31和压盘32)、压筒4,上压杆1与下压杆2的前端部活动连接,其特征在于……

(5)分别撰写每个实施例的独立权利要求,并对每个独立权利要求分别进行划界。

第一实施例:一种改进的压蒜器,包括上压杆1、下压杆2,压蒜部件3,(包括压臂31和压盘32)、压筒4,上压杆1与下压杆2的前端部活动连接,其特征在于,所述压筒4包括壳体41和可拆卸的内筒42。壳体41为上下两端开口的筒状结构,其位置靠近下压杆2前端,壳体41与下压杆2连为一体,内筒42上端开口,内筒42底部开设有多个出蒜孔5。

第二实施例：一种改进的压蒜器，包括上压杆1、下压杆2，压蒜部件3（包括压臂31和压盘32）、压筒4，上压杆1与下压杆2的前端部活动连接，其特征在于，所述压筒4包括壳体41和可拆卸的插片42，壳体41为上下两端开口的筒状结构，它与下压杆2连为一体，位置靠近下压杆2前端，插片42上设置有多个出蒜孔5。

第三实施例：一种改进的压蒜器，包括上压杆1、下压杆2，压蒜部件3（包括压臂31和压盘32）、压筒4，上压杆1与下压杆2的前端部活动连接，其特征在于，所述压蒜器的压筒4包括壳体41和可拆卸的出蒜筒42，壳体41为上下两端开口的筒状结构，它与下压杆2连为一体，位置靠近下压杆2前端，出蒜筒42为上端开口的筒体结构，出蒜筒42的底板上设置多个出蒜孔5。

通过观察上述三个实施例分别形成的独立权利要求，可将其概括为：

一种改进的压蒜器，包括上压杆、下压杆，压蒜部件（包括压臂和压盘），压筒，上压杆与下压杆的前端部活动连接，其特征在于，压筒包括与下压杆前端连为一体的壳体且与出蒜桶可拆卸连接的出蒜部件，壳体为上下开口的桶状结构，压蒜部件上有多个出蒜孔，出蒜孔可拆卸安装在壳体上。

除此之外，还可以撰写另一个独立权利要求，以解决第二个技术问题。

一种改进的压蒜器，包括上压杆、下压杆，压蒜部件（包括压臂和压盘）、压筒，上压杆与下压杆的前端部活动连接，其特征在于，所述上压杆的中后段设置有下凹部，当压蒜部件的压盘处于压筒底部时，下凹的最低点略高于下压杆的上表面。

在第一个撰写的独立权利要求的基础上，可以根据技术交底书记载的内容撰写一定数量的从属权利要求，注意从属权利要求的引用关系和形式要求。从属权利要求参考如下：

1. 一种改进的压蒜器,包括上压杆、下压杆,压蒜部件(包括压臂和压盘)、压筒,上压杆与下压杆的前端部活动连接,其特征在于,压筒包括与下压杆前端连为一体的壳体且与出蒜筒可拆卸连接的出蒜部件,壳体为上下开口的筒状结构,压蒜部件上有多个出蒜孔,出蒜孔可拆卸地安装在壳体上。

2. 根据权利要求1所述一种改进的压蒜器,其特征在于,所述压蒜部件为内筒,内筒上端开口,内筒底部开设有多个出蒜孔,内筒的上端边缘设有外翻的折边42a。

3. 根据权利要求1所述一种改进的压蒜器,其特征在于,所述压蒜部件为可拆卸的插片。

4. 根据权利要求3所述一种改进的压蒜器,其特征在于,所述插片的形状大小与壳体内部横截面基本一致,插片上设置有多个出蒜孔,插片的一侧边缘设置有便于插拔插片的把手。

5. 据权利要求1所述一种改进的压蒜器,其特征在于,所述压蒜部件出蒜筒为上端开口的筒体结构,出蒜筒的底板上设置多个出蒜孔。

6. 据权利要求4所述一种改进的压蒜器,其特征在于,所述壳体下端沿垂直于壳体轴线的方向开设有插槽,在插槽下方、壳体内壁面上设有一圈环形的凸起。

7. 据权利要求6所述一种改进的压蒜器,其特征在于,所述凸起从壳体的内壁面沿径向向内延伸。

8. 据权利要求5所述一种改进的压蒜器,其特征在于,所述出蒜筒的底板上设置多个出蒜孔,出蒜筒的内壁设有与壳体上外螺纹相配合的内螺纹,出蒜筒通过螺纹连接在壳体的下端。

9. 根据权利要求1所述一种改进的压蒜器,其特征在于,所述压杆的中后段设置有下凹部,当压蒜部件的压盘处于压筒底部时,下凹的最低点略高于下压杆的上表面。

10. 根据权利要求9所述一种改进的压蒜器,其特征在于,所述下凹部为圆弧形。

（四）对撰写的权利要求书的新颖性、创造性评价

该案第四问,利用新颖性和创造性模板对撰写的独立权利要求的新颖性和创造性进行说明,参考答案如下:

1. 权利要求的新颖性

(1)撰写的权利要求1与对比文件1相比具备新颖性。

权利要求1要求保护一种改进的压蒜器,对比文件1公开了一种压蒜器,包括压头、压槽、两个手柄,压头和压槽分别设置在手柄前端,两个压杆通过铆钉连接,压槽上顶部有开口,底部均匀设有多个漏孔,其并未公开压筒包括与下压杆前端连为一体的壳体且与出蒜筒可拆卸连接的出蒜部件,壳体为上下开口的筒状结构,压蒜部件上有多个出蒜孔,出蒜孔可拆卸安装在壳体上的技术特征。因此,撰写的权利要求1与对比文件1相比具备新颖性。

(2)撰写的权利要求1与对比文件2相比具备新颖性。

权利要求1要求保护一种改进的压蒜器,对比文件2公开了一种压蒜器,对比文件2公开了上压杆(第一压壁)、下压杆(第一压板)、压料筒、多个漏孔等技术特征,其并未公开压筒包括与下压杆前端连为一体的壳体且与出蒜筒可拆卸连接的出蒜部件,壳体为上下开口的筒状结构,压蒜部件上有多个出蒜孔,出蒜孔可拆卸地安装在壳体上的技术特征。

因此撰写的权利要求1与对比文件2相比具备新颖性。

2. 权利要求的创造性

撰写的权利要求1与涉案专利属相同技术领域且公开的技术特征最多,为最接近现有技术。

对比文件1与撰写的权利要求1相比区别技术特征为压筒包括与下压杆前端连为一体的壳体且与出蒜筒可拆卸连接的出蒜部件,壳体为上下开口的筒状结构,基于该特征解决的技术问题是方便清洁。

对比文件2并未公开上述技术特征。

因此,撰写的权利要求1相对于对比文件1和对比文件2及其结合是

非显而易见的。

综上所述,撰写的权利要求1的技术方案具有突出的实质性特点和显著的进步,符合《专利法》第22条第3款的规定。

该案第五问对是否需要分案进行判断,可引入单一性模板进行分析说明,参考答案如下:

第一份申请的独立权利要求1要解决的技术问题是对蒜渣清理不方便,对现有技术作出贡献的技术特征是压筒包括与下压杆前端连为一体的壳体且与出蒜筒可拆卸连接的出蒜部件,壳体为上下开口的筒状结构,压蒜部件上有多个出蒜孔,出蒜孔可拆卸安装在壳体上。

第二份申请的独立权利要求1要解决的技术问题是不方便进行操作,对现有技术作出贡献的技术特征是上压杆的中后段设置有下凹部,当压蒜部件的压盘处于压筒底部时,下凹的最低点略高于下压杆的上表面。

由此可见,上述两份申请不属于一个总的发明构思,技术上不相关联,也没有相同或相应的特定技术特征,不具有单一性,不符合《专利法》第31条第1款的规定。

参考文献

[1]吴观乐,穆奎良,卢素华.专利代理实务[M].3版.北京:知识产权出版社,2019.

[2]李超,吴观乐.专利代理实务分册[M].3版.北京:知识产权出版社,2018.

[3]尹新天.中国专利法详解[M].北京:知识产权出版社,2021.

[4]王迁.知识产权教程[M].7版.北京:中国人民大学出版社,2021.

[5]崔国斌.专利法原理与案例[M].2版.北京:北京大学出版社,2019.

[6]曹阳.专利实务指南与司法审查[M].北京:法律出版社,2019.

[7]宋建宝.专利司法政策与案件裁判[M].北京:法律出版社,2018.

[8]闫文军.专利权的保护范围[M].2版.北京:法律出版社,2018.

[9]欧阳石文,吴观乐.专利代理实务应试指南及真题精解[M].5版.北京:知识产权出版社,2021.

[10]杨铁军.专利分析实务手册[M].北京:知识产权出版社,2021.

[11]张鹏.专利侵权损害赔偿制度研究[M].北京:知识产权出版社,2017.

[12]张志成,张鹏.中国专利行政案例精读[M].北京:商务印书馆,2017.

[13]马天旗.专利分析——检索、可视化与报告撰写[M].修订版.北京:知识产权出版社,2021.

[14]马浩.专利代理职业道德[M].北京:知识产权出版社,2013.

[15]克拉瑟.专利法——德国专利和实用新型法、欧洲和国际专利法[M].6版.单晓光,张韬略,于馨淼,译.北京:知识产权出版社,2016.

[16]皓普曼,普利切特,黎建.美国专利申请撰写及审查处理策略[M].2版.脱颖,译.北京:知识产权出版社,2020.

[17]王宝筠,那彦琳.专利申请文件撰写实战教程:逻辑、态度、实践[M].北京:知识产权出版社,2021.

[18]黄敏.发明专利申请文件的审查与撰写要点[M].北京:知识产权出版社,2015.

[19]增井和夫,田村善之.日本专利案例指南[M].4版.李扬,等译.北京:知识产权出版社,2016.

后　记

　　《专利代理实务教程》是两位师出同门的师兄妹通力合作的新成果。我们在读博期间积累的学术热情与同门情谊未曾因走出校门而消散，"沪津"两城1000多千米的距离未能阻隔我们在教学科研上的高频率交流。2023年的一天，有感于学生对专利代理实务形成的神秘性、技术性和专业性普遍感官以致"望而生畏"的心理现状，以及课程教学中知识产权理论实践结合教材的不充足，我们一拍即合，决定撰写《专利代理实务教程》一书，为满足《知识产权强国建设纲要（2021—2035年）》发布后专利代理实务人才队伍亟须发展壮大的迫切需要贡献微薄力量。

　　本书的内容是我们对十余年知识产权法律学习、教学经历和专利代理师实务培训积累的集中呈现，既是对已掌握知识的系统总结，更是一次"知识"向"智慧"的探索升华。我们始终认为，知识产权法学的求学经历给予了我们太多太多。"她"改变了我们原本的生命轨迹，赋予了我们新的生活体验。今天我们以青年学者的身份和心态写下以上文字，既是对自己过去青春岁月的一次总结，也是开启未来新征程的一次"誓师"。沧海桑田，如果有一天，我们重新打开本书，看到这篇后记时，希望"她"能够帮我们重燃已逝的青春之火，也希望看到这篇后记的读者，能够亲眼见证我们在自己热爱的事业上不断向前。

　　弹指之间，青春易逝。时间似乎被装上倒转的齿轮，过去在校园中进行学术合作的场景又浮现在眼前，这些回忆对于我们永远色彩鲜明。其间，我们曾有幸共同获得恩师的提携指点，获得同门的帮助和鼓励。步入工作岗位，单位前辈和同事的支持如携手同行的明灯，照亮前行的道路，始终鼓舞我们砥砺前行。下一步，我们将以本书的撰写为契机，进一步提升自己在专利领域的教学和科研能力,围绕知识产权法撰写更为丰富的系列性丛书,走出一条教学—科研相长之路。

佟秀毓　李　享

2024 年 7 月 25 日